Biosphäre

Kursstufe

Lösungen
Baden-Württemberg

Cornelsen

Biosphäre

Kursstufe

Baden-Württemberg, Lösungen

Autorinnen und Autoren:
Robert Felch, Mögglingen; Kristin Menke, Münster; Monika Scherer, Angelbachtal

Teile des Lehrwerks sind anderen Ausgaben der Lehrwerksreihe Biosphäre entnommen.

Autorinnen und Autoren dieser Ausgaben sind: Joachim Becker, Friederike Breede, Anke Brennecke, Tina Degering, Daniela Grabenstein, Christian Gröne, Prof. Dr. Jorge Groß, Daniela Jatzwauk, Michael Jütte, Martin Kamann, Jens Kloppenburg, Birgit Krämer, Prof. Dr. Hansjörg Küster, Raimund Leibold, Dr. Karl-Wilhelm Leienbach, Michael Linkwitz, André Linnert, Prof. Dr. Anke Meisert, Delia Nixdorf, Marja Cristina Paasch, Dr. Monika Pohlmann, Martin Post, Dr. Annette Schuck, Harald Seufert, Volker Wiechern

Redaktion:
Karolin Gerhardi; Dr. Anja Schrewe

Designberatung:
Ellen Meister, Katharina Wolff-Steininger

Layoutkonzept:
SOFAROBOTNIK GbR, Augsburg & München

Umschlaggestaltung:
Klein & Halm Grafikdesign; SOFAROBOTNIK GbR, Augsburg & München

Layout und technische Umsetzung:
zweiband.media GmbH, Berlin

Titelbild:
Kronensifaka (Propithecus coronatus) stock.adobe.com/lifeonwhite.com/Eric Isselée

www.cornelsen.de

Die Webseiten Dritter, deren Internetadressen in diesem Lehrwerk angegeben sind, wurden vor Drucklegung sorgfältig geprüft. Der Verlag übernimmt keine Gewähr für die Aktualität und den Inhalt dieser Seiten oder solcher, die mit ihnen verlinkt sind.

1. Auflage, 1. Druck 2023

Alle Drucke dieser Auflage sind inhaltlich unverändert und können im Unterricht nebeneinander verwendet werden.

Druck: Esser printSolutions GmbH, Bretten

ISBN 978-3-06-011260-9

PEFC zertifiziert
Dieses Produkt stammt aus nachhaltig bewirtschafteten Wäldern und kontrollierten Quellen.
www.pefc.de

PEFC/04-31-2851

1 Biomoleküle im Stoffwechsel 5

2 Genetik und Immunbiologie 36

3 Informationssysteme 79

INHALTSVERZEICHNIS

1 Biomoleküle im Stoffwechsel

1.2 Wechselwirkungen zwischen Zellbestandteilen

Seite 20–21

1 Beschreiben Sie die Isolierung von Zellorganellen durch differenzielle Ultrazentrifugation.

Lebende Zellen desselben Typs werden vorsichtig mechanisch aufgebrochen und so weit zerkleinert, dass ein Homogenat mit intakten Zellorganellen entsteht. Dieses wird bei etwa 1000 Umdrehungen pro Sekunde in einer Ultrazentrifuge Kräften bis zum Einhunderttausendfachen der Erdbeschleunigung ausgesetzt. Je nach ihrer spezifischen Dichte setzen sich die enthaltenen Zellorganellen bei unterschiedlichen Beschleunigungswerten ab. Indem man die Drehzahl über mehrere Durchgänge immer weiter erhöht und die jeweils sedimentierten Zellbestandteile entfernt, kann man die Organellentypen voneinander getrennt isolieren.

Seite 22

1 Erläutern Sie die Bedeutung von Tracer-Molekülen bei der Herstellung von Serienaufnahmen im Elektronenmikroskop.

Mit schwach strahlenden radioaktiven Isotopen, zum Beispiel ^{14}C, markierte Tracer-Moleküle werden im Stoffwechsel lebender Zellen ungestört weiterverarbeitet. Werden die elektronenmikroskopischen Präparate mit einer Fotoemulsion beschichtet, hinterlässt die Strahlung der Tracer-Moleküle eine körnige Schwärzung, die ihren jeweiligen Ort in der Zelle oder im Gewebe anzeigt. Die Tracer-Moleküle befinden sich je nach ihrer Verweildauer in den lebenden Zellen bis zum Zeitpunkt der Präparation an anderen Orten ihres Stoffwechselweges. Bringt man derartige serielle Einzelaufnahmen eines Zell- oder eines Gewebetyps in eine chronologische Reihenfolge, werden die Transportwege der Tracer-Moleküle nachvollziehbar.

2 Vergleichen Sie die Anwendung der Immunfluoreszenz- und Leuchtprotein-Technik bei den Untersuchungen zum Zellstoffwechsel.

Gemeinsamkeiten: Bei beiden Techniken werden mittels fluoreszierender Zellstrukturen Informationen über Vorgänge in Zellen gewonnen. Ein Fluoreszenzfarbstoff wird dazu an ausgewählte Strukturen gekoppelt, sodass diese bei Bestrahlung mit UV-Licht leuchten.

Unterschiede: Bei der Immunfluoreszenz-Markierung werden Strukturen in toten Zellen und Geweben sichtbar gemacht. Dazu werden Antikörper entweder isoliert oder künstlich hergestellt und an einen Fluoreszenzfarbstoff gekoppelt. Die ausgewählten fluoreszenzmarkierten Antikörper können an zelluläre Strukturen hochspezifisch binden und diese so markieren. Um ihre Bindung an intrazelluläre Strukturen zu ermöglichen, müssen die begrenzenden Biomembranen zuvor aufgelöst werden. Dieser Vorgang und die elektronenmikroskopische Präparation töten die Zellen ab.

Bei der Leuchtprotein-Markierung werden Orte spezifischer Genaktivität in lebenden Organismen sichtbar gemacht. Dazu werden Gene genutzt, die aus Tiefseeorganismen stammen und für Leuchtproteine codieren. Diese Gene werden an Gene des untersuchten Organismus gekoppelt, deren spezifische Aktivitätsorte man aufklären möchte. Die so kombinierten Gene werden gentechnisch in den Organismus gebracht.

Seite 23 (Material)

Material A – Antikörperproduktion

1 Beschreiben Sie die Messergebnisse.

Die blaue Messkurve beginnt etwa 2 Minuten nach Entfernung der markierten Aminosäuren bei 100 relativen Einheiten und sinkt innerhalb von ca. 3 Minuten sehr steil auf etwa 40 bis 45 relative Einheiten. Danach fällt sie zunehmend flacher ab und erreicht nach 120 Minuten ihr Minimum bei etwa 15 relativen Einheiten.

Die rote Messkurve startet bei 0 relativen Einheiten zu Beginn der Messung und steigt innerhalb der nächsten etwa 2 bis 9 Minuten sehr steil auf ihr Maximum bei 50 relativen Einheiten. Danach fällt sie zunehmend abflachend und erreicht nach 120 Minuten ihr Minimum bei etwa 2 relativen Einheiten.

Die grüne Messkurve startet bei 0 relativen Einheiten zu Messbeginn und bleibt die nächsten etwa 20 Minuten auf diesem Wert. Danach steigt sie allmählich immer steiler werdend bis etwa 60 Minuten nach Messbeginn. Im weiteren Verlauf flacht ihre Steigung zunehmend ab. Nach etwa 100 Minuten erreicht die Kurve ihr Maximum bei etwa 60 relativen Einheiten. Dieser Wert bleibt bis zum Messende nach 120 Minuten unverändert.

2 Erläutern Sie, weshalb radioaktiv markierte Aminosäuren zur Aufklärung der Produktion von Antikörpern genutzt werden können.

Antikörper gehören als Immunglobuline zu den Proteinen, sie bestehen also aus verknüpften Aminosäuren. Bei der Proteinbiosynthese werden von außen zugeführte radioaktiv markierte Aminosäuren wie normale Aminosäuren, die aus dem Zellstoffwechsel stammen, eingebaut. Dies geschieht auch bei der Produktion von Antikörpern. Der Produktionsort und die weiteren Stoffwechselwege der so entstehenden Tracer-Moleküle können auf diese Weise nachvollzogen werden.

Material A – Antikörperproduktion

3 Ordnen Sie die drei Messkurven den Antikörpern, Golgi-Vesikeln und Ribosomen begründet zu.

Die blaue Messkurve bildet die Radioaktivität der Ribosomen ab, denn die zugeführten radioaktiv markierten Aminosäuren können bereits nach sehr kurzer Zeit an den Ribosomen im Rahmen der Translation in die entstehenden Aminosäureketten eingebaut werden. Da die Zufuhr der radioaktiv markierten Aminosäuren bereits nach 5 Minuten, also zum Zeitpunkt des Messbeginns, wieder gestoppt wurde, sinkt ihre Konzentration im Cytoplasma kontinuierlich; deshalb fällt auch die Radioaktivität an den Ribosomen schon nach ca. 2 Minuten.

Zusatzinformation: Das immer langsamere Abflachen der Kurve kann einerseits mit der zunehmenden Verdünnung und dadurch immer geringer werdenden Wahrscheinlichkeit des Einbaus markierter Aminosäuren und andererseits durch verbleibende markierte Aminosäurevarianten, die nur sehr selten in Antikörper eingebaut werden, erklärt werden.

Die rote Messkurve bildet die Radioaktivität der freien Antikörper ab, denn die zugeführten radioaktiv markierten Aminosäuren tauchen erst nach einigen Minuten Proteinbiosynthese in den fertiggestellten freien Antikörpern auf. Da die Radioaktivität der freien Antikörper bereits nach 10 Minuten wieder abnimmt, müssen diese in irgendeiner Form strukturell gebunden, von Zellorganellen aufgenommen oder aus der Zelle abgegeben worden sein.

Die grüne Messkurve bildet die Radioaktivität der Golgi-Vesikel ab, da diese Kurve und die Kurve der freien Antikörper ab etwa 20 Minuten nach Messbeginn gegenläufig verlaufen. Dies deutet darauf hin, dass die Golgi-Vesikel die radioaktiv markierten Antikörper aufnehmen, sodass diese Zellstrukturen erst nach 20 Minuten radioaktiv markiert werden. Der Anstieg der Radioaktivität bis etwa 100 Minuten nach Messbeginn zeigt die permanente Aufnahme von Antikörpern. Die Tatsache, dass Golgi-Vesikel im normalen Zellstoffwechsel zahlreiche Proteine aufnehmen, an die Zellmembran transportieren und dort exocytotisch freisetzen, bestätigt diese Erklärung.

Zusatzinformation: Die Tatsache, dass die Radioaktivität bis zum Ende der Messung nach 120 Minuten auf ihrem Maximum bleibt, zeigt an, dass die Antikörper auch nach 2 Stunden noch nicht exocytotisch freigesetzt worden sind.

4 Beschreiben Sie die Erkenntnisse über die Antikörperproduktion, die aus diesem Experiment abgeleitet werden können.

Die Nachverfolgung der radioaktiv markierten Aminosäuren zeigt, dass diese zunächst an Ribosomen gelangen und nach etwa 3 Minuten ins Cytoplasma freigesetzt werden. Von dort werden sie nach etwa 20 Minuten in Golgi-Vesikel aufgenommen. Da Antikörper als globuläre Proteine aus Aminosäuren aufgebaut sind, werden radioaktiv markierte Aminosäuren als Proteinbausteine auch in die entstehenden Immunglobuline eingebaut. Daraus kann indirekt abgeleitet werden, dass sie an Ribosomen gebildet, von dort nach wenigen Minuten ins Cytoplasma freigesetzt und schließlich in Golgi-Vesikel aufgenommen werden.

Material B – Krebstherapie

1 Ordnen Sie den rot, grün und blau fluoreszierenden Bereichen der mikroskopischen Aufnahme begründet jeweils die Nanopartikel, deren zellbindende Antikörper und die Nukleinsäuren zu.

Die rot fluoreszierenden Bereiche markieren die Antikörper, die an die Zelloberflächen gebunden haben, da die roten Linien den Zellmembranen der untersuchten Zellen entsprechen können.

Die blau fluoreszierenden Bereiche markieren die Nukleinsäuren, da die ovalen blauen Flecken den Umrissen von Zellkernen ähneln und innerhalb der rot markierten Zellmembranen liegen.

Somit markieren die grün fluoreszierenden Bereiche die Nanopartikel, die sich innerhalb der untersuchten Zellen befinden, da die unregelmäßigen grünen Flächen die Bereiche des jeweiligen Cytoplasmas ausfüllen.

2 Beschreiben Sie eine wichtige Eigenschaft der hier verwendeten antikörpergekoppelten Nanopartikel, die durch die Verteilung der Fluoreszenzfarbstoffe verdeutlicht wird.

Entsprechend dem Immunfluoreszenz-Test befinden sich die Nanopartikel hier innerhalb der untersuchten Zellen, während die zuvor an sie gekoppelten Antikörper an der Zelloberfläche verbleiben. Somit muss die Nanopartikel-Antikörper-Verbindung reversibel sein. Die Nanopartikel besitzen also offenbar die Eigenschaft, Zellmembranen aktiv durchdringen oder ihre passive Aufnahme über Endocytose auslösen zu können.

3 Beschreiben Sie einen Vorgang, über den Wirkstoffe aus Nanovesikeln in Tumorzellen gelangen könnten.

Die Membran der in die Tumorzellen aktiv eingedrungenen beziehungsweise passiv aufgenommenen Vesikel könnte sich selbst auflösen. *(Zusatzinformation: Dies könnte über ihre eigenen Inhaltsstoffe ausgelöst werden, zum Beispiel durch in die Vesikel eingebrachte Enzyme.)* Ihre Membran könnte aber auch durch den Einfluss der Tumorzellen zerstört werden. *(Zusatzinformation: Dies könnte passiv durch das chemische Milieu, zum Beispiel durch spezifische Ionenkonzentrationen, und/oder aktiv durch Enzyme ausgelöst werden.)*

4 Stellen Sie Hypothesen auf, welche Vorteile beim erfolgreichen Einsatz antikörpergekoppelter chemotherapeutischer Nanopartikel in der Krebstherapie zu erwarten sind.

Da die Einwirkung der chemotherapeutischen Wirkstoffe ausschließlich in Tumorzellen stattfindet, wird der Stoffwechsel und damit auch die Teilungsaktivität von gesunden Körperzellen nicht gestört. Dadurch ist eine starke Verringerung der Nebenwirkungen der Therapie zu erwarten.

Durch die gezielte Hinführung der Wirkstoffe zu den Tumorzellen werden diese zuverlässiger und vollständiger erreicht, sodass die Anzahl der Behandlungen reduziert werden könnte.

Zusatzinformation: Obwohl die Wirkstoffmenge deutlich reduziert werden kann, ergibt sich keine Kostenersparnis, da die Herstellung der tumorspezifischen Antikörper und deren Kopplung an die Nanopartikel sehr aufwendig ist.

1.3 Biomembranen – verformbare Grenzen

Seite 24–26

1 Erläutern Sie die Bedeutung der amphipathischen Eigenschaften der Membranlipide für den Aufbau der Biomembran.

Membranlipide erhalten ihre amphipathischen Eigenschaften durch das Vorhandensein sowohl einer unpolaren als auch einer polaren Molekülregion. Dies führt automatisch zu ihrer gleichmäßigen Ausrichtung und Anordnung in wässrigen Medien. Die polaren Anteile der Membranlipide bilden dabei eine hydrophile Kontaktfläche zur wasserhaltigen Seite. Dadurch werden ihre unpolaren Bereiche zur wasserfreien Gegenseite abgedrängt und bilden dort einen hydrophoben Bereich. Da sich Biomembranen in der Regel zwischen zwei wässrigen Lösungen befinden, orientieren sich ihre hydrophilen Flächen durch Wechselwirkungen mit dem umgebenden Medium immer zu den flüssigkeitsgefüllten Räumen hin, während sich die von den Flüssigkeitsräumen abgedrängten hydrophoben Bereiche durch Wechselwirkungen einander im Membraninneren annähern. So kommt es zur Ausbildung von zwei spiegelsymmetrischen Lagen von Membranlipiden, also einer Lipiddoppelschicht, deren innerer hydrophober Bereich wasserundurchlässig ist.

2 Beschreiben Sie den Aufbau der Biomembran nach dem Fluid-Mosaik-Modell.

Das Fluid-Mosaik-Modell der Biomembran beschreibt eine Doppellipidschicht, in die unterschiedliche Membranproteine eingelagert sind. Transmembranproteine reichen durch beide Lipidschichten, kleinere integrale Proteine sind nur in einer davon verankert. Zusätzlich können periphere Membranproteine der Biomembran außen auf-

liegen. Sowohl Membranlipide und als auch Membranproteine an der Zelloberfläche können Kohlenhydratketten tragen und werden dann als Glykolipide oder Glykoproteine bezeichnet. Membranlipide und -proteine sind innerhalb der Membran mobil, denn sie können seitlich verschoben werden. Durch die Beweglichkeit ihrer Bestandteile erhält die Membran ihren fluiden Charakter und so ihre hohe Verformbarkeit. Die variable Verteilung ihrer Bausteine erzeugt eine mosaikartige Erscheinung.

Seite 28–29 (Material)

Material A – Indirekter Nachweis der Membranbestandteile

1 Erläutern Sie die Funktion der beschriebenen Durchführungsschritte. Erstellen Sie dazu eine Tabelle.

Schritt	Funktion
1	Diffusion der Reagenzien zu den Zellen durch kürzere Diffusionsstrecken und größere Kontaktoberfläche verbessern.
2	Freigesetzte Farbmoleküle aus angeschnittenen Zellen auswaschen, um mögliche Störvariable zu entfernen.
3	Reagenzien mit lösender beziehungsweise strukturverändernder Wirkung auf die zu untersuchenden Stoffgruppen einzeln einsetzen, um deren Wirkung beobachten zu können (Experimentalansätze). Ansatz mit reinem Wasser, um auch weiteren Farbaustritt ohne Reagenzien beobachten und als Vergleich (Kontrollansatz) heranziehen zu können.
4	Farbstoffaustritt aus den Vakuolen, ausgelöst durch spezifische Wirkung der Reagenzien, feststellen und mit Kontrollansatz vergleichen können (Messgröße erfassen).

2 Deuten Sie die Ergebnisse zu den drei Versuchsansätzen. Formulieren Sie eine zusammenfassende Schlussfolgerung.

Ansatz	Deutung
A	Starker Farbstoffaustritt aus der Vakuole: Membranlipide der Vakuole werden durch amphiphatische Moleküle des Spülmittels herausgelöst. Dadurch wird die Vakuolenmembran als Barriere für die Farbstoffmoleküle zerstört.
B	Leichter Farbstoffaustritt aus der Vakuole: Membranproteine der Vakuole werden durch die Essigsäure strukturell so verändert, dass die Vakuolenmembran für die Farbstoffmoleküle etwas durchlässiger wird.
C	Kaum Farbstoffaustritt aus der Vakuole, da deren Biomembran intakt bleibt. Es kommt lediglich zu einer geringen Auswaschung weniger letzter Farbstoffmoleküle aus den verletzten Zellen der Anschnittstellen.

Sowohl Lipide als auch Proteine sind am Aufbau der Biomembran beteiligt, sodass diese durchlässig wird, wenn eine dieser Stoffgruppen herausgelöst oder verändert wird.

Material A – Indirekter Nachweis der Membranbestandteile

3 Erklären Sie, weshalb dieser Versuch als ein indirekter Nachweis bezeichnet wird.

Das Vorhandensein der einzelnen Gruppen der Membranbestandteile wird nicht durch ihre spezifische farbliche Markierung oder ähnliche Verfahren direkt nachgewiesen. Man schließt auf ihre Anwesenheit nur indirekt, indem man den Effekt beobachtet, den ihre jeweilige spezifische Veränderung oder Zerstörung auf den Austritt von Farbstoffmolekülen aus der Vakuole hat.

Material B – Anordnung von Membranproteinen in Biomembranen

1 Die Skizzen zeigen einfache Schemata von Membranproteinen und ihren Oberflächeneigenschaften. Übertragen Sie beide Skizzen in eine eigene Zeichnung und ergänzen Sie passend angeordnete Membranlipide in Form einfacher Kopf-Schwanz-Symbole (=•). Beachten Sie hierbei, dass die Membranproteine in unterschiedlichen Maßstäben dargestellt sind, sodass die Größe der Membranlipidmoleküle jeweils angepasst werden muss.

Da es sich beim linken Protein um ein peripheres Membranprotein handelt, ist es nur in eine der beiden Lipidschichten integriert. Rechts und links sind daher Membranlipide einlagig zu zeichnen, deren polare Region (Kopf) nach oben zeigt und deren Größe fast an die des Proteins heranreicht.

Beim rechten Protein handelt es sich um ein Transmembranprotein. Daher sind oben und unten zwei spiegelsymmetrische Membranlipide zu zeichnen, deren polare Regionen nach rechts bzw. links zeigen. Zusammen reichen sie fast an die Größe des Proteins heran.

2 Löst man die Lipide aus einer Biomembran heraus und überführt sie auf eine Wasseroberfläche, bildet sich dort ein einschichtiger Film aus Membranlipiden. Man vermutet, dass die Fläche des Films exakt doppelt so groß ist wie die ursprüngliche Membranfläche. Nehmen Sie Stellung zu dieser Vermutung.

Da Membranlipide in Biomembranen eine Doppelschicht bilden, die sich auf Wasser zu einer einfachen Schicht ausbreiten würde, liegt diese Vermutung zunächst nahe. Wenn jedoch nur die Lipide aus der Membran gelöst werden und auf einer Wasseroberfläche als Film aufliegen, fehlen die in der intakten Biomembran integrierten Proteine. Deshalb muss die allein von den Membranlipiden bedeckte Wasseroberfläche etwas kleiner sein als die doppelte Fläche der ursprünglichen Biomembran.

Material C – Hybridzellenversuch

1 Stellen Sie eine Hypothese auf, die mit dem beschriebenen Versuch überprüft werden kann.

Mögliche Hypothesen:

a) Membranproteine sind innerhalb von (fusionierten) Zellmembranen (in Mensch-Maus-Hybridzellen) lateral mobil.

b) Membranproteine sind in fusionierten Zellmembranen von Menschen und Mäusen in der Lage, den Membranbereich ihrer ursprünglichen Zelle zu verlassen und in den Membranbereich der mit ihr fusionierten artfremden Zelle zu gelangen.

c) Membranproteine aus zwei fusionierten Zellen von Menschen und Mäusen verteilen sich in der Zellmembran der entstandenen Hybridzelle nicht nach ihrer Herkunft, sondern ungeordnet nach dem Zufallsprinzip.

2 Beschreiben Sie das in der Abbildung A dargestellte Versuchsergebnis und überprüfen Sie Ihre Vermutung aus Aufgabe 1.

Die Hybridzelle weist am Ende des Versuchs eine gleichmäßige Verteilung der beiden unterschiedlich farbmarkierten Membranproteine über ihre gesamte Zellmembran auf. Dies deutet auf laterale Verschiebungsprozesse der Membranproteine hin. Damit ist Hypothese a) bestätigt. Direkt nach der Fusion sind die unterschiedlich markierten Membranproteine nur jeweils in ihren ursprünglichen Membranbereichen der Hybridzelle zu finden, sie erscheinen danach jedoch zunehmend ungeordnet und unabhängig von ihrer Herkunft nach dem Zufallsprinzip verteilt. Damit sind Hypothese b) und c) bestätigt.

3 Werten Sie die in den Abbildungen B und C dargestellten Versuchsergebnisse unter Berücksichtigung der physikalischen und molekularen Ursachen der beobachteten Effekte aus.

Abbildung B zeigt die Verteilung der Membranproteine der Maus in den Mosaikzellen in Abhängigkeit von der Inkubationstemperatur. Von 0° C bis etwa 15° C kommt es nur zu einer gleichbleibend sehr geringen prozentualen Verteilung der Mausproteine von etwa 5 %, dann steigt ihre prozentuale Verteilung mit zunehmender Inkubationstemperatur bis etwa 25° C steil an. Danach flacht die Kurve bis zum Ende der Messung bei 37° C zunehmend ab und erreicht dort ihr Maximum von fast 100 %. Somit zeigt die Kurve einen s-förmigen Verlauf.

Die für den Menschen normale Körpertemperatur von etwa 37° C führt hier zur höchsten Mobilität der Membranproteine. Diese Vorgänge verlaufen parallel zur Temperaturabhängigkeit des Zellstoffwechsels. Ursache dieses Effektes ist die Zunahme der Brownschen Molekularbewegung durch die erhöhte Energiezufuhr bei steigender Temperatur.

Abbildung C zeigt die Verteilung der Mausproteine auf der Membran der Hybridzellen in Abhängigkeit von der Inkubationsdauer bei 37 °C. Der Anteil der Zellen mit vollständig gleichmäßiger Verteilung der Mausproteine liegt nach 10 Minuten erst bei circa 2 % und nimmt danach deutlich zu: Nach 25 Minuten liegt er bereits bei 50 %, nach 40 Minuten bei circa 95 %. Nach 120 Minuten sind die Mausproteine in 100 % der Zellen vollständig gleichmäßig verteilt. Die Verteilung der Proteine erfolgt also zwischenzeitlich mit hohem Zuwachs, der vor Erreichen der vollständig gleichmäßigen Verteilung offenbar immer weiter abnimmt. Allerdings fehlen Messwerte zwischen 40 und 120 Minuten, sodass dies nur vermutet werden kann. Ursache für diese ungleichmäßige Verteilungsgeschwindigkeit ist die im jeweiligen Zeitraum herrschende Verbreitung der Mausproteine in der Membran der Hybridzelle: Sind noch große Bereiche der Membran frei von Mausproteinen, bewegen diese sich offenbar stärker oder permanent, sind weite Bereiche der Membran bereits mit Mausproteinen bedeckt, geht ihre Bewegungsintensität oder -dauer immer weiter zurück.

Entsprechend kann man aus beiden Experimenten schließen, dass die Geschwindigkeit der lateralen Mobilität der Membranproteine abhängig von der Inkubationstemperatur ist, wobei es einen Temperatur-Optimalwert für die maximale Bewegungsgeschwindigkeit gibt. Die Intensität ihrer lateralen Mobilität hängt dagegen vom Ausmaß ihrer Verteilung als Folge der Inkubationsdauer ab, wobei es einen zeitlichen Mindestwert für das Erreichen der vollständig gleichmäßigen Verteilung gibt.

Material D – Positionswechsel von Membranlipiden

1 Beschreiben Sie die in der Abbildung gezeigten Positionswechsel einzelner Membranlipide.
Bei der in der Abbildung gezeigten Seitwärtsbewegung von Membranlipiden handelt es sich um eine häufig auftretende seitliche Verschiebung der Membranlipide innerhalb der gleichen Lipidschicht. Die Flip-Flop-Bewegung stellt einen selten stattfindenden Wechsel von Membranlipiden zwischen den beiden Lipidschichten dar, der im gegenseitigen Austausch erfolgt.

2 Erklären Sie die unterschiedliche Häufigkeit der beiden Varianten des Positionswechsels.
Die Seitwärtsbewegung ist häufig, da hierbei die Orientierung der hydrophilen und hydrophoben Regionen der Lipide zur Umgebung erhalten bleibt: Die polar-hydrophile Kopfregion bleibt zur wässrigen Seite hin ausgerichtet und die unpolare Schwanzregion verbleibt in der hydrophoben Mittelschicht der Membran. Dieser Bewegungsprozess kann unkompliziert und deshalb schnell und häufig erfolgen.
Die Flip-Flop-Bewegung ist selten, da hierbei der hydrophile Kopf eines Lipids durch die hydrophobe Schicht der Biomembran treten muss und die Membranlipide neu ausgerichtet werden müssen. Durch die zwischenzeitlich auftretenden instabilen Wechselwirkungen zwischen polaren und unpolaren Molekül- und Membranabschnitten verläuft dieser Bewegungsprozess kompliziert, er findet deshalb langsam und selten statt.

Seite 30–31 (Blickpunkt: Die Entwicklung der Membranmodelle)

1 Beschreiben Sie ausgehend von den Abbildungen die historischen Modellvorstellungen zur Erklärung des Stofftransports durch Biomembranen.
Das von Langmuir entwickelte Modell zum Aufbau der Lipidmembran geht von Lipidmolekülen aus, deren hydrophile Köpfe zu einer wässrigen Phase hin ausgerichtet sind, und deren hydrophobe Schwänze in die Luft ragen. Da diese Vorstellung nur von einer einzelnen Lage von Molekülen ausgeht, handelt es sich um ein Monolayer-Modell. Es kann die experimentelle Bildung von Lipidfilmen auf wässrigen Lösungen, aber nicht den Bau von Biomembranen in Zellen erklären.
Das Bilayer-Modell von Gorter und Grendel geht von zwei Lipidschichten aus. Die hydrophilen Köpfe der Lipidmoleküle sind bei diesem Modell in beiden Schichten jeweils nach außen zu einer wässrigen Phase hin ausgerichtet und die hydrophoben Schwänze nach innen. Mit diesem Modell lässt sich erklären, wie sich Membranlipide innerhalb von wässrigen Lösungen in Zellen ausrichten und eine Biomembran bilden.
Das Sandwich-Modell von Davson und Danielli entspricht in seiner Grundstruktur dem Bilayer-Modell. Es ist jedoch ergänzt um Proteine, die auf beiden Seiten der Membran als weitere Schicht außen aufliegen. Charakteristische Membraneigenschaften wie ihre spezifische Durchlässigkeit und ihr elektrischer Widerstand können erst durch diese Proteinschicht erklärt werden.

2 Erläutern Sie, welche Hypothesen den jeweiligen Modellen zugrunde liegen.
Langmuir ging bei der Entwicklung seines Monolayer-Modells von Overtons Hypothese aus, dass Zellmembranen aus Lipiden aufgebaut sein müssen, da fettlösliche Verbindungen leicht, wasserlösliche Verbindungen jedoch kaum oder gar nicht in Zellen eindringen können. Sein Modell lässt sich auf Zellmembranen nur unter der Annahme übertragen, dass sich Lipidfilme auf Wasseroberflächen und Zellmembranen strukturell entsprechen.
Das Bilayer-Modell von Gorter und Grendel beruht auf der Beobachtung, dass sich Membranen in Zellen vollständig in wässrigen Phasen befinden. Die beiden Forscher folgerten daraus, dass Biomembranen zu beiden Seiten hydrophile Kontaktflächen besitzen müssen. Dies bildete die Grundlage ihrer Hypothese, dass Biomembranen aus zwei spiegelsymmetrisch angeordneten Lipidschichten aufgebaut sein müssen, sodass sich ein Bilayer-Modell ergibt.
Davson und Danielli vermuteten die Anwesenheit einer Proteinschicht auf beiden Seiten der Biomembran, da so der elektrische Widerstand und die spezifische Durchlässigkeit von Membranen erklärt werden konnte.
Frye und Edidin beobachteten die Mobilität von Membranproteinen nach der Fusion von artfremden Zellen und folgerten daraus die Hypothese, dass Biomembranen zwar

einen stabil-gleichmäßigen, aber auch fluiden Aufbau besitzen müssen und ihre Bestandteile daher an keinen festen Ort innerhalb der Membran gebunden sind.

Zusatzinformation: Spätere Untersuchungen zeigten, dass Gorter und Grendel bei ihren Experimenten zwei Fehler gemacht hatten. Sie hatten die Lipide nur unvollständig extrahiert und sie hatten bei der Berechnung der Erythrocytenoberfläche auf Basis ihrer mikroskopischen Beobachtungen zu kleine Werte angenommen. Da sich beide Fehler aufhoben, kamen die Forscher dennoch zu den richtigen Schlussfolgerungen.

1.4 Transportvorgänge an Biomembranen

Seite 32–33

1 Beschreiben Sie die Funktionen der in Abbildung 2 dargestellten Transportmechanismen durch Biomembranen.

Passive Transportmechanismen: Lipidlösliche Stoffe und Gase können Biomembranen über einfache Diffusion durchdringen. Lipidunlösliche Stoffe können Biomembranen nur über transmembrane Kanalproteine in Richtung des Konzentrationsgradienten über erleichterte Diffusion passieren. Aquaporine sind für Wassermoleküle spezifische Kanalproteine mit einer besonders hohen Diffusionsrate. Ionenspezifische Kanäle öffnen sich zum Beispiel mithilfe chemischer Signalmoleküle. Komplexere Moleküle werden von Carrierproteinen gebunden, die daraufhin ihre Raumstruktur so verändern, dass die gebundenen Moleküle auf die Gegenseite der Biomembran befördert werden. Alle passiven Transportmechanismen laufen ohne die Zufuhr von Energie ab, da sie immer in Richtung des aktuellen Konzentrationsgradienten ablaufen.

Aktive Transportmechanismen: Werden Moleküle entgegen ihres Konzentrationsgradienten über Biomembranen transportiert, muss Energie zugeführt werden, die für die Aktivität der beteiligten Carrierproteine benötigt wird.

Seite 34

1 Beschreiben Sie die Beispiele für die erleichterte Diffusion.

Die erleichterte Diffusion kann über integrale Transmembranproteine erfolgen. Diese bilden als spezifische Kanalproteine kleine Poren, durch die lipidunlösliche Stoffe, wie z. B. Ionen und polare Moleküle, die Biomembran passieren können. Eine besonders hohe Diffusionsrate ermöglichen Aquaporine, die einen schnellen Wassertransport in tierischen und pflanzlichen Zellen ermöglichen.

Ein weiteres Beispiel für die erleichterte Diffusion ist der Transport mithilfe spezieller Carrierproteine. Diese binden das zu transportierende Molekül und verändern daraufhin ihre Raumstruktur. Dadurch wird das Molekül auf die andere Seite der Membran transportiert.

2 Erläutern Sie den Unterschied zwischen passivem und aktivem Transport.

Der passive Transport erfolgt entweder durch einfache Diffusion oder erleichterte Diffusion. Diese Vorgänge verlaufen immer entlang des aktuellen Konzentrationsgradienten, also vom Ort der höheren Konzentration in Richtung des Ortes der niedrigeren Konzentration eines Stoffes. Deshalb wird für sie keine zusätzliche Energie benötigt.

Durch den aktiven Transport können Stoffe gegen den Konzentrationsgradienten von einer Seite einer Biomembran zur anderen Seite transportiert werden. Die dabei ablaufenden Veränderungsprozesse der beteiligten Membranproteine benötigen die Zufuhr von Energie, die zum Beispiel aus der Spaltung von ATP stammt.

3 Beschreiben Sie den Ablauf der Endocytose.

Bei der Endocytose befindet sich der aufzunehmende Stoff oder Partikel zunächst außerhalb der Zelle. Die Zellmembran umfließt diesen aktiv und stülpt sich anschließend als Bläschen vollständig nach innen ein. So gelangt der Stoff oder Partikel in einem membranumhüllten Vesikel ins Innere der Zelle. Das Vesikel verschmilzt dort anschließend mit einem Lysosom. Dessen Verdauungsenzyme lösen den Vesikelinhalt schließlich auf. Dieser wird dann ins Cytoplasma freigesetzt.

Seite 35 (Material)

Material A – Plasmolyse bei der Ligusterbeere

1 Erläutern Sie die Veränderungen des Zellvolumens nach der Überführung in konzentrierte Zuckerlösung und in Wasser.

Nach Überführung der Ligusterbeerenzellen in eine konzentrierte Zuckerlösung nimmt das Volumen der Zellen und ihrer Vakuolen ab. Aufgrund ihrer hohen Zuckerkonzentration ist die umgebende Flüssigkeit zum Zellinneren hypertonisch. Biomembranen sind für Zuckermoleküle jedoch nicht permeabel, sodass diese nicht in die Zelle diffundieren und so ihren Konzentrationsgradienten ausgleichen können. Ein Konzentrationsausgleich kann daher nur durch den Austritt von Wasser aus der Zellvakuole durch den Tonoplast und die Zellmembran nach außen erfolgen. Der mit dieser Plasmolyse verbundene Wasserausstrom führt zum Volumenverlust der Ligusterbeerenzellen.

Nach Überführung der durch Plasmolyse geschrumpften Zellen in Wasser nimmt das Volumen der Zellen und ihrer Vakuolen wieder zu. Aufgrund der gelösten Stoffe im Zellinneren ist die umgebende Flüssigkeit nun hypotonisch. Der Konzentrationsgradient verläuft jetzt also umgekehrt. Biomembranen sind für viele in der Zelle gelöste Stoffe jedoch nicht permeabel, sodass diese nicht nach außen diffundieren und so ihren Konzentrationsgradienten ausgleichen können. Ein Konzentrationsausgleich kann daher nur durch den Eintritt von Wasser in die Zelle erfol-

gen. Der mit dieser Deplasmolyse verbundene Wassereinstrom führt zur Volumenzunahme der Ligusterbeerenzellen.

2 Erklären Sie die Funktion der Aquaporine in der Zellmembran. Nehmen Sie hierzu die Abbildung 2 auf Seite 32 zu Hilfe.

Aquaporine sind spezifische Kanalproteine, die eine erleichterte Diffusion von Wassermolekülen durch Biomembranen ermöglichen. Sie führen zu Durchtrittsraten
von bis zu drei Milliarden Wassermolekülen pro Sekunde.
Über sie verläuft der Wasseraus- und -einstrom der Zelle
während der Plasmolyse und Deplasmolyse.

3 Stellen Sie eine Hypothese auf, welche Beobachtungen im zweiten Versuch zu erwarten sind.

Da Aquaporine durch Quecksilberionen blockiert werden,
ist anzunehmen, dass Wassermoleküle die Membranen der
Zellen und Vakuolen nun gar nicht oder nur in sehr geringem Umfang durchdringen können. Damit sind die Biomembranen jetzt nicht nur für gelöste Stoffe, sondern auch
für das Lösungsmittel Wasser selbst undurchlässig. Deshalb ist zu erwarten, dass nach Überführung der Ligusterbeerenzellen in eine konzentrierte Zuckerlösung keine
Plasmolyse stattfindet.
*Zusatzinformation: Würde man die Zellen erst nach der
Plasmolyse mit Quecksilberionen behandeln, wäre anzunehmen, dass nach Überführung der Zellen in Wasser
auch keine Deplasmolyse stattfindet.*

Material B – Vakuole als Ionenfalle

1 Beschreiben Sie die in der rechten Abbildung dargestellten Veränderungen in der Zwiebelepidermis.

Die Vakuolen der Epidermiszellen der Zwiebel erscheinen
nach Einbettung in die Neutralrotlösung nach einigen Minuten rot. Das Zellplasma erscheint gar nicht oder nur gering gefärbt.

2 Erklären Sie die Beobachtungen.

Neutralrot liegt anfangs in einer neutralen Lösung als
lipophiler Farbstoff vor und kann deshalb Biomembranen
leicht passieren. Aufgrund des Konzentrationsgradienten
strömen die lipophilen Neutralrot-Moleküle zu Beginn des
Experiments durch die Membranen in das Zellinnere und
die Vakuolen ein. Durch die in den Vakuolen gelösten
Stoffe herrscht dort jedoch offenbar ein saurer pH. Deshalb werden die dort ankommenden Neutralrot-Moleküle
durch die Aufnahme von Protonen zu positiv geladenen
Neutralrot-Ionen, die den Vakuoleninhalt kirschrot färben.

3 Entwickeln Sie eine Hypothese, welche Beobachtungen im Folgeexperiment zu erwarten sind, und begründen Sie den Begriff „Ionenfalle" für die Vakuole.

Da die Vakuolenflüssigkeit durch das gelöste Neutralrot
(und weitere Stoffe) gegenüber Leitungswasser hyperto-

nisch ist, wäre nach Überführen der Zwiebelepidermiszel-
len in Leitungswasser eigentlich zu erwarten, dass der
Farbstoff im Zuge seines Konzentrationsausgleichs wieder aus den Vakuolen und Zellen nach außen diffundiert,
sodass eine Entfärbung der Vakuolen eintritt. Da das ursprünglich lipophile Neutralrot im sauren Milieu der Vakuolen jedoch nun als positiv geladene Ionen und dadurch
hydrophil vorliegt, was man am Farbwechsel von braunrot
zu kirschrot erkennen kann, ist es nun nicht mehr in der
Lage, die Biomembranen zu passieren. Deshalb ist anzunehmen, dass die Vakuolenfärbung weiter bestehen bleibt.
Die Vakuolen lassen die Neutralrot-Ionen nicht mehr austreten und wirken daher wie eine „Ionenfalle".
Außerdem ist zu erwarten, dass es im Zuge eines Konzentrationsausgleichs zum Wassereinstrom und dadurch zur
Volumenzunahme der Vakuolen und Zellen kommt. Die
damit verbundene Verdünnung des Neutralrots in den Vakuolen könnte zumindest eine leichte Abschwächung ihrer
Rotfärbung zur Folge haben.

1.5 Grundlagen biologischer Reaktionen

Seite 36–38

1 Beschreiben Sie, weshalb man Lebewesen als offene Systeme bezeichnet.

Lebewesen nehmen Stoffe aus ihrer Umgebung auf. Dies
sind bei Tieren die in der Nahrung enthaltenen Nährstoffe,
Wasser und Sauerstoff. Pflanzen nehmen Kohlenstoffdioxid, Wasser sowie Mineralstoffe auf.
Außerdem geben Lebewesen Stoffe an ihre Umgebung ab.
Tiere geben Kohlenstoffdioxid und Wasser an die Umwelt
ab und scheiden Exkremente aus. Pflanzen geben Sauerstoff an die Umgebung ab.
Da Lebewesen auch Energie aus der Umwelt aufnehmen
und abgeben, bezeichnet man sie sowohl aus stofflicher
als auch aus energetischer Sicht als offene Systeme.

2 Erläutern Sie die Unterschiede zwischen einer chemischen Reaktion ohne Katalysator und einer mit Katalysator.

Bei chemischen Reaktionen werden die chemischen Bin-
dungen der Ausgangsstoffe gelöst und die neuen Bindun-
gen der Produkte geknüpft. Viele Reaktionen sind nur
möglich, wenn Energie zugeführt wird, die Aktivierungsenergie. Ein Katalysator senkt die Aktivierungsenergie. Es
muss weniger Energie zugeführt werden, um eine chemische Reaktion in Gang zu setzen. Deshalb verläuft eine
Reaktion in Gegenwart eines Katalysators viel schneller
als ohne Katalysator.

Versuch A – Zersetzung von Wasserstoffperoxid

1 Führen Sie das Experiment entsprechend der Abbildung durch und erstellen Sie ein Versuchsprotokoll.

Fragestellung: In welcher Weise beeinflusst die in rohen Kartoffelstücken enthaltene Katalase die Zersetzung von Wasserstoffperoxid?

Hypothese: Da Katalase ein Katalysator für die Zersetzung von Wasserstoffperoxid ist, müsste die Freisetzung von Sauerstoff stark beschleunigt werden.

Geräte und Material:
– Reagenzglas, durchbohrter Stopfen mit Glasrohr, Gummischlauch, gebogenes Glasrohr, Messzylinder, pneumatische Wanne
– Wasser
– Kartoffelstückchen
– 2 ml 3%ige Wasserstoffperoxidlösung
– Pipette
– Schutzbrille

Durchführung: Das gebogene Glasrohr und das Glasröhrchen im durchbohrten Stopfen werden mit dem Gummischlauch verbunden. Die pneumatische Wanne wird mit Wasser gefüllt. Der Messzylinder wird in die pneumatische Wanne getaucht, bis er komplett mit Wasser gefüllt ist. Anschließend wird der Messzylinder so weit angehoben, dass das gebogene Glasrohr von unten in die Öffnung geschoben werden kann. Dann füllt man die Kartoffelstückchen in das Reagenzglas. Mithilfe einer Pipette gibt man 2 ml Wasserstoffperoxidlösung in das Reagenzglas und verschließt dieses sofort.

Beobachtung: Sobald die Wasserstoffperoxidlösung zu den Kartoffelstückchen gegeben wird, setzt eine heftige Gasentwicklung ein, die Lösung schäumt auf. Im Messzylinder steigen Gasblasen auf.

Deutung: Die Katalase wirkt als Katalysator für die Zersetzung von Wasserstoffperoxid in Wasser und Sauerstoff.

Zusatzinformation: Zum Sauerstoffnachweis verschließt man die Öffnung des Messzylinders, hebt ihn vorsichtig aus der pneumatischen Wanne und dreht ihn, sodass die Öffnung nach oben zeigt. Ein glühender Holzspan, der in die Gasphase des Messzylinders gehalten wird, flammt sofort auf.

2 Stellen Sie eine Hypothese auf, in welcher Weise sich die Gasentwicklung steigern ließe.

Eine Möglichkeit, die Gasentwicklung zu steigern, besteht darin, die Menge des zugesetzten Wasserstoffperoxids zu erhöhen, da die Menge des freigesetzten Sauerstoffs von der Menge des eingesetzten Wasserstoffperoxids abhängt. Die Temperaturerhöhung des Reaktionsgemischs führt zu einer heftigeren Gasentwicklung, da das Enzym bei erhöhter Temperatur effektiver arbeitet.

Eine Möglichkeit, die Heftigkeit der Gasentwicklung zu steigern, besteht darin, die Kartoffelstückchen stärker zu zerkleinern. Dadurch vergrößert sich deren Oberfläche und mehr Wasserstoffperoxidmoleküle können gleichzeitig reagieren.

Material B – Energiediagramme der Zersetzung von Wasserstoffperoxid

1 Erläutern und vergleichen Sie die Energiediagramme.

Die drei Energiediagramme zeigen die Reaktionswege der Reaktion von Wasserstoffperoxid zu Wasser und Sauerstoff ohne Katalysator, mit einem Platinkatalysator und mit dem Enzym Katalase als Katalysator. Alle drei Reaktionen verlaufen exotherm. Die freigesetzte Enthalpie ist identisch und beträgt jeweils 96 kJ pro mol.

Bei der Reaktion ohne Katalysator ist eine Aktivierungsenergie in Höhe von 76 kJ pro mol notwendig, um die Reaktion in Gang zu setzen. In Gegenwart eines Platinkatalysators ist die Aktivierungsenergie geringer. Sie beträgt 57 kJ pro mol. Am geringsten ist die Aktivierungsenergie in Gegenwart des Enzyms Katalase als Katalysator. Sie beträgt nur 29 kJ pro mol.

2 Begründen Sie, welche Bedeutung die geringe Aktivierungsenergie der Reaktion in Gegenwart der Katalase für die Zelle hat.

Je höher die Aktivierungsenergie ist, desto mehr Energie muss zugeführt werden, um die Reaktion in Gang zu setzen. Das bedeutet, dass beispielsweise die Temperatur erhöht werden muss. In den Zellen der meisten Lebewesen ist die Temperatur nicht höher als die der Umgebung oder nur geringfügig höher. Eine starke Temperaturerhöhung hätte zur Folge, dass die Zellen nicht mehr lebensfähig sind. Die geringe Aktivierungsenergie der Katalase bedeutet für die Zellen, dass die Zersetzung von Wasserstoffperoxid bei einer niedrigen Temperatur schnell ablaufen kann.

1 Zeichnen Sie anhand der Abbildung 3 die Strukturformel der beiden Aminosäuren Glycin und Cystein. Zeichnen Sie anschließend anhand von Abbildung 2 ein Dipeptid aus beiden Aminosäuren. Markieren Sie die Peptidbindung.

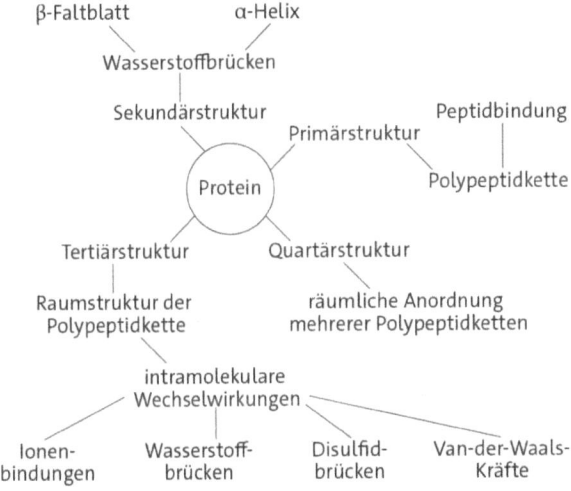

Illustration: Cornelsen/Andrea Thiele

2 Erstellen Sie eine Mindmap zu den unterschiedlichen Strukturebenen der Proteine. Berücksichtigen Sie dabei auch die jeweils wirksamen Bindungstypen.

β-Faltblatt   α-Helix
Wasserstoffbrücken
Sekundärstruktur
Peptidbindung
Primärstruktur
Protein
Polypeptidkette
Tertiärstruktur   Quartärstruktur
Raumstruktur der Polypeptidkette
räumliche Anordnung mehrerer Polypeptidketten
intramolekulare Wechselwirkungen
Ionenbindungen   Wasserstoffbrücken   Disulfidbrücken   Van-der-Waals-Kräfte

Illustration: Cornelsen/Andrea Thiele

1.6 Struktur und Funktion von Enzymen

Seite 42–44

1 Beschreiben Sie den Ablauf einer enzymatischen Reaktion nach dem Schlüssel-Schloss-Modell.

Wenn das Substratmolekül und ein Enzym aufeinandertreffen, kann das Substrat an einer speziellen Bindungsstelle, die als taschenartige Vertiefung ausgeprägt ist, mit dem Enzym in Wechselwirkung treten. Die Struktur des Substratmoleküls und die Struktur der taschenartigen Vertiefung passen nach dieser Modellvorstellung zueinander wie ein Schlüssel ins Schloss. Da nur ein spezifisches Substratmolekül in die Vertiefung hineinpasst, werden Enzyme als substratspezifisch bezeichnet.

Bei der Bildung des als Enzym-Substrat-Komplex bezeichneten Übergangszustands werden die Substratmoleküle verändert, indem sie passgenau für die enzymatische Reaktion ausgerichtet werden, indem sie unter Spannung gesetzt werden oder indem Ladungen übertragen werden. Aufgrund dieser Veränderungen kommt es zu einem anderen Reaktionsweg als ohne den katalytischen Einfluss des Enzyms. Hierdurch wird die Aktivierungsenergie für die Reaktion herabgesetzt und die Reaktion deshalb beschleunigt.

Bei der hier stattfindenden Reaktion entsteht aus dem Substratmolekül ein verändertes Molekül, das als Produkt bezeichnet wird.

2 Vergleichen Sie die molekularen Partner enzymatischer Reaktionen.

Viele enzymatische Reaktionen finden nur statt, wenn neben dem aus Aminosäuren aufgebauten Enzym und dem Substratmolekül weitere Reaktionspartner vorhanden sind. So werden häufig Elektronen, Wasserstoffatome oder chemische Gruppen auf das Substratmolekül übertragen oder von ihm abgespalten. Dies geschieht durch organische Moleküle, die als Coenzyme bezeichnet werden. Anorganische Ionen, die im Enzym gebunden sind und für die Funktion des Enzyms notwendig sind, werden als Cofaktoren bezeichnet. Andere Enzyme verfügen über eine prosthetische Gruppe. Hierbei handelt es sich um ein organisches Molekül, das dauerhaft mit dem Enzym verknüpft ist. Im Gegensatz zu Cofaktoren und prosthetischen Gruppen sind Coenzyme nicht dauerhaft mit dem Enzym verbunden.

Seite 45 (Material)

Versuch A – Wirkung von Urease

1 Führen Sie das Experiment durch und erstellen Sie ein Versuchsprotokoll.
Fragestellung: Wie lässt sich die Katalysatorwirkung der Urease nachweisen?

Hypothese: Da die Urease die Spaltung von Harnstoff in Kohlenstoffdioxid und Ammoniak bewirkt, müsste das Reaktionsgemisch durch das entstandene Ammoniak alkalisch werden.

Geräte und Material:
- 3 Reagenzgläser
- Reagenzglasständer
- Ureaselösung
- Harnstofflösung
- 2 Pipetten
- Phenolphthaleinlösung
- Schutzbrille

Durchführung: Jeweils 1 ml der Ureaselösung wird in die Reagenzgläser 1 und 2 pipettiert. Anschließend pipettiert man in alle drei Reagenzgläser jeweils zwei Tropfen Phenolphthaleinlösung. Zuletzt gibt man in Reagenzglas 1 und in Reagenzglas 3 jeweils 5 ml Harnstofflösung.

Beobachtung: Die Lösung in allen drei Reagenzgläsern bleibt nach Zugabe der Phenolphthaleinlösung farblos. Nach Zugabe der Harnstofflösung färbt sich der Inhalt von Reagenzglas 1 bald violett. Der Inhalt der beiden anderen Reagenzgläser bleibt farblos.

Deutung: Phenolphthalein ist ein Indikator, der sich in alkalischer Lösung violett färbt. Die Violettfärbung in Reagenzglas 1 deutet deshalb darauf hin, dass eine alkalische Lösung entsteht. Diese ist auf das freigesetzte Ammoniak zurückzuführen.

Zusatzinformation: Da Phenolphthaleinlösung toxisch bedenklich ist, sollte es nur in sehr verdünnter Konzentration von 0,1 Prozent verwendet werden. Alternativ kann ein Universalindikator oder Thymolphthalein verwendet werden. Thymolphthalein ist in neutralen Lösungen farblos und schlägt im alkalischen Bereich oberhalb von pH 9,3 nach blau um.

Gesamtreaktion der Ureasereaktion:

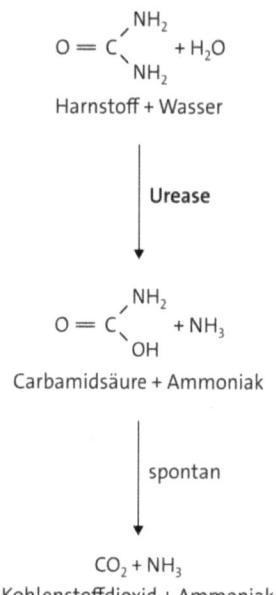

$$O = C \overset{NH_2}{\underset{NH_2}{\big\langle}} + H_2O$$

Harnstoff + Wasser

↓ Urease

$$O = C \overset{NH_2}{\underset{OH}{\big\langle}} + NH_3$$

Carbamidsäure + Ammoniak

↓ spontan

$$CO_2 + NH_3$$

Kohlenstoffdioxid + Ammoniak

Illustration: Cornelsen/Bernhard A. Peter, newVision! GmbH

Da die Ureasereaktion in wässriger Lösung stattfindet, entstehen aus den freigesetzten Ammoniakmolekülen Ammonium- und Hydroxidionen, die für die alkalische Reaktion verantwortlich sind:

$$NH_3 + H_2O \leftrightharpoons NH_4^+ + OH^-$$

Das entstandene Kohlenstoffdioxid ist weniger gut wasserlöslich als Ammoniak und entweicht weitgehend als Gas. Das in der wässrigen Lösung verbleibende Kohlenstoffdioxid reagiert nur in geringem Umfang zu Kohlensäure:

$$CO_2 + H_2O \leftrightharpoons H_2CO_3$$

Versuch A – Wirkung von Urease

2 Begründen Sie die Vorgehensweise mit drei Versuchsansätzen.

Die Wirkung der Urease wird nur indirekt über das Entstehen einer alkalischen Lösung nachgewiesen. Deshalb wird dem Reagenzglas 1 der Indikator Phenolphthalein zugegeben, der durch Violettfärbung die Bildung der alkalischen Lösung anzeigt. Dem Reagenzglas 2 wird keine Harnstofflösung zugegeben. Damit wird gezeigt, dass die Farbreaktion nicht allein von der Urease in wässriger Lösung verursacht wird. In Reagenzglas 3 befindet sich keine Ureaselösung. Damit wird gezeigt, dass die Harnstofflösung allein keine Farbänderung des Indikators bewirken kann. Die Reagenzgläser 2 und 3 dienen somit als Blindproben.

Material B – Wirkung von Urease auf Stoffe mit ähnlicher Molekülstruktur

1 Erklären Sie die Beobachtungen.

Man erkennt eine deutliche Violettfärbung nur im mit Harnstoff versehenen Reagenzglas. In den mit den Reagenzien Thioharnstoff, Iminoharnstoff und Phenylthioharnstoff gefüllten Reagenzgläsern sind die Lösungen farblos. Das bedeutet, dass nur Harnstoff in Gegenwart von Urease zu einer alkalischen Lösung führt.

Die dargestellten Strukturformeln der Reagenzien weisen eine große Ähnlichkeit mit Harnstoff auf, unterscheiden sich jedoch geringfügig, indem das Sauerstoffatom durch ein Schwefelatom bei Thioharnstoff oder eine NH-Gruppe bei Iminoharnstoff ausgetauscht ist. Bei Phenylthioharnstoff ist wie beim Thioharnstoff das Sauerstoffatom durch ein Schwefelatom ersetzt, zudem ist ein Wasserstoffatom der Aminogruppe gegen eine Phenylgruppe ausgetauscht, also einer aus sechs Kohlenstoffatomen bestehenden Ringstruktur.

Die Urease reagiert offensichtlich nicht mit den drei dargestellten Reagenzien. Dies ist ein Hinweis auf die Substratspezifität der Urease. Die anderen Stoffe interagieren nicht mit dem aktiven Zentrum der Urease.

Hinweis: Die Verwendung von Phenylthioharnstoff ist ausschließlich in dem von der Lehrkraft durchgeführten Versuch erlaubt.

2 Wiederholt man den Versuch mit N-Methylharnstoff, so beobachtet man einen Farbumschlag des Indikators erst nach mehr als 2 min. Stellen Sie eine Hypothese auf, worauf dies zurückzuführen sein könnte.

Der Farbumschlag des Indikators weist darauf hin, dass N-Methylharnstoff von Urease umgesetzt wird und dabei eine alkalische Lösung entsteht. Die Reaktion entspricht jener mit Harnstoff, verläuft aber vergleichsweise langsam. Diese Beobachtung bedeutet, dass das Substrat N-Methylharnstoff mit dem aktiven Zentrum der Urease reagieren kann. Dies führt zu der Annahme, dass die Moleküle Harnstoff und N-Methylharnstoff eine sehr ähnliche Struktur haben, die einen Enzym-Substrat-Komplex ermöglicht. Die Passung des N-Methylharnstoffs am aktiven Zentrum ist wahrscheinlich nicht so optimal wie die des Harnstoffs. Das erklärt den langsamen Reaktionsverlauf.

Zusatzinformation: Strukturformel von N-Methylharnstoff:

$$N\text{-Methylharnstoff} \quad H_2N-\underset{\underset{NHCH_3}{|}}{\overset{\overset{O}{\|}}{C}}$$

Illustration: Cornelsen/Hannes von Goessel

Versuch C – Hydrolyse von Stärke

1 Führen Sie das Experiment durch und erstellen Sie ein Versuchsprotokoll.

Fragestellung: Wie lässt sich erklären, dass der Stärkenachweis nach Zugabe von Mundspeichel oder Amylase negativ ist, in Gegenwart von Salzsäure jedoch positiv ist?

Hypothese: Amylase spaltet Stärkemoleküle. In Gegenwart von Salzsäure findet keine Stärkespaltung statt.

Geräte und Material:
- 3 Bechergläser
- Stärkelösung
- Mundspeichel oder Amylase
- 2 Pipetten
- verdünnte Salzsäure
- Iod-Kaliumiodid-Lösung
- Schutzbrille

Durchführung: Die drei Bechergläser werden mit jeweils etwa 30 ml Stärkelösung befüllt. Zum Becherglas 2 gibt man anschließend Mundspeichel oder Amylase. In Becherglas 3 pipettiert man erst 1 ml verdünnte Salzsäure und gibt dann den Mundspeichel bzw. die Amylase hinzu. Danach pipettiert man in alle drei Bechergläser einige Tropfen Iod-Kaliumiodid-Lösung.

Beobachtung: Nach Zugabe der Iod-Kaliumiodid-Lösung färbt sich der Inhalt der Bechergläser 1 und 3 blau. Der Inhalt von Becherglas 2 färbt sich zunächst ebenfalls blau, entfärbt sich dann aber langsam.

Deutung: Die Blaufärbung von Iod-Kaliumiodid dient als Nachweis von Stärke. Somit lässt sich in den Bechergläsern 1 und 3 am Ende des Versuchs Stärke nachweisen.

Dass sich der Inhalt von Becherglas 2 entfärbt, ist nur mit dem Abbau der Stärke zu erklären.

2 Deuten Sie das Versuchsergebnis hinsichtlich der Stärkeverdauung beim Menschen.

In Gegenwart von Salzsäure findet kein Stärkeabbau statt. Das deutet darauf hin, dass die im Mundspeichel enthaltene Amylase nur im Mundraum wirken kann. Im Magen herrscht ein salzsaures Milieu. Das bedeutet, dass die stärkehaltigen Lebensmittel, die mit dem Mundspeichel geschluckt werden, im Magen durch den Mundspeichel nicht weiter abgebaut werden können.

1.7 Einflüsse auf die Enzymaktivität

Seite 48–51

1 Erläutern Sie den Einfluss von Temperatur und pH-Wert auf die Enzymaktivität.

Eine Erhöhung der Temperatur hat zur Folge, dass sich die Substratmoleküle in der Zelle schneller bewegen und damit die Häufigkeit einer Kollision mit einem Enzymmolekül steigt. Nach der RGT-Regel führt dies bei einer Temperaturerhöhung von 10 Grad in etwa zu einer Verdoppelung der Reaktionsgeschwindigkeit. Dies gilt jedoch für die meisten Enzyme nur im physiologisch wirksamen Bereich oberhalb des Gefrierpunkts bis zu einer Temperatur von etwa 40 °C.

Bei höheren Temperaturen werden innerhalb der Enzymmoleküle Wasserstoffbrückenbindungen gelöst und damit die räumliche Anordnung der Sekundär- und der Tertiärstruktur verändert, die Enzymmoleküle denaturieren. Da hiervon auch das aktive Zentrum betroffen ist, sinkt die Umsatzrate beziehungsweise die Wechselzahl der Enzyme. Bei einer weiteren Temperaturerhöhung ist die Denaturierung irreversibel.

Der pH-Wert beeinflusst die Struktur der Enzymmoleküle und damit auch die des aktiven Zentrums, indem die Ladungen der Carboxyl- und der Aminogruppen verändert werden. Dies hat zur Folge, dass die für die Sekundär- und Tertiärstruktur wichtigen Wechselwirkungen zwischen den geladenen Gruppen variieren. Eine Veränderung der Struktur im aktiven Zentrum führt dazu, dass das Substrat weniger gut oder gar nicht mehr dort binden kann.

2 Begründen Sie den Verlauf der Sättigungskurven enzymatischer Reaktionen mit und ohne Hemmstoffe.

Die Reaktionsgeschwindigkeit einer enzymatischen Reaktion steigt, wenn sich die Konzentration der Substratmoleküle erhöht. Dies ist darauf zurückzuführen, dass mit zunehmender Substratkonzentration die Wahrscheinlichkeit steigt, dass ein Substratmolekül mit dem aktiven Zentrum eines Enzymmoleküls in Kontakt tritt. Wenn alle aktiven Zentren der vorhandenen Enzymmoleküle besetzt, also gesättigt sind, führt eine weitere Erhöhung der Substratkonzentration nicht zu einer erhöhten Umsatzrate und deshalb nicht zu einer erhöhten Reaktionsgeschwindigkeit. Dieser Sachverhalt hat zur Folge, dass die Veränderung der Reaktionsgeschwindigkeit im Bereich geringer Substratkonzentrationen hoch ist, während sie im Bereich höherer Substratkonzentrationen immer geringer wird und schließlich keine Erhöhung der Reaktionsgeschwindigkeit mehr möglich ist. Grafisch aufgetragen führt dies zu einer Sättigungskurve.

Ein kompetitiver Hemmstoff konkurriert mit dem Substratmolekül um dasselbe aktive Zentrum eines Enzymmoleküls. Das hat zur Folge, dass in Gegenwart des Hemmstoffs weniger Substratmoleküle mit dem aktiven Zentrum in Wechselwirkung treten und die Reaktionsgeschwindigkeit geringer ist als ohne Hemmstoff. Eine Erhöhung der Substratkonzentration erhöht auch in Gegenwart des Hemmstoffs die Wahrscheinlichkeit, dass ein Substratmolekül mit dem aktiven Zentrum in Kontakt tritt. Das heißt, die Reaktionsgeschwindigkeit steigt, jedoch langsamer als ohne Hemmstoff. Die resultierende Sättigungskurve verläuft demnach flacher, erreicht aber dennoch die Maximalgeschwindigkeit.

Ein nichtkompetitiver Hemmstoff bindet an einer zweiten Bindungsstelle des Enzymmoleküls. Er konkurriert nicht um das aktive Zentrum. Daher ist seine inhibitorische Wirkung unabhängig von der Konzentration der Substratmoleküle. Selbst eine sehr hohe Substratkonzentration hebt die Hemmstoffwirkung nicht auf. Die resultierende Sättigungskurve verläuft demnach nicht nur flacher, sie erreicht auch nicht die Maximalgeschwindigkeit.

Seite 52–53 (Material)

Versuch A – Enzymaktivität der Katalase in Abhängigkeit von der Temperatur

1 Stellen Sie Ihre Messwerte in einem Diagramm dar.
Lösungsbeispiel:

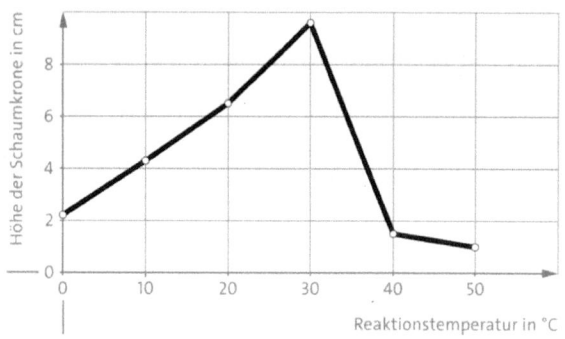

Illustration: Cornelsen/Bernhard A. Peter, newVision! GmbH

2 Deuten Sie das Versuchsergebnis.
Der Kurvenverlauf des Grafen zeigt, dass die Schaumbildung von 0 °C bis zu einer Temperatur von 30 °C kontinuierlich ansteigt. Die Schaumbildung ist ein Indikator für die Sauerstoffbildung und damit für die Reaktionsgeschwindigkeit bei dieser enzymatischen Reaktion. Die gemessenen Werte entsprechen der RGT-Regel, nach der eine Zunahme der Temperatur um 10 °C etwa eine Verdoppelung der Reaktionsgeschwindigkeit zur Folge hat. Bei einer Temperatur von 40 °C wird etwa gleich viel Schaum gebildet wie bei 0 °C. Die geringe Schaumbildung kann mit der beginnenden Denaturierung der Katalase oberhalb von 30 °C erklärt werden. Eine weitere Temperaturerhöhung hat eine stärkere Denaturierung und damit eine noch geringere Schaumbildung zur Folge.

3 Beurteilen Sie die Messmethode.
Diese Messmethode gibt lediglich einen Anhaltspunkt, wie stark die Enzymwirkung bei den verschiedenen Temperaturen ist. Sie kann die Optimumkurve ungefähr verdeutlichen. Die Angaben sind jedoch sehr ungenau. Zum einen sind die Temperaturen im Reagenz nicht exakt einzuhalten. Zum anderen ist die Messung der Höhe der Schaumkronen eine relativ ungenaue Methode zur Bestimmung der Gasbildung. Außerdem ist aufgrund von Messungenauigkeiten nicht gewährleistet, dass genau die gleichen Volumina Wasserstoffperoxidlösung in die Reagenzgläser gegeben werden. Auch die Herkunft der Kartoffeln hat Einfluss auf die Schaumentwicklung und damit auf das Versuchsergebnis. Eine Bestimmung des exakten Temperaturoptimums ist mit dieser Methode nicht möglich.

Versuch B – Enzymaktivität der Katalase im sauren und im alkalischen Milieu

1 Erstellen Sie eine Materialliste, führen Sie den Versuch durch und fertigen Sie ein Versuchsprotokoll an.
Fragestellung: Welchen Einfluss haben ein alkalisches und ein saures Milieu auf die Aktivität der im Kartoffelsaft enthaltenen Katalase?
Hypothese: Da die Katalase in der natürlichen Umgebung der Kartoffelzellen einem pH-neutralen Milieu ausgesetzt ist, ist anzunehmen, dass die Aktivität der Katalase sowohl im Sauren als auch im Alkalischen sinkt.
Geräte und Material:
– Schutzbrille
– 3 Reagenzgläser
– Reagenzglasständer
– Kartoffelsaft
– Becherglas mit verdünnter Salzsäure
– Becherglas mit Natronlauge
– Becherglas mit 3%iger Wasserstoffperoxidlösung
– 5 Pipetten
Durchführung: In die drei Reagenzgläser pipettiert man zunächst jeweils 2 ml Kartoffelsaft. Anschließend pipettiert man in das erste Reagenzglas 2 ml verdünnte Salzsäure, in das zweite Reagenzglas 2 ml verdünnte Natronlauge und in das dritte Reagenzglas 2 ml destilliertes Wasser. Nachdem man die drei Reagenzgläser kurz geschüttelt hat, werden in alle drei Reagenzgläser 5 ml Wasserstoffperoxidlösung hinzugefügt.

Beobachtung: In Reagenzglas drei setzt eine intensive Schaumbildung ein. In den Reagenzgläsern 1 und 2 bildet sich nur wenig Schaum.

Deutung: Die Schaumbildung in Reagenzglas 3 ist auf die intensive Reaktion der Katalase mit der zugesetzten Wasserstoffperoxidlösung in pH-neutraler Umgebung zurückzuführen. Im sauren und im alkalischen Milieu kommt es zu einer Denaturierung des Enzyms, da der niedrige pH-Wert in der sauren Lösung und der hohe pH-Wert in der alkalischen Lösung die Ladungen der Aminosäuren im Enzym und damit die Struktur des aktiven Zentrums beeinflussen.

2 Planen Sie einen weiteren Versuch, mit dem Sie überprüfen können, bei welchem pH-Wert die Enzymaktivität ihr Optimum hat.

Für diesen Versuch werden entsprechend des Umfangs der untersuchten pH-Werte Reagenzgläser benötigt. Bei einem zu untersuchenden pH-Bereich von 5–10 wären dies 6 Reagenzgläser. In die Reagenzgläser werden zunächst jeweils 2 ml Kartoffelsaft gegeben, anschließend jeweils 2 ml der verdünnten Säuren und Laugen mit den pH-Werten 5, 6, 7, 8, 9 und 10. Danach pipettiert man in jedes Reagenzglas 5 ml der 3%igen Wasserstoffperoxidlösung und misst die Schaumentwicklung. Es ist zu erwarten, dass die Darstellung der Schaumentwicklung im Diagramm einer Optimumkurve entspricht und bei pH 7 ihr Maximum hat.

Material C – Katalasewirkung und Substratkonzentration

1 Erstellen Sie ein Diagramm, in dem Sie auf der *x*-Achse die Konzentrationen der Wasserstoffperoxidlösung auftragen und auf der *y*-Achse die Höhe der jeweiligen Schaumkrone.

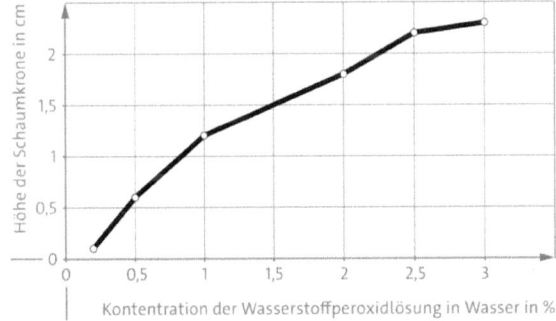

Illustration: Cornelsen/Bernhard A. Peter, newVision! GmbH

2 Erklären Sie den Kurvenverlauf.

Mit der Wasserstoffperoxidlösung und dem destillierten Wasser werden verschiedene Wasserstoffperoxidkonzentrationen hergestellt. Dabei entspricht die unverdünnte Wasserstoffperoxidlösung der höchsten Substratkonzentration für das Enzym Katalase und die Verdünnung von 1 ml Wasserstoffperoxidlösung mit 5 ml Wasser der niedrigsten Substratkonzentration dieser Versuchsreihe. Die Höhe der Schaumkronen steigt mit der Substratkonzentration. Das aus den beobachteten Werten erstellte Diagramm verdeutlicht, dass die ermittelten Werte eine Sättigungskurve ergeben. Mit dem Experiment wird somit bestätigt, dass die Reaktionsgeschwindigkeit dieser enzymatischen Reaktion den theoretischen Vorgaben entspricht.

3 Stellen Sie eine Hypothese auf, wie sich eine weitere Erhöhung der Substratkonzentration auf die Schaumhöhe auswirkt.

Die Auswertung des Experiments zeigt, dass die Werte für die Höhe der Schaumkronen für die unverdünnte 3%ige Wasserstoffperoxidlösung und für die nur mit 1 ml Wasser verdünnte Wasserstoffperoxidlösung sich nur um 0,1 cm unterscheiden. Die daraus erstellte Sättigungskurve nähert sich dem Maximalwert. Daraus lässt sich folgern, dass eine weitere Erhöhung der Substratkonzentration nur eine sehr geringe Veränderung der Höhe der Schaumkrone erwarten lässt oder dass die Höhe der Schaumkrone unverändert bei 2,3 cm sein wird.

Versuch D – Reaktion von Urease mit Harnstoff und mit N-Methylharnstoff

1 Erstellen Sie eine Materialliste, führen Sie den Versuch durch und fertigen Sie ein Versuchsprotokoll an.

Fragestellung: Welchen Einfluss hat N-Methylharnstofflösung auf die Reaktion von Urease mit Harnstoff?

Hypothesen: Da N-Methylharnstoff eine ähnliche Struktur wie Harnstoff hat, könnte N-Methylharnstoff als Substrat ebenfalls mit Urease reagieren. Wenn N-Methylharnstoff das aktive Zentrum der Urease blockiert, könnte es als Hemmstoff für die Ureasereaktion mit Harnstoff wirken.

Geräte und Material:
– Schutzbrille
– 5 Reagenzgläser
– Reagenzglasständer
– 1%ige Harnstofflösung
– N-Methylharnstofflösung
– Wasser
– Phenolphthaleinlösung
– 5 Pipetten

Durchführung: In die drei Reagenzgläser 1, 2 und 3 pipettiert man zunächst jeweils 2 ml Harnstofflösung. Anschließend pipettiert man in das zweite Reagenzglas 2 ml Wasser und in das dritte Reagenzglas 2 ml N-Methylharnstofflösung. In die Reagenzgläser 4 und 5 werden jeweils 1 ml Ureasesuspension und drei Tropfen Phenolphthaleinlösung gegeben. Anschließend gießt man den Inhalt der Reagenzgläser 4 und 5 in die Reagenzgläser 2 und 3.

Beobachtung: Der Inhalt von Reagenzglas 2 färbt sich violett. Gleichzeitig ist eine Gasentwicklung zu beobachten. In Reagenzglas 3 ist nach einiger Zeit eine leichte Violettfärbung erkennbar, die langsam zunimmt. Die Gasentwicklung ist wesentlich geringer als in Reagenzglas 2. In Reagenzglas 1 ist keine Veränderung erkennbar.

Deutung: Die Violettfärbung in Reagenzglas 2 ist auf die Reaktion der Urease mit dem Substrat Harnstoff zurückzuführen. Harnstoff wird dabei in Kohlenstoffdioxid und Ammoniak gespalten. Das Kohlenstoffdioxid entweicht. Da Ammoniak in wässriger Lösung alkalisch reagiert, färbt sich der Indikator Phenolphthalein violett. Die Reaktion in Reagenzglas 3 verläuft wesentlich verhaltener als in Reagenzglas 2. Da N-Methylharnstoff eine ähnliche Struktur wie Harnstoff hat, lässt sich folgern, dass N-Methylharnstoff offensichtlich die Reaktion mit Harnstoff kompetitiv hemmt.

Material E – Wirkung von Salzen auf Urease

1 Beschreiben Sie die Versuchsbeobachtungen.
In Reagenzglas 1 ist eine Gasentwicklung zu beobachten. Gleichzeitig färbt sich die Flüssigkeit violett. In den Reagenzgläsern 2 und 3 sind keine Gasentwicklung und keine Violettfärbung zu erkennen. Der Inhalt von Reagenzglas 4 färbt sich violett und es steigen Gasblasen auf.

2 Deuten Sie die unterschiedlichen Reaktionen.
In Reagenzglas 1 findet die enzymatische Reaktion zwischen Urease und Harnstoff statt, bei der Kohlenstoffdioxid und Ammoniak entstehen. Dass in den Reagenzgläsern 2 und 3 keine Reaktion zu beobachten ist, lässt sich auf die Anwesenheit der Schwermetallsalze Kupfersulfat und Zinksulfat zurückführen, die das Enzym Urease vergiften, indem sie die Reaktion blockieren. Natriumchlorid ist kein Schwermetallsalz. Es hat unter den vorgegebenen Reaktionsbedingungen keine Auswirkung auf die enzymatische Reaktion.

1.8 Energiebereitstellung in der Zelle

1 Beschreiben Sie, wie die Energieversorgung der Muskelzellen gewährleistet wird.
Zur Energiebereitstellung für die Ermöglichung von Muskelarbeit nutzt der Körper die mit der Nahrung aufgenommenen Nährstoffe, die er unter Verbrauch von Sauerstoff verwertet. Dabei stellt er ein universal einsetzbares Molekül her, ATP. Die im Blut vorhandene Menge an gelöster Glucose ist zu gering, um den Energiebedarf für eine länger andauernde Belastung wie beispielsweise einen dreieinhalbstündigen Marathonlauf abzudecken. Daher greift der Körper gerade in solchen Situationen auf andere körpereigene Energiespeicher zurück.
Zusatzinformation: Auch im Normalfall wird die Energiebereitstellung des Körpers immer als Mix aus verschiedenen Speichern sichergestellt.
In den Muskeln und in der Leber ist Glykogen gespeichert, welches zu den Kohlenhydraten gehört. Dieser Glykogenvorrat reicht beim Marathonlauf jedoch nur für 60 bis 90

Minuten. Ein zweiter Energiespeicher, auf den der Körper zurückgreifen kann, stellen die körpereigenen Proteine in Form von Muskelproteinen dar. Die darin enthaltene Energie reicht theoretisch in Ruhe für mehrere Tage. Ein weiterer Energiespeicher ist das Körperfett, er reicht bei Belastung ebenso für mehrere Tage oder Wochen, in Ruhe sogar Monate. Die Nutzung aller Speicher stellt die Muskelarbeit sicher.
Der Abbau von Kohlenhydraten geschieht im Vergleich zur Nutzung von Fetten und Proteinen am schnellsten und am leichtesten. Diese Art der Energiebereitstellung liefert bezogen auf die ausgetauschten Gase den respiratorischen Quotienten von 1,0, das heißt, pro Zeiteinheit ist die ausgeatmete Kohlenstoffdioxidmenge im Verhältnis zum gleichzeitig aus der Luft aufgenommenen Sauerstoff gleich groß. Zum Abbau von Fetten und Proteinen ist mehr Sauerstoff nötig, als Kohlenstoffdioxid ausgeatmet wird. Der RQ für Fette beträgt 0,7, bei Proteinen liegt er bei 0,81. Die Stoffwechselwege für den Abbau von Fetten und Proteinen sind langsamer, daher werden diese Vorräte üblicherweise nur bei längerer Aktivität in Anspruch genommen. Je nach Art der Belastung nutzt der Körper also verschiedene Energiespeicher, zum Teil auch in Kombination.
Zusatzinformation: In Ruhe reicht der Glykogenspeicher für ca. 18 bis 24 Stunden. Der Vorrat an körpereigenen Proteinen reicht in Ruhe für 10 bis 12 Tage. Der gesamte Proteinspeicher kann jedoch nicht aufgebraucht werden. Der Verlust von mehr als 40 % des Körpereiweißbestands ist mit dem Leben unvereinbar.
Der Vorrat an Körperfett reicht in Ruhe für 50 bis 60 Tage. Dieser Energiespeicher hat außerdem den größten Masseanteil am Körpergewicht.
Als Folge eines gezielten Trainings beginnt beim Marathonläufer die Fettverbrennung bereits früher, nämlich schon dann, wenn noch nicht alle Glykogenspeicher aufgebraucht sind. Somit erhält der Läufer länger die leichter verfügbaren Kohlenhydrate als Energiequelle. Die Aufnahme kohlenhydrathaltigen Proviants wie beispielsweise Bananen liefert kurzfristig neue verwertbare Kohlenhydrate. Hierbei sind aber aus anderen Gründen (Belastung des Verdauungstraktes während des Laufes) mehr als zwei Bananen für den Läufer nicht förderlich.

Material A – Bedeutung von ATP

1 Erläutern Sie die biologische Bedeutung von Motorproteinen und beschreiben Sie anhand der Abbildung A die Bedeutung von ATP für zelluläre Bewegungsabläufe.
Motorproteine dienen zum Stofftransport über Distanzen innerhalb der Zelle, die allein durch Diffusion nicht effektiv zu überwinden wären. Der Transport mithilfe von Motorproteinen erfolgt entlang der Strukturen des Cytoskeletts (Mikrotubuli, Mikrofilamente). Das Motorprotein besitzt eine Bindungsregion für den zu transportierenden

Zellbestandteil sowie beinartige Fortsätze mit einer Bindungsregion für ATP. Unter ATP-Verbrauch bewegt sich das Motorprotein mitsamt des zu transportierenden Zellbestandteils mithilfe der beinartigen Fortsätze entlang der Mikrotutuli.

Zusatzinformation: Kinesin ist ein Beispiel für ein Motorprotein, das Moleküle entlang von Mikrotubuli im Axon eines Neurons transportiert. Es besitzt eine Bindungsregion für das zu transportierende Molekül sowie eine Bindungsregion für ATP, deren Zustand Einfluss auf die Konformation von zwei weiteren Molekülteilen hat, die mit dem Mikrotubulus interagieren und als „Köpfe" bezeichnet werden. Beide „Köpfe" des Kinesins (die in Abb. A als Füße dargestellt sind) besitzen Bindungsstellen für ADP. Ausgangssituation t = 0: Ein Kopf bindet zufällig am Mikrotubulus, ADP wird freigesetzt. In die Nucleotid-Bindungsstelle des nun gebundenen Kopfes kann jetzt ein ATP andocken, dies führt zur räumlichen Verlagerung des anderen Kopfes – er wird „vorgeworfen" und bindet an der nächsten freien Stelle auf dem Mikrotubulus („Schritt nach vorne"). Das gebundene ATP am anderen Kopf wird zu ADP + P hydrolysiert, das Phosphat wird freigesetzt, ADP bleibt gebunden. An dem eben vorgeworfenen, nun auch am Mikrotubulus gebundenen Kopf löst sich das ADP, die Nucleotidbindungsstelle wird frei, ATP dockt an und bewirkt ein Voranwerfen des anderen Kopfes zur nächsten Bindungsstelle am Mikrotubulus. Mikroskopisch lässt sich die „schrittweise" Positionsverlagerung des Kinesins entlang des Mikrotubulus beobachten. Das Protein mitsamt gekoppelter Fracht „wandert" am Mikrotubulus entlang.

2 Erläutern Sie die Reaktion zwischen ATP und dem Membranprotein mithilfe der Abbildung B.
Nennen Sie die geleistete Arbeit und beschreiben Sie deren Bedeutung für die Zelle.
In Abbildung B ist ein integrales Membranprotein dargestellt, welches als Carrier fungiert. Ein Carrierprotein kann unter Bindung von ATP eine Konformation annehmen, die einen aktiven Stofftransport über die Zellmembran ermöglicht. So kann die Zelle Stoffe gegen das Konzentrationsgefälle anreichern und Gradienten schaffen bzw. erhalten.

3 Beschreiben Sie die enzymkatalysierte Reaktion mithilfe der Abbildung C und erläutern Sie das Prinzip der energetischen Kopplung mit ATP als Coenzym einer enzymatischen Reaktion.
Das Enzym weist im aktiven Zentrum Bindungsstellen für Substrat und Cosubstrat auf, sodass die Reaktion, in diesem Fall die Phosphorylierung des Substrats Glucose, erfolgen kann. Das Produkt, Glucose-6-phosphat, geht reaktionsbereit aus dieser enzymatischen Reaktion hervor und verlässt genau wie das Cosubstrat das aktive Zentrum. Das Cosubstrat ist nun wieder bereit für eine erneute Aufnahme eines Phosphats. Es geht hier um chemische Arbeit (Stoffumbau).

Die Tertiärstruktur eines Enzymproteins stellt eine entsprechende räumliche Struktur dar, in der sowohl das Substrat als auch das Cosubstrat, hier ATP, andocken können. Die für das ATP charakteristische chemische Reaktion, die Hydrolyse des ATP-Moleküls, stellt eine energiebereitstellende, exergonische Reaktion dar. Sie läuft unabhängig von der damit gekoppelten energieverbrauchenden, endergonischen Reaktion des Partners immer gleich ab. Das Prinzip der energetischen Kopplung nutzt die durch die Hydrolyse des ATPs bereitgestellte Energie zur Ermöglichung einer anderen, damit gekoppelten endergonischen Reaktion. Dieses Prinzip ist universell und wird als energetische Kopplung bezeichnet.

Material B – Hungerstoffwechsel

1 Beschreiben Sie die typischen Stoffwechselprozesse der drei Phasen des Hungerstoffwechsels als Anpassungen an die fehlende Nahrungsaufnahme.
Bis zu 4 h nach der letzten Mahlzeit: Mobilisation von Glykogenreserven, Energiebereitstellung aus Kohlenhydraten
Frühe Hungerphase (1.–4. Tag): Die Gluconeogenese kommt in Gang, zeitverzögert ebenso die Nutzung von Fettspeichern.
Späte Hungerphase (4.–6. Woche): Anteil des fettverbrennenden Stoffwechselweges überwiegt nun deutlich im Vergleich zu der Nutzung körpereigener Proteine als Energiequelle mittels Gluconeogenese. Die Nutzung der Proteine bleibt gleichbleibend niedrig und unterschreitet diesen geringen Anteil nicht weiter.

Zusatzinformation: Die Energiebereitstellung wird hier hauptsächlich aus vorhandenen Fettreserven gespeist. Wenn die Fettdepots erschöpft sind, stellen die Proteine die einzige verbleibende Brennstoffquelle dar. Der Proteinabbau nimmt zu und es kommt dann unvermeidlich zum Tod durch Herz-, Leber- oder Nierenversagen.
Die Leber gibt das gespeicherte Glykogen als freie Glucose ins Blut ab, sie verfügt über das Enzym Glucose-6-Phosphatase. Glykogen ist auch in den Muskeln gespeichert, aber diese können Glucose nur für sich selbst nutzen und nicht ins Blut freigeben.
Die Gluconeogenese stellt den dominierenden Stoffwechselprozess während der ersten 10 Tage dar. Sie läuft hauptsächlich in Leber und Nieren ab und führt zum Aufbau von Glucose aus glucoplastischen Aminosäuren, die gewonnen werden durch den Abbau von Eiweißreserven, z. B. Muskulatur (sowie Eiweiße aus Blut, subkutanem Gewebe und den Basalmembranen der Kapillaren). Die Gewinnung von Zuckern aus Köperfett, welches zuvor durch Lipolyse in Glycerin und Fettsäuren abgebaut wurde, findet bereits ebenso statt, allerdings in einem sehr geringen Umfang. Anstelle von Glucose werden nun die freien Fettsäuren (und Ketonkörper) direkt verbrannt. Der vorherrschende Stoffwechselweg zum Abbau der Fettsäuren heißt Fettsäureoxidation. (Das beim lipolytischen Fettabbau entstehende Glycerin wird weiterhin in die Gluconeogenese eingespeist.) Ketonkörper bildet der Körper, wenn

wenig Kohlenhydrate und viel Fettsäuren im Blut vorhanden sind. Die Oxidation von Ketonkörpern dient der Energiebereitstellung im Gehirn und im Herzmuskel. Die Ketonverbrennung ersetzt die Zuckerverbrennung größtenteils.

Seite 57 (Material)

Material B – Hungerstoffwechsel

2 Beschreiben Sie anhand der Abbildung die zeitliche Abfolge der Nutzung der körpereigenen Energiespeicher.

Die Grafik zeigt die prozentualen Brennstoffanteile verschiedener Energiespeicher in kg in Abhängigkeit von der Dauer der Hungerperiode in Tagen. Der körpereigene Glykogenspeicher ist nach Stopp der Nahrungszufuhr zunächst die Hauptenergiereserve. Dieser Speicher wird im Laufe der ersten 1–2 Tage bereits aufgebraucht. Zeitgleich setzt auf anteilig niedrigerem Niveau die Nutzung von körpereigenen Proteinen (Muskelproteine) und Fettreserven ein. Die Nutzung der Proteinreserven zur Zuckergewinnung mittels Gluconeogenese sinkt jedoch wieder rasch auf ein gleichbleibendes niedriges Niveau ab, während die Bereitstellung aus Fettreserven weiter kontinuierlich bis zu ihrem Maximalwert ansteigt. Somit werden nach ca. einer Woche im Folgenden vorrangig nur die Fettreserven zur Energiebereitstellung genutzt.

Zusatzinformation: Diese stoffwechselphysiologische Situation erhält die lebenswichtigen Körperfunktionen für ca. fünf Wochen. Ab der sechsten Woche sinken sowohl restliche Fett- als auch Proteinanteile stark. Im weiteren Grafenverlauf wäre zu erwarten, dass der Fettvorrat früher aufgebraucht ist als die Proteine. Wenn diese schlussendlich auch herangezogen werden, ist das Überleben nicht mehr möglich.

3 Leiten Sie die zu erwartenden RQ-Werte für die einzelnen Phasen ab. Begründen Sie, weshalb der Körper in der Anfangsphase des Hungerns stärker auf Proteine zurückgreift als auf Fette und dies erst in einer späteren Phase umgestellt wird.

Der zu erwartende RQ-Wert liegt zu Beginn bei nahe 1,0 oder sogar genau 1,0 (Nutzung von Kohlenhydraten). Später sinkt er auf 0,8 bis 0,7 ab (Umstellung auf Proteinnutzung bzw. Fettverbrennung). Im Vergleich zu den fettabbauenden Stoffwechselwegen läuft die Gluconeogenese schneller an. Sie lässt sich gut aus Proteinreserven speisen, die zu diesem Zeitpunkt noch nicht geschont werden müssen. Um jedoch die Umwandlung lebenswichtiger Proteine zu Glucose einzuschränken, greift der Körper zunehmend stärker auf seinen massenanteilig größten Energiespeicher, das Fettgewebe, zurück.

Zusatzinformation: Die Skelettmuskulatur hat am Körpergewicht (KG) einen Anteil von 40 % und am Energiebedarf in Ruhe bereits einen Anteil von 22 %. Verglichen mit dem Energiebedarf eines ruhenden Fettgewebes ist das fast das Vierfache (Muskulatur im Schlaf: 13 kcal/kg KG pro Tag; Fettgewebe: 3,5 kcal/kg KG pro Tag). Die Nutzung der Muskelproteine für die Gluconeogenese reduziert also auch den Anteil an stark energiebedüftigen Geweben und hilft dem Organismus, seinen Grundumsatz zu senken.

Seite 58–59 (Blickpunkt: Kohlenhydrate)

1 Vergleichen Sie die drei Gruppen der Kohlenhydrate in tabellarischer Form.
Siehe Tabelle unten.

Tabelle zu Seite 58–59 (Blickpunkt: Kohlenhydrate) Aufgabe 1

Gruppe	Beispiel	Einzelbaustein	Verknüpfungstyp	Vorkommen
Monosaccharide	Glucose	Glu	keine	Honig, Obst
	Fructose	Fru		
	Galaktose	Gal		
Disaccharide	Maltose	α-Glu + α-Glu	α-1,4-glykosidisch	Bier, Pasta, süße Produkte
	Saccharose	α-Glu + β-Fru	α, β -1,2-glykosidisch	süße Lebensmittel
	Lactose	β-Glu + β-Gal	β-1,4-glykosidisch	Milch(-Produkte)
Polysaccharide	Amylose	α-Glu (zu unverweigten Ketten verknüpft)	α-1,4-gykosidisch	Kartoffeln, Getreide
	Amylopektin	α-Glu (zu verzweigten Ketten verknüpft)	α-1,4- u. α-1,6-glykosidisch	Kartoffeln, Getreide
	Glykogen	α-Glu (zu verzweigten Ketten verknüpft)	α-1,4- u. α-1,6-glykosidisch	Leber-, Muskel- u. Pilzzellen
	Cellulose	β-Glu (zu verzweigten Ketten verknüpft)	β-1,4-glykosidisch	pflanzl. Zellen
	Chitin	Acetylglucosamin		tierische Zellen und Pilzzellen

1.9 Glykolyse

Seite 60–61

1 Fassen Sie die Erkenntnisse zur Zellatmung als Ergebnisse der Blackbox-Methode zusammen. Geben Sie an, in welchen Zellkompartimenten die beschriebenen Reaktionen stattfinden.

In einer Zelle entstehen zunächst aus Glucose die Zwischenprodukte Glucose-6-phosphat, Fructose-6-phosphat und Pyruvat. Diese Reaktionsschritte finden im Zellplasma statt. Anschließend wird in den Mitochondrien Pyruvat umgesetzt, wobei Sauerstoff verbraucht und ATP gebildet wird.

Seite 62

1 Erläutern Sie mithilfe der Summenformeln von Glucose und Pyruvat die Bilanz der Glykolyse.

Ein Glucosemolekül mit der Summenformel $C_6H_{12}O_6$ enthält sechs Kohlenstoffatome, zwölf Wasserstoffatome und sechs Sauerstoffatome. Zwei Moleküle Pyruvat $C_3H_3O_3^-$ plus 2 H^+ enthalten zusammen sechs Kohlenstoffatome, acht Wasserstoffatome und sechs Sauerstoffatome. Wenn man das Pyruvat als Ergebnis des Glucoseabbaus sieht, sind alle Kohlenstoff- und Sauerstoffatome noch vorhanden, es fehlen aber vier Wasserstoffatome. Diese haben mit dem Stoff NAD^+ reagiert, sodass zweimal $NADH + H^+$ entstanden ist. Unter Einsatz von ADP und Phosphat wurden Wasser und ATP gebildet. Daher bedeutet die Glykolyse nicht nur einen Abbau der Glucosemoleküle, sondern auch eine Energieübertragung auf ATP-Moleküle. Diese geschieht bei den chemischen Reaktionen des Glucoseabbaus bis zum Pyruvat.

Zusatzinformation: Die in Lehrbüchern abgedruckten Einzelreaktionen der Glykolyse sind bezogen auf die beteiligten Wasserstoffatome häufig nicht explizit dargestellt. So wird bei der Umwandlung von Glycerinaldehyd-3-phosphat zu 1,3-Bisphosphoglycerat $NADH + H^+$ gebildet. Das an der Reaktion beteiligte Phosphat bringt nicht nur ein Sauerstoffatom mit, sondern auch ein Wasserstoffatom. Dieses ersetzt ein Wasserstoffatom an der SH-Gruppe des beteiligten Enzyms, deren H-Atom vorab als das NADH begleitende Proton abgegeben wurde. Aus systematischen Gründen werden in diesem Buch dagegen die H-Atome im $NADH + H^+$ dem Abbau des Glucosemoleküls zugerechnet, sodass die Bilanz am Ende einfacher gelingt. Im Schritt 2-Phosphoglycerat $\rightarrow$ Phosphoenolpyruvat wird Wasser abgegeben. Das von der Bilanzseite her zusätzliche Sauerstoffatom ist durch das Phosphat bei der Bildung von 1,3-Bisphosphoglycerat beigesteuert worden, sodass rechnerisch aus der Glucose noch kein Sauerstoffatom verwertet wurde. In den Bilanzen benötigte weitere H^+-Ionen lassen sich den diversen Phosphatgruppen, die im Verlauf der Glykolyse verwendet werden, zurechnen.

Seite 63 (Material)

Material A – Versuche mit Mitochondriensuspensionen

1 Beschreiben und vergleichen Sie die Versuchsergebnisse.

Der Sauerstoffgehalt in einer Mitochondriensuspension bleibt zunächst 2 min lang konstant bei etwa 8 mg Sauerstoff pro ml Suspension. Wenn danach Pyruvat zur Suspension gegeben wird, sinkt der Sauerstoffgehalt während der folgenden 5 min auf eine Konzentration von 4 mg Sauerstoff pro ml Suspension. Danach bleibt der Sauerstoffgehalt konstant. Dieser Verlauf der Sauerstoffkonzentration ist in beiden Versuchsansätzen gleich. Im ersten Ansatz, der nicht weiter verändert wird, bleibt die Sauerstoffkonzentration bis zum Ende der Messung nach 10 min gleich. Im zweiten Ansatz wird nach 9 min Versuchsdauer ADP und Phosphat zugesetzt. Von diesem Zeitpunkt an sinkt hier der Sauerstoffgehalt der Suspension im Verlauf weiterer 2 min auf etwa 1,5 mg Sauerstoff pro ml und bleibt dann bis zum Ende der Messung nach ca. 12 min konstant.

2 Deuten Sie die Ergebnisse aus dem ersten Versuch.

Das Pyruvat dringt nach Zugabe zur Mitochondriensuspension in die Mitochondrien ein und wird dort weiterverarbeitet. Dabei wird Sauerstoff verbraucht. Wenn Pyruvat und/oder die für den Abbau des Pyruvats notwendigen Stoffe aufgebraucht sind, hört der Sauerstoffverbrauch auf.

3 Stellen Sie eine Hypothese dazu auf, weshalb im zweiten Versuch der Sauerstoffgehalt in der Mitochondriensuspension weiter abnimmt. Begründen Sie mithilfe dieser Hypothese das Ergebnis des ersten Versuchs.

Hypothese: Die sauerstoffverbrauchende Verarbeitung von Pyruvat findet in den Mitochondrien nur dann statt, wenn genügend ADP und Phosphat vorhanden sind. Demnach haben in Versuch 1 die sauerstoffverbrauchenden Reaktionen dann aufgehört, als ADP und Phosphat in den Mitochondrien verbraucht waren.

4 Interpretieren Sie die Ergebnisse als Möglichkeit, die Gluceverwertung in einer Zelle zu regulieren.

Wenn in einer Zelle genügend ATP enthalten ist, ist wenig ADP vorhanden und der Abbau von Glucose sowie von daraus entstandenem Pyruvat wird zumindest in den Mitochondrien gestoppt. Erst wenn wieder genügend ADP vorhanden ist, geht der Abbau weiter.

Material B – Glykolyse bei Hefezellen

1 Beschreiben Sie die Durchführung und das Ergebnis des Versuchs.

In ein Hefezellhomogenat wird eine Glucoselösung gegeben. Es ist eine Gasentwicklung zu beobachten. Diese stoppt allerdings bald. Nach Zugabe von Phosphat setzt erneut eine Gasentwicklung ein.

Material B – Glykolyse bei Hefezellen

2 Begründen Sie das Versuchsergebnis mithilfe der Abbildung 1 auf der vorherigen Seite.
Im Zellhomogenat findet bei Zusatz von Glucose Gärung und damit Glykolyse statt. Es entsteht Kohlenstoffdioxid. In der Glykolyse wird für den Reaktionsschritt von Glycerinaldehyd-3-phosphat zu 1,3-Bisphosphoglycerat Phosphat benötigt. Wenn im Zellhomogenat sämtliches Phosphat aufgebraucht ist, kann dieser Stoffwechselschritt nicht mehr erfolgen, sodass auch kein Kohlenstoffdioxid mehr entweicht. Wird Phosphat hinzugefügt, findet die Reaktion wieder statt. Phosphat wird für die Bildung von ATP verbraucht.

Material C – Bedeutung von Enzymen und Coenzymen bei der Glykolyse

1 Interpretieren Sie das Versuchsergebnis.
Da bei der Osmose die im Aufgabentext genannten Stoffe aus dem Zellhomogenat in die Umgebung gehen, fehlen sie dem Zellhomogenat im Schlauch für die Durchführung der Glykolyse. Im ersten Teil der Glykolyse würde ATP benötigt, im zweiten Teil NAD$^+$, Phosphat und ADP. Da lediglich kleine Moleküle aus dem Schlauch austreten, enthält dieses Homogenat aber immer noch alle Enzyme, die für die Glykolyse nötig sind. Wenn man nun das abgekochte Homogenat, dessen Enzyme zerstört sind, mit dem Homogenat aus dem Schlauch mischt, findet die Glykolyse statt, weil offensichtlich alle Stoffe vorhanden sind, die für die Durchführung der Glykolyse benötigt werden. Also sind bei dem Kochvorgang ADP, ATP, Phosphat und NAD$^+$ nicht zerstört worden.

1.10 Citratzyklus und Atmungskette

1 Beschreiben Sie die Forschungsschritte und Ergebnisse zum Modell des Citratzyklus.
Zur Erforschung des Kohlenhydratabbaus wurden zunächst Reaktionsketten erkannt. Schließlich ergab sich die Hypothese, dass ein Teil des Abbaus in einem Kreisprozess vor sich geht. Unter anderem durch den Vergleich von Summenformeln der an Einzelreaktionen beteiligten Stoffe konnten Schritte ausfindig gemacht werden, in denen Kohlenstoffdioxid, ein Produkt des Kohlenhydratabbaus, entsteht. Ein Beispiel ist die Reaktion von Oxalsuccinat zu α-Ketoglutarat.
Reaktionsfolgen konnten unter anderem durch Hemmung einzelner Reaktionsschritte erkannt werden. Wenn man zum Beispiel das Enzym, das Succinat umsetzt, mit einem Zellgift hemmt, reichert sich Succinat an. Alle weiteren Abbauprozesse finden nicht statt, was am Ausbleiben des Sauerstoffverbrauchs erkannt werden kann. Gäbe man nun zum Beispiel Fumarat zum Präparat, würde wieder Sauerstoff verbraucht. Also liegt Succinat in der Verarbeitungskette beim Abbau von Kohlenhydraten vor Fumarat.
Die Stoffe, die in den erkannten Reaktionsfolgen genannt werden, können nicht als die Stoffe angesehen werden, in die Glucose umgewandelt wird, bevor nicht nachgewiesen ist, dass diese Produkte danach vollständig zu Wasser und Kohlenstoffdioxid oxidiert werden. Dies ergibt sich aus der Beobachtung, dass der Sauerstoffverbrauch durch Zugabe dieser Stoffe stärker steigt, als zur Oxidation dieser Stoffe nötig wäre. Es müssen also weitere Stoffe als die zugegebenen oxidiert werden. Aus der Kombination mehrerer kurzer Reaktionsfolgen, die sich gedanklich zu einem Kreislauf schließen lassen, hat H.A. Krebs schließlich die Idee entwickelt, dass Pyruvat in diesen Kreislauf eingeschleust wird und Kohlenstoffdioxid und Wasserstoff aus ihm herauskommen. Der Wasserstoff muss noch weiterverarbeitet werden, indem er mit Sauerstoff reagiert. Dies geschieht aber nicht im Kreislauf. Insgesamt liefert der Abbau von Pyruvat in dem Kreislauf zwei Moleküle ATP.

2 Erklären Sie die Bezeichnung Citratzyklus für den Abbau des Pyruvats.
Der Abbau des Pyruvats in der Mitochondrienmatrix erfolgt in einer kreislaufartigen Reaktionsfolge. Citrat ist das erste Zwischenprodukt in diesem Reaktionskreislauf. Es entsteht aus der Reaktion von Oxalacetat unter Beteiligung von Pyruvat.

1 Beschreiben Sie ausgehend von Abbildung 2 C die Mechanismen der ATP-Bildung im Mitochondrium.
Die Matrix eines Mitochondriums ist ein geschlossener Raum. In ihm findet der Abbau von Pyruvat statt. Dabei entstehen neben Kohlenstoffdioxid, das die Kohlenstoffatome des Pyruvats übernimmt, NADH + H$^+$ und FADH$_2$. Diese enthalten die Wasserstoffatome aus dem Pyruvat. Die Wasserstoffatome werden als H$^+$-Ionen abgespalten, sodass NAD$^+$ und FAD entstehen, wobei die jeweils frei werdenden Elektronen auf Redoxsysteme in der inneren Mitochondrienmembran übertragen werden. Bei den nachfolgenden Redoxreaktionen wird Energie frei, wodurch einige der Redoxsysteme Protonen aus der Matrix in den Intermembranraum pumpen können. Dadurch kommt es zu einem Protonengradienten. Die im Intermembranraum angereicherten Protonen können die innere Mitochondrienmembran nur durch bestimmte Moleküle wieder in Richtung Matrix durchdringen. Diese Moleküle sind gleichzeitig Enzyme, die im Matrixraum aus ADP und Phosphat ATP herstellen. Die Energie für diese Reaktion stammt aus dem Protonengradienten, durch den die H$^+$-Ionen in die Matrix drängen. Zusammenfassend ist zu

sagen, dass das während der Glykolyse und des Citratzyklus gebildete NADH sowie das $FADH_2$ die energiereichen Elektronen liefern, die die Protonenpumpen antreiben; es entsteht der Protonengradient, der durch die ATPasen zur ATP-Produktion genutzt wird.

2 Erläutern Sie anhand der Abbildung 3 auf Seite 65, weshalb bei der obigen Bilanz der Zellatmung 6 H_2O und 6 CO_2 vorkommen.

Im Citratzyklus und in der oxidativen Decarboxylierung werden beim Abbau eines Pyruvat-Moleküls insgesamt 3 H_2O-Moleküle verbraucht und 3 CO_2-Moleküle gebildet. Pro Molekül Glucose entstehen jedoch 2 Pyruvatmoleküle ($C_6 \rightarrow 2\ C_3$). Daher entstehen 6 CO_2-Moleküle und 6 H_2O-Moleküle werden verbraucht.

Seite 68–69 (Material)

Material A – Kompetitive Hemmung der Succinatdehydrogenase

1 Stellen Sie die Versuchsergebnisse grafisch dar und vergleichen Sie diese.

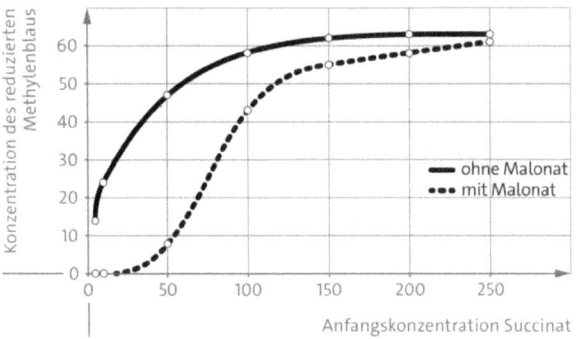

Illustration: Cornelsen/Bernhard A. Peter, newVision! GmbH

Dargestellt ist die Reaktionsgeschwindigkeit des Succinatabbaus, gemessen als gebildete Menge an Methylenblau pro Volumen in einer bestimmten Zeit, mit Succinatdehydrogenase in Abhängigkeit von der Succinatkonzentration bei gleichbleibender Enzymkonzentration. Ohne Malonat ergibt sich eine typische Sättigungskurve. Die Reaktionsgeschwindigkeit steigt zunächst stark, dann abnehmend, bis sie schließlich auf einem Maximalwert stagniert.

Bei Anwesenheit von Malonat ergibt sich ein s-förmiges Kurvenbild. Alle Werte liegen unter den Werten der Kurve ohne Malonat. Die Reaktionsgeschwindigkeit liegt zunächst bei null, steigt bei höherer Substratkonzentration erst steiler werdend, dann abgeschwächt und erreicht bei der höchsten hier eingesetzten Succinatkonzentration fast denselben Wert wie im Ansatz ohne Malonat.

2 Begründen Sie, dass Malonat die Reaktion kompetitiv hemmt.

Dass Malonat die Reaktion hemmt, ist daran zu erkennen, dass in der Versuchsreihe mit Malonat erst bei höheren Succinatkonzentrationen eine Entfärbung des Methylenblaus stattfindet. Da Malonat nicht von der Succinatdehydrogenase umgesetzt wird, ist hier der Anstieg des reduzierten Methylenblaus ausschließlich auf das im Ansatz enthaltene Succinat zurückzuführen.

Dass die Hemmung kompetitiv erfolgt, lässt sich daran erkennen, dass sie bei hohen Substratkonzentrationen kaum noch ins Gewicht fällt. Bei einer allosterischen Hemmung wäre zu erwarten, dass nicht mehr die annähernd maximale Reaktionsgeschwindigkeit erreicht werden kann.

3 Erläutern Sie, wie man die Hemmung des Enzyms durch Malonat zur Klärung eines Stoffwechselschritts nutzen kann. Nehmen Sie Seite 70 zu Hilfe.

Wenn man Stoffe zum Präparat hinzugibt, die einzelne der vermuteten Reaktionen des Citratzyklus hemmen, häuft sich das zugehörige Edukt an und der Sauerstoffverbrauch kommt zum Erliegen. Wenn man also Malonat zum Präparat hinzugibt, häuft sich Succinat an. Gemäß Citratzyklus wird dann kein Fumarat gebildet. Damit ist erkannt, dass Succinat ein Zwischenprodukt in der Reaktionsfolge des Glucoseabbaus darstellt.

Material B – Sauerstoffverbrauch von Mitochondrien

1 Erläutern Sie, wie man mithilfe von radioaktiv markiertem Malat den beschriebenen Kreislauf zwischen Zellplasma und Mitochondrienmatrix nachweisen kann.

Man stellt zunächst ein Zellhomogenat her. Diesem fügt man Glucose und radioaktiv markiertes Malat zu. Am Sauerstoffverbrauch sieht man, dass die Zellatmung komplett stattfindet. Dabei müsste radioaktives Malat in die Mitochondrien gelangen. Wenn radioaktives Malat im Zellhomogenat im Überschuss enthalten ist, wird nach einiger Zeit das Malat in den Mitochondrien zum großen Teil radioaktiv sein.

Nun isoliert man durch Zentrifugation des Zellhomogenats die Mitochondrien. Ist diese Mitochondrienfraktion deutlich radioaktiv, ist die Hypothese des Malateintritts bestätigt. Wenn man nun die isolierten Mitochondrien mithilfe einer nicht radioaktiven Nährlösung zu einer Suspension verarbeitet, müsste radioaktives Aspartat aus ihnen austreten. Fügt man der Suspension noch NADH zu, müsste unter geeigneten Bedingungen radioaktives Malat entstehen. Wenn man nun durch Zentrifugieren die Mitochondrien aus der Suspension entfernt, müsste in dieser Radioaktivität messbar sein. Damit wäre der Kreislauf bestätigt. Sofern man auch noch das radioaktive Malat isolieren kann, ist der Kreislauf auch stofflich bestätigt.

Material B – Sauerstoffverbrauch von Mitochondrien

2 Begründen Sie für jeden der sieben Ansätze, ob Sauerstoff verbraucht wird oder nicht. Gehen Sie dabei auf einzelne Schritte des Citratzyklus und der Atmungskette ein.

	Zugegebene(r) Stoff(e)	Prognose Sauerstoffverbrauch
1	NADH	ja
2	Succinat	ja
3	Malonat	nein
4	NADH + Succinat	ja
5	NADH + Malonat	ja
6	Succinat + Malonat	nein
7	Succinat + Malonat + NADH	ja

1. Zugegebenes NADH wird im Zellplasma oxidiert, sodass im Gegenzug in der Mitochondrienmatrix NAD^+ zu NADH reduziert wird. Dies führt bei der letzten Redoxreaktion in der Atmungskette zum Sauerstoffverbrauch.

2. Zugegebenes Succinat gelangt in die Mitochondrienmatrix und wird im Citratzyklus weiterverarbeitet. Dabei entstehen NADH und $FADH_2$. Diese werden an der inneren Mitochondrienmembran zerlegt, sodass H^+-Ionen entstehen und Elektronen durch die Atmungskette laufen, bis sie beim Sauerstoff ankommen. Dieser reagiert daraufhin mit den H^+-Ionen zu Wasser, wird also verbraucht.

3. Bei Zugabe von Malonat stoppt der Sauerstoffverbrauch. Es wird offensichtlich nicht im Rahmen des Kohlenhydratabbaus umgesetzt.

4. Wie schon beschrieben steigern Succinat und NADH den Sauerstoffverbrauch einzeln. Sie kommen gemeinsam in der Zelle vor, sodass nichts dagegen spricht, dass sie in Kombination ebenfalls den Sauerstoffverbrauch in der genannten Weise bewirken.

5. Auch wenn der Citratzyklus über Malonat gestoppt ist, wird Sauerstoff durch das Vorhandensein von NADH und damit den Ablauf der Atmungskette verbraucht.

6. Succinat wird durch Malonat an der Weiterverarbeitung gehindert. Daher erfolgt kein Sauerstoffverbrauch.

7. Die zusätzliche Gabe von NADH wird wieder auf dem beschriebenen Weg (siehe 5.) zum Sauerstoffverbrauch führen.

3 Begründen Sie mithilfe der zu erwartenden Ergebnisse für die Zugabe von NADH, dass die Glykolyse und die Atmungskette im Stoffwechsel miteinander gekoppelt sind.

In der Glykolyse wird NADH gebildet und NAD^+ verbraucht. Wenn NAD^+ fehlt, kommt die Glykolyse zum Stillstand. Über den im Text beschriebenen Mechanismus kann im Zellplasma vorhandenes NADH wieder oxidiert werden. Dazu muss aber im Gegenzug in der Mitochondrienmatrix NAD^+ reduziert werden. Dies ist nur möglich, wenn es aus NADH entsteht, das dabei zwei Elektronen und zwei H^+-Ionen abgibt. Die Elektronen wandern durch die Atmungskette. Nur wenn diese also abläuft, kann im Zellplasma das in der Glykolyse benötigte NAD^+ wieder bereitgestellt werden und somit die Glykolyse ablaufen. Auf diese Weise sind Atmungskette und Glykolyse gekoppelt.

Material C – ATP-Synthase in künstlichen Lipidvesikeln

1 Erläutern Sie, weshalb sich Phospholipide selbstständig zu Liposomen formen können.

Phospholipide weisen einen hydrophilen und einen hydrophoben Bereich auf. Sie ordnen sich so an, dass die hydrophilen Molekülbereiche in der Nachbarschaft zu ebenfalls hydrophilen Molekülen liegen, zum Beispiel zu Wassermolekülen. In einer wässrigen Umgebung ordnen sich die restlichen Molekülbereiche der Phospholipide aufgrund hydrophober Wechselwirkungen so an, dass möglichst wenige hydrophile Moleküle in ihrer Nähe sind. Das Optimum ist in dieser Hinsicht ein kugelförmiges Vesikel, das aus einer Lipiddoppelschicht gebildet wird. In einer wässrigen Umgebung haben die hydrophoben Molekülbereiche der Phospholipide so keinen Kontakt zu Wassermolekülen.

2 Begründen Sie, unter welchen Bedingungen der beschriebene Versuch Mitchells Hypothese der ATP-Synthese bestätigt.

In dem vorgestellten Versuch wird gezeigt, dass ein Protonengradient die ATP-Synthase antreibt. Wenn die für den Versuch verwendeten ATP-Synthase-Moleküle aus Mitochondrien stammen, ist Mitchells Hypothese der ATP-Bildung in Mitochondrien bestätigt.

Material D – Wärmebildung mithilfe chemischer Reaktionen

1 Nennen Sie die Merkmale und Eigenschaften, die dem Zwerghamster helfen, im Winter Energie zu sparen.

Der Zwerghamster vermeidet Wärmeabgabe und damit Energieverlust durch ein isolierendes Fell. Er schont seine körpereigenen Energievorräte während der Tagesschlaflethargiephasen. Außerdem nutzt er energiereiche Vorräte im braunen Fettgewebe, um durch Stoffwechsel Wärmeenergie zur Aufrechterhaltung der Körpertemperatur, die er in aktiven Phasen benötigt, bereitzustellen. Er hat also einen körpereigenen Energievorrat. Zusätzlich reduziert er im Winter seine Körpermasse. Dadurch muss er weniger Wärmeenergie für die Regulierung der Körpertemperatur einsetzen als im Falle einer größeren Körpermasse. Er reduziert damit seinen Energieverbrauch.

2 Erläutern Sie die Wärmebildung im braunen Fettgewebe. Nehmen Sie die Abbildung 3 auf Seite 65 und 2 auf Seite 67 zu Hilfe.

In den Zellen des braunen Fettgewebes werden zum Winter sehr viele neue Mitochondrien gebildet. Diese sind für die Wärmeproduktion wesentlich. In deren innerer Membran befinden sich Proteine, die Protonen vom Intermembranraum in die Matrix lassen, ohne dass ATP gebildet wird. Beim Abbau von Fettsäuren entstehen in diesen Zellen Acetyl-CoA, NADH + H$^+$ und FADH$_2$. Demnach finden in diesen Zellen chemische Reaktionen statt, die über den Citratzyklus die Bildung von NADH + H$^+$ und FADH$_2$ zur Folge haben. Diese führen zum Ablauf der Atmungskette und zur Bildung von Wasser. Allerdings wird die im Protonengradienten enthaltene Energie nicht genutzt, um ATP zu bilden. Die Protonen wandern durch die genannten Proteine in der Membran zurück in die Matrix. Die anfallende Reaktionswärme wird abgegeben. Auch die anderen chemischen Reaktionen des Fettsäureabbaus geben Wärme ab. In den Fettzellen finden also bei Bedarf beim Fettsäureabbau in vielen Mitochondrien chemische Reaktionen statt, die Wärmenergie für die Temperaturerhöhung des Körpers liefern.

1.11 Überblick: Citratzyklus im Zellstoffwechsel

Seite 70–71

1 Erläutern Sie die wesentlichen Schritte der Zellatmung.

Bei der Zellatmung wird Glucose unter Beteiligung von Sauerstoff vollständig in Kohlenstoffdioxid und Wasser abgebaut. Dies geschieht in mehreren Schritten an verschiedenen Orten der Zelle.

Im Cytoplasma erfolgt zunächst die Glykolyse. Dabei werden aus den Glucosemolekülen mit 6 Kohlenstoffatomen Pyruvatmoleküle mit 3 Kohlenstoffatomen. Pyruvat gelangt in die Mitochondrienmatrix und wird hier decarboxyliert, das heißt, dass ein Kohlenstoffdioxidmolekül abgetrennt wird und der übrig gebliebene Essigsäurerest an das Coenzym-A gebunden wird. Wasserstoffatome werden auf NAD$^+$ übertragen, sodass NADH + H$^+$ entsteht. Das gebildete Acetyl-CoA reagiert mit Oxalacetat zu Citrat. Im Verlauf des Citratzyklus werden die beiden Kohlenstoffatome der Acetyl-Gruppe für die Bildung von Kohlenstoffdioxid verwendet, Wasserstoffatome für die Bildung von NADH + H$^+$ und FADH$_2$. Diese beiden Stoffe werden am Beginn der Atmungskette oxidiert. Sie geben Elektronen ab. Die dabei in die Matrix abgegebenen H$^+$-Ionen reagieren dort mit Sauerstoff und Elektronen, die die Atmungskette durchlaufen haben, zu Wasser.

Energetisch betrachtet dient der Abbau der Glucose der Herstellung von ATP, das für die Energieübertragung in allen Teilen der Zelle verwendet wird. ATP entsteht an drei Stellen des Abbaus: erst bei der Glykolyse im Zellplasma, dann infolge des Citratzyklus in der Mitochondrienmatrix und schließlich mithilfe eines Proteinkomplexes, der in der inneren Mitochondrienmembran sitzt. Hier wird mithilfe der bei den Redoxreaktionen frei werdenden Energie ein Protonengradient aufgebaut, dessen Energie die ATP-Bildung durch die ATP-Synthase antreibt.

Zusatzinformation: Zum ATP-Ertrag der Zellatmung werden in verschiedenen Büchern unterschiedliche Angaben gemacht. Im Buch Biosphäre Kursstufe Baden-Württemberg werden die Werte für tierische Eukaryotenzellen genommen, die dem aktuellen Stand entsprechen. Sowohl der Transport von NADH als auch der Transport von ATP und ADP durch die Mitochondrienmembran geschehen unter Energieaufwand. Daher ist die ATP-Ausbeute bei Eukaryoten geringer als bei Prokaryoten. Ein maximal möglicher Ertrag von 38 mol ATP pro mol Glucose wird lediglich bei Prokaryoten erzielt. Die folgende Tabelle zeigt die Ertragsrechnung für eine tierische Zelle.

Schritt	Coenzym-Ausbeute	ATP-Ausbeute	ATP-Quelle oder Senke
Glykolyse Vorbereitungsstufe		−2	für die Zerlegung der Glucose in 2 Moleküle Glycerinaldehyd-3-phosphat benötigte Energie
Glykolyse Ertragsstufe		4	Substatkettenphosphorylierung
	2 NADH	3 oder 5	oxidative Phosphorylierung (3 bei Verwendung des Glycerin-3-phosphat-Shuttles oder 5 beim Malat-Aspartat-Shuttle)
oxidative Decarboxylierung	2 NADH	5	oxidative Phosphorylierung
Citratzyklus		2	Substatkettenphosphorylierung (in Form von GTP)
	6 NADH	15	oxidative Phosphorylierung
	2 FADH$_2$	3	oxidative Phosphorylierung

Gesamtausbeute 30 oder 32 ATP pro Molekül Glucose

2 Erläutern Sie die Bedeutung des Citratzyklus für die Dissimilation.

Unter Dissimilation versteht man den Abbau von Eiweiß, Fett und Kohlenhydraten zur Energieumwandlung. Die stoffliche Umwandlung aller drei Stoffgruppen geschieht bei Anwesenheit von Sauerstoff über Acetyl-CoA, das im Citratzyklus weiterverarbeitet wird. Das bedeutet, dass der Citratzyklus für die drei Formen der aeroben Dissimilation unverzichtbar ist. In ihm werden GTP (ATP), NADH + H$^+$ und FADH$_2$ hergestellt. Diese Stoffe dienen sämtlich der Energieumwandlung und stellen damit ein Ergebnis der

Dissimilation dar. Mithilfe der energiereichen Elektronen aus NADH und FADH$_2$ wird ATP hergestellt, sodass damit die Energieumwandlung so weit vorangekommen ist, dass Energie für viele Reaktionen in der Zelle bereitgestellt ist. Dies geschieht bei der aeroben Dissimilation immer unter Einbezug der Reaktionen des Citratzyklus.

Seite 70–71

3 Beschreiben Sie die Bedeutung der Reaktionen in der Mitochondrienmatrix für den Zellstoffwechsel.

In der Mitochondrienmatrix laufen wesentliche Schritte der Dissimilation ab. Eine zentrale Rolle spielen hierbei die Reaktionen des Citratzyklus. Die Stoffe, die an diesen Reaktionen beteiligt sind, können aber auch noch weitere Reaktionen eingehen. Sie sind Ausgangsstoffe für die Bildung verschiedener Aminosäuren, Fettsäuren, Nucleotide und auch für Glucose. Manche dieser Vorgänge sind gegenläufig. So kann Pyruvat zu Malat oder Oxalacetat umgewandelt werden, aber dann auch wieder Malat zu Oxalacetat und dieses zu Pyruvat. Damit ergibt sich ein flexibler Stoffwechsel, in dem auf den ein oder anderen Bedarf reagiert werden kann, indem verschiedene Stoffe ineinander umgewandelt werden. Da viele dieser Reaktionswege mithilfe von Stoffen geschehen, die an den Reaktionen des Citratzyklus in der Mitochondrienmatrix beteiligt sind, ist die Matrix von zentraler Bedeutung für das in der Abbildung 4 dargestellte Stoffwechselgeschehen.

1.12 Gärung

Seite 72–73

1 Vergleichen Sie tabellarisch die Phasen und die Bilanz der aeroben und anaeroben Dissimilation.

	aerobe Dissimilation	anaerobe Dissimilation	
		Milchsäuregärung	alkoholische Gärung
Funktion	Abbau von organischen Stoffen zur Synthese von ATP, Dissimilationsprozesse		
Reaktionsbedingungen	Sauerstoffverbrauch (aerob)	ohne Sauerstoffverbrauch (anaerob)	ohne Sauerstoffverbrauch (anaerob)
Reaktionsorte	Cytoplasma und Mitochondrien (Citratzyklus und Atmungskette)	Cytoplasma	Cytoplasma
Reaktionsschritte	Glykolyse; oxidative Decarboxylierung des Pyruvats zu AcetylCoA; Citratzyklus; Atmungskette	Glykolyse; Reduktion des Pyruvats zu Milchsäure	Glykolyse; Decarboxylierung des Pyruvats zu Acetaldehyd; Reduktion zu Ethanol

vereinfachte Bruttogleichung	$C_6H_{12}O_6 + 6\,O_2 + 6\,H_2O \rightarrow 6\,CO_2 + 12\,H_2O$ (vollst. Abbau der Glucose)	$C_6H_{12}O_6 \rightarrow 2\,C_3H_6O_3$ (Lactat) + $2\,NAD^+$	$C_6H_{12}O_6 \rightarrow 2\,C_2H_5OH$ (Ethanol) + $2\,CO_2$ + $2\,NAD^+$
Gesamtbilanz: ATP pro Molekül Glucose	32	2	2

2 Erläutern Sie die Bedeutung der anaeroben Dissimilation für das Überleben der Karausche.

Karauschen sind in der Lage, unter winterlichen, sauerstoffarmen Bedingungen ATP durch Milchsäuregärung zu gewinnen. Das geschieht im Muskel. Da kein Sauerstoff zur Verfügung steht, ist die Karausche auf die Milchsäuregärung angewiesen, um lebenswichtige Organfunktionen im Winter aufrecht zu erhalten. Die durch Glykolyse und die anschließende Milchsäuregärung gewonnene ATP-Menge ist offenbar ausreichend, um der Karausche im kalten und bewegungslosen Zustand das Überleben zu sichern. Im Laufe der Zeit reichert sich allerdings das Lactat im Blut und im Gewebe an. Da kein zusätzlicher Sauerstoff zur Verfügung steht, kann das Lactat nicht verarbeitet werden. Durch die Umwandlung zu Pyruvat und die Reduktion zu Ethanol, das über die Kiemen ausgeschieden wird, wird die Anreicherung des Lactats reduziert. Der pH-Wert im Blut steigt kaum an.

Seite 74

1 Erläutern Sie anhand der Abbildung 1 die Ethanolproduktion der Hefe beim Bierbrauen.

In dem Braugefäß wird die Hefe mit zuckerhaltiger Lösung angesetzt. Nach kurzer Zeit beginnen die Hefezellen, den Zucker sowohl für Zellatmung als auch für Gärung zu nutzen. Die Zuckerkonzentration beginnt nach ca. 5 h deutlich zu sinken. Zunächst nutzen die Hefezellen den vorhandenen Sauerstoff. Sie wachsen und teilen sich, die Populationsdichte nimmt durch Sprossung und Zweiteilung zu. Mit steigender Populationsdichte verbrauchen die Zellen mehr Glucose. Nach 5 h setzt die alkoholische Gärung ein. Die Ethanolkonzentration nimmt zu. Nach 20 h stagniert das Wachstum der Population, und auch die Ethanolkonzentration im Ansatz bleibt ab diesem Zeitpunkt konstant.

Das schematische Modell der Stoffwechselprozesse der Hefe zeigt, dass die Hefe sowohl zur Zellatmung als auch zur alkoholischen Gärung in der Lage ist. Im Cytoplasma wird bei beiden Prozessen zunächst die Glucose zu Pyruvat abgebaut. Bei hohen Glucosekonzentrationen wird ein Teil der Glucose anaerob zu Alkohol verarbeitet. Da durch das Wachstum der Hefepopulation im Gärgefäß gleichzeitig die Sauerstoffkonzentration abnimmt, ist die alkoholische Gärung ein wichtiger Stoffwechselprozess, um unter anaeroben Bedingungen ATP zu synthetisieren. Ist die Glucose abgebaut, kommen die Gärung wie auch das Hefewachstum zum Erliegen.

Zusatzinformation: Ist die Glucose verbraucht, kann die Hefe auch Ethanol nutzen, um ATP zu gewinnen.

Seite 75 (Material)

Material A – Untersuchung von Gärungsbedingungen

1 Gliedern Sie das Anliegen der Gruppe in Teilprobleme und formulieren Sie experimentell überprüfbare Versuchsfragen und Hypothesen.

Die Schülerinnen und Schüler möchten prüfen, unter welchen Bedingungen Hefe Gas abgibt. Sie wissen bereits, dass Hefezellen Zellatmung und Gärung betreiben und dazu Stoffe aufnehmen sowie Produkte abgeben. Teilprobleme oder -fragestellungen, die sich ergeben, sind: Welches Gas entsteht und wie lässt es sich nachweisen? Welche Bedingungen beeinflussen die Gasentwicklung? Als Umgebungsbedingungen, die die Gasentwicklung beeinflussen, könnten zum Beispiel Temperatur, pH-Wert und Nährstoffe in Form von Zuckern infrage kommen. Weitere Fragen können sein: Ist die Gasentwicklung eine Folge von alkoholischer Gärung? Findet Gasentwicklung auch unter Sauerstoffabschluss statt?

Fragestellungen, die mithilfe der gezeigten Ansätze zu klären sind: Welches Gas wird von der Hefesuspension abgegeben? Gärt Hefe unter Sauerstoffabschluss? Naturwissenschaftliche Fragen, die mithilfe von Experimenten zu beantworten sind, müssen so formuliert sein, dass sie Ursachen – die unabhängigen, veränderbaren Variablen – und ihre Wirkung – abhängige Variable – miteinander in Beziehung setzen. Die Ursachen (Bedingungen) und die Wirkungen müssen beobachtbar und messbar sein. Der Zusammenhang muss theoretisch plausibel, also auch aus dem Vorwissen ableitbar sein. Der angenommene Zusammenhang wird durch das Experiment geprüft.

Die Frage „Benötigt Hefe Zucker zur Gärung?" ist eine solche Frage, die im Experiment geprüft werden kann. Dazu müssen anaerobe Umgebungsbedingungen geschaffen werden, in der die Gärungsaktivität der Hefesuspension mit und ohne Zucker untersucht wird. „Benötigen Hefen Sauerstoff, um Kohlenstoffdioxid zu bilden/abzugeben?" ist eine aus der allgemeineren Frage abgeleitete Frage, die ebenfalls experimentell überprüfbar ist. Kohlenstoffdioxid kann als Maß für die Gärungsaktivität gewählt werden. Die Frage nach der Art des abgegebenen Gases ist im engeren Sinne kein Experiment, sondern ein Nachweis. Die Schülerinnen und Schüler müssen sich neben der zu klärenden Fragestellung überlegen, wie sie die Messung durchführen und was genau sie messen wollen.

2 Beschreiben Sie anhand des ersten Erlenmeyerkolbens den abgebildeten Versuchsaufbau und erläutern Sie die Funktion eines Gärröhrchens.

In dem gezeigten Versuch wird ein Erlenmeyerkolben mit einer Hefesuspension und Glucose gefüllt und mit einem Stopfen verschlossen. Der Stopfen ist durchbohrt. In der Durchbohrung steckt ein Gärröhrchen, das heißt ein doppelt U-förmig gebogenes Glas- oder Kunststoffröhrchen, das mit einer Flüssigkeit gefüllt ist, die den Gäransatz im Erlenmeyerkolben von der Außenluft abtrennt. Man nennt sie deshalb auch Sperrflüssigkeit. In diesem Fall handelt es sich bei der Sperrflüssigkeit um Kalkwasser. Das Gärröhrchen ist so konstruiert, dass bei zunehmendem Druck im Erlenmeyerkolben durch Gasproduktion Gas entweichen kann. Das ist dann an Gasblasen in der Sperrflüssigkeit erkennbar. Da in gezeigtem Fall Kalkwasser eingefüllt ist, lässt sich zeigen, ob das entstandene Gas Kohlenstoffdioxid ist, da dieses zu einer Trübung der Flüssigkeit führt. Sauerstoff oder auch Mikroorganismen von außen können unter normalen Außendrucksituationen nicht bis in den Erlenmeyerkolben vordringen.

Zusatzinformation: Kohlenstoffdioxid reagiert mit dem Calciumhydroxid im Kalkwasser. Es entsteht Calciumcarbonat (Kalk), das ausfällt. Das Wasser wird trüb.

$$CO_2 \quad + \quad Ca(OH)_2 \quad \rightarrow \quad CaCO_3 \quad + \quad H_2O$$
Kohlenstoffdioxid   Calciumhydroxid   Calciumcarbonat   Wasser

3 Diskutieren Sie den abgebildeten Versuchsaufbau kritisch.

Bei dem gezeigten Versuchsaufbau mit den drei Erlenmeyerkolben ist unklar, welche Versuchsfrage geklärt werden soll. Vermutlich soll es um die Auswirkungen von Sauerstoffabschluss auf die Gärung gehen. Die Schülerinnen und Schüler wollen vermutlich die folgende Teilfrage klären: „Bildet Hefe Gas – Kohlenstoffdioxid – auch unter Sauerstoffabschluss?" Dazu wurde im zweiten und dritten Versuchsansatz die Suspension mit Öl überschichtet. Allerdings zeigen sich einige Probleme. Im ersten Erlenmeyerkolben sind die Bedingungen bezüglich des Sauerstoffs unklar. Zunächst enthält die Luft im Erlenmeyerkolben Sauerstoff, der jedoch nach und nach verbraucht wird. Da der Gäraufsatz verhindert, dass Sauerstoff nachströmt, reichert sich zunehmend Kohlenstoffdioxid über der Suspension an. Auch dieser Ansatz ist also nach kurzer Zeit sauerstoffarm oder sauerstofffrei. Der dritte Erlenmeyerkolben ist vermutlich als Kontrollversuch geplant. Dieser macht jedoch bezogen auf die Versuchsfrage für den Vergleich mit Ansatz 2 keinen Sinn, denn es würde getestet, ob die Hefe für die CO2-Produktion verantwortlich ist.

Da es eigentlich darum geht, Rezepturen zur Hefeteigerstellung zu testen, wäre es – statt die Gärung mit und ohne Sauerstoff zu untersuchen – sinnvoller herauszufinden, welche Kohlenhydrate die Hefen am besten zur Gärung nutzen können. Dazu könnte man beispielsweise drei Ansätze erstellen: einen mit Glucose, einen mit Stärke statt Glucose und zur Kontrolle einen ganz ohne Kohlenhydrate.

4 Planen und erläutern Sie Nachweismöglichkeiten für die Vergärbarkeit verschiedener Kohlenhydrate oder für die Abhängigkeit der Gärungsaktivität von der Temperatur.

Hier sind verschiedene Lösungsansätze möglich.

Bei der Abhängigkeit von der Temperatur müssen alle anderen Bedingungen gleich gehalten werden. Die Temperatur lässt sich durch Wasserbäder beeinflussen.

Für die Überprüfung der Abhängigkeit der Gärung von der Menge oder der Art des Substrates werden die Konzentrationen eines Substrates variiert bzw. verschiedene Substrate mit gleicher Konzentration eingesetzt.

Zusatzinformation: Die Abbildungen unten zeigen Beispiele für einfache Möglichkeiten der Arbeit mit Hefesuspensionen.

Abbildung zu Seite 75 (Material A) Aufgabe 4

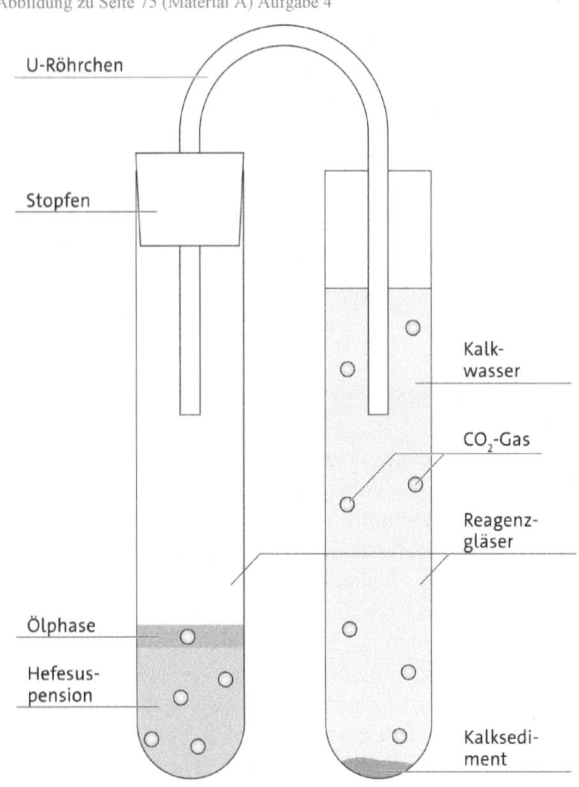

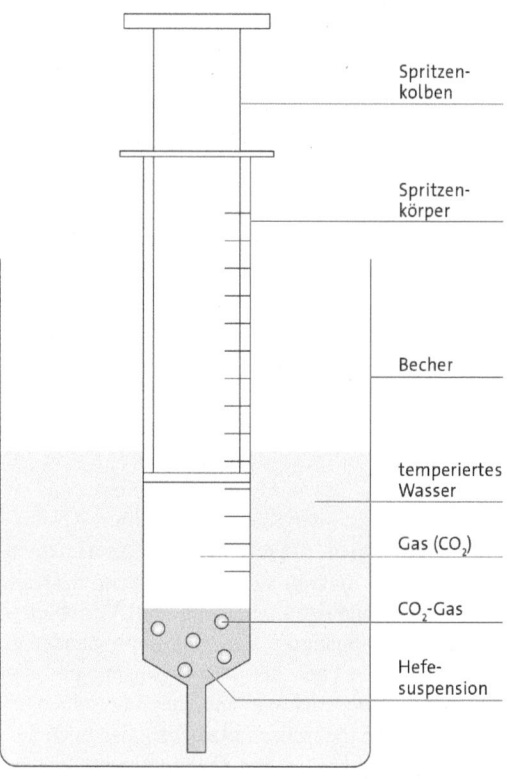

Illustration: Cornelsen/Bernhard A. Peter, newVision. GmbH

Illustration: Cornelsen/Bernhard A. Peter, newVision. GmbH

Seite 75 (Material)

Material B – Gärungsbedingungen beeinflussen den Geschmack – Herstellung von Kombucha

1 Beschreiben Sie die Veränderungen im Gärgefäß in Abbildung B.

Am Tag 1 wird der Teepilz bei Zimmertemperatur (20 bis 25 °C) mit gesüßtem Tee angesetzt. Die Zuckerkonzentration ist hoch, die Säure- und die Ethanolkonzentration sind niedrig. Im Laufe der nächsten 14 Tage fällt die Zuckerkonzentration etwa um zwei Drittel ab. Die Ethanolkonzentration steigt bis ungefähr zum fünften Tag an, fällt dann wieder und liegt nach 14 Tagen etwa bei der Anfangskonzentration. Die Säurekonzentration nimmt zunächst langsam, ab dem achten oder neunten Tag stark zu. Die Säurekonzentration ist nach 14 Tagen hoch, das entspricht einer sehr sauren Lösung.

2 Erläutern Sie die Untersuchungsergebnisse in Abbildung C.

In Abbildung C wird die Wachstumsrate von Hefen sowie von Milchsäure- und Essigsäurebakterien in Abhängigkeit von der Temperatur gezeigt.

Die relative Wachstumsrate der Hefe steigt ab 7 °C rapide, erreicht bei 25,5 °C ihr Optimum und fällt danach stark ab. Bei 35 °C liegt die Wachstumsrate der Hefe bei null.

Das Wachstum der Milchsäurebakterien beginnt bereits bei 4 °C, das Optimum liegt bei 33 °C. Danach sinkt die Kurve mit zunehmender Temperatur auf null bei 41 °C.

Bei den Essigsäurebakterien steigt die Wachstumsrate ab ca. 6 °C und zunächst etwas langsamer als bei den anderen Mikroorganismen, steigt dann aber auch rapide an, erreicht ihr Optimum bei 30 °C und sinkt bei 35°C auf null.

3 Deuten Sie die Veränderungen im Gäransatz, indem Sie die Ergebnisse in Beziehung zueinander setzen.

Der Rückgang der Zuckerkonzentration im Gäransatz ist darauf zurückzuführen, dass die Hefezellen den Zucker zur Gärung nutzen und Ethanol produzieren. Dabei nimmt gleichzeitig die Zahl der Hefezellen durch Zellteilung stark zu, die Wachstumsrate steigt. Durch die Gärungsaktivität steigt gleichzeitig die Temperatur im Gäransatz. Mit zunehmender Temperatur entwickeln sich die Bedingungen so, dass sie für die Bakterien optimal sind. Der steigende Alkoholgehalt beeinträchtigt zudem die Vitalität der Hefe. In der Folge nimmt die Wachstumsrate der Bakterien zu. Die Essigsäurebakterien nutzen den entstandenen Alkohol und verarbeiten ihn zu Essigsäure. Dadurch steigt der pH-Wert im Ansatz. Das hat weiteren negativen Einfluss auf die Überlebensbedingungen der Hefen, im Gäransatz überwiegen zunehmend die bakteriellen Mikroorganismen.

Die Temperaturbedingungen, die Nährstoffbedingungen und der pH-Wert beeinflussen sich wechselseitig und haben Auswirkungen auf die Populationsentwicklungen der verschiedenen Mikroorganismen und ihre Stoffwechselaktivität.

4 Fassen Sie zusammen, wovon der Geschmack und die Zusammensetzung des Kombuchas abhängen.

Der Geschmack des Getränks wird zunächst durch den Süßungsgrad zu Beginn und durch die Ausgangstemperatur beeinflusst, dann durch die Dauer, für die man den Ansatz stehen lässt, beziehungsweise den Zeitpunkt, zu dem man den Teepilz entnimmt und dadurch die Gärung abbricht. Will man ein süß-saures, kohlendioxidhaltiges Erfrischungsgetränk mit nur wenig Alkohol haben, sollte der Ansatz je nach Ausgangstemperatur ungefähr sieben bis neun Tage stehen. Ansonsten ist entweder der Zucker- und Alkoholgehalt noch sehr hoch oder das Getränk wird zu Essig. Die Ausgangstemperatur sollte nicht zu hoch sein, da sonst von vornherein die Bakterien stärker wachsen. Die Qualität des Getränks hängt somit davon ab, dass die Wachstumsbedingungen und Stoffwechselbedingungen für die verschiedenen Mikroorganismen zu unterschiedlichen Zeitpunkten optimal sind.

1.13 Grundlagen der Fotosynthese

Seite 76–77

1 Erklären Sie mithilfe des Modells, weshalb Laubblätter grün, Tomaten rot oder Bananen gelb erscheinen.

Fällt Licht auf ein Laubblatt, so kann ein Teil der Strahlung von bestimmten Molekülen des Laubblattes absorbiert werden. Bei der Absorption wird Strahlungsenergie dazu verwendet, Elektronen aus dem Grundzustand in einen angeregten Zustand anzuheben. Der dazu erforderliche Energiebetrag hängt von der Struktur der Moleküle ab, deren Elektronen angeregt werden. Diesem Energiebetrag lassen sich bestimmte Wellenlängen zuordnen, die dann nicht mehr in dem reflektierten Licht enthalten sind. Die Mischung der nicht absorbierten Strahlung führt bei Laubblättern dazu, dass sie grün aussehen. Die Farbpigmente in Tomaten und in Bananen absorbieren andere Wellenlängen als die Blattpigmente in den Laubblättern. Auch sie erscheinen in der Farbe der Mischung der reflektierten Strahlung. Bei Tomaten ist das Rot, bei Bananen Gelb.

2 Beschreiben Sie die Struktur der Thylakoidmembran und erläutern Sie die Funktionsweise der Fotosysteme.

Die Thylakoidmembran ist ein zusammenhängendes in sich gefaltetes Membransystem in den Chloroplasten, das mit der inneren Membran der Chloroplastenhülle in Verbindung steht. Die Thylakoidmembran durchzieht als Stromathylakoid das Stroma der Chloroplasten oder ist geldrollenartig gestapelt. Ein solcher Thylakoidstapel heißt Granum (Mehrzahl: Grana).

Die Thylakoidmembran ist prinzipiell ähnlich aufgebaut wie andere Membranen. Sie unterscheidet sich jedoch von ihnen durch einen höheren Proteinanteil und den Gehalt an Fotosynthesepigmenten.

Fotosysteme sind funktionelle Einheiten in der Thylakoidmembran. Es sind Proteinkomplexe, die die Blattpigmente enthalten. Fotosynthetisch wirksam sind vor allem Chlorophyll a und Chlorophyll b sowie Xanthophylle und Carotine. In einem Fotosystem sind zwei zentrale Chlorophyllmoleküle von 100 oder mehr Fotosynthesepigmenten umgeben. Diese bilden den Antennenkomplex. Die Elektronen der Pigmente des Antennenkomplexes werden durch das Licht kurzfristig angeregt und leiten die Energie den beiden zentralen Chlorophyllmolekülen zu. Nur dieses spezielle Paar kann angeregte Elektronen auf Nichtpigmentmoleküle übertragen und somit Elektronentransportketten initiieren.

Seite 78

1 Erläutern Sie, worauf man beim Kauf einer Gewächshausbeleuchtung achten sollte.

Eine Gewächshausbeleuchtung soll die Fotosyntheseleistung der Pflanzen im Gewächshaus fördern. Dazu sollten die Lampen eine optimale Lichtmenge liefern, die durch die Lichtsättigungskurve der im Gewächshaus befindlichen Pflanzen vorgegeben ist. Außerdem sollte die Beleuchtung reich an blauer und/oder roter Strahlung sein, da mit Licht dieser Wellenlängenbereiche die Fotosyntheseleistung am besten ist.

Seite 79 (Blickpunkt: Chromatografie)

1 Ordnen Sie am Beispiel der im Text beschriebenen Dünnschichtchromatografie den folgenden Begriffen die passenden Materialien oder Stoffe zu: stationäre Phase, mobile Phase, Stoffgemisch, Laufmittelfront, Chromatogramm.

Stationäre Phase: Kieselgelplatte
mobile Phase: Laufmittel aus 100 ml Petroleumbenzin, 10 ml Isopropanol und einem Tropfen Wasser
Stoffgemisch: Aceton-Extrakt aus grünen Blättern
Laufmittelfront: Ende der Flüssigkeitsstrecke nach 40 min auf der Kieselgelplatte
Chromatogramm: farblich aufgefächerte Zone der einzelnen Pigmente zwischen Start- und Frontlinie

2 Berechnen Sie exemplarisch aus dem in Abbildung 1 dargestellten Chromatogramm den R_f-Wert von Chlorophyll b. Verwenden Sie dazu folgende Formel:

$$R_f = \frac{S}{L} = \frac{\text{Laufstrecke der Substanz}}{\text{Laufstrecke des Laufmittels}}$$

Dazu misst man mit dem Lineal die zwei geforderten Strecken und bildet dann den Quotienten.
Die Laufstrecke der Substanz entspricht der Strecke vom Start bis zur Zone des Chlorophylls b in cm.
Die Laufstrecke des Laufmittels entspricht der Strecke vom Start bis zur Front in cm.

Beispiel: $R_f = \frac{1{,}6\ cm}{6{,}4\ cm} = 0{,}25$

3 Erläutern Sie, weshalb Carotin unter den angegebenen Bedingungen weiter läuft, also einen größeren R_f-Wert hat als Chlorophyll a oder Chlorophyll b.

Bei der Chromatografie hängt die Laufstrecke eines Stoffes ab von seiner Adsorption an das Trägermaterial und von seiner Löslichkeit im Fließmittel. Als Trägermaterial wird in diesem Beispiel poröses Kieselgel und als Fließmittel ein Gemisch aus Petroleumbenzin, Isopropanol und einem Tropfen Wasser verwendet. Das Gemisch hat deutlich hydrophobe Eigenschaften. Auch Carotin ist vermutlich hydrophob und löst sich besser im Fließmittel als die Chlorophylle. Daher wird es weiter transportiert als andere, weniger hydrophobe Stoffe. Außerdem ist zu vermuten, dass es nicht stark an Kieselgel haftet.

Seite 80–81 (Material)

Material A – Fluoreszenz in einer Rohchlorophylllösung

1 Beschreiben Sie das beobachtete Ergebnis.
Wird eine Rohchlorophylllösung mit blauem Licht belichtet, strahlt die Lösung hellrot.

2 Deuten Sie die Beobachtungen mithilfe des Modells zur Absorption von Licht. Nehmen Sie hierzu Seite 76 zu Hilfe.
Bestrahlt man eine Rohchlorophylllösung mit blauem Licht, so werden Elektronen von Chlorophyllmolekülen angeregt. Sie absorbieren die Strahlungsenergie, indem Elektronen vom Grundzustand in den zweiten angeregten Zustand „springen". Aus diesem zweiten angeregten Zustand fallen sie wieder zurück in den ersten angeregten Zustand oder in den Grundzustand und geben dabei die aufgenommene Energie in Form von Wärme ab. Allerdings können Elektronen, die vom ersten angeregten Zustand auf den Grundzustand zurückfallen, die Energie auch in Form von Licht abstrahlen. Da der energetische Abstand zwischen Grundzustand und erstem angeregtem Zustand genau der Wellenlänge entspricht, die im Spektrum Rot repräsentiert, wird rotes Licht abgestrahlt.
Zusatzinformation: Die mit der Aufnahme energiereicherer Strahlung (blaues Licht) verbundene Abstrahlung energieärmerer Strahlung (rotes Licht) nennt man Fluoreszenz.

3 Entwickeln Sie eine Hypothese dazu, was bei Bestrahlung mit grünem Licht geschieht.
Grünes Licht repräsentiert Wellenlängen, die zwischen den Wellenlängen von blauem und rotem Licht liegen. Chlorophyll kann jedoch nur blaues oder rotes Licht absorbieren und damit die Energie genau dieser Strahlung aufnehmen. Da Chlorophyll also grünes Licht nicht absorbieren kann, kann auch keine Fluoreszenz auftreten. Daher wird die Rohchlorophylllösung bei Bestrahlung mit grünem Licht unverändert erscheinen.

Material B – Fotosyntheserate unter Starklicht und Schwachlicht

1 Beschreiben Sie die Versuchsergebnisse. Vergleichen Sie dabei die grafisch dargestellten Werte.
In beiden Kurven ist die Temperaturabhängigkeit der Fotosyntheserate dargestellt. Der Verlauf des Starklicht-Graphen entspricht dem Verlauf einer enzymatisch katalysierten Reaktion mit einem zunächst allmählichen, dann stärker werdenden Anstieg bis zu einem Optimum bei etwa 35 °C. Danach fällt die Kurve steil ab, bis bei ca. 40 °C kaum noch eine Fotosynthese stattfindet. Die Fotosyntheserate bei Schwachlicht ist demgegenüber nahezu temperaturunabhängig. Die Kurve verläuft auf niedrigem Niveau sehr schwach ansteigend mit einem Optimum um 27 °C und fällt dann wieder ab. Auffällig ist der bis zum Optimum der Starklichtkurve zunehmende Unterschied in der Fotosyntheseleistung.

2 Erläutern Sie die modellhafte Abbildung, indem Sie erklären, welche Konsequenzen verschiedene Positionen der Verschlusseinrichtungen auf den Durchlass der Stoffe haben.
Das Modell zeigt ein Rohr, das durch zwei hintereinanderliegende Schieber variabel verschlossen werden kann. Der

erste Schieber steht für die bei der Fotosynthese eingestrahlte Lichtmenge und der zweite Schieber für die Temperatur. Das Modell stellt also die Abhängigkeit der Fotosyntheserate von der Lichtintensität und der Temperatur dar.

In das Rohr fließen Kohlenstoffdioxid und Wasser (Edukte) ein. Das Rohr verlassen Kohlenhydrate und Sauerstoff (Produkte). Hierdurch wird gezeigt, dass Kohlenstoffdioxid und Wasser in der Fotosynthese umgesetzt und Sauerstoff und Kohlenhydrate hergestellt werden.

Wird das Rohr durch den ersten Schieber weitgehend verschlossen, können nur wenige Edukte hindurchfließen und es wird nur wenig produziert, unabhängig davon, ob der zweite Schieber gering oder weit geöffnet ist. Diese Position stellt die Fotosyntheserate bei Schwachlicht bei verschiedenen Temperaturen dar.

Ist hingegen der erste Schieber weit geöffnet, wird die Produktion von Sauerstoff und Kohlenhydraten durch den Öffnungszustand des zweiten Schiebers gesteuert: Ist er weit offen, entstehen die Produkte in größeren Mengen. Ist er nur teilweise geöffnet, entstehen die Produkte entsprechend seinem Öffnungsgrad. Die weite Öffnung des ersten Schiebers entspricht der Fotosyntheserate bei Starklicht. Bei optimalen Temperaturbedingungen, hier dargestellt durch einen weit geöffneten zweiten Schieber, ist eine hohe Fotosynthese messbar. Ein geringerer Durchlass beim zweiten Schieber bedeutet weniger günstige Temperaturverhältnisse, was zu einer entsprechend geringeren Fotosyntheserate führt.

3 Erläutern Sie die Einflüsse von Licht und Temperatur auf die Fotosyntheserate und vergleichen Sie diese mit den Aussagen des Modells.

Bei ausreichender Verfügbarkeit von Kohlenstoffdioxid und Wasser begrenzt zunächst das Licht die Fotosyntheserate. Wenn nur wenig Licht vorhanden ist, der Schieber für Licht also weit geschlossen ist, kann auch eine optimale Temperatur, hier dargestellt durch den geöffneten Temperaturregler, die Fotosyntheserate nicht weiter steigern. Die Stellung des ersten Schiebers im Reaktionsrohr zeigt daher die Situation bei Schwachlicht.

Ist der Schieber für die Temperatur weitgehend geschlossen, kann auch ein geöffneter Licht-Schieber die Entstehung der Produkte nicht fördern. Bei geringer Temperatur erhöht daher auch das Starklicht die Fotosyntheserate nicht. Das ist in der Grafik im niedrigen Temperaturbereich erkennbar.

Material C – Nachweis von Stärke als Assimilationsprodukt

1 Beschreiben Sie die Durchführung des Stärkenachweises.

Mit Lugolscher Lösung lässt sich Stärke durch eine Schwarzblaufärbung nachweisen. Die zu untersuchenden Blätter müssen zuerst entfärbt werden, damit man die Reaktion mit der Lugolschen Lösung erkennen kann.

Von dem Blatt wird nach Beendigung der Belichtung der Papprahmen entfernt. Zur Entfärbung bereitet man ein Becherglas mit Ethanol vor, das in ein siedendes Wasserbad gestellt wird. Das Blatt wird so lange in das heiße Ethanol gehalten, bis die Farbstoffe ausgewaschen sind. Danach wird es kurz in das siedende Wasser gehalten. Nun wird es in eine genügend große Petrischale gelegt und mit Lugolscher Lösung übergossen. Die Petrischale wird so lange geschwenkt, bis die Farbreaktion in allen Abstufungen deutlich zu sehen ist. Das Blatt wird vor einem leuchtenden Hintergrund betrachtet.

Zusatzinformation: Für die Ausdifferenzierung der Intensität der Blaufärbung benötigt man relativ viel Lugolsche Lösung und auch ein wenig Geduld. Die Blaufärbung ist in den meisten Fällen im Blatt eher eine schwarzblaue Färbung.

2 Beschreiben und vergleichen Sie die in den Abbildungen dargestellten Ergebnisse.

Der Stärkenachweis zeigt in Abhängigkeit von der bei der Belichtung aufgelegten Folie unterschiedlich intensive Blaufärbungen. Überall dort, wo keine Folie und auch kein Papprahmen gelegen hat, ist eine tiefblaue Färbung zu erkennen. Überall dort, wo der Papprahmen lag, ist keine Blaufärbung zu sehen. Dort, wo die blaue Folie lag, ist die Färbung tiefblau wie im nicht abgedeckten Randbereich des Blattes. In dem mit roter Folie abgedeckten Bereich ist eine schwächere Blaufärbung zu sehen, im gelb abdeckten Bereich ist die Blaufärbung noch schwächer. Der mit grüner Folie bedeckte Bereich weist keine Blaufärbung auf.

Die Absorption von Chlorophyll a ist im violetten Bereich des Farbspektrums am höchsten, dann folgen der rote Bereich, danach der gelbe und schließlich der grüne und blaue Bereich. Hier ist die Absorption gegenüber dem violetten und roten Bereich sehr stark vermindert.

Das durch den Stärkenachweis ermittelte Wirkungsspektrum der Fotosynthese deckt sich bis auf den blauen und violetten Bereich mit dem Absorptionsspektrum von Chlorophyll a. Der violette Bereich ist beim Wirkungsspektrum nicht untersucht worden. Im Blaubereich ist die Absorption von Chlorophyll a gering, die Fotosyntheseleistung aber besonders hoch.

3 Begründen Sie die Ergebnisse des Stärkenachweises.

Das mit dem Stärkenachweis erstellte Wirkungsspektrum zeigt, bei welchen Farben des sichtbaren Lichts die Fotosynthese mehr oder weniger gut bis zur Bildung des Assimilationsprodukts Stärke abläuft. Dass die Fotosynthese nicht bei allen Lichtfarben dieselbe Fotosyntheseleistung erbracht hat, liegt daran, dass die Fotosynthesepigmente bei unterschiedlicher Lichtfarbe unterschiedlich viel Energie absorbieren. Diese Lichtenergie ist für die Umwandlung von Kohlenstoffdioxid und Wasser zu Glucose und schließlich zur Bildung von Stärke nötig. Im blauen Licht wurde also bei dem untersuchten Blatt besonders viel Energie absorbiert und zur Bildung von Stärke genutzt, im roten Licht etwas weniger, bei gelbem Licht am wenigsten. Bei grünem Licht war keine Stärkebildung nachweisbar.

Im grünen, gelben und roten Licht stimmt das Absorptionsspektrum vom Chlorophyll a gut mit dem gemessenen Wirkungsspektrum überein. Im violetten und blauen Bereich ist dies nicht der Fall. Der violette Bereich kann nicht verglichen werden, weil hier keine Messungen zum Wirkungsspektrum vorliegen. Dass im blauen Bereich eine hohe Fotosyntheseleistung gemessen werden kann, obwohl das Chlorophyll a hier sehr wenig Licht absorbiert, liegt daran, dass es weitere Farbstoffe gibt, die in diesem Bereich Photonen verarbeiten und als akzessorische Pigmente, dienen. Sie übertragen die Energie an das Reaktionszentrum eines Fotosystems. Zu diesen Farbstoffen gehören bei höheren Pflanzen Chlorophyll b und Carotin.

Zusatzinformation: Die Grundlagen für die erläuterten Zusammenhänge stehen auf den Seiten 77 und 78 des Schulbuchs. Sie können als gestufte Hilfe gegeben werden, zuerst durch Hinweis auf Abbildung 2 auf der Seite 78, dann auf Abbildung 5 und den nebenstehenden Text auf Seite 77.

Seite 80–81 (Material)

Material D – Nachweis der sekundären Assimilationsprodukte Glucose und anderer Zucker

1 Recherchieren Sie, wie die Nachweise durchgeführt werden und wie spezifisch sie sind.

Die Glucoseteststreifen werden kurz in eine Flüssigkeit getaucht oder auch auf die Schnittfläche einer angeschnittenen Frucht, zum Beispiel einer Weinbeere, gehalten. Die Verfärbung tritt bei Vorhandensein von Glucose relativ schnell ein. Auch gefärbte Lösungen wie Fruchtsäfte können untersucht werden. Der Test ist sehr spezifisch, weil er mit Glucoseoxidase arbeitet, einem Enzym, das Glucose, aber keine anderen Zucker umsetzt. Die Glucoseoxidase kann allerdings durch Ascorbinsäure in höherer Konzentration gehemmt werden. Da in Traubenzuckertafeln aus Dextrose nur wenig Glucose enthalten ist, färbt sich der Teststreifen kaum, wenn man diese Tafeln in Wasser löst und den Teststreifen hineinhält. Die Dextrose ist aus Stärke hydrolysiert worden. Sie enthält verschiedene kurzkettige Kohlenhydrate.

Für die Fehlingsche Probe werden zwei Reagenzien gemischt, die einzeln als haltbare Lösungen vorrätig gehalten werden können. Eine Lösung von Kupfer(II)-sulfat (Xn) in Wasser und eine Lösung von Natriumkaliumtartrat (Xi) und Natriumhydroxid (C) in Wasser werden zu gleichen Teilen gemischt und dann mit einer wässrigen Lösung versetzt, in der man reduzierende Zucker vermutet. Die nun erhaltene Lösung wird im Wasserbad erhitzt. Wegen der Spritzgefahr ist unbedingt eine Schutzbrille zu tragen. Die Lösung verfärbt sich von blau über grün und braun nach hellrot und es bildet sich ein ziegelroter Niederschlag von Kupfer(I)-oxid.

Das Benedict-Reagenz ist eine wässrige Lösung von drei Stoffen: Sie enthält Natriumcitrat, Natriumcarbonat (Xi) und Kupfer(II)-sulfat (Xn). Sie wird zwar aus zwei Lösungen angesetzt, ist aber nach dem Zusammengeben als fertige Lösung haltbar. Die Lösung wird genauso gehandhabt wie die Fehlingsche Lösung. Es bildet sich ebenfalls ein ziegelroter Niederschlag aus Kupfer(I)-oxid.

Mit der Fehlingschen Probe und der Benedictschen Probe weist man also in Früchten reduzierende Zucker, also Fructose und Glucose nach. Saccharose lässt sich nicht nachweisen. Nach einer Behandlung von Fruchtsaft mit verdünnter Salzsäure wird vorhandene Saccharose in Fructose und Glucose gespalten. Diese kann man nachweisen und damit indirekt das Vorhandensein der Saccharose.

Die Fehlingsche Probe wurde von Fehling als erste Methode vorgestellt, mit der man den Zucker im Harn, die Glucose, quantitativ bestimmen konnte. Sowohl mit der Fehlingschen Lösung als auch mit dem Benedict-Reagenz weist man Reduktionsmittel, zum Beispiel reduzierende Zucker, nach. In Stoffgemischen sind beide Nachweise daher nicht derart spezifisch wie die Teststäbchenmethode. Sie geben also kontextabhängig an, ob reduzierende Zucker, wie zum Beispiel Fructose und Glucose in Früchten, oder gar, wie beim Urin, spezifisch Glucose vorhanden ist.

Zusatzinformation: Die Glucoseteststreifen verleiten zu einer quantitativen Angabe des Glucosegehalts. Diese ist aber Ungeübten nicht sicher möglich. Es reicht aus, den Gehalt halbquantitativ anzugeben als relativ hoch, mittel und niedrig.

Das Benedict-Reagenz ist als Ersatz für die stark alkalische Fehlingsche Lösung gedacht. Dennoch muss auch hier mit Schutzbrille gearbeitet werden.

Für die Schülerinnen und Schüler ausreichende Recherche-Informationen erhält man auf „Prof. Blumes Bildungsserver für Chemie", den man problemlos per Internetsuche findet.

2 Planen Sie eine Versuchsreihe zur Bestimmung des Zuckergehalts in verschiedenen Reifestadien von Früchten. Führen Sie die Versuche, soweit es möglich ist, durch.

Individuelle Lösungen.

Aus eigener Erfahrung sollten die meisten Schülerinnen und Schüler wissen, dass reife Früchte süßer schmecken als unreife. Daher ist zu erwarten, dass ihr Untersuchungsplan hiervon ausgeht.

Die Hypothese, von der die Schülerinnen und Schüler ausgehen, ist, dass in Früchten der Zuckergehalt beim Reifungsprozess ansteigt. Bei der Weinbeere kann man nach den Informationen im Aufgabentext erwarten, dass ein Glucosetest erfolgreich ist. Bei anderen Früchten sollten reduzierende Zucker nachgewiesen werden. Kontrollversuche auf die jeweils andere Möglichkeit sind vorzusehen. Da in fast allen Früchten Saccharose enthalten ist, ist es sinnvoll, zunächst auf reduzierende Zucker zu testen, dann den Saccharosetest zu machen und eine grobe quantitative Abschätzung zu machen, ob jetzt mehr Niederschlag bei der Fehlingprobe oder eine schnellere Verfärbung beim Teststäbchen zu verzeichnen ist. Bei Äpfeln mit Schale beträgt der Saccharosegehalt etwa 20 % vom Gesamtzuckergehalt.

Man kann häufig im Jahr Weintrauben einkaufen, die mehr oder weniger reif sind. Sie eignen sich für den genannten Vergleich, wenn man die Beeren nachreifen lässt. Im Herbst sind heimische Früchte wie Äpfel und Birnen geeignet. Meistens findet man unterschiedlich reife Früchte an den Bäumen. Das Protokoll sollte die Hypothese, den Untersuchungsplan, die Ergebnisse und die Auswertung enthalten.

Material E – Rotalgen

1 Beschreiben Sie die Diagramme.

Im oberen Diagramm wird die relative Fotosyntheseintensität von Rotalgen und Grünalgen in Abhängigkeit der eingestrahlten Wellenlänge zwischen 400 und 760 nm dargestellt.

Bei den Grünalgen steigt die Fotosyntheseintensität von ca. 0,7 relativen Einheiten bei einer Wellenlänge von 400 nm langsam auf ein Maximum von etwa 0,9 relativen Einheiten bei 440 nm an. Dann sinkt die Fotosyntheseintensität bis zu einer Wellenlänge von ca. 450 nm auf ca. 0,7, bleibt dann nahezu konstant auf diesem Wert und sinkt ab einer Wellenlänge von ca. 480 nm bis auf etwa 0,1 relative Einheiten bei einer Wellenlänge von etwa 530 nm. Ab hier steigt die Fotosyntheseintensität erst langsam auf ca. 0,25 bei 640 nm und dann steil auf ca. 0,7 relative Einheiten bei ungefähr 680 nm. Ab diesem Wert fällt die Kurve rapide auf ca. 0,2 relative Einheiten bei einer Wellenlänge von 700 nm und weiter auf 0 bei 740 nm.

Die Fotosyntheseintensität der Rotalge liegt im kurzwelligen Bereich bis etwa 450 nm unterhalb von 0,2 relativen Einheiten. Sie steigt dann steil an und erreicht bei etwa 500 nm einen Peak von 0,8 relativen Einheiten. Bei einer Wellenlänge zwischen 570 und 580 nm erreicht die Fotosyntheseintensität ihr Maximum von 1,0 relativen Einheiten. Bis zu einer Wellenlänge von etwa 610 nm fällt die Kurve steil ab. Zwischen 610 nm und etwa 690 nm liegt die Fotosyntheseintensität bei ungefähr 0,3 relativen Einheiten. Oberhalb von 690 nm fällt die Intensität weiter ab.

Das untere Diagramm verdeutlicht, bis zu welcher Meerestiefe zwischen 0 und 75 m die verschiedenen Wellenlängen beziehungsweise Farben des eingestrahlten Sonnenlichts reichen. Blaues Licht mit Wellenlängen über 430 nm erreicht tiefere Wasserschichten, bis zu 75 m und darüber hinaus. Dies gilt für Wellenlängen zwischen 475 nm und etwa 495 nm, was den Farben Blau und Blaugrün entspricht. Mit weiter zunehmenden Wellenlängen erreichen die Lichtstrahlen weniger tiefe Wasserschichten. Grünes Licht dringt bis in 50–60 m Tiefe, gelbes Licht bis in 20–45 m Tiefe und rotes Licht bis in etwa 6–10 m Tiefe.

2 Erläutern Sie den Unterschied zwischen Rotalgen und Grünalgen hinsichtlich ihrer Wirkungsspektren.

Das Wirkungsspektrum der Grünalgen ist in erster Linie auf die Fotosynthesepigmente Chlorophyll a und Chlorophyll b zurückzuführen, die ihr Absorptionsmaximum bei etwa 440 und 680 nm haben. Das heißt, die Grünalge absorbiert insbesondere blaues und rotes Licht.

Die höchste Fotosyntheseintensität der Rotalge liegt zwischen 500 und 580 nm. Es ist daher anzunehmen, dass die Phycobiliproteine, die hier als Fotosynthesepigmente wirken, bei diesen Wellenlängen ihr Absorptionsmaximum haben.

3 Erklären Sie, warum Grünalgen nur dicht unter der Wasseroberfläche, Rotalgen jedoch auch in tiefem Wasser wachsen.

Das Maximum des Wirkungsspektrums der Grünalgen im roten Bereich des sichtbaren Lichts entspricht einer Wellenlänge, die in einer Wassertiefe bis zu 10 m absorbiert wird. Daher leben die Grünalgen nur in geringen Wassertiefen. In tieferen Wasserschichten können die Grünalgen mit ihren Fotosynthesepigmenten nicht effektiv genug Fotosynthese betreiben und sind deshalb dort nicht lebensfähig.

Das Wirkungsspektrum der Rotalgen verdeutlicht, dass sie in einem Wellenlängenbereich zwischen 500 nm und 580 nm besonders effektiv Fotosynthese betreiben können. Daher sind sie an einen Lebensraum in tieferen Wasserschichten angepasst. Da sie aber auch Licht bis zu einer Wellenlänge von ca. 690 nm absorbieren können, sind sie in oberflächennahen Schichten ebenfalls lebensfähig.

1.14 Ablauf der Fotosynthese

Seite 82–84

1 Vergleichen Sie die Fotosynthese von C_3-, C_4- und CAM-Pflanzen.

C_3-Pflanzen fixieren das Kohlenstoffdioxid in der Zelle in einer Reaktion des Calvinzyklus. Das Enzym RuBisCo (Ribulose-1,5-bisphosphat-carboxylase/-oxygenase) katalysiert die Bildung von 3-Phosphoglycerinsäure. C_4- und CAM-Pflanzen fixieren das Kohlenstoffdioxid in anderen Reaktionen, bei denen Oxalacetat und danach Malat gebildet wird. Später erst findet dann der Calvin-Zyklus statt. Auch diese Pflanzen benutzen das Enzym RuBisCo. Bei C_4-Pflanzen arbeitet das zugehörige Enzym auch bei sehr niedrigen Kohlenstoffdioxidkonzentrationen. Das Malat wird bei C_4- und CAM-Pflanzen anschließend unterschiedlich verwendet.

Bei C_4-Pflanzen wird es über Plasmodesmen in Zellen der Bündelscheide transportiert, wo eine Reaktion stattfindet, in der Kohlenstoffdioxid frei wird. Dieses reichert sich hier an und kann von RuBisCO verarbeitet werden. Der anschließende Calvin-Zyklus findet lediglich in den Bündelscheidezellen statt.

Bei CAM-Pflanzen wird das Malat in den Vakuolen gespeichert. Es wird nachts gebildet, weil diese Pflanzen dann ihre Spaltöffnungen geöffnet haben, sodass das Kohlenstoffdioxid in die Zellen gelangen kann. Dabei werden auch Protonen in die Vakuolen transportiert, sodass der Vakuolensaft sauer wird. Am Tag sind die Spaltöffnungen geschlossen und es kann mithilfe des Lichts Fotosynthese stattfinden. Hierzu wird das Malat gemeinsam mit Protonen wieder in das Zellplasma transportiert, wo es so reagiert, dass Kohlenstoffdioxid frei wird. Dieses kann dann genau wie bei den C_3- und C_4-Pflanzen im Calvin-Zyklus verarbeitet werden.

Seite 85 (Material)

Material A – Temperaturoptima von C_3-, C_4- und CAM-Pflanzen

1 Beschreiben Sie das Versuchsergebnis mithilfe des Diagramms.

Das Diagramm zeigt die Fotosyntheserate von C_3-, C_4- und CAM-Pflanzen anhand der Menge der Kohlenstoffdioxidfixierung in µmol pro m² und s in Abhängigkeit von der Blatttemperatur von 0 bis 45 °C.
Bei allen drei Pflanzentypen liegt die Fotosyntheserate bei 0 °C Blatttemperatur auf Nullniveau und steigt bei erhöhter Blatttemperatur an.
CAM-Pflanzen erreichen einen Maximalwert von etwa 5 µmol Kohlenstoffdioxidfixierung pro m² und s bei einer Blatttemperatur von etwa 15 °C; bei weiter steigender Blatttemperatur sinkt ihre Fotosyntheserate wieder und erreicht das Nullniveau bei etwa 25 °C.
C_3- und C_4-Pflanzen erreichen ihr Maximum jeweils bei höheren Blatttemperaturen. Das Maximum der C_3-Pflanzen wird bei einer Blatttemperatur von 25 °C erreicht und liegt bei etwa 23 µmol Kohlenstoffdioxidfixierung pro m² und s; bei weiter steigenden Blatttemperaturen sinkt auch ihre Fotosyntheserate wieder und erreicht bei 45 °C nur noch eine Kohlenstoffdioxidfixierung von etwa 8 µmol pro m² und s. C_4-Pflanzen haben eine maximale Kohlenstoffdioxidfixierung von etwa 36 µmol pro m² und s bei einer Blatttemperatur von etwa 36 °C. Bei 45 °C erreichen sie nur noch eine Kohlenstoffdioxidfixierung von etwa 27 µmol pro m² und s.

2 Deuten Sie das Versuchsergebnis als Angepasstheit an die jeweils typischen Standortbedingungen.

Das Fotosynthesemaximum von C_4-Pflanzen liegt bezüglich der Blatttemperatur um etwa 10 °C höher als das der C_3-Pflanzen. Damit sind C_4-Pflanzen bezüglich der Temperaturtoleranz an ihre tropischen und subtropischen Verbreitungsgebiete angepasst, während C_3-Pflanzen in gemäßigten Klimazonen dominieren, in denen die Temperatur selten über 30 °C steigt.
Auffällig ist die enge Temperaturtoleranz der Fotosynthese von etwa 10 bis 20 °C bei CAM-Pflanzen, obwohl diese überwiegend in heißen Gebieten der Erde vorkommen. Dies lässt sich dadurch erklären, dass die Kohlenstoffdioxidfixierung dieser Pflanzen durch die zeitliche Kompartimentierung nachts erfolgt und dass die nächtlichen Temperaturen auch in tagsüber heißen Gebieten deutlich niedriger liegen. Somit zeigt das niedrige Temperaturoptimum von CAM-Pflanzen eine Angepasstheit an die nächtlichen Bedingungen der Kohlenstoffdioxidfixierung von CAM-Pflanzen.

Material B – Sukkulenz als Angepasstheit an trockene Standorte

1 Erläutern Sie die Angepasstheit von Säulenkakteen an trockene Standortbedingungen.

Säulenkakteen haben durch die verdickte Sprossachse und durch Rückbildung der Laubblätter ein günstiges Oberflächen-Volumen-Verhältnis, sodass die relative Oberfläche und damit die Wasserabgabe vermindert ist. Gleichzeitig können in den großlumigen Rindenzellen der verdickten Sprossachse große Wassermengen gespeichert werden, sodass lange Phasen von Trockenheit überdauert werden können.
Zusatzinformation: Wie aus der Abbildung hervorgeht, sind zudem die Spaltöffnungen an der Oberfläche der Sprossachse eingesenkt, wodurch die Wasserdampfabgabe vermindert wird.

2 Beschreiben und deuten Sie das Verhältnis von Wurzeloberfläche und Blattfläche in Abhängigkeit von der Wasserverfügbarkeit.

Das Diagramm zeigt das Verhältnis von Wurzeloberfläche zur Blattfläche in relativen Einheiten in Abhängigkeit von der Wasserverfügbarkeit in ml pro Tag. Bei einer geringen Wasserverfügbarkeit von etwa 10 ml pro Tag liegt das Verhältnis von Wurzeloberfläche zur Blattfläche bei etwa 0,95 relativen Einheiten und nimmt bei steigender Wasserverfügbarkeit deutlich ab (etwa 0,4 relative Einheiten bei einer Wasserverfügbarkeit von etwa 100 ml pro Tag). Ab einer Wasserverfügbarkeit von etwa 300 ml pro Tag bleibt das Verhältnis von Wurzeloberfläche zur Blattfläche konstant bei etwa 0,1 relativen Einheiten.
Es wird deutlich, dass Pflanzen bei geringer Wasserverfügbarkeit im Verhältnis zur Blattfläche eine große Wurzelfläche aufweisen, während sich dieses Verhältnis bei zunehmender Wasserverfügbarkeit zunehmend zugunsten der Blattfläche verschiebt. Die Angepasstheit von Pflanzen an die Wasserverfügbarkeit in ihrem Lebensraum zeigt sich in diesem Verhältnis von Wurzeloberfläche zu Blattfläche, da die Blattfläche die wesentliche Struktur der Wasserabgabe darstellt, während die Größe der Wurzeloberfläche die Fähigkeit zur Wasseraufnahme bedingt.

Material C – Fotosynthese bei Schwefelpurpurbakterien

1 Vergleichen Sie die lichtabhängige Reaktion bei Schwefelpurpurbakterien und bei Pflanzen.

	Schwefelpurpur-bakterien	Pflanzen
ATP-Synthese	Protonengradient	Protonengradient
Zahl der Fotosysteme	1	2
Absorptionsmaximum	870 nm	Fotosystem I: 770 nm Fotosystem II: 680 nm
Elektronentransport in der Membran	einstufige Transportkette	zweistufige Transportkette
Elektronendonator	H_2S	H_2O
Elektronenakzeptor	NAD^+	$NADP^+ + H^+$
Produkte der lichtabhängigen Reaktion	S_2 $NADH + H^+$	O_2 $NADPH + H^+$

2 Formulieren Sie die Gesamtgleichung der Fotosynthese bei Schwefelpurpurbakterien.

$12\ H_2S + 6\ CO_2 \rightarrow C_6H_{12}O_6 + 12\ S + 6\ H_2O$

Zusatzinformation: Bei der Reaktionsgleichung ist vernachlässigt, dass elementarer Schwefel eigentlich in Form von S_8-Molekülen vorliegt.

3 Begründen Sie, weshalb die Fotosynthese bei Schwefelpurpurbakterien die Erkenntnis unterstützt, dass bei Pflanzen der Sauerstoff aus dem Wasser entsteht.

Bei Schwefelpurpurbakterien ist Schwefelwasserstoff der Elektronendonator und als Produkt entsteht Schwefel. Bei grünen Pflanzen entsteht stattdessen aus Wasser Sauerstoff. Schwefelwasserstoff und Wasser beziehungsweise Schwefel und Sauerstoff sind also äquivalent. Daher ist die prinzipielle funktionale Gleichheit der beiden Fotosynthesetypen naheliegend, das heißt, dass der Sauerstoff bei der pflanzlichen Fotosynthese aus dem Wasser stammt.

Klausurtraining

Seite 90

Training A – Regulierende Faktoren der Glykolyse

1 Nennen Sie die Stoffe, die den Ablauf der Glykolyse beeinflussen, sowie jeweils die Art ihrer Wirkung.

Das Enzym Hexokinase wird durch Glucose-6-phosphat beeinflusst. Glucose-6-phosphat hemmt das Enzym. Die Phosphofruktokinase wird von ADP aktiviert und durch APT sowie durch Citrat gehemmt. Das Enzym Pyruvatkinase wird durch Fruktose-1,6-biphosphat aktiviert und durch ATP, Acetyl-CoA und langkettige Fettsäuren gehemmt.

2 Erläutern Sie anhand der Diagramme den Einfluss von ATP und ADP auf die Reaktion von Fructose-6-phosphat zu Fructose-1,6-biphospat.

Aus dem Diagramm A geht hervor, dass die Aktivität des Enzyms Phosphofructokinase, das die Reaktion von Fructose-6-phosphat zu Fructose-1,6-biphospat katalysiert, bei einer ATP-Konzentration von etwa 0,2 Millimol pro Liter seinen höchsten Wert von etwa 0,21 Aktivitätseinheiten erreicht. Mit Zunahme der ATP-Konzentration sinkt die Aktivität dieses Enzyms auf ein Niveau von etwa 0,08 Aktivitätseinheiten.

Diagramm B zeigt, dass im Vergleich zur Kontrolle bei Zugabe von ADP schon bei deutlich geringeren Fructose-6-phosphat-Konzentrationen die Reaktionsgeschwindigkeit rapide zunimmt und ein Maximum erreicht, während dies bei Zugabe von ATP erst bei deutlich höheren Fructose-6-Phosphat-Konzentrationen der Fall ist. Dies deutet darauf hin, dass ADP auf die Phosphofructokinase beschleunigend und ATP hemmend wirkt.

3 Erläutern Sie den Mechanismus zur Regulation der Phosphofructokinase durch ATP und ADP.

Die Modelldarstellung zeigt schematisch die Regulation der Phophofructokinase-Aktivität durch ADP und ATP. ADP erhöht die Substrataffinität des Enzyms Phosphofructokinase, indem es als allosterischer Aktivator wirkt, während ATP als allosterischer Inhibitor das Enzym so verändert, dass die Umsetzung des Substrats gehemmt wird.

4 Erklären Sie den Einfluss von ATP und ADP auf die Glykolyse.

Das Enzym Phosphofructokinase katalysiert in der Glykolyse die Phosphorylierung des Substrats Fructose-6-phosphat zu Fructose-1,6-bisphosphat. Dies ist einer der ersten Schritte im Verlauf der Glykolyse. Die Glykolyse dient der Zelle zur Energiebereitstellung in Form von ATP. Dies gilt sowohl für den aeroben als auch für den anaeroben Glucoseabbau. ATP als Endprodukt des Glucoseabbaus verhindert durch seine hemmende Wirkung auf die Phosphofructokinase, dass die Glykolyse und die weiteren Prozesse des Glucoseabbaus weiterlaufen, wenn kein ATP benötigt wird. ADP hingegen steigert die Aktivität der Phosphofructokinase. Hohe ADP-Konzentrationen liegen immer dann vor, wenn ATP verbraucht worden ist. Somit wird die Glykolyse gefördert, wenn ATP benötigt wird.

Im weiteren Verlauf der Glykolyse wird Phosphoenolpyruvat durch das Enzym Pyruvatkinase in Pyruvat umgewandelt. Hierbei handelt es sich um eine zweite Reaktion innerhalb der Glykolyse, an der ATP den weiteren Abbau der Kohlenhydrate hemmt. Da hierzu keine Grafik vorliegt, lässt sich anhand des Materials nicht aussagen, auf welche Weise die Hemmung erfolgt.

2 Genetik und Immunbiologie

2.1 DNA – Träger der Erbinformation

Seite 96–97

1 Beschreiben Sie, weshalb das Ergebnis von Griffiths letztem Versuch unerwartet war.

Lebende Bakterien des R-Stammes alleine oder durch Hitze abgetötete Bakterien des S-Stammes alleine töteten eine Maus nicht und waren nicht im Blut nachweisbar. Beide in Kombination töteten hingegen eine Maus, in ihrem Blut waren zudem anschließend lebende Bakterien des S-Stammes nachweisbar.

2 Begründen Sie, welche Schlussfolgerungen Avery aus den vier einzelnen Versuchen der Transformation ziehen konnte.

R-Zellen und S-Filtrat: Ein Teil der R-Zellen wird zu S-Zellen transformiert, weil sich das transformierende Prinzip im Filtrat befindet.

R-Zellen und mit Protease behandeltes S-Filtrat: Da ein Teil der R-Zellen auch hier zu S-Zellen transformiert wird, können die durch die Protease zerstörten Proteine nicht das transformierende Prinzip sein.

R-Zellen und mit RNase behandeltes S-Filtrat: Da ein Teil der R-Zellen auch hier zu S-Zellen transformiert wird, kann die durch die RNase zerstörte RNA nicht das transformierende Prinzip sein.

R-Zellen und mit DNase behandeltes S-Filtrat: Da nur in diesem Versuch keine R-Zellen zu S-Zellen transformiert werden, muss die durch die DNase zerstörte DNA das transformierende Prinzip sein.

Seite 98

1 Vergleichen Sie die Lokalisation des genetischen Materials in prokaryotischen und eukaryotischen Zellen.

Gemeinsamkeiten: Das genetische Material in Form von Nukleinsäuren befindet sich bei prokaryotischen und eukaryotischen Zellen im Inneren der Zellen.

Unterschiede: Prokaryotische Zellen besitzen keinen Zellkern. Das genetische Material liegt im Zellplasma vor.

In eukaryotischen Zellen befindet sich ein Zellkern, der Nucleus, der von einer Doppelmembran, der Kernhülle, umschlossen ist. In diesem Nucleus befindet sich der größte Teil des genetischen Materials der Zelle. In den Mitochondrien tierischer und pflanzlicher Zellen sowie in den Chloroplasten pflanzlicher Zellen befinden sich ebenfalls DNA-Moleküle.

2 Nennen Sie die genetischen Informationsspeicher in pflanzlichen und tierischen Zellen.

In tierischen wie auch in pflanzlichen Zellen liegen die Erbinformationen in den Chromosomen im Nucleus vor. Daneben finden sich weitere Erbinformationen in den Mitochondrien, die für die Energiebereitstellung in der Zelle lebensnotwendig sind. In pflanzlichen Zellen gibt es noch einen dritten genetischen Informationsspeicher. Die Chloroplasten, die für die Fotosynthese verantwortlich sind, enthalten ebenfalls eigene DNA-Moleküle.

Seite 99 (Material)

Material A – Transformationsexperiment

1 Beschreiben Sie das Versuchsergebnis.

Wurde ein Zellextrakt aus Bakterien des *Pneumococcus*-Stammes 1 (Bakterien können Mannit zur Energiegewinnung nutzen und sind gleichzeitig gegen das Antibiotikum Streptomycin resistent) mit Bakterien des *Pneumococcus*-Stammes 2 (Bakterien können Mannit nicht nutzen und sind gegenüber dem Antibiotikum Streptomycin sensibel) gemischt, konnten später einzelne Zellen isoliert werden, die eine neue Kombination der Merkmale aufwiesen. So waren einige Bakterien in der Lage, Mannit zu nutzen, und waren zudem sensibel gegenüber Streptomycin. Andere Zellen zeigten eine Resistenz gegenüber dem Antibiotikum, konnten aber Mannit nicht verarbeiten. Eine etwas größere Anzahl isolierter Zellen hatte die Merkmalskombination von Stamm 1. Die überwiegende Anzahl an Zellen wies allerdings die gleiche Merkmalskombination auf wie die Zellen von Stamm 2.

2 Erläutern Sie das Versuchsergebnis.

Im Zellextrakt war das genetische Material, die DNA, der Pneumokokken enthalten, die Mannit nutzen konnten und gegen das Antibiotikum Streptomycin resistent waren. Manche Zellen des anderen Stammes nahmen Bruchstücke der fremden DNA aus der Kulturflüssigkeit auf und integrierten diese in ihre eigene DNA. Einige DNA-Fragmente enthielten die Informationen, die für die Verarbeitung von Mannit oder für die Ausbildung einer Resistenz gegen Streptomycin verantwortlich waren. Diesen Prozess der Informationsaufnahme durch Integration fremder DNA in das zelleigene Genom bezeichnet man als Transformation.

3 Begründen Sie, welchen Schluss man aus der Tatsache ziehen kann, dass viele Zellen sich in Bezug auf beide Eigenschaften verändert haben.

In der DNA ist die Erbinformation der Bakterienzellen gespeichert. Da viele Bakterien sich in Bezug auf beide Eigenschaften verändert haben, ist zu vermuten, dass die Bakterien des Stammes 2 nicht nur kleine Abschnitte der DNA des Stammes 1 aus dem Zellextrakt aufgenommen haben. Die DNA-Abschnitte müssen ausreichend groß gewesen sein, um den Bakterien zwei neue Fähigkeiten (die zur Nutzung von Mannit und die Resistenz gegen Streptomycin) zu verleihen. Es können also mehrere Informationen auf den aufgenommenen DNA-Abschnitten liegen.

Material B – Die Hershey-Chase-Experimente

1 Beschreiben und begründen Sie die Versuchsdurchführung.

In den beiden Versuchen von Hershey und Chase wurden T2-Viren, typische *E.-coli*-Phagen, entweder mit dem radioaktiven Phosphor-Isotop ^{32}P oder mit dem radioaktiven Schwefel-Isotop ^{35}S markiert. Schwefel ist in der Aminosäure Cystein enthalten und daher Bestandteil der Proteine. Phosphor ist ein Bestandteil der Nucleotide und kommt deshalb in Nukleinsäuren vor, aber nicht in Proteinen. Es entstanden also T2-Phagen, die entweder ^{35}S in den Proteinen ihrer Hüllen oder ^{32}P in ihrer DNA enthielten. Durch die radioaktive Markierung konnten Proteine und Nukleinsäuren eindeutig markiert und später wieder identifiziert werden.

Die markierten T2-Phagen gab man zu nicht markierten *E.-coli*-Zellen. Die Phagen hefteten sich an die Zellwände an und injizierten ihre DNA in das Innere der Zellen. Die Phagenhüllen, die sich an der äußeren Membran der Bakterien befanden, wurden durch Behandlung in einem Mixer abgetrennt. Anschließend untersuchte man, ob die Phagenhüllen oder die infizierten Bakterienzellen radioaktiv waren.

2 Formulieren Sie das Versuchsergebnis.

In den Bakterien, die von ^{32}P-markierten Phagen infiziert worden waren, konnte Radioaktivität nachgewiesen werden. Die abgetrennten Phagenhüllen waren in diesem Fall nicht radioaktiv.

In den Bakterien, die von ^{35}S-markierten Phagen infiziert worden waren, konnte keine Radioaktivität nachgewiesen werden. In diesem Fall waren aber die abgetrennten Phagenhüllen radioaktiv.

3 Deuten Sie das Versuchsergebnis.

In den infizierten Bakterien können neue Phagen gebildet werden, wenn die Erbinformation für die Phagen in den Bakterien vorliegen. Es muss also das Molekül, das in die Zellen eingedrungen ist, verantwortlich für die Produktion neuer Phagen sein. Da nur in dem Versuchsteil, bei dem die DNA radioaktiv markiert worden war, Radioaktivität in den Phagen nachgewiesen wurde, muss die DNA die Erbinformation tragen.

2.2 Bau der Nukleinsäuren

Seite 100–103

1 Beschreiben Sie den Aufbau eines Nucleotids der DNA.

Ein Nucleotid besteht aus drei verschiedenen Bausteinen: einer Pentose, einer von vier verschiedenen Basen und einer Phosphatgruppe. Die Pentose ist ein Zuckermolekül aus fünf C-Atomen, dem am 2'-C-Atom ein Sauerstoffatom fehlt. Es handelt sich dabei um eine Desoxyribose. Am 1'-C-Atom des Zuckermoleküls ist eine von vier verschiedenen Basen und am 5'-C-Atom ist eine Phosphatgruppe gebunden. Die Basen unterteilt man in die Purinbasen Adenin und Guanin sowie in die Pyrimidinbasen Cytosin und Thymin.

2 Erklären Sie, weshalb Forscher Gewebeproben durch chemische DNA-Analysen einer Art zuordnen können.

Erwin Chargaff fand durch chemische Untersuchungen an DNA-Molekülen aus verschiedenen Lebewesen heraus, dass in einem Molekül die Mengen von Adenin und Thymin immer in einem Verhältnis von 1:1 auftreten. Entsprechendes gilt für die beiden Basen Cytosin und Guanin, auch sie kommen immer im Verhältnis 1 : 1 vor. Die Summe von Adenin und Guanin entspricht auch immer der Summe der beiden Basen Cytosin und Thymin. Diese Befunde gelten für alle Zellen eines Lebewesens unabhängig davon, aus welchem Gewebe die Zellen isoliert werden. Diese Übereinstimmungen verändern sich auch nicht durch Umweltfaktoren. Allerdings unterscheiden sich die Häufigkeiten der beiden Basenpaare in unterschiedlichen Lebewesen voneinander, die Häufigkeiten sind artspezifisch. Deshalb kann man verschiedene Gewebeproben eindeutig jeweils einer Art zuordnen.

3 Beschreiben Sie die wesentlichen Kennzeichen des Watson-Crick-Modells.

Das Watson-Crick-Modell beschreibt den Aufbau und die räumliche Struktur eines DNA-Moleküls. Es besteht aus zwei Polynucleotidketten, in denen die einzelnen Nucleotide der beiden Ketten über Phosphodiesterbindungen miteinander verknüpft sind. Die beiden Stränge sind antiparallel zueinander angeordnet. Dies hat zur Folge, dass sie jeweils unterschiedliche Enden besitzen, die eindeutig definiert werden können. Wenn der eine Strang an dem einen Ende mit einer 3'-OH-Gruppe der Desoxyribose beginnt, befindet sich an dem gegenüberliegenden Strang das 5'-Phosphatende. Der erste Strang endet mit einem 5'-Phosphatende und der gegenüberliegende Strang besitzt hier die freie 3'-OH-Gruppe. Jeder Strang besitzt also ein 3'-Ende und ein 5'-Ende.

Die Basen der Nucleotide ragen in das Innere des Stranges und liegen einander gegenüber. Dadurch kommt es zu einer Ausbildung von Wasserstoffbrückenbindungen zwischen den komplementären Basen Adenin und Thymin sowie Cytosin und Guanin. Das Basenpaar Adenin und Thymin bildet zwei Wasserstoffbrücken aus, während das Basenpaar Guanin und Cytosin drei Wasserstoffbrücken ausbildet.

Die beiden Stränge sind nicht linear nebeneinander angeordnet, sondern rechtsgängig schraubenartig in einer Doppelhelix gegeneinander verdreht. Auf eine vollständige Windung kommen zehn Basenpaare, jede Windung ist 3,4 nm lang. Das bedeutet, dass zwei aufeinanderfolgende Basenpaare einen Abstand von 0,34 nm zueinander besitzen. Der Durchmesser der Doppelhelix beträgt 2 nm. Durch die Windungen der Doppelhelix um die zentrale Achse ergeben sich immer abwechselnd eine große und eine kleine Furche.

Seite 100–103

4 Begründen Sie, weshalb die paarweise Anordnung der Basen auf einen möglichen Mechanismus zur Vervielfältigung der DNA hindeutet.

Da die Basenpaare komplementär zueinander sind, können sich nur die Basen Adenin und Thymin beziehungsweise Cytosin und Guanin gegenüberstehen. Trennt man einen DNA-Doppelstrang in zwei Einzelstränge auf, ist also automatisch für jeden Einzelstrang die Basensequenz des gegenüberliegenden Stranges erschließbar. Das deutet auf einen Vervielfältigungsmechanismus hin, bei dem ein DNA-Doppelstrang zu zwei Einzelsträngen aufgetrennt wird und diese dann wiederum zu Doppelsträngen ergänzt werden.

Seite 104

1 Vergleichen Sie den Aufbau von DNA und RNA.

Gemeinsamkeiten: Sowohl DNA- als auch RNA-Moleküle sind aus einzelnen Nucleotiden aufgebaut, die über Phosphodiesterbindungen miteinander verknüpft sind. Es gibt also in beiden Molekülen eine eindeutige 5'→3'-Orientierung.

Unterschiede: In der RNA bildet die Base Uracil zwei Wasserstoffbrückenbindungen mit der Base Adenin, während in der DNA die Basen Thymin und Adenin durch zwei Wasserstoffbrückenbindungen miteinander verknüpft sind. Als Zucker ist in der RNA die Ribose und in der DNA die Desoxyribose eingebaut. Ribose besitzt am 2'-C-Atom eine Hydroxylgruppe, während der Desoxyribose dort ein Sauerstoffatom fehlt, sodass sich am 2'-C-Atom ein Wasserstoffatom befindet. RNA-Moleküle liegen im Gegensatz zu DNA-Molekülen nicht durchgängig als Doppelstrang vor.

2 Beschreiben Sie den Aufbau der tRNA.

Ein tRNA-Molekül besteht aus etwa 75 bis 90 Nucleotiden, die in der charakteristischen Kleeblattstruktur angeordnet sind. Darin wechseln sich Abschnitte mit gepaarten komplementären Basen, den Stämmen, mit ungepaarten Abschnitten, den Schleifen, ab. Diese enthalten seltene

Basen, die keine Basenpaarungen eingehen und in anderen RNA-Molekülen nicht vorkommen. Am freien 3'-Ende befinden sich immer die drei Basen CCA, die Aminosäurebindestelle.

Zusatzinformation: Das 5'- und 3'-Ende einer tRNA sind über einen aus sieben Basenpaaren bestehenden Stamm miteinander verbunden. Dabei ist das 3'-Ende mit den charakteristischen drei Basen CCA länger. Da hier die Aminosäure gebunden wird, spricht man auch vom Akzeptorarm. Der in Abbildung 3 auf Seite 104 im Schulbuch nach rechts zeigende Arm enthält mehrere Nucleotide mit der ungewöhnlichen Base Dihydrouridin und wird deshalb als D-Arm bezeichnet. Der nach links zeigende Arm enthält immer die Nucleotidfolge Thymin, Pseudouridin und Cytosin, kurz TΨC, und wird als T-Arm oder TΨC-Arm bezeichnet. An diesen Arm schließt sich in Richtung des Anticodons eine variable Region an, die deshalb auch als V-Schleife bezeichnet wird. Insgesamt sind über 30 Variationen von Nucleotiden in tRNA-Molekülen bekannt. Die Modifikation erfolgt durch Enzyme, nachdem die Basen als „normale" Basen in die tRNA eingebaut worden sind.

3 Erläutern Sie die Bedeutung der Ribozyme.

Ribozyme sind bestimmte RNA-Moleküle, die wie Proteine eine sehr komplexe dreidimensionale Struktur aufweisen. Sie enthalten ebenso wie Enzyme ein aktives Zentrum und katalysieren bestimmte Reaktionen. Damit haben sie eine enzymatische Funktion.

Die Entdeckung dieser katalytisch aktiven RNA-Anteile der Ribozyme führte zu der Hypothese, dass der Stoffwechsel der frühen Lebewesen auf der Erde zunächst von RNA-Molekülen katalysiert wurde und sich erst später im Verlauf der Evolution Proteine mit katalytischer Funktion gebildet haben.

Zusatzinformation: Durch Versuche konnte 2011 nachgewiesen werden, dass sich RNA-Moleküle unter geeigneten Bedingungen auch ohne die Mithilfe von Enzymen replizieren können. Diese Verdopplung ist für die Weitergabe biologischer Information von entscheidender Bedeutung. Wenn diese Verdopplung auch ohne Proteine möglich ist, ist der wichtigste Einwand gegen die Hypothese einer möglichen frühen RNA-Welt entkräftet.

Seite 105 (Material)

Versuch A – Isolation von DNA aus Zwiebeln

1 Führen Sie das Experiment vollständig durch und erstellen Sie mithilfe der Abbildung ein Versuchsprotokoll bis zur Beobachtung.

Fragestellung: Lässt sich aus den Zellen einer Zwiebel DNA isolieren?

Hypothese:

DNA lässt sich aus Zwiebelzellen isolieren.

oder

DNA lässt sich nicht aus Zwiebelzellen isolieren.

Geräte und Material:

- Messer, Mörser und Pistill, kleines und großes Becherglas, Wasserbad, Trichter, Filtrierpapier, Reagenzglas, Glasstab
- Zwiebel, Wasser, Natriumchlorid, Natriumcitrat, Spülmittel, Eis, Vollwaschmittel, –20 °C kaltes 96%iges Ethanol

Durchführung: Die Zwiebel wird mit einem Messer gewürfelt. Nach Zugabe von 50 ml Wasser, 2 g Natriumchlorid, 1 g Natriumcitrat und 5 ml Spülmittel wird die gewürfelte Zwiebel in einem Mörser fein zerrieben. Anschließend wird die Suspension in ein Becherglas überführt und für 15 min in einem Wasserbad bei 60 °C erwärmt. Nach Abkühlen auf Eis wird die Suspension in ein Reagenzglas filtriert. Das Filtrat wird mit 1 g Vollwaschmittel versetzt und anschließend vorsichtig mit 20 ml eiskaltem Ethanol (–20 °C) überschichtet.

Beobachtung: In der oberen Ethanolschicht fallen weiße Fäden aus, die vorsichtig auf einen Glasstab aufgewickelt werden können.

Zusatzinformation: Anstelle einer Zwiebel können auch andere Obst- und Gemüsesorten verwendet werden, um DNA zu isolieren, wie Banane, Apfel, Paprika, Möhre, Zucchini, Tomate oder Kiwi.

Das Erwärmen der Suspension in Schritt 2 führt zu einer Erhöhung der Reaktionsgeschwindigkeit und damit zu einer schnelleren Zerstörung der Zellmembranen entsprechend der RGT-Regel. Außerdem wird bei dieser Temperatur die Aktivität der DNasen gehemmt. Ein zu langes Erwärmen führt aber auch zu einer verstärkten Zerstörung der DNA, deshalb wird die Lösung wieder abgekühlt. Je höher die Ethanolkonzentration ist, desto größer ist die Ausbeute an DNA. Deshalb sollte 96%iges Ethanol verwendet werden.

Vorsicht: Ethanol ist leicht entzündlich.

Die im Experiment extrahierte DNA kann für den Nachweis von Phosphat und Desoxyribose genutzt werden. Je nach Ausstattung des Schullabors können die Nachweisreaktionen von mehreren Gruppen von Schülerinnen und Schülern oder durch die Lehrkraft durchgeführt werden.

Durchführung und Ergebnisse der Nachweisreaktionen:
Nach Zugabe von 5 ml konzentrierter Schwefelsäure zur aufgewickelten DNA in dem Reagenzglas wird diese für 15 min in einem Wasserbad bei 60 °C erhitzt. Anschließend lässt man das DNA-Hydrolysat abkühlen.

1. Nachweis von Phosphat: 1 ml des Hydrolysats wird so lange mit konzentrierter Salpetersäure versetzt, bis ein auftretender Niederschlag sich wieder löst. Die Lösung wird im kochenden Wasserbad für 5 min erhitzt und mit fünf Tropfen Ammoniummolybdat versetzt. Dabei bildet sich ein gelber Niederschlag. Diese Gelbfärbung zeigt die Anwesenheit von Phosphat an.

In saurer Lösung bildet sich aus Ammoniummolybdat zunächst Isopolymolybdänsäure, die mit Phosphat zu Ammoniummolybdatophosphat reagiert, wobei die vier Sauerstoffatome des Phosphats durch vier Mo_3O_{10}-Gruppen ersetzt werden. Ammoniummolybdatophosphat ist das Ammoniumsalz der Phosphormolybdänsäure und verursacht die Gelbfärbung. Durch Erhitzen wird die Gelbfärbung intensiviert.

2. Nachweis von Desoxyribose: Zu 1 ml DNA-Hydrolysat werden 2 ml Dische-Reagenz gegeben. Diese Lösung wird für 10 min in einem Wasserbad bei 60 °C erhitzt. Dabei bildet sich ein blauer Niederschlag. Diese Blaufärbung zeigt die Anwesenheit von Desoxyribose an.

Durch Säureeinwirkung entsteht aus Desoxyribose über einen nicht exakt geklärten Mechanismus unter Wasserabspaltung ω-Hydroxylävulinaldehyd oder 4-Keto-5-Hydroxypentanal. Der Aldehyd reagiert mit Diphenylamin zu sechs chromatografisch trennbaren Produkten, von denen eines im sauren Milieu blau gefärbt ist.

Vorsicht: Beim Arbeiten mit konzentrierten Säuren muss auf das Tragen von Schutzbrillen und Schutzhandschuhen geachtet werden. Ebenso muss ein Spritzen der Lösungen vermieden werden. Es besteht Ätzgefahr. Dische-Reagenz enthält 0,5 g Diphenylamin gelöst in 50 ml Eisessig unter Zusatz von 1,5 ml konzentrierter Schwefelsäure. Beim Umgang mit Dische-Reagenz ist große Vorsicht geboten. Diphenylamin ist giftig beim Einatmen, beim Verschlucken und bei Kontakt mit der Haut. Es entwickelt bei Berührung mit Wasser oder Säure giftige Gase und ist leicht entzündlich. Es muss unter einem Abzug gearbeitet werden. Diphenylamin ist sehr giftig für Wasserorganismen und kann in Gewässern längerfristig schädliche Wirkungen haben. Die Lösungen sind fachgerecht zu entsorgen.

2 Geben Sie die Funktion der eingesetzten Chemikalien für die Deutung der Beobachtung an. Recherchieren Sie dafür im Internet oder in Büchern.

Die Zugabe von Natriumchlorid erhöht die Löslichkeit der DNA, sodass dadurch die Ausbeute erhöht werden kann.

Natriumcitrat hemmt DNasen, die sich im Cytoplasma der Zwiebelzellen befinden. Durch die Hemmung dieser DNA-abbauenden Enzyme wird die Ausbeute weiter gesteigert.

Die Zugabe von Spülmittel führt zum Auflösen der Lipidmembranen der Zellen. Dadurch werden DNA und andere Inhaltsstoffe wie Proteine aus den Zellen freigesetzt.

Das Vollwaschmittel enthält Proteasen, d. h. eiweißspaltende Enzyme, die Proteine wie DNasen abbauen und verhindern, dass die DNA-Moleküle in kleine Stücke zerlegt werden.

Bei einer Ethanolkonzentration von etwa 70 % wird die Struktur der DNA destabilisiert und sie fällt aus. Diese Destabilisierung erfolgt durch die Verdrängung der stabilisierenden Hydrathülle um die Phosphatreste der DNA. Je niedriger die Temperatur des Ethanols ist, umso höher ist die Ausbeute an DNA. Deshalb ist Ethanol mit einer Temperatur von –20 °C besser geeignet als Ethanol mit Zimmertemperatur.

DNA lässt sich mit diesem Verfahren aus Zwiebelzellen isolieren und wird als weiße Fäden sichtbar.

Material B – Schmelzkurven von DNA

1 Beschreiben Sie jeweils die Kurvenverläufe in den Abbildungen A und B.

Abbildung A: Das Diagramm zeigt die relative Absorption von UV-Licht der DNA von *Pneumococcus* und *Serratia* in Abhängigkeit von der Temperatur. Beide Kurven zeigen einen sigmoidalen Verlauf. Bei einer Temperatur von etwa 75 °C liegt die relative Absorption beider DNA-Moleküle bei etwa 1,04. Ab etwa 82 °C nimmt die Absorption der *Pneumococcus*-DNA stark zu und erreicht bei etwa 92 °C ihren maximalen Absorptionswert von 1,44. Die Absorption der *Serratia*-DNA steigt bis etwa 88 °C nur langsam an, zeigt dann einen steilen Verlauf und hat ihr Absorptionsmaximum bei etwa 96 °C mit einem Wert von 1,38.

Abbildung B: Das Diagramm zeigt die jeweilige Schmelztemperatur T_m von DNA-Molekülen sechs verschiedener Lebewesen in Bezug zum GC-Gehalt der DNA. Die Schmelztemperatur der DNA steigt mit zunehmendem GC-Gehalt geradlinig an. Die DNA von Lebewesen mit einem geringen GC-Gehalt besitzt einen niedrigen T_m-Wert: Bei einem GC-Gehalt der DNA von etwa 22 % wie bei *Pneumococcus* beträgt die Schmelztemperatur etwa 84 °C. Bei einem GC-Gehalt der DNA von etwa 62 % wie bei *Micrococcus* beträgt die Schmelztemperatur circa 96 °C.

2 Begründen Sie den unterschiedlichen Verlauf der beiden Kurven in Abbildung A. Ermitteln Sie T_m.

T_m ist die Temperatur, bei der die Hälfte der DNA-Moleküle als Einzelstrang vorliegt. Durch die Zunahme der Temperatur werden die Wasserstoffbrückenbindungen zwischen den komplementären Basen aufgebrochen. Dies geschieht zunächst nur vereinzelt, deshalb steigt die Absorption nur langsam an. Bei weiterer Erhöhung der Temperatur werden immer mehr Wasserstoffbrückenbindungen gelöst und die Absorption steigt rapide an. Mit Abnahme der Anzahl der noch bestehenden Wasserstoffbrückenbindungen brechen immer weniger Wasserstoffbrückenbindungen auf, sodass die Absorption nur noch ganz leicht zunimmt und dann ihr Maximum erreicht. Daraus resultiert der charakteristische S-förmige Verlauf.

Mit Zunahme der Anzahl der GC-Basenpaare wird die DNA stabiler, da dieses Basenpaar drei Wasserstoffbrückenbindungen ausbildet. Je höher der GC-Anteil in einem DNA-Molekül ist, desto höher ist auch die Schmelztemperatur. Die DNA von *Serratia* hat einen höheren GC-Gehalt als die DNA von *Pneumococcus*. Deshalb lösen sich bei der *Serratia*-DNA die Wasserstoffbrückenbindungen zwischen den Basen bei höheren Temperaturen als bei der *Pneumococcus*-DNA. Folglich nimmt die Absorption von UV-Licht bei der *Serratia*-DNA erst bei höheren Temperaturen zu als bei der *Pneumococcus*-DNA.

Die Schmelztemperatur der *Pneumococcus*-DNA beträgt etwa 84 °C, die Schmelztemperatur der *Serratia*-DNA beträgt etwa 92 °C.

3 Entwickeln Sie eine Hypothese zur Erklärung der unterschiedlichen Schmelztemperatur bei verschiedenen Lebewesen.

Lebewesen unterscheiden sich in Bezug auf die Zusammensetzung ihrer DNA-Moleküle in der Häufigkeit der verschiedenen Basen. Ein Grund für den unterschiedlichen GC-Gehalt könnte ein evolutionärer Vorteil unter bestimmten Bedingungen sein. DNA mit einem höheren GC-Gehalt ist thermisch stabiler und könnte einem Lebewesen bei schwankenden oder steigenden Temperaturen das Überleben sichern.

2.3 Chromosomen und DNA-Replikation

Seite 106–107

1 Beschreiben Sie die unterschiedlichen Stufen der Verdichtung eukaryotischer DNA.

Die DNA-Moleküle sind im ersten Schritt der Verdichtung auf die basischen Histonproteine gewickelt. Acht Histone bilden einen Kern, um den ein 147 Basen langer DNA-Abschnitt gewunden ist. Diese Einheit wird als Nucleosom bezeichnet. Ein Nucleosom besitzt einen Durchmesser von 11 nm bei einer Höhe von 6 nm. Die Nucleosomen sind wie die Perlen einer Kette aufgereiht und durch kurze DNA-Abschnitte, die Linker-DNA, miteinander verbunden. Durch diese Verdichtung wird ein DNA-Molekül auf ein Drittel seiner ursprünglichen Länge verkürzt. Die Perlenkette verdrillt sich in einem zweiten Schritt weiter zu einem 30 nm dicken Filament. In einem dritten Schritt entsteht aus dem Filament durch Schleifenbildung ein 300 nm dicker Chromatinfaden aus schraubig gewundenen Rosetten. Durch weitere Aufwindung bildet sich in einem vierten Schritt das 700 nm dicke Chromatid. Ein Zwei-Chromatiden-Chromosom im Metaphasestadium besitzt damit einen Durchmesser von 1400 nm.

2 Berechnen Sie die Gesamtlänge aller DNA-Moleküle des menschlichen Körpers hintereinandergereiht. Beachten Sie dabei, dass das menschliche Genom aus $3,2 \cdot 10^9$ Nucleotiden und der menschliche Körper ohne Erythrocyten $7,5 \cdot 10^{13}$ Zellen besteht.

Die DNA einer menschlichen Zelle enthält etwa 3,2 Milliarden, also $3,2 \cdot 10^9$ Nucleotide. Diese Nucleotide haben einen Abstand von 0,34 nm, also $3,4 \cdot 10^{-10}$ m zueinander. Damit ergibt sich eine Gesamtlänge von etwa 1 m. In einer diploiden Zelle ist jedes Chromosom zweimal vorhanden. Also beträgt die Länge aller DNA-Moleküle 2 m pro Zelle. Der menschliche Körper besteht ohne rote Blutkörperchen aus durchschnittlich etwa $7,5 \cdot 10^{13}$ Zellen. Daraus ergibt sich eine Gesamtlänge aller DNA-Moleküle von 150 Billionen Meter, also $1,5 \cdot 10^{14}$ m oder 150 Milliarden Kilometern.

Zusatzinformation: Zur Vereinfachung kann alternativ die aufgerundete Zellzahl 10^{14} genommen werden.

Bei der Berechnung wurden die haploiden Geschlechtszellen nicht berücksichtigt. Eine solche Länge wird erreicht, wenn man die Erde auf Äquatorhöhe etwa vier Millionen Mal umrundet, die Strecke von der Erde zum Mond fast 40 000-mal oder die Entfernung zwischen Erde und Sonne etwa 1000-mal zurücklegt.

Seite 108

1 Beschreiben Sie den Ablauf der DNA-Replikation.
Bei der DNA-Replikation wird die DNA-Doppelhelix durch ein Enzym, die Helikase, wie ein Reißverschluss geöffnet. An den nun frei liegenden Einzelsträngen bildet das Enzym Primase einen Primer aus RNA-Nucleotiden. An die noch freien Nucleotide der Einzelstränge lagern sich komplementäre DNA-Nucleotide an. Sie werden durch das Enzym DNA-Polymerase miteinander verknüpft. So entsteht aus beiden Einzelsträngen jeweils ein neuer DNA-Doppelstrang.

Da die DNA-Polymerase den neuen Nucleotidstrang nur in 5'-3'-Richtung verlängern kann, findet die Neusynthese nur an einem der gegenläufigen Stränge kontinuierlich statt. Am anderen Strang erfolgt die Synthese diskontinuierlich, indem kurze Nucleotidstücke hergestellt werden, die Okazaki-Fragmente. Sie werden anschließend durch das Enzym Ligase miteinander verbunden.

Seite 109 (Material)

Material A – Experiment von Meselson und Stahl

1 Beschreiben Sie die Durchführung des Experiments und begründen Sie, welches Modell bestätigt wurde.
Zunächst wurden *E.-coli*-Bakterien in einem Nährmedium gezüchtet, welches das schwere Stickstoffisotop ^{15}N enthielt. Da die Basen der DNA unter anderem aus Stickstoffatomen bestehen, enthielt die in diesem Medium gebildete DNA ausschließlich das schwere Isotop ^{15}N.

Im nächsten Schritt wurden die Bakterien in ein Nährmedium überführt, welches das leichte Stickstoffisotop ^{14}N enthielt. Vor der ersten Zellteilung, nach einer Zellteilung und nach zwei Zellteilungen wurden Bakterien aus der Nährlösung entnommen und deren DNA wurde isoliert.

Die isolierte DNA trennten die Forscher mithilfe der Dichtegradientenzentrifugation.

Die in dem Medium mit ^{15}N gezüchteten Bakterien setzten sich im Zentrifugengläschen weit unten ab, da sie ausschließlich schwere DNA hoher Dichte enthielten.

Die nach einer Zellteilung isolierte DNA setzte sich in einer mittleren Höhe im Zentrifugengläschen ab. Das heißt, die DNA hatte eine geringere Dichte als vor der ersten Teilung, sie war halbschwer.

Nach der zweiten Teilung waren im Zentrifugengläschen zwei Banden zu erkennen. Eine Bande, die einer halbschweren DNA entspricht und eine Bande, die einer leichten DNA entspricht.

Die Verteilung der DNA im Zentrifugengläschen lässt sich nur mit dem semikonservativen Modell der DNA-Replikation erklären. Da die DNA nach einer Zellteilung aus einem alten, schweren Strang und einem neuen, leichten Strang besteht, muss sie halbschwer sein.

Nach einer weiteren Zellteilung entsteht aus der halbschweren DNA eine neue halbschwere und eine neue leichte DNA.

Zusatzinformation: Die Bezeichnung Isotop leitet sich daraus ab, dass zwei oder mehrere Atome am gleichen Ort im Periodensystem lokalisiert sind. Stickstoff steht in der zweiten Periode in der fünften Hauptgruppe. Die für das Experiment von Meselson und Stahl verwendeten Isotope ^{14}N und ^{15}N unterscheiden sich lediglich in ihrer Masse. Der Atomkern von ^{14}N enthält neben sieben Protonen sieben Neutronen. Die Summe von Protonen und Neutronen ergibt die Masse 14. Der Atomkern von ^{15}N enthält sieben Protonen und acht Neutronen. Daher ergibt sich die Masse 15. Als Stickstoffquelle für die Bakterien wurde Ammoniumchlorid verwendet, NH_4Cl.

2 Erklären Sie, wie die Ergebnisse der Zentrifugation bei den anderen Modellen ausgesehen hätten.
Wenn das konservative Modell zutreffen würde, hätten bereits nach der ersten Zellteilung zwei Banden im Zentrifugengläschen sichtbar sein müssen. Eine Bande wäre weit unten zu erkennen gewesen, da die alte schwere DNA erhalten geblieben wäre, und eine zweite Bande hätte sich weit oben gebildet, da die neu gebildete DNA ausschließlich aus den leichten Bausteinen ^{14}N synthetisiert worden wäre. Nach zwei Zellteilungen wären ebenfalls zwei Banden, und diese an den gleichen Orten erkennbar gewesen. Allerdings hätte die Bande für die leichte DNA eine stärkere Ausprägung gehabt.

Wenn die DNA-Replikation dem dispersen Modell entsprechen würde, hätte man nach einer Zellteilung wie bei der semikonservativen Replikation im Zentrifugengläschen nur eine Bande für halbschwere DNA erkennen können. Erst nach der zweiten Zellteilung wäre gegenüber dem semikonservativen Modell ein Unterschied sichtbar geworden. Da alle neuen DNA-Doppelstränge neben der neu synthetisierten leichten DNA noch einen geringen Teil der alten, schweren DNA enthalten würden, muss man annehmen, dass nur eine Bande in den Zentrifugengläschen zwischen halbschwerer und leichter DNA sichtbar gewesen wäre.

2.4 Die Funktion von Genen

Seite 110–111

1 Erläutern Sie das Prinzip einer Genwirkkette am Beispiel der Arginin-Mangelmutanten vom Typ 1–3.
Arginin wird aus einer Vorstufe über die zwei Zwischenprodukte gebildet. Enzym A katalysiert die Reaktion der Vorstufe zu Ornithin, Enzym B setzt Ornithin zu Citrullin um und Enzym C schließlich Citrullin zu Arginin. Jedes der Enzyme wird von einem Gen codiert, die Gene wirken also in einer Kette nacheinander. Ist wie bei den Mangelmutanten 1 bis 3 eines der Gene A bis C defekt, wird die Genwirkkette unterbrochen und es kann auf einem Minimalmedium kein Arginin synthetisiert werden. Dabei spielt es keine Rolle, welches der Gene betroffen ist.

2 Erläutern Sie die Ein-Gen-ein-Enzym-Hypothese.
Beadle und Tatum isolierten auch viele Arginin-Mangelmutanten. Sie stellten fest, dass nur ein Teil der Mangelmutanten Arginin benötigte, um wachsen zu können. Einige Mangelmutanten konnten auch wachsen, wenn ihnen Zwischenprodukte aus dem Argininsyntheseweg in das Minimalmedium gegeben wurden: Manche Mutanten wuchsen bereits, wenn in das Minimalmedium Ornithin oder Citrullin gegeben wurde, andere benötigten Citrullin. Es war in den 1940er-Jahren bereits bekannt, dass die Synthese des Arginins aus einer Vorstufe über die Zwischenprodukte Ornithin und Citrullin zum Endprodukt Arginin verläuft. Beadle und Tatum schlussfolgerten, dass bei diesen unterschiedlichen Mutantentypen jeweils ein anderes Enzym nicht funktionierte. Aus diesem Ergebnis konnten sie die Ein-Gen-ein-Enzym-Hypothese ableiten. Sie besagt, dass ein Gen nicht zwingend für die Ausbildung eines Merkmals – zum Beispiel die Synthese der Aminosäure Arginin – codiert, sondern für die Synthese eines Enzyms – in diesem Beispiel eines Enzyms, das einen Zwischenschritt in der Arginin-Synthese katalysiert.

Seite 112

1 Stellen Sie die historische Entwicklung des Genbegriffs in einem Flussdiagramm dar und erläutern Sie diese.

Ein-Gen-ein-Merkmal-Hypothese

↓

Ein-Gen-ein-Enzym-Hypothese

↓

Ein-Gen-ein-Polypeptid-Hypothese

↓

Ein-Gen-ein-Transkriptionsprodukt-Hypothese

Mendels Kreuzungsergebnisse führten dazu, dass er einen Erbfaktor postulierte, der für die Ausprägung eines Merkmals wie „runzelige Samenschale" verantwortlich sein sollte. Die Untersuchungsergebnisse von Beadle und Tatum machten deutlich, dass diese Definition nicht länger gültig sein konnte. Aus diesen Ergebnissen konnte gefolgert werden, dass ein Gen für ein Enzym codierte. Die Untersuchungen an komplexen Proteinen wie dem Hämoglobin ergaben, dass große Proteinmoleküle häufig aus mehreren Polypeptidketten zusammengesetzt sind. Jeder Polypeptidkettentyp wird dabei von einem eigenen Gen codiert. Diese Erkenntnis führte zur erneuten Erweiterung des Genbegriffs, zur Ein-Gen-ein-Polypeptid-Hypothese. Die Entdeckung von RNA-Molekülen, die nicht in Proteine umgesetzt werden, wie etwa tRNA oder rRNA, aber durch Transkriptionsprozesse entstehen, führte zu der zurzeit akzeptierten Formulierung des Genbegriffs, nach der ein Gen ein Transkriptionsprodukt darstellt.
Zusatzinformation: Neben den drei RNA-Typen mRNA, tRNA und rRNA gibt es noch weitere RNA-Typen, die wichtige Aufgaben bei der Regulation der Transkription und Translation übernehmen, so zum Beispiel die microRNA und siRNA.

Seite 113 (Material)

Material A – Augenfarbe von *Drosophila melanogaster*

1 Erläutern Sie, weshalb die Mutanten vermillion und cinnabar in Abbildung A2 rote Augen besitzen.
Die Augenfarbe wird bei *Drosophila melanogaster* durch das Zusammenwirken zweier Farbstoffe ausgeprägt. Der rote Farbstoff Pteridin und der braune Farbstoff Ommochrom werden in die Ommatidien eingelagert und es entsteht die Augenfarbe des Wildtyps. Durch die Mutationen vermillion und cinnabar ist der Syntheseweg des braunen Farbstoffs unterbrochen. Es wird also nur der rote Farbstoff vollständig gebildet. Deshalb sind bei diesen Mutanten die Augen rot.

2 Begründen Sie die unterschiedlich starke Ausprägung der roten Augenfarbe.
Die endgültige Färbung der Augen ist davon abhängig, bei welchem Schritt der Syntheseweg des braunen Farbstoffs unterbrochen ist. Wenn der Syntheseweg bereits bei Schritt 1 unterbrochen ist, da die Mutation vermillion die Blockade der Umwandlung von Tryptophan in Formylkynurenin bewirkt, sind die Augen leuchtend rot gefärbt. Die Mutation cinnabar bewirkt die Blockade des zweiten Syntheseschritts, der Umwandlung von Formylkynurenin in Hydroxykynurenin. Es wird also eine Vorstufe des braunen Farbstoffs zusammen mit dem roten Farbstoff in die Augen dieser Mutanten eingelagert. Dadurch sind deren Augen hellrot gefärbt. Beim Wildtyp entsteht das Endprodukt des Synthesewegs, das braune Pigment. Aufgrund der Einlagerung des braunen und des roten Pigments ist die Augenfarbe rot.

3 Überprüfen Sie die unterschiedlichen Hypothesen zum Genbegriff und begründen Sie, welche Definition hier zutrifft.

Die ursprüngliche Hypothese für den Genbegriff, die Ein-Gen-ein-Merkmal-Hypothese, trifft hier nicht zu, da mehrere Gene an der Ausprägung eines Augenfarbstoffs beteiligt sind. Außerdem sind zwei Farbstoffe für die Augenfarbe verantwortlich. Die Ein-Gen-ein-Enzym-Hypothese trifft auf dieses Beispiel zu. Durch eine bestimmte Mutation kann das zugehörige Enzym nicht mehr seine Funktion erfüllen, das Genprodukt wird nicht mehr produziert. Da alle Enzyme Proteine und damit Polypeptide sind, trifft sowohl die Ein-Gen-ein-Protein- als auch die Ein-Gen-ein-Polypeptid-Hypothese zu. Auch die Ein-Gen-ein-Transkriptionsprodukt-Hypothese trifft auf dieses Beispiel zu, da jedes Protein in der DNA codiert ist und durch einen Transkriptions- und Translationsprozess in eine Aminosäuresequenz realisiert wird.

Material B – Analyse eines Syntheseswegs

1 Ermitteln und begründen Sie die Reihenfolge der einzelnen Zwischenprodukte und ordnen Sie die entsprechenden Enzyme den fünf Reaktionen zu.

Alle Mutanten können nach Zugabe von Tryptophan, dem Endprodukt der Synthesekette, auf dem Minimalmedium wachsen. Aus dem Wachstum von Mutante 1 wird deutlich, dass ausschließlich die Zugabe der Zwischenstufe G ebenfalls das Wachstum ermöglicht. Daraus folgt, dass G die direkte Vorstufe von T sein muss. Da Mutante 2 auch durch Zugabe der Zwischenstufen D beziehungsweise E wächst, sind theoretisch zwei Syntheseswege möglich: Ein Weg lautet D → E → G → T, der zweite E → D → G → T. Eine Entscheidung, welche Reihenfolge zutreffend ist, ergibt sich aus der Analyse von Mutante 3. Diese wächst durch Zugabe der Zwischenstufe D, aber nicht E. Die Reihenfolge der Zwischenstufen muss also E → D → G → T sein.

Da Mutante 2 wächst, wenn E zugegeben wurde, nicht aber bei Zugabe von F, muss F eine Vorstufe von E sein. Mutante 4 zeigt nur dann kein Wachstum, wenn die Vorstufe C im Minimalmedium fehlt. C ist demnach die Vorstufe aller weiteren Zwischenstufen. Daraus ergibt sich folgender Synthesesweg von Tryptophan: C → F → E → D → G → T.

Mutante 1 kann den Syntheseschritt 4 nicht durchführen; das Enzym 1 katalysiert also Schritt 4. Mutante 2 kann den Syntheseschritt 2 nicht durchführen; das Enzym 2 katalysiert also Schritt 2. Mutante 3 kann den Syntheseschritt 3 nicht durchführen; das Enzym 3 katalysiert also Schritt 3. Mutante 4 kann den Syntheseschritt 1 nicht durchführen; das Enzym 4 katalysiert also Schritt 1. Mutante 5 kann den Syntheseschritt 5 nicht durchführen; das Enzym 5 katalysiert also Schritt 5. Daraus ergibt sich folgende Zuordnung der Enzyme:

C → F → E → D → G → T
  E4   E2   E3   E1   E5

2.5 Transkription und der genetische Code

Seite 114–115

1 Stellen Sie den Ablauf der Transkription in einem Flussdiagramm dar.

Initiation:
RNA-Polymerase bindet an Promotor

↓

Elongation:
Ablesen des codogenen Strangs,
Synthese der RNA

↓

Termination:
Freisetzung des RNA-Strangs,
Ablösen der RNA-Polymerase

2 Erläutern Sie Ihre grafische Darstellung.

Im ersten Schritt der Transkription, der Initiation, bindet die RNA-Polymerase an eine spezifische Basensequenz der DNA, den Promotor. Der Promotor enthält eine charakteristische 5'-TATAAT-3'-Sequenz, die vom σ-Faktor der RNA-Polymerase erkannt wird. Im folgenden Schritt, der Elongation, entwindet die RNA-Polymerase die DNA-Doppelhelix abschnittsweise und liest den codogenen Strang, der als Matrize dient, in 3'-5'-Richtung ab. Sie verknüpft zum codogenen Strang komplementäre RNA-Nucleotide miteinander. Dadurch wird der sich bildende RNA-Strang in 5'-3'-Richtung verlängert. Die Orientierung des neu synthetisierten RNA-Moleküls verläuft also antiparallel zum Matrizenstrang. An einer besonderen Basensequenz, dem Terminator, wird die Bindung der RNA-Polymerase an die DNA gelöst und der synthetisierte RNA-Strang wird freigesetzt. Der DNA-Doppelstrang schließt und spiralisiert sich wieder. Damit ist die Transkription des DNA-Abschnitts beendet. Diesen letzten Schritt bezeichnet man als Termination.

Zusatzinformation: Einzelne Promotoren unterscheiden sich stark in ihrer Effizienz. So kann die Initiation einmal in 1 bis 2 Sekunden erfolgen, bei anderen Promotorsequenzen erfolgt die Initiation einmal in 10 bis 20 Minuten. Dadurch wird die besondere Rolle der Promotoren in der Regulation der Transkription verdeutlicht.

1 Erläutern Sie die Eigenschaften des genetischen Codes.

Eine Informationseinheit aus drei Basen, ein Triplett oder Codon, codiert eine spezifische Aminosäure. Die Tripletts sind eindeutig. Keine Base gehört gleichzeitig zwei verschiedenen Tripletts an. Der Code ist also überlappungsfrei. Die Tripletts werden lückenlos abgelesen. Der genetische Code ist somit kommafrei.

In der DNA kommen vier verschiedene Basen vor, somit sind insgesamt 64 unterschiedliche Tripletts möglich. Es gibt jedoch lediglich 20 Aminosäuren. Da jedes Triplett eine Bedeutung besitzt, ergibt sich, dass verschiedene Tripletts die gleiche Aminosäure codieren. Der genetische Code wird daher als degeneriert bezeichnet. Bei fast allen Lebewesen codieren die gleichen Tripletts für die gleiche Aminosäure. Der genetische Code ist nahezu universell.

Es gibt Basentripletts, die nicht für eine Aminosäure codieren, sondern eine andere Funktion erfüllen. Der Start der Translation erfolgt an dem Codon AUG oder seltener auch am Codon GUG. Die Translation wird durch ein Stoppcodon der mRNA beendet. Dies kann das Codon UAA, UAG oder UGA sein.

Zusatzinformation: Die Wobble-Hypothese gibt einen Erklärungsansatz, weshalb die dritte Base eines Tripletts variieren kann und dennoch die gleiche Aminosäure in das Polypeptid eingebaut wird. Die Base am 5'-Ende des Anticodons ist im Ribosom sterisch nicht so eingeengt wie die beiden anderen Basen und kann deshalb mit verschiedenen Basen am 3'-Ende des Codons Wasserstoffbrückenbindungen eingehen. Diese entsprechen nicht den üblichen Basenpaarregeln. Ein Uracil im Anticodon kann sich mit Adenin oder Guanin paaren, ein Inosin mit Uracil, Cytosin oder Adenin. Diese Paarungen sind möglich, da die Werte für die Abstände zwischen den Zuckerresten nahe den Werten für übliche A-U- und G-C-Basenpaarungen liegen.

2 Bestimmen Sie die Aminosäuresequenz passend zum folgenden Ausschnitt aus dem codogenen Strang eines Gens:

3' ... GGGAGCTATCGACGGTTCGTA ... 5'.

mRNA-Sequenz:

5' … CCCUCGAUAGCUGCCAAGCAU … 3'

Aminosäuresequenz:

… Pro–Ser–Ile–Ala–Ala–Lys–His …

Material A – Dechiffrierung des genetischen Codes

1 Geben Sie für die Versuche 1 und 2 die möglichen Tripletts an.

Bei Versuch 1 treten zwei verschiedene Tripletts auf: UGU und GUG.

Bei Versuch 2 sind die folgenden Tripletts möglich: UUG, UGU und GUU.

2 Bestimmen Sie die entsprechende Aminosäuresequenz der Peptide in den Versuchen 1 und 2.

In Versuch 1 entsteht ein Polypeptid mit zwei alternierend auftretenden Aminosäuren: Cystein und Valin.

In Versuch 2 können drei Polypeptide entstehen: Poly-Leucin, Poly-Cystein oder Poly-Valin.

3 Erläutern Sie, welche Ergebnisse zu erwarten wären, wenn Sie diesen Versuch mit dem Tetranucleotid UAUC durchführen würden.

In diesem Versuch würden Polypeptide aus den Aminosäuren Tyrosin, Leucin, Serin und Isoleucin entstehen.

Die Translation kann in diesem zellfreien System an jeder Base beginnen, es ist kein Startcodon notwendig. Da die Wahrscheinlichkeit für einen Start an jeder Position in dieser künstlichen mRNA gleich hoch ist, entstehen Polypeptide aus den genannten Aminosäuren in alternierender Reihenfolge, die jeweils mit einer anderen Aminosäure beginnen.

4 Begründen Sie die Zusammensetzung des zellfreien Systems für diesen Versuchsansatz.

In einem zellfreien System sind alle Inhaltsstoffe einer Zelle und somit auch alle zur Proteinbiosynthese erforderlichen Enzyme, Aminosäuren und anderen Komponenten enthalten. Da mit diesem System die Translation künstlicher mRNA-Moleküle untersucht werden soll, müssen Bestandteile wie DNA und natürliche mRNA-Moleküle entfernt werden. Anschließend wird künstliche mRNA zugefügt.

Material B – Konzept der überlappenden Gene

1 Erläutern Sie die Abbildung A.

Die Basensequenz eines mRNA-Abschnitts des Phagen φX174 enthält zwei Startcodons AUG. Beide Tripletts ermöglichen die Initiation der Translation, sodass zwei unterschiedliche Polypeptide synthetisiert werden können.

2 Erklären Sie das Konzept der überlappenden Gene aus Abbildung B.

Aufgrund des Vorkommens mehrerer Startcodons innerhalb der mRNA beginnt die Translation an verschiedenen Positionen. Dadurch ist es möglich, eine höhere Anzahl von Polypeptiden zu synthetisieren, als es bei einem überlappungsfreien genetischen Code möglich wäre.

Zusatzinformation: Der Vorteil überlappender Gene liegt in einem kleineren DNA-Molekül, als es sonst notwendig wäre. Dies könnte die Infektion von Bakterien erleichtern. Überlappende Gene wurden auch bei anderen Viren entdeckt. Mutationen haben jedoch eine größere Auswirkung als bei DNA-Molekülen ohne überlappende Gene, da dann gleichzeitig mehrere Genprodukte betroffen sind. Dies könnte ein Grund dafür sein, dass dieses Konzept nur bei wenigen Phagen vorkommt.

3 Vergleichen Sie dieses Konzept mit dem Konzept des überlappungsfreien genetischen Codes.

Gemeinsamkeiten: Die DNA enthält genetische Informationen, die in die Basensequenz von mRNA-Molekülen transkribiert und nach einem genetischen Code in die Aminosäuresequenz von Peptiden translatiert wird. In diesem genetischen Code bilden immer drei Basen eine Einheit, die Triplett oder auch Codon genannt wird.

Unterschiede: Der genetische Code der mRNA von Lebewesen ist überlappungsfrei. Das bedeutet, dass eine Base ausschließlich zu einem Triplett gehört. Anderenfalls bestünde das Problem, dass der Translationsapparat nicht erkennen könnte, zu welchem Triplett eine Base gehört. Hierzu wären zum Beispiel Satzzeichen oder andere Bedeutungsinhalte notwendig, die aber im genetischen Code nicht vorkommen.

Das Konzept der überlappenden Gene einiger Viren beruht auf dem Vorkommen von Startcodons für die Translation an unterschiedlichen Stellen der mRNA. An jedem Startcodon beginnt die Translation zur Bildung eines Peptids. Da vor dem Startcodon kein Stoppcodon platziert ist, kann ohne Komplikationen eine größere Anzahl von Peptiden auf diese Weise in einem kleinen DNA-Molekül codiert werden.

Zusatzinformation: Von E. coli sind zum Beispiel Stämme bekannt, bei denen durch eine Mutation auf der mRNA ein zusätzliches, ursprünglich nicht vorhandenes Startcodon entsteht. An dieser Stelle beginnt ebenfalls die Translation. Allerdings entsteht kein sinnvolles Produkt. Dies führt aber nicht zu einer Beeinträchtigung der Zelle.

4 Stellen Sie eine Hypothese zu einer zusätzlichen Möglichkeit der Überlappung von Genen auf doppelsträngiger DNA auf.

Bei doppelsträngiger DNA gilt: Der Einzelstrang, auf dem der Promotor eines Gens liegt, ist der codogene Strang des Gens. Es kann vermutet werden, dass verschiedene Gene auf demselben Doppelstrang mal den einen und mal den anderen Strang als codogenen Strang nutzen können. Zwei Gene können sich nach dieser Hypothese also auch überlappen, indem eines davon auf dem einen und das andere auf dem anderen Strang liegt.

2.6 Translation bei Prokaryoten

Seite 118–120

1 Beschreiben Sie den Aufbau eines prokaryotischen Ribosoms.

Ein Ribosom der Prokaryoten besteht aus zwei unterschiedlich großen Untereinheiten. Die kleinere der beiden wird als 30S-Untereinheit bezeichnet, die größere als 50S-Untereinheit. Jede Untereinheit besteht aus ribosomalen Proteinen und ribosomaler RNA, kurz rRNA. Lagern sich die beiden Untereinheiten zusammen, entsteht ein 70S-Ribosom.

2 Erläutern Sie die Beladung einer tRNA mit ihrer spezifischen Aminosäure.

Die Beladung einer tRNA mit ihrer spezifischen Aminosäure erfolgt durch das Enzym Aminoacyl-tRNA-Synthetase. Dieses Enzym besitzt ein aktives Zentrum, das drei unterschiedliche Moleküle erkennen kann: ATP als Energielieferant für die Reaktion, ein tRNA-Molekül und die dazu passende Aminosäure.

Vom ATP-Molekül wird Pyrophosphat abgespalten. Die dabei frei werdende Energie wird genutzt, um AMP mit der Aminosäure, die an das aktive Zentrum gebunden hat, zu verknüpfen. Anschließend erfolgt die Bindung der Aminosäure an die spezifische tRNA, der AMP-Rest wird verdrängt. Zum Schluss löst sich die Aminoacyl-tRNA von der Synthetase.

Die Auswahl und Bindung einer spezifischen Aminosäure an die tRNA stellt den entscheidenden Schritt in dieser Reaktion dar. Würde das Enzym eine falsche Aminosäure binden und diese mit der tRNA verknüpfen, würde eine falsche Aminosäure an der entsprechenden Stelle in das Polypeptid eingebaut werden. Dies könnte schwerwiegende Folgen für die Funktionsweise des synthetisierten Polypeptids haben.

3 Stellen Sie den Ablauf der Translation in einem Flussdiagramm dar und erläutern Sie Ihre Darstellung.

Siehe Flussdiagramm auf der folgenden Seite.

mRNA

↓Initiationsfaktoren

Initiation:
30S-Untereinheit des Ribosoms
bindet an mRNA.

↓

tRNA mit der Aminosäure fMet bindet
an Startcodon der mRNA.

↓

50S-Untereinheit vervollständigt
den Startkomplex.

↓ Elongationsfaktoren

Elongation:
Nächste tRNA mit Aminosäure
bindet an Ribosom.

↓

Aminosäuren werden durch Peptidbindung
miteinander verknüpft.

↓

Unbeladene tRNA löst sich von mRNA
und wird mit neuer Aminosäure beladen.

↓

Ribosom bewegt sich Codon für Codon
in 5'-3'-Richtung weiter.

↓ Terminationsfaktoren

Termination:
Ribosom erreicht Stoppcodon
auf der mRNA.

↓

Ablösen des Polypeptids von der tRNA.

↓

Polypeptid befindet sich im Zellplasma.

Im ersten Schritt der Translation, der Initiation, bindet die kleinere 30S-Untereinheit eines Ribosoms an die mRNA. Diese Bindung wird durch Initiationsfaktoren unterstützt und erfolgt in der Nähe des Startcodons AUG. An dieses Codon bindet zuerst eine mit fMet beladene tRNA und danach die größere 50S-Untereinheit. Damit ist der Startkomplex für die Translation gebildet. Die erste tRNA liegt in der P-Stelle, in der A-Stelle befindet sich das zweite Codon der mRNA. In der folgenden Elongation bindet eine beladene tRNA mit ihrem komplementären Anticodon an das freie Codon der mRNA. Die Aminosäure, die sich noch an der tRNA in der P-Stelle befindet, wird nun enzymatisch mit der Aminosäure der in der A-Stelle lie-

genden tRNA zu einem Dipeptid verknüpft. Die unbeladene tRNA wandert in die E-Stelle des Ribosoms. Die Bindung an die mRNA wird gelöst und die tRNA verlässt das Ribosom. Die tRNA, die mit dem Dipeptid beladen ist, wandert in die P-Stelle, das Ribosom bewegt sich um ein Triplett weiter in 3'-Richtung. Bei diesem Vorgang werden zwei Moleküle GTP verbraucht. Wenn ein Stoppcodon in die A-Stelle gelangt, bricht die Translation ab. Es existiert keine tRNA mit einem komplementären Anticodon. Das fertiggestellte Polypeptid wird von der mRNA gelöst, das Ribosom zerfällt in seine Untereinheiten und trennt sich von der mRNA. Diese Prozesse werden von Proteinen, den Terminationsfaktoren, unterstützt.

Seite 121 (Material)

Material A – Proteinbiosynthese bei Prokaryoten

1 Beschreiben Sie die beiden Schritte der Proteinbiosynthese: Transkription und Translation.

Transkription: Die RNA-Polymerase bindet im ersten Schritt der Transkription, der Initiation, an eine spezifische Region der DNA, den Promotor. Dieser enthält die typische Sequenz 5'-TATAAT-3', die vom σ-Faktor, einer der fünf Untereinheiten der RNA-Polymerase, erkannt wird. Im zweiten Schritt, der Elongation, wird die DNA-Doppelhelix ein kleines Stück entspiralisiert. Die RNA-Polymerase liest den Matrizenstrang in 3'-5'-Richtung ab. Dabei verknüpft sie die zum gelesenen Strang komplementären Ribonucleosidtriphosphate. Der sich bildende mRNA-Strang wird damit in 5'-3'-Richtung synthetisiert. Er ist antiparallel zum gelesenen Strang orientiert. Gelangt die Polymerase an eine Terminationssequenz, löst sie sich von der DNA. Die Transkription ist beendet.

Translation: Bereits während der Synthese der mRNA binden Ribosomenuntereinheiten an die mRNA und beginnen mit der Translation. Zunächst bindet die kleine 30S-Untereinheit in der Nähe eines Startcodons. Dieser Prozess wird von Initiationsfaktoren unterstützt. An das Startcodon bindet ein besonderes tRNA-Molekül, das mit einem modifizierten Methionin, dem Formyl-Methionin, beladen ist. Jetzt bindet die größere 50S-Untereinheit. Damit ist der Initiationskomplex komplett und die Initiation abgeschlossen.

Das zweite Codon der mRNA befindet sich jetzt in der A-Stelle des Ribosoms. Ein weiteres beladenes tRNA-Molekül bindet mit seinem komplementären Anticodon an das Codon in der A-Stelle. Die Aminosäure der tRNA in der P-Stelle wird mit der zweiten Aminosäure durch eine Peptidbindung verknüpft. Die jetzt unbeladene tRNA wandert in die E-Stelle und verlässt das Ribosom. Dieses bewegt sich um ein Codon weiter in 3'-Richtung. Dadurch befindet sich die tRNA mit dem Dipeptid jetzt in der P-Stelle des Ribosoms. An die freie A-Stelle bindet das nächste beladene tRNA-Molekül. Die für diesen Prozess notwendige Energie wird durch die Spaltung von zwei Molekülen GTP gewonnen.

Dieser Elongationsvorgang setzt sich fort, bis in der A-Stelle ein Stoppcodon erscheint. Zu diesem Codon gibt es keine tRNA mit einem komplementären Anticodon. Die A-Stelle wird nicht besetzt, das Ribosom dissoziiert in seine beiden Untereinheiten und löst sich dabei von der mRNA. Die Translation ist beendet. Dieser Vorgang wird als Termination bezeichnet.

2 Erläutern Sie die Funktionsweise der Aminoacyl-tRNA-Synthetase.

Die Aminoacyl-tRNA-Synthetase ist das Enzym, das die Bindung einer Aminosäure an deren spezifische tRNA katalysiert. Dieses Enzym besitzt ein aktives Zentrum, das drei verschiedene Moleküle identifizieren kann: die spezifische tRNA, die dazugehörige Aminosäure und ATP. Durch die Hydrolyse von ATP zu AMP wird die Energie frei, die für die Verknüpfung der Aminosäure mit dem 3'-Hydroxyl-Ende des endständigen Adenosinnucleotids benötigt wird.

3 Begründen Sie die Bedeutung der Synthetasen für einen fehlerfreien Ablauf der Translation.

Die Spezifität der Synthetasen liegt in der korrekten Erkennung der beteiligten Komponenten. Lediglich bei einer von 1000 Reaktionen kommt es zu einem Fehler. Für jede der 20 verwendeten Aminosäuren gibt es ein spezielles Enzym, das die Verknüpfung zwischen Aminosäure und tRNA-Molekül katalysiert.

Bei einer höheren Fehlerrate der Synthetase käme es häufiger zu Genprodukten, die nicht in der DNA codiert waren. Solche fehlerhaften Polypeptide hätten eine geringere Effektivität oder wären sogar funktionslos. In beiden Fällen wäre dies für das betroffene Lebewesen von Nachteil. Ein Totalausfall des Genproduktes könnte zum Tod des Lebewesens führen.

2.7 Proteinbiosynthese bei Eukaryoten

Seite 122–123

1 Beschreiben Sie den Vorgang der Transkription bis zur Bildung der reifen mRNA.

Das Enzym RNA-Polymerase II führt die Transkription von Bereichen der DNA durch, die für Polypeptide codieren. Andere Polymerasen transkribieren Gene, die für verschiedene RNA-Typen codieren.

Zunächst wird die Promotorregion durch Transkriptionsfaktoren für eine Bindung der RNA-Polymerase II vorbereitet. Diese Region enthält zahlreiche alternierende Adenin- und Thyminnucleotide, die TATA-Box. An eine regulatorische Einheit, den Verstärker oder Enhancer, binden Aktivatorproteine, wodurch die Transkription zell-, gewebe- und entwicklungsspezifisch erfolgen kann. Nach dieser Initiation erfolgt die Elongation. In dieser Phase liest die RNA-Polymerase II den Matrizenstrang der DNA in 3'→5'-Richtung ab und es erfolgt eine Verknüpfung der komplementären Ribonucleoside in 5'→3'-Richtung. Nach Beendigung der Transkription, der Termination, ist eine Prä-mRNA entstanden, die vor der Translation weiter modifiziert wird.

An das 5'-Ende der mRNA wird ein methylierter Guanosylrest angeknüpft, die 5'-Cap-Struktur, und an das 3'-Hydroxyl-Ende werden bis zu 250 Adeninnucleotide angehängt, der Poly-A-Schwanz. Diese beiden Modifizierungen sind für ein späteres Ausschleusen der reifen mRNA in das Cytoplasma notwendig. Außerdem verhindern sie einen vorzeitigen Abbau der mRNA durch Nucleasen.

In der mRNA gibt es viele Bereiche, die nicht für Polypeptide codieren. Sie liegen eingestreut in die Bereiche, die für Peptide codieren. Diese werden als Exons bezeichnet, während die Abschnitte ohne Bedeutung für eine Peptidsynthese als Introns bezeichnet werden. Die Introns werden durch den Prozess des Spleißens aus der Prä-mRNA herausgeschnitten, die Exons werden miteinander zur reifen mRNA verknüpft. Die Gesamtheit der Vorgänge zur Bildung der reifen mRNA aus der Prä-mRNA wird als Processing bezeichnet.

Material A – Vergleich der Proteinbiosynthese bei Pro- und Eukaryoten

1 Erstellen Sie eine Tabelle, in der Sie die Aussagen für Prokaryoten und Eukaryoten nebeneinanderstellen.

	Prokaryoten	Eukaryoten
Aufbau der DNA	DNA ist ringförmig und enthält keine Histone.	DNA ist linear; in Chromosomen sind um Histone gewickelt.
räumliche Organisation (Kompartimentierung)	Transkription und Translation finden im Cytoplasma statt.	Transkription und Processing finden im Zellkern statt, Translation findet im Cytoplasma statt.
zeitliche Organisation	Translation beginnt, bevor die Transkription beendet ist.	Translation beginnt erst nach Beendigung der Transkription.
Aufbau der Gene	Gene enthalten fast nur codierende Sequenzen.	Gene enthalten codierende und nicht codierende Sequenzen (Introns und Exons).
Reifung der mRNA	mRNA wird ohne Processing translatiert.	Modifizierungen der Prä-mRNA zur Bildung der reifen mRNA notwendig.
Aufbau der Ribosomen	70S-Ribosomen bestehen aus jeweils einer 30S- und einer 50S-Untereinheit.	80S-Ribosomen bestehen aus einer 40S- und einer 60S-Untereinheit.

Material B – Bestimmungsorte der Polypeptide in einer eukaryotischen Zelle

1 Beschreiben Sie die Abbildung.
Die Abbildung zeigt einen Ausschnitt einer eukaryotischen Zelle mit verschiedenen Zellbestandteilen. Dargestellt sind die Translation im Cytoplasma und die Möglichkeiten des anschließenden Transports des synthetisierten Proteins.
Die Translation beginnt immer an den freien Ribosomen im Cytoplasma. Für die Fortführung der Translation gibt es zwei Möglichkeiten.
Zum einen kann die Translation gestoppt werden und die Ribosomen wandern zum Endoplasmatischen Reticulum, kurz ER. Dort wird die Translation abgeschlossen und das fertiggestellte Protein gelangt in den Innenraum des ER. Entweder wird es in die Membran des ER eingebaut oder in den Golgi-Apparat eingeschleust. Dort wird das Protein in Lysosomen überführt, wo es seine Funktion erfüllt. Das Protein kann aber auch über Transportvesikel zur Plasmamembran transportiert und durch Exocytose aus der Zelle geschleust werden.

Zum anderen können die neu synthetisierten Peptide im Cytoplasma verbleiben oder zu unterschiedlichen Zellorganellen wie den Mitochondrien, Chloroplasten, Peroxisomen oder dem Zellkern gelangen.

2 Erläutern Sie, auf welche Weise Proteine in die entsprechenden Zellorganellen gelangen.
Proteine, die Bestandteil von Membranen sind oder durch Membranen hindurchgeschleust werden sollen, müssen vom Syntheseort im Cytoplasma zu diesem Zielort gelangen. Dies geschieht über eine Signalsequenz an dem Ende, an dem sich die freie Aminogruppe der ersten Aminosäure befindet. Die Signalsequenz veranlasst das translatierende Ribosom, sich an die Membran des Endoplasmatischen Reticulums anzuheften. Vom Endoplasmatischen Reticulum aus können die Proteine dann in Vesikeln weitertransportiert werden.

2.8 Veränderungen der DNA

Seite 126–127

1 Stellen Sie in einem Flussdiagramm die Entstehung des Krankheitsbildes der Sichelzellenanämie dar. Gehen Sie von einem intakten β-Globin-Gen aus.

intaktes β-Globin-Gen ⟵ **Mutagen**

↓ Mutation

mutiertes β-Globin-Gen

↓ Transkription und Translation

veränderte β-Polypeptidkette des Hämoglobins

↓

Bildung von Sichelzellen statt gesunder Erythrocyten

↓

verringerte Anzahl intakter Erythrocyten im Blut

↓

verringerter Sauerstofftransport im Blut

↓

vielfältiges Krankheitsbild:
- körperliche Schwäche
- geringe Belastbarkeit
- Beeinträchtigung der Hirnfunktionen
- erhöhte Anfälligkeit für Schlaganfall und Herzinfarkt

2 Gegeben sei folgende DNA-Basensequenz: GCTTTATTCGAC. Fügen Sie willkürlich jeweils eine Punktmutation, eine Insertion sowie eine Deletion ein und erläutern Sie die Auswirkungen auf die Aminosäuresequenz.

Ursprünglicher Zustand:

DNA: GCT TTA TTC GAC
RNA: CGA AAU AAG CUG
Amino-
säure: Arg Asn Lys Leu

Punktmutation (Beispiel):

DNA: GCT TTA T[A]C GAC
RNA: CGA AAU AUG CUG
Amino-
säure: Arg Asn <u>Met</u> Leu

In diesem Fall entsteht eine Missense-Mutation, weil eine veränderte Aminosäure in die Peptidkette eingebaut wird. Weitere Auswirkungen von Punktmutationen können stumme Mutationen (ohne Auswirkungen auf die Aminosäuresequenz) oder Nonsense-Mutationen (Entstehung eines Stoppcodons) sein.

Insertion:

DNA: GCT [A]TT ATT CGA C
RNA: CGA UAA UAA GCU G
Amino-
säure: Arg <u>Stopp</u> <u>Stopp</u>   Ala

Durch die Insertion einer Base entsteht eine Leserasterverschiebung, die in diesem Fall die Bildung von Stoppcodons zur Folge hat. Bei der Translation werden funktionslose Peptidstücke gebildet. Andere Folgen einer Leserasterverschiebung können in der Entstehung veränderter Codons bestehen, sodass andere Aminosäuren in die Peptidkette eingebaut werden.

Deletion:

DNA: GCT↓TAT TCG AC
RNA: CGA AUA AGC TG
Amino-
säure: Arg Ile Gly

Durch die Deletion entsteht ebenfalls eine Leserasterverschiebung, die die Entstehung neuer Codons zur Folge hat. Die bei der Translation gebildete Peptidkette besteht aus anderen Aminosäuren als im ursprünglichen Zustand.

Seite 128

1 Begründen Sie, weshalb die Wahrscheinlichkeit, an Krebs zu erkranken, mit zunehmendem Alter steigt.

Krebs entsteht durch Mutationen in Proto-Onkogenen und Tumor-Suppressorgenen. Dabei müssen beide Gruppen von Genen in derselben Zelle mutiert sein. Die Wahrscheinlichkeit dafür steigt mit zunehmendem Alter, da sich im Laufe des Lebens immer mehr Mutationen anhäufen.

2 Erläutern Sie die Bedeutung der DNA-Reparaturmechanismen für die Lebewesen.

Mutationen treten in Lebewesen immer wieder auf. Führen sie zu veränderten Proteinen, sind sie meistens nachteilig für ihren Träger. Fehlfunktionen von Stoffwechselwegen oder Krebs können die Folge sein. Insofern tragen DNA-Reparaturmechanismen dazu bei, den Organismus gesund und funktionsfähig zu halten, indem sie die meisten DNA-Veränderungen rückgängig machen.

Seltener können Mutationen ihrem Träger aber auch Vorteile verleihen und evolutionäre Entwicklung ermöglichen. In diesen Fällen wird durch DNA-Reparaturmechanismen das Auftreten neuer vorteilhafter Phänotypen verhindert.

Seite 129 (Material)

Material A – Spontane Mutationen

1 Erläutern Sie, weshalb die veränderten Formen des Cytosins und des Thymins Mutationen auslösen.

Das Prinzip der komplementären Basenpaarung beruht auf der Ausbildung von Wasserstoffbrückenbindungen zwischen den Basen. Im Normalfall werden zwischen Adenin und Thymin zwei Wasserstoffbrückenbindungen und zwischen Guanin und Cytosin drei Wasserstoffbrückenbindungen ausgebildet. Aufgrund der chemischen Umlagerungen verändern sich die Möglichkeiten, Wasserstoffbrückenbindungen auszubilden: Cytosin bildet nun zwei Wasserstoffbrückenbindungen aus und paart sich deshalb mit Adenin, Thymin bildet nun drei Wasserstoffbrückenbindungen aus und paart sich deshalb mit Guanin. Bei den nachfolgenden Replikationen bleiben diese Fehlpaarungen stabil und sorgen auch in den Tochterzellen für eine gegenüber dem Ursprungszustand veränderte Basenabfolge.

2 Ermitteln Sie die RNA-Basensequenz für die mutierte und für die nicht mutierte Form der abgebildeten DNA-Sequenz.

Nicht mutierte Form:
DNA: GCT AAC CTG
RNA: CGA UUG GAC
Mutierte Form:
DNA: GC*T AAC* CT*G
RNA: CAA UUA GGC

3 Bestimmen Sie die Abfolge der Aminosäuren für die drei Tripletts der beiden RNA-Stränge. Benutzen Sie dazu die Codesonne auf Seite 116.
Nicht mutierte Form: Arg–Leu–Asp
Mutierte Form: Gln–Leu–Gly

4 Erläutern Sie die Folgen der mutierten DNA-Sequenz für die gebildeten Aminosäuresequenzen.

In diesem Beispiel sind in allen drei Tripletts Sequenzveränderungen gegenüber dem ursprünglichen Zustand aufgetreten. Jedoch ergibt sich nur bei zwei veränderten Tripletts eine veränderte Aminosäure. Die dritte bleibt bestehen, es handelt sich hier um eine stumme Mutation. Die beiden anderen Mutationen sind Missense-Mutationen, weil eine veränderte Aminosäure in die Peptidkette eingebaut wird. Dies kann zu einer veränderten Funktion des betreffenden Proteins führen.

Material B – Ablauf der Exzisionsreparatur

1 Formulieren Sie eine Hypothese zu den Problemen, die durch Thymindimere bei Transkription und Replikation entstehen.

Bei der regulären Transkription und Replikation wird der DNA-Doppelstrang getrennt. An einen Einzelstrang oder an beiden lagern sich dann komplementäre Nucleotide an, die anschließend miteinander verknüpft werden. Thymindimere können hierbei zu Fehlern führen, da sie den Abstand zwischen den Basen verändern. Der Einbau falscher Nucleotide oder das Fehlen von Nucleotiden im neu synthetisierten Strang können die Folge sein. Deren DNA-Sequenz ist damit verändert.

2 Begründen Sie, weshalb man durch den Einsatz von UV-Licht Flächen und Geräte sterilisieren, also die Vermehrung von Bakterien auf ihnen verhindern kann.

UV-Licht löst bei den Bakterien Mutationen aus, die mit hoher Wahrscheinlichkeit nachteilig für sie sind. So können die Bakterien sich nicht vermehren oder sterben komplett ab. Die Oberflächen sind somit weitgehend steril.

3 Beschreiben Sie den Ablauf der Exzisionsreparatur.

Durch eine Endonuclease wird der schadhafte DNA-Einzelstrang einige Nucleotide vor und hinter dem Thymindimer durchtrennt und der Ausschnitt anschließend entfernt. Eine DNA-Polymerase füllt die Lücke mit den passenden Nucleotiden, diese werden allerdings nur untereinander verknüpft, nicht mit dem bestehenden Rest des Einzelstrangs. Das Schließen dieser letzten Lücken übernimmt schließlich die Ligase, die die Abschnitte wieder miteinander verbindet.

4 Erklären Sie, welche Bedeutung die Doppelsträngigkeit der DNA im Hinblick auf diesen Reparaturmechanismus hat.

Durch die Doppelsträngigkeit der DNA ist es möglich, einen einzelsträngigen Ausschnitt aus dem Molekül zu entfernen, ohne dass es in zwei Teile zerfällt. Außerdem kann die korrekte Nucleotidabfolge des ausgeschnittenen Abschnitts aufgrund der komplementären Basenpaarung durch den gegenüberliegenden DNA-Strang wiederhergestellt werden.

2.9 Genregulation bei Prokaryoten

Seite 130–131

1 Beschreiben Sie den Verlauf der Substratinduktion und der Endproduktrepression. Erstellen Sie für einen der Regulationsmechanismen ein Verlaufsschema.

Bei der Substratinduktion, zum Beispiel beim lac-Operon, wird das Ablesen der Strukturgene für die Lactose abbauenden Enzyme durch einen Repressor verhindert. Dieser heftet sich bei Abwesenheit von Lactose an den Operator, der den Strukturgenen vorgeschaltet ist. Gelangt Lactose in die Bakterienzellen, heftet sie sich an den Repressor und inaktiviert ihn. Er kann nun nicht mehr an den Operator binden. Die RNA-Polymerase bindet an die DNA und liest die Strukturgene für die Lactose abbauenden Enzyme ab. Die Blockierung des Repressors hält so lange an, wie eine ausreichende Menge an Lactose in der Zelle vorhanden ist. Sinkt die Lactosekonzentration in der Zelle stark ab, löst sich die Bindung zwischen Repressor und Lactose. Der Repressor kann nun wieder an den Operator der DNA binden und das Andocken der RNA-Polymerase verhindern. Bei der Endproduktrepression wie beim trp-Operon wird über eine Synthesekette, an der mehrere Enzyme beteiligt sind, ein bestimmtes Produkt, in diesem Fall die Aminosäure Tryptophan, hergestellt. Steigt die Menge an freiem Tryptophan in der Zelle stark an, bindet Tryptophan an einen zunächst inaktiven Repressor und aktiviert ihn durch diese Bindung. Der aktive Repressor bindet an den Operator der DNA und verhindert so, dass die RNA-Polymerase an den Promotor binden kann. Es werden nun keine weiteren Enzyme zur Synthese von Tryptophan gebildet. Sinkt in der Folge dieser Vorgänge die Menge an Tryptophan in der Zelle, löst sich Tryptophan vom Repressor und inaktiviert ihn auf diese Weise. Die Gene, die für die Enzyme zur Tryptophansynthese codieren, werden wieder abgelesen.

Verlaufsschema für das Beispiel Substratinduktion bei lac-Operon:

Anwesenheit von Lactose

↓

Bindung von Lactose an den Repressor

↓

Inaktivierung des Repressors

↓

Bindung der RNA-Polymerase an den Promotor

↓

Transkription der Strukturgene

↓

Synthese Lactose abbauender Enzyme

↓

Abbau der Lactose

↓

Bei starkem Absinken der Lactosekonzentration: Lösen der Lactose vom Repressor

↓

Aktivierung des Repressors

↓

Bindung des Repressors an den Operator

↓

keine Transkription der Strukturgene

↓

keine Synthese Lactose abbauender Enzyme

2 Erläutern Sie den biologischen Vorteil der Regulation der Genaktivität.
In beiden dargestellten Fällen wird durch die Regulation ein bedarfsgerechter Enzymbesatz in der Zelle sichergestellt: Die Enzyme für den Lactoseabbau werden nur gebildet, wenn Lactose im Kulturmedium in großer Menge vorhanden ist. Die Enzyme für die Tryptophansynthese werden nicht mehr gebildet, wenn Tryptophan in der Zelle in ausreichendem Maße frei vorliegt. Aufgrund des bedarfsgerechten Enzymbesatzes spart die Zelle Energie.

2.10 Genregulation bei Eukaryoten

Seite 132–134

1 Erläutern Sie den Zusammenhang zwischen den Mechanismen der Regulation und der Zelldifferenzierung.
Im Laufe der Entwicklung durchlaufen die Zellen eines Lebewesens ausgehend von der befruchteten Eizelle viele unterschiedliche Entwicklungsstadien. Bestimmte Gene werden im Verlauf dieser Differenzierung dauerhaft inaktiviert, indem die zugehörige DNA als Heterochromatin dicht gepackt und an der Peripherie des Zellkerns gelagert wird. Andere Gene werden abgelesen, weil ihre Genprodukte in den entstehenden differenzierten Zellen vermehrt benötigt werden, zum Beispiel Muskelproteine in den Muskelzellen.

Seite 135 (Material)

Material A – Genregulation bei *E. coli*

1 Beschreiben Sie die Ergebnisse der beiden Versuchsreihen.
Bei der ersten Versuchsreihe wurde über gut 40 min ohne den Zusatz von Arginin eine konstant hohe Menge von Enzymen für die Synthese von Arginin gemessen. Nach der Zugabe von Arginin nahm die Anzahl der Enzyme stark ab.
Bei der zweiten Versuchsreihe waren zunächst über 40 min keine Enzyme zum Abbau von Galactose vorhanden. Nach dem Zusatz von Galactose wurde eine starke Zunahme der Menge dieser Enzyme gemessen.

2 Erläutern Sie die Ergebnisse anhand des Operon-Modells.
Nach dem Operon-Modell der Endproduktrepression werden die Enzyme für die Argininsynthese in den Zellen von *Escherichia coli* gebildet, wenn die Argininkonzentration niedrig ist. In diesem Fall bindet die RNA-Polymerase an den Promotor der Bakterien-DNA und transkribiert die Strukturgene, die für verschiedene Enzyme der Argininsynthese codieren. In der ersten Versuchsreihe kann deshalb vor der Zugabe von Arginin eine konstant hohe Menge dieser Enzyme gemessen werden. Steigt die Argininkonzentration in der Zelle durch Zusatz von außen an, bindet überschüssiges Arginin an einen Repressor und aktiviert ihn auf diese Weise. Der aktive Repressor bindet an den Operator der Bakterien-DNA, der den Strukturgenen für die Enzyme der Argininsynthese vorgelagert ist. Somit wird die Bindung der RNA-Polymerase an die DNA und eine Expression der Strukturgene unterbunden.
Nach dem Operon-Modell der Substratinduktion ist bei Abwesenheit von Galactose ein Repressor aktiv und bindet an den Operator. Die Strukturgene für die Enzyme zum Galactoseabbau werden nicht exprimiert. Sind die Zellen nicht mit Galactose versorgt, weisen sie deshalb keine Galactose abbauenden Enzyme auf. Wird Galactose zugegeben, bindet sie sich an den Repressor und inaktiviert ihn. Er löst sich vom Operator und die RNA-Polymerase kann vom Promotor aus

die Strukturgene transkribieren. Enzyme zum Abbau von Galactose werden gebildet.

Material B – Polytänchromosomen und Puffs

1 Beschreiben Sie die Entstehung von Polytänchromosomen.
Polytänchromosomen entstehen, wenn DNA-Replikationen, aber keine Zellteilungen stattfinden. Sie bestehen aus vielen parallel zueinander gelagerten homologen Chromosomen.

2 Erläutern Sie die Beobachtung von Banden und Interbanden mithilfe Ihrer Kenntnisse zur Regulation der Genaktivität.
Banden enthalten bis zu 200 000 Nucleotidpaare in dichter Packung. Diese Heterochromatinstruktur kommt zustande, wenn Cytosinbasen und Histonschwänze in dem betreffenden DNA-Bereich methyliert sind und wenn Histonschwänze keine Acetylgruppen enthalten.
Interbanden enthalten lediglich 3000 Basen. Diese aufgelockerte Struktur wird Euchromatin genannt. Sie kommt durch Demethylierungen von Cytosinbasen und Histonschwänzen sowie durch Acetylierungen von Histonschwänzen zustande.

3 Analysieren Sie das Auftreten unterschiedlicher Puffmuster an Polytänchromosomen während der Entwicklungszeit von Insekten.
Die Puffs stellen lichtmikroskopisch sichtbare DNA-Bereiche besonders großer Aktivität dar. Im Laufe der Entwicklung von Insekten werden im Larvenstadium, bei der Verpuppung sowie im Puppenstadium unterschiedliche Genprodukte benötigt. Das veränderte Bandenmuster steht für die Synthese unterschiedlicher Genprodukte.

4 Erläutern Sie die Bedeutung des Vorkommens von Polytänchromosomen in den Speicheldrüsenzellen von *Drosophila*.
Speicheldrüsenzellen haben die Aufgabe, Speichel zu bilden. Neben Wasser als Lösungsmittel enthält der Speichel eine Vielzahl von Proteinen in jeweils großer Anzahl. Die Vervielfachung der DNA in den Polytänchromosomen erlaubt die Synthese dieser großen Proteinmenge in kurzer Zeit.

2.11 Epigenetik und Zellgedächtnis

1 Beschreiben Sie die Mechanismen der epigenetischen Vererbung.
Unter epigenetischer Vererbung versteht man eine Informationsweitergabe ohne eine Veränderung der Nucleotidsequenz der DNA. Die Information wird durch die Methylierung bestimmter Basen sowie die Methylierung und Acetylierung von Histonen verschlüsselt. Diese Informationen bleiben bei der Replikation am Matrizenstrang erhalten und werden am neu synthetisierten Strang ergänzt.
Zusatzinformation: Die im Eingangsbeispiel genannten Schildpatt-Katzen weisen Fellbereiche auf, die unterschiedlich gefärbt sind. Dieses Phänomen ist scharf zu trennen von dem Auftreten weißer Fellbereiche bei gescheckten Katzen. Die Fellfärbung ist auf die Bildung von Pigmenten in den Melanoczyten der Haut zurückzuführen. Während der Embryonalentwicklung wandern Neuralleistenzellen, aus denen später Melanocyten hervorgehen, in alle Hautbereiche ein. Aufgrund einer Mutation ist bei gescheckten Katzen die Wanderungsfähigkeit der Neuralleistenzellen eingeschränkt. Sie erreichen nicht alle Hautbereiche. Diese Bereiche bleiben weiß.

2 Erläutern Sie am Beispiel der Honigbiene den Begriff Zellgedächtnis.
Während der Larvalentwicklung entwickeln sich bestimmte Larven zu Königinnen, aus allen anderen entstehen Arbeiterinnen. Diese Entwicklung zur Königin wird durch ein bestimmtes Futter, das Gelee Royale, ausgelöst. Es sorgt für ein unterschiedliches Methylierungsmuster von etwa 550 Genen bei Arbeiterinnen und Königinnen. Sobald dieses Methylierungsmuster in den larvalen Zellen entstanden ist, wird es an alle durch Zellteilung entstehenden Tochterzellen der Folgegenerationen weitergegeben. Dies wird als Zellgedächtnis bezeichnet.

1 Beschreiben Sie die Untersuchungen zur epigenetischen Vererbung bei Agouti-Mäusen.
Agouti-Mäuse sind homozygote Träger des Agouti-Gens, sie besitzen eine gelbe Fellfarbe und neigen zur Ausbildung von Übergewicht, Diabetes und Krebs. Füttert man weibliche Agouti-Mäuse vor und während einer Schwangerschaft mit einer an Methylgruppendonatoren reichen Nahrung, so sind bei den Nachkommen neben den gelben und dicken auch braun gefärbte und schlanke sowie gelbbraune, mäßig dicke Mäuse zu beobachten. Diese Phänotypen treten in Abhängigkeit vom Methylierungsgrad des Agouti-Gens auf: Ein geringer Methylierungsgrad wurde bei den gelb gefärbten Mäusen gefunden, ein mittlerer bei den gelbbraunen und ein hoher bei den braunen Tieren.

2 Ziehen Sie eine Schlussfolgerung aus der möglichen epigenetischen Vererbung beim Menschen.
Die Forschungsergebnisse aus Överkalix legen nahe, dass der Ernährungszustand der Großelterngeneration Einfluss auf den Gesundheitszustand der Enkelgeneration hat. Die generationsübergreifende Informationsübermittlung erfolgt möglicherweise durch die Weitergabe von Methylierungsmustern der DNA der Geschlechtszellen. Damit wird jeder Generation eine besondere Verantwortung für ihre

Nachkommen bezüglich der gesundheitsbewussten Ausrichtung ihres Lebenswandels auferlegt.

Die Erkenntnisse zu den Folgen von Stress in der Schwangerschaft deuten darauf hin, dass psychisch belastende Erlebnisse schwangerer Frauen das ungeborene Kind in seiner späteren Fähigkeit, mit Stresssituationen umzugehen, negativ beeinflussen können. Daraus folgt, dass der psychischen Gesundheit von Schwangeren nicht nur zu ihrem eigenen Wohl, sondern auch zu dem ihrer Kinder besonderer Schutz zukommen sollte.

Zusatzinformation zu den Untersuchungen aus Överkalix: Die ursprünglichen Untersuchungen aus Överkalix [Kaati, G., Bygren, L.O., Edvinsson, S.: Cardiovascular and diabetes mortality determined by nutrition during parents and grandparents slow growth period. European Journal of Human Genetics (2002) 10, 682–688] belegten zunächst nur eine erhöhte Sterblichkeit von Enkelsöhnen, die mit einer übermäßigen Versorgung mit Nahrungsmitteln für die Großväter dieser Enkel korrelierte. Diese Daten wurden anhand der Sterblichkeit der Alterskohorten der Geburtsjahrgänge von 1890, 1905 und 1920 gewonnen. Die Todesursachen wurden mithilfe des ausführlich geführten Sterberegisters anhand der Internationalen Klassifikation von Krankheiten, kurz ICD, ermittelt. Demnach ging die übermäßige Versorgung mit Nahrungsmitteln der Großväter während ihrer präpubertären Phase mit einer durch Diabetes und Herz-Kreislauf-Erkrankungen verursachten erhöhten Sterblichkeit einher. Für die weibliche Linie ergaben sich bei diesem Untersuchungsdesign keine statistisch signifikanten Ergebnisse.

Eine erneute Auswertung der Daten aus Överkalix mit einer veränderten Kohorteneinteilung [Prembrey, M. E. et al.: Sexspecific, maleline transgenerational responses in humans, European Journal of Human Genetics (2006) 14, 159–166], bei der auch die Zeiten der frühen Embryonalentwicklung einbezogen wurden, lieferte dann auch Ergebnisse für die weibliche Linie: Waren die Großmütter während der Zeit ihrer eigenen frühen Embryonalentwicklung einem Überfluss an Nahrung ausgesetzt, so wiesen ihre Enkelinnen eine erhöhte Sterblichkeit aufgrund von Diabetes und Herz-Kreislauf-Erkrankungen auf. Für die Elterngeneration ergaben sich keine statistisch relevanten Ergebnisse. Weshalb diese Daten Großeltern und Enkel betreffen und nicht die Elterngeneration, konnte nicht geklärt werden.

In dieser Studie wird auch darüber berichtet, dass männliche Jugendliche, die in der präpubertären Zeit zu Rauchern wurden, später vermehrt Eltern von Kindern wurden, die einen erhöhten Body-Maß-Index aufwiesen.

Aus diesen Ergebnissen wird die These abgeleitet, dass die Lebensumstände während sensibler Perioden der Geschlechtszellreifung – bei Frauen ist dies die Zeit der frühen Embryonalentwicklung, bei Männern die Zeit kurz vor dem Einsetzen der Pubertät – auf epigenetischem Wege Einfluss auf das Genexpressionsmuster der Nachkommen haben. Entsprechende genetische Untersuchungen liegen jedoch weder im Zusammenhang mit der ersten noch mit der zweiten genannten Studie vor, sodass diesen Interpretationen nicht weiter nachgegangen werden kann.

Eine Untersuchung, bei der neben bevölkerungsstatistischen Auswertungen auch genetische Analysen durchgeführt werden [Heijmans, B. T. et al.: Persistent epigenetic difference associated with prenatal exposure to famine in humans, Proccedings of the National Academy of Sciences of the USA (2008) 105, 17046–17049], betrifft 60 während des Hungerwinters 1944/1945 in den Niederlanden neugeborene Babys. Trotz der Hungersnot blieb die medizinische Versorgung intakt, sodass umfangreiche Daten ausgewertet werden konnten. Wenn diese Babys innerhalb der ersten zehn Wochen der Schwangerschaft von der Hungersnot betroffen waren, so konnte bei den späteren Erwachsenen im IGF2-Gen eine verringerte Anzahl von Methylgruppen nachgewiesen werden. Das IGF2-Gen codiert für den Insulin-Like Growth-Factor, der an der Steuerung des embryonalen Wachstums beteiligt ist. Eine verringerte Anzahl von Methylgruppen an der DNA des Gens führt zu einer erhöhten Konzentration dieses Wachstumsfaktors. Dies ist offenbar eine Reaktion auf die Nahrungsknappheit, die Körpermasse dieser Babys zum Zeitpunkt der Geburt lag exakt im Durchschnitt. Wenn die Hungersnot erst innerhalb der letzten zehn Wochen der Schwangerschaft auftrat, änderte sich der Methylierungsgrad gegenüber dem Durchschnitt der Bevölkerung nicht mehr. Die Babys wurden mit einer signifikant geringeren durchschnittlichen Körpermasse geboren. Ob das veränderte Methylierungsmuster an die Nachkommen der untersuchten Personen weitergegeben worden ist, wurde nicht untersucht.

Die Frage, ob auf epigenetischem Wege generationsübergreifend eine Informationsweitergabe stattfindet, kann also nicht abschließend beantwortet werden.

Seite 139 (Material)

Material A – Bau und Funktion des Centromers

1 Beschreiben Sie anhand der Abbildungen A bis C den Bau des Kontaktbereichs zwischen Chromosom und Spindelfaser.

Besondere Bindungsproteine sind mit dem Ende eines Mikrotubulus verbunden. In einer bestimmten Region des Chromosoms, dem Centromer, finden sich spezialisierte, centromerspezifische Nucleosomen. Sie sind mit einem centromerspezifischen DNA-Bindungsprotein verbunden, das seinerseits die Mikrotubuli-Bindungsproteine binden kann. Somit entsteht eine Kette miteinander verbundener Stoffe: Mikrotubulus → Mikrotubuli-Bindungsproteine → centromerspezifisches DNA-Bindungsprotein → centromerspezifisches Nucleosom.

2 Erläutern Sie die Bedeutung des Histons H3-CENPA.

Das centromerspezifische Histon H3-CENPA ist in der Lage, das centromerspezifische DNA-Bindungsprotein zu binden und damit den Zusammenhalt von Mikrotubulus und Chromatid am Centromer sicherzustellen. So kann das Chromatid während der Mitose sicher zu einem Zellpol transportiert werden und geht nicht verloren. Nucleosomen ohne Histon H3-CEPNA können das centromerspezifische DNA-Bindungsprotein nicht binden.

Material A – Bau und Funktion des Centromers

3 Beschreiben Sie die Abbildung D.
Die Abbildung D zeigt, dass an vielen Aminosäuren des freien Histonschwanzes H4 Methylierungen und/oder Acetylierungen erfolgen.

4 Erläutern Sie, weshalb sich die Aminosäuresequenz der Histone im Laufe der Evolution kaum geändert hat.
Die Histone der Nucleosomen sind Zielorte vielfältiger Regulationen: Das Histon H3-CENPA ermöglicht den korrekten Transport von Chromatiden durch die Spindelfasern während der Mitose. Eine veränderte Aminosäure in der Sequenz dieses Histons könnte diesen Transport unmöglich machen. Solche Zellen sterben ab.
Am Aminosäureschwanz des Histons H4 setzen häufig Regulationsmechanismen an, wie die hohe Anzahl an Methylierungen und Acetylierungen zeigt. Auch hier könnte eine veränderte Aminosäurezusammensetzung des Schwanzes diese Regulationen unterbinden und so zum Tod der Zelle führen.
In beiden Fällen besitzen die Zellen mit unveränderter Aminosäuresequenz die höchste Überlebenschance.

5 Erläutern Sie die Bedeutung der in den Abbildungen A bis D dargestellten Sachverhalte für das Zellgedächtnis.
Das Zellgedächtnis entsteht durch die Synthese eines bestimmten Methylierungsmusters der DNA sowie durch die Synthese eines bestimmten Methylierungs- und Acetylierungsmusters der Histone der Nucleosomen. Sie erzeugen ein bestimmtes Genexpressionsmuster. Diese Muster werden an Tochterzellen weitergegeben. Dazu ist es notwendig, dass die Histone unverändert bleiben, weil sonst der Transport der Chromatiden und/oder die Weitergabe des Genexpressionsmusters unmöglich wird.

Material B – Stress bei Ratten

1 Beschreiben Sie die dargestellten Untersuchungsergebnisse.
Neugeborene Ratten werden mit teils methylierten Stressreaktionsgenen geboren. Betreibt das Muttertier die Aufzucht nur nachlässig, so verstärkt sich die Methylierung in den Stressreaktionsgenen und es entstehen ängstliche und zurückgezogene Tiere. Diese Tiere werden ihre eigenen Jungtiere später wiederum nachlässig behandeln. Handelt es sich jedoch um ein fürsorgliches Muttertier, so werden die Methylgruppen in den Stressreaktionsgenen abgebaut.

Diese Tiere entwickeln sich selbst zu fürsorglichen Elterntieren.

2 Begründen Sie, dass es sich hier um einen Fall von generationsübergreifender epigenetischer Vererbung handelt.
Durch die fürsorgliche beziehungsweise nachlässige Aufzucht des Nachwuchses wird der ursprüngliche Methylierungsgrad in den Stressreaktionsgenen der Jungtiere entweder verstärkt oder abgebaut. Diese Tiere entwickeln sich selbst zu fürsorglichen beziehungsweise nachlässigen Elterntieren und vermitteln diesen Effekt an ihren eigenen Nachwuchs. So entsteht durch epigenetische Vererbung ein generationsübergreifendes einheitliches Verhaltensmuster.

3 Methylierungsmuster sind flexibel. Erläutern Sie diese Aussage anhand des dargestellten Beispiels.
Das Methylierungsmuster, das in den Stressreaktionsgenen der Rattenjungtiere entsteht, ist abhängig von dem Verhalten der Elterntiere. Es kann verstärkt oder abgeschwächt werden. Das Methylierungsmuster spiegelt die Aufzuchterfahrungen der Jungtiere wider.

2.12 Das „Haustier" der Molekularbiologie

Seite 140–141

1 Beschreiben Sie die beiden Kultivierungsmethoden von Bakterien.
Bei einer Plattenkultur lässt man Bakterienzellen auf einem festen Medium wachsen. Über Nacht wird durch Zellvermehrung aus einer einzigen Zelle eine mit dem bloßen Auge sichtbare Kolonie. Alle Zellen einer Kolonie sind genetisch identisch, da sie durch Teilung aus ursprünglich einer Zelle hervorgegangen sind. Diese Zellen sind deshalb Klone. Mithilfe einer Plattenkultur lassen sich daher einzelne Bakterien identifizieren und von diesen ausgehend Großkulturen züchten.
Bei einer Flüssigkultur lässt man Bakterien in einem flüssigen Medium wachsen. So gewinnt man in kurzer Zeit große Mengen an Bakterienzellen. Begrenzend wirkt lediglich das Volumen der Kulturflüssigkeit. Eine Flüssigkultur kann mithilfe einer Plattenkultur auf ihre Reinheit überprüft werden.

2 Erläutern Sie den Verlauf einer typischen Wachstumskurve von Bakterien.
Eine typische Bakterienwachstumskurve lässt sich in verschiedene charakteristische Abschnitte unterteilen. In der ersten Phase, der lag-Phase, findet so gut wie keine Zunahme der Zellzahl statt. Die Bakterien teilen sich nur sporadisch. Diese Phase stellt eine Anpassung an die neue Umgebung dar. Die Zellen schaffen somit die Voraussetzung für die Zellteilungen.

In der zweiten Phase teilen sich die Zellen mit hoher Geschwindigkeit und es kommt damit zu einer exponentiellen Zunahme der Zellzahl. Diese Phase wird deshalb auch als exponentielle Phase bezeichnet. Aufgrund der extremen Steigung der Kurve wählt man einen logarithmischen Maßstab für die y-Achse, während die Zeit auf der x-Achse nicht logarithmisch dargestellt wird. Durch diese halblogarithmische Darstellung erhält man eine Gerade während der exponentiellen Phase. Diese Darstellungsform gibt diesem Abschnitt auch die Bezeichnung log-Phase, logarithmische Phase.

Die dritte Phase, die stationäre Phase, ist gekennzeichnet durch eine konstante Zellzahl. Dies ist durch eine ausgeglichene Vermehrungs- und Sterberate von Zellen zu erklären. Ursache für die Stagnation sind die Anhäufung von Stoffwechselendprodukten und die abnehmende Konzentration von Nährstoffen im Kulturmedium.

In der vierten Phase, der Absterbephase, überwiegt die Sterberate deutlich die Teilungsrate, sodass sich die Anzahl der Zellen verringert.

Seite 142

1 Erläutern Sie, weshalb *E. coli* als Modellorganismus in der Molekularbiologie eingesetzt werden kann.

E. coli ist ein Lebewesen, das leicht im Labor zu handhaben und zu züchten ist. In kurzer Zeit lassen sich sehr große Mengen an Zellen produzieren. Unter optimalen Bedingungen erfolgt etwa alle 20 min eine Verdopplung der Zellzahl. Die Ergebnisse molekularbiologischer Versuche mit diesem Bakterium lassen sich häufig auch auf andere Lebewesen übertragen.

2 Beschreiben Sie, wie man die Anzahl der Bakterien in 1 ml Flüssigkultur bestimmen kann.

Man entnimmt einer Flüssigkultur 10 ml und gibt diese zu 90 ml einer sterilen Kulturflüssigkeit. Dieser Schritt wird bis zu einer geeigneten Gesamtverdünnung wiederholt. Bei jedem Verdünnungsschritt wird außerdem 1 ml der Flüssigkultur auf einer Agarplatte ausgebracht und kultiviert. Die Anzahl der Kolonien auf den Agarplatten wird ausgezählt, sie entspricht der Anzahl der Bakterien in 1 ml der ausplattierten Flüssigkeit. Durch Multiplikation mit dem Gesamtverdünnungsfaktor lässt sich der Titer als Anzahl der Bakterienzellen in 1 ml Flüssigkultur berechnen. *Zusatzinformation: Zur Berechnung verwendet man die Ergebnisse der Auszählung einer Agarplatte, auf der die Anzahl der Bakterienkolonien klar zu erkennen ist.*

3 Nennen Sie die Unterschiede zwischen asexueller Vermehrung und Parasexualität bei *E. coli*.

E. coli vermehrt sich wie alle Bakterienzellen durch Zellteilung. Diese Form der Fortpflanzung erfolgt ohne einen Geschlechtspartner und wird als asexuelle Vermehrung bezeichnet. Die entstehenden Tochterzellen stimmen genetisch mit der Ursprungszelle überein. Es entstehen durch diese Form der Vermehrung Klone.

Bei *E. coli* gibt es eine weitere Form der Weitergabe genetischen Materials, die Konjugation. F⁺-Zellen bilden eine Plasmabrücke, den Sexpilus, aus. Damit können sie eine Verbindung zu F⁻-Zellen, die nicht die genetische Information besitzen, einen Sexpilus auszubilden, herstellen. Über die Plasmabrücke kann genetisches Material übertragen werden. Durch diese Parasexualität kommt es zur genetischen Rekombination von Teilen des Bakteriengenoms.

Zusatzinformation: Als Parasexualität bezeichnet man die bei Bakterien, Einzellern und bestimmten Pilzen vorkommende Form der Fortpflanzung, die ohne Meiose und eine Verschmelzung von Geschlechtszellen auskommt. Eine Rekombination genetischen Materials findet sich bei diesen Lebewesen wie bei einer echten sexuellen Fortpflanzung.

Seite 143 (Material)

Material A – Kultivierungsmethoden zur Vermehrung von Bakterien

1 Beschreiben Sie die dargestellten Methoden.

Bei Methode I wird nur eine geringe Anzahl von Bakterien aus einer Flüssigkultur auf eine Agarplatte gebracht. Bei Methode II werden viele Zellen aus einer Flüssigkultur auf eine Agarplatte gebracht. Bei Methode III werden Bakterienzellen von einer Plattenkultur in eine Flüssigkultur übertragen.

2 Erläutern Sie die Ergebnisse der unterschiedlichen Kultivierungsmethoden.

Bei Methode I wachsen die wenigen Zellen über die Agarplatte verteilt zu einzelnen Kolonien heran, die keinen Kontakt miteinander haben. Sie können sehr gut unterschieden und ausgezählt werden.

Werden dagegen wesentlich mehr Zellen auf die Platte ausgebracht, wie bei Methode II, liegen die Kolonien so eng aneinander, dass ein Bakterienrasen entsteht, bei dem keine einzelnen Kolonien unterschieden werden können.

Bei Methode III vermehren sich die Bakterienzellen in der Flüssigkultur, sodass sich die ursprünglich klare und durchsichtige Kulturflüssigkeit eintrübt und damit einen Hinweis auf die starke Vermehrung gibt.

3 Begründen Sie, welche Methoden für bestimmte Vorhaben besonders geeignet sind.

Methode I dient der Identifizierung von Bakterienzellen. Schon mit bloßem Auge kann man erkennen, ob alle Kolonien übereinstimmen oder ob Zellen anderer Bakterienstämme auf der Agarplatte wachsen. Verunreinigungen durch nicht steriles Arbeiten werden sofort bemerkt. So lassen sich Zellen definierter Bakterienstämme in Reinkultur züchten. Außerdem können auf diese Weise die Versuchsstämme immer wieder überprüft werden, um sicherzustellen, dass die Bakterienzellen während der Versuchsdauer konstante Merkmale zeigen und nicht mutiert sind.

Methode II kann vor allem diagnostischen Zwecken dienen, in denen die Sensibilität eines bestimmten Bakterienstammes gegenüber Hemmstoffen, Antibiotika oder anderen Stoffen getestet wird.

Methode III ist vor allem für die Gewinnung großer Mengen von Bakterienzellen in Reinkultur geeignet. So können auch entsprechend große Mengen an gewünschten Stoffwechselprodukten aus den Bakterienzellen gewonnen werden.

Seite 143 (Material)

Material B – Bestimmung der Keimzahl

1 Beschreiben Sie die Versuchsdurchführung.
1 ml einer Probe, die ausgezählt werden soll, wird entnommen und mit 9 ml Kulturflüssigkeit verdünnt. Dieser Schritt ergibt eine Verdünnung von 1 : 10. Dies wird mehrmals wiederholt und aus jedem Verdünnungsschritt wird 1 ml auf einer Agarplatte kultiviert. Jede einzelne Bakterienzelle wächst über Nacht zu einer Kolonie heran, deren Anzahl bestimmt werden kann. Sind zu viele Zellen enthalten, entsteht ein Bakterienrasen, der nicht ausgezählt werden kann. Bei geeigneten Verdünnungen ist dann die Zellzahl, der Titer der Kultur, bestimmbar.

2 Ermitteln Sie die Anzahl der Bakterien in 1 ml der Ausgangskultur.
Bei den ersten beiden Verdünnungen ist die Zellzahl noch viel zu hoch, sie kann nicht bestimmt werden. In den Verdünnungsschritten drei, vier und fünf ergeben sich nach Multiplikation mit dem jeweiligen Verdünnungsfaktor (10^3, 10^4 beziehungsweise 10^5) 159 000, 170 000 beziehungsweise 200 000 Bakterienzellen pro ml.

3 Erläutern Sie, weshalb auf den Agarplatten die Anzahl der Kolonien unterschiedlich ist.
Die unterschiedliche Anzahl der Kolonien auf einer Agarplatte sind auf die Verdünnung und den Zufall zurückzuführen, ob eine oder auch zwei Bakterienzellen in der entnommenen Probe vorhanden sind. Letzteres kann nicht vorherbestimmt werden, sodass die tatsächliche Anzahl der Bakterienzellen in dieser Probe etwa zwischen 160 000 bis 170 000 pro ml liegen sollte.

4 Begründen Sie die Unsicherheiten dieser Bestimmungsmethode.
Bei den beiden letzten Verdünnungsschritten in dieser Verdünnungsreihe ist es nicht möglich zu sagen, ob eine, zwei oder gar keine Zelle in der Probe enthalten ist. Bei zu starker Verdünnung ist also immer eine gewisse Unsicherheit vorhanden. Deshalb sollte die Anzahl der Zellen aus einer geeigneten Verdünnung, in diesem Versuch aus der dritten oder vierten Verdünnung, bestimmt werden.

2.13 Künstliche DNA-Rekombination

Seite 144–145

1 Stellen Sie die Herstellung von rekombinanten *Pseudomonas*-Bakterien mit *GFP*-Gen in einem Verlaufsschema dar.

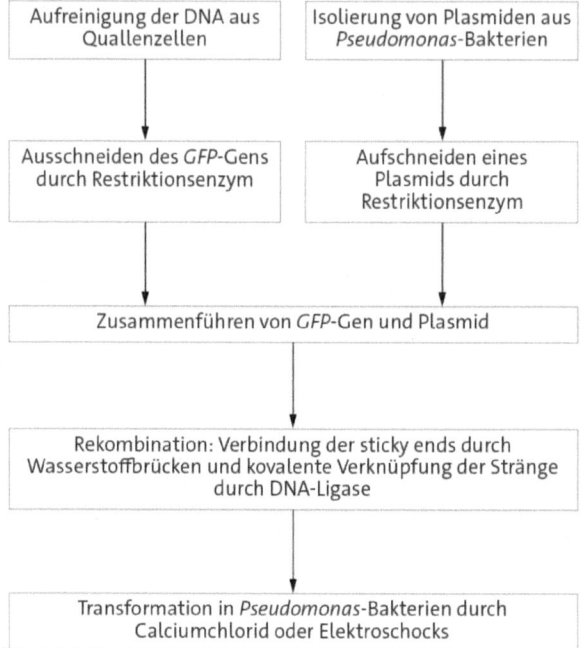

Illustration: Cornelsen/Andrea Thiele

2 Erläutern Sie die Bedeutung der Erkennungssequenzen der verwendeten Restriktionsenzyme.
Die Erkennungssequenz bestimmt, an welcher Stelle oder welchen Stellen das verwendete Restriktionsenzym die DNA schneidet. Ein Restriktionsenzym zum Ausschneiden eines Gens muss beispielsweise so gewählt werden, dass es die DNA vor und hinter dem Gen, nicht aber in dessen Mitte schneidet. Ohne Schnitt vor und hinter dem Gen könnte das Gen nicht in ein Plasmid eingefügt werden. Würde das Gen zerschnitten, wäre es nicht mehr intakt und rekombinante Bakterien könnten das gewünschte Protein nicht herstellen.

Seite 146

1 Erklären Sie, weshalb sich Plasmide und Bakteriophagen als Vektoren eignen.
Plasmide und Bakteriophagen verfügen natürlicherweise bereits über wesentliche Eigenschaften, die für Vektoren im Rahmen gentechnischer Verfahren unerlässlich sind. So ist die zu übertragende DNA relativ klein und kann sich in der Wirtszelle replizieren, sodass viele Kopien der rekombinierten DNA hergestellt und an die Tochterzellen weitergegeben werden. Die Aufnahme der DNA-Moleküle durch Bakterienzellen geschieht in beiden Fällen ebenfalls schon auf natürliche Weise.

Material A – Lambda als Klonierungsvektor

1 Beschreiben Sie die Schritte der Klonierung mit dem Vektor λ.

Für die DNA-Klonierung mit dem Bakteriophagen λ wird die lineare Phagen-DNA mit dem Restriktionsenzym EcoRI in drei Teile geschnitten: den „linken Arm", den zentralen Gencluster und den „rechten Arm". Die isolierten „Arme" werden mit DNA-Fragmenten gemischt, die kloniert werden sollen und die zuvor ebenfalls mit EcoRI geschnitten wurden. Durch Ligation erhält man rekombinante DNA. Diese wird in vitro in λ-Virusteilchen verpackt. Die Bakteriophagen werden zu E.-coli-Zellen gegeben und injizieren die rekombinante DNA in die Bakterienzellen. In den Bakterien wird die rekombinante DNA repliziert, Phagenbausteine werden gebildet und neue Phagen entstehen, die bei der Lyse freigesetzt werden. Auf einem Bakterienrasen erkennt man die Stellen mit lysierten Bakterien und freigesetzten Phagen daran, dass dort durchsichtige Plaques entstanden sind. Aus diesen Plaques kann man die Phagen entnehmen und die klonierte DNA gewinnen.

2 Erläutern Sie, inwiefern man sich die Eigenschaften des Bakteriophagen für die Klonierung zunutze macht.

Für die Klonierung mithilfe von Bakteriophagen macht man sich zunutze, dass Phagen ihre DNA in Bakterienzellen injizieren. Die DNA muss nicht aufwendig eingebracht werden. Die Phagen-DNA wird in den Bakterien repliziert, sodass zahlreiche identische Kopien entstehen. Der zentrale Gencluster des Phagen λ muss entfernt werden, damit überhaupt ein DNA-Fragment inseriert werden kann, ohne dass das DNA-Molekül für die Verpackung in Virusteilchen zu groß ist. Die Schnittstellen von *EcoRI* liegen so günstig, dass mit dem zentralen Gencluster die Informationen für das Vermehren als Prophage entfernt werden. Daher wird stets der lytische Zyklus durchlaufen. So kann man die Plaques mit lysierten Bakterien und klonierten Phagen in den Petrischalen gut erkennen. Zugleich enthalten die „Arme" die Gene für die Replikation in den Bakterienzellen, sodass die rekombinante DNA vervielfältigt werden kann. Da die „Arme" allein zu klein sind, um in Virusteilchen verpackt zu werden, ist davon auszugehen, dass nur rekombinante DNA verpackt wird. Außerdem macht man sich zunutze, dass Phagen in den Bakterienzellen mithilfe von Enzymen aus Proteinbausteinen und DNA zu neuen Phagen zusammengebaut werden. Diese Bausteine und Enzyme können aus Bakterienzellen isoliert werden, sodass Phagen in vitro erzeugt werden können, um damit Bakterien zu infizieren.

Material B – Resistenzgene

1 Beschreiben und erläutern Sie die dargestellten Vorgänge.

Ein Plasmid soll als Klonierungsvektor eingesetzt werden und einen DNA-Abschnitt übertragen. Zunächst wird mithilfe der Restriktionsendonuclease Pst 1 der Plasmidring innerhalb des Ampicillin-Resistenzgens geschnitten, sodass klebrige Enden entstehen. Der mit demselben Restriktionsenzym ebenfalls geschnittene DNA-Abschnitt wird hinzugegeben, in den Plasmidring eingefügt und mittels der Ligase verknüpft. Die rekombinante DNA soll nun in Bakterienzellen transformiert werden. Dazu wird die Bakterienzellwand mit Calciumchlorid durchlässiger gemacht.

2 Erläutern Sie die Funktion der Resistenzgene (▶⬚).

Mithilfe der Resistenzgene findet man heraus, welche Bakterien das Plasmid mit der gewünschten DNA-Sequenz aufgenommen haben. Im ersten Schritt werden durch die Übertragung auf einen Tetrazyklin-Nährboden die Bakterien aussortiert, die nicht transformiert wurden, da sie wegen des fehlenden Plasmids nicht gegen Tetrazyklin resistent sind.

Allerdings wachsen auf einem Tetrazyklin-Nährboden die Bakterien, die ein Plasmid aufgenommen haben, ob mit oder ohne eingebaute DNA. Die Übertragung auf einen Ampicillin-Nährboden unterstützt die Suche nach den Bakterien mit rekombinanten Plasmiden. Denn da die Schnittstelle für die fremde DNA-Sequenz inmitten des Ampicillin-Resistenzgens liegt, weist ein Wirtsbakterium, welches die fremde DNA aufgenommen hat, keine Resistenz gegen Ampicillin mehr auf. Also wachsen transformierte Bakterien nicht mehr auf Nährböden mit Ampicillin. Durch den Vergleich der Koloniemuster lassen sich die Kolonien ermitteln, die auf tetrazyklinhaltigem Nährboden wachsen, auf ampicillinhaltigem aber nicht. Diese Kolonien gehen auf Bakterien zurück, die das rekombinante Plasmid enthalten. Sie können dann in einer Flüssigkultur vermehrt werden.

2.14 Verfahren zur DNA-Untersuchung

Seite 148–149

1 Erklären Sie den PCR-Nachweis von Krankheitserregern, bei dem man Primer verwendet, die nur zur Basensequenz des Erregers passen.

Eine PCR kann nur ablaufen, wenn die verwendeten Primer an die zu kopierende DNA binden können. Die DNA wird dann vervielfacht und liegt anschließend in großen Mengen vor. Ohne passende Primer geschieht kein Kopiervorgang, die DNA-Vorlage liegt nur einfach vor. Beim PCR-Nachweis von Krankheitserregern verwendet man zur Vervielfältigung der DNA aus einer Serum- oder

Speichelprobe eines Patienten Primer, die nur zur Basensequenz eines bestimmten Erregers passen. Man kann dann anhand der DNA-Menge am Ende der PCR rückschließen, ob Erreger-DNA vorhanden war oder nicht. *Zusatzinformation: Diese Vorgehensweise ist auch bei Erregern mit RNA statt DNA anwendbar.*

Seite 150

1 Beschreiben Sie, wie man Anzahl und Größe der DNA-Fragmente aus dem Bandenmuster abliest.

Die absolute Anzahl der DNA-Fragmente ist nicht ersichtlich, es gilt aber: Die Anzahl der Banden entspricht der Anzahl der verschiedenen Längen der DNA-Fragmente in der Probe. Über die Größe der Fragmente gibt deren Laufstrecke Aufschluss. Je weiter ein Fragment sich durch das Gel bewegt hat, desto kleiner ist es. Durch den Vergleich mit der Laufstrecke eines Größenvergleichsstandards lässt sich auch die absolute Länge der Fragmente recht genau ermitteln, denn Banden auf derselben Höhe enthalten Fragmente derselben Länge.

2 Erklären Sie die Ableitung der Restriktionskarte aus dem Bandenmuster.

Beim Vergleich der Bande der Probe aus der ersten Tasche mit dem Größenvergleichsstandard fällt auf, dass das ungeschnittene DNA-Fragment eine Größe von 7 Kilobasenpaaren aufweist.

Wird das Fragment mit dem Restriktionsenzym BamHI behandelt, erkennt man zwei Banden. Die DNA wird in zwei Fragmente von 4,5 beziehungsweise 2,5 Kilobasenpaaren gespalten. Daraus kann man ableiten, dass die DNA eine Schnittstelle für BamHI aufweist, die 4,5 Kilobasenpaare von dem einem Ende beziehungsweise 2,5 Kilobasenpaare von dem anderen Ende entfernt ist.

Nach der Behandlung mit dem Restriktionsenzym PstI sind ebenfalls zwei Banden zu erkennen. Dieses Enzym schneidet die DNA also ebenso an einer Schnittstelle, sodass ein Fragment von 5,5 Kilobasenpaaren und eines von 1,5 Kilobasenpaaren Größe entsteht. Die Schnittstelle befindet sich also 5,5 beziehungsweise 1,5 Kilobasenpaare von dem einen oder anderen Ende entfernt.

Die gleichzeitige Behandlung der DNA mit beiden Enzymen führt zu drei Banden, also drei Fragmenten mit einer Größe von 3,0 und 2,5 und 1,5 Kilobasenpaaren. Da bei der Behandlung mit nur einem der Enzyme kein Fragment mit einer Größe von 3,0 Kilobasenbasenpaaren entsteht, muss es zwischen den Schnittstellen der beiden Enzyme liegen.

Aus diesen Befunden lässt sich ähnlich einem Puzzle die Restriktionskarte erstellen. Die Schnittstelle des Enzyms BamHI liegt 2,5 Kilobasenpaare von einem Ende entfernt, es schließt sich ein 3 Kilobasenpaare langes Teilstück bis zur Schnittstelle des Enzyms PstI an, welche 1,5 Kilobasenpaare vom anderen Ende entfernt ist.

Seite 151 (Material)

Material A – Restriktionskarte

1 Begründen Sie, welche der Restriktionskarten aus dem Bandenmuster der Gelelektrophorese abgeleitet werden kann.

Aus der Summe der Fragmentgrößen ist abzuleiten, dass die Größe des behandelten DNA-Abschnitts zwölf Kilobasenpaare beträgt. Daher ist die letzte Karte auszuschließen.

Die Enzyme ApoI und NcoI haben jeweils eine Schnittstelle, das Enzym EcoRI hat zwei Schnittstellen, da bei der Behandlung mit ApoI und NcoI jeweils zwei, mit EcoRI aber drei Fragmente entstehen. Durch das Enzym ApoI wird die DNA in ein Stück von neun und ein Stück von drei Kilobasenpaaren Größe gespalten. Damit kommen nur noch die Restriktionskarten zwei und fünf in Frage, weil die jeweilige Schnittstelle für ApoI entsprechende Fragmentgrößen erstellt. Die Spaltung mit dem Enzym NcoI führt zu zwei Teilstücken von vier beziehungsweise acht Kilobasenpaaren Größe. Dies lässt sich ebenfalls mit den Karten zwei und fünf vereinbaren.

Die Doppelspaltung mit ApoI und NcoI führt dazu, dass das vier Kilobasenpaare lange Teilstück in zwei Fragmente geteilt wird, denn statt eines vier Kilobasenpaare langen Stücks sind zwei Stücke von einem bzw. drei Kilobasenpaaren zu sehen. Die Schnittstelle von ApoI muss demnach so liegen, dass sie ein Fragment von der Länge eines Kilobasenpaars erzeugt, also ein Kilobasenpaar vom Rand des Segments oder von einer anderen Schnittstelle entfernt. Das ist bei der zweiten Restriktionskarte nicht der Fall. Daher kommt nur noch die fünfte Restriktionskarte infrage. Auch das Ergebnis der Spaltung mit dem Enzym EcoRI bestätigt diese Schlussfolgerung, denn es spaltet die DNA in Teilstücke von sechs, fünf und einem Kilobasenpaar Größe.

Material B – Glasknochenkrankheit

1 Erläutern Sie den Unterschied in der Größe des DNA-Fragments eines normalen und eines mutierten Allels nach Behandlung mit einem Restriktionsenzym.

Restriktionsenzyme schneiden die DNA an spezifischen Stellen, die durch eine bestimmte Basenfolge festgelegt sind. Kommt es an der Schnittstelle zu einer Mutation, zum Beispiel durch einen Basenaustausch, wird diese Stelle durch das Restriktionsenzym nicht mehr als Schnittstelle erkannt und die DNA nicht gespalten. Daher entstehen im Fall der Glasknochenkrankheit nach der Mutation statt dreier Fragmente von 153, 63 und 9 Basenpaaren nur noch zwei Fragmente der Größe 153 und 72 Basenpaare. Durch die Mutation wurde eine Schnittstelle durch das Restriktionsenzym nicht mehr als solche erkannt.

2 Werten Sie das Ergebnis der Untersuchung aus.

Das Ergebnis der Gelelektrophorese zeigt, dass das mutierte Allel bei beiden Söhnen und in den Spermienzellen des Vaters vorhanden ist. In den Proben der Tochter und der Mutter ist das mutierte Allel nicht zu finden, ebenso wenig in den Blutzellen des Vaters. Daher ist das plötzliche Auftreten der Erkrankung in der Familie durch eine Mutation in den Urgeschlechtszellen des Vaters zu erklären, die zur phänotypischen Ausprägung der Glasknochenkrankheit bei den Söhnen geführt hat.

3 Erläutern Sie, ob das Allel für die Glasknochenkrankheit dominant oder rezessiv vererbt wird.

Da beide Söhne das normale und das mutierte Allel in gleichem Verhältnis tragen, sind sie bezüglich dieses Merkmals heterozygot. Weil sie trotz der Heterozygotie an der Glasknochenkrankheit erkrankt sind, wird das Allel für die Krankheit dominant vererbt.

2.15 CRISPR/Cas9 – Die Genschere

Seite 152–154

1 Nennen Sie den Unterschied zwischen einem gentechnisch veränderten Organismus und einem Genom-editierten Organismus.

Gentechnisch veränderte Organismen entstehen durch den Einbau von Genen aus anderen Organismen. Sie enthalten fremde DNA. Genom-editierte Organismen enthalten keine fremde DNA. Durch das Schneiden eines Gens wird die Funktion dieses Gens ausgeschaltet.

2 Recherchieren Sie weitere Beispiele für die Anwendung von CRISPR/Cas9.

Mögliche Beispiele für die Anwendung von CRISPR/Cas9 könnten sein:
– die Untersuchung von Genen, die an der Entstehung von Krebs beteiligt sind;
– die Untersuchung neurodegenerativer Erkrankungen wie Parkinson und Alzheimer;
– die Herstellung von Lebensmitteln, die keine Allergien auslösen, indem die Gene ausgeschaltet werden, die für spezifische allergieauslösende Eiweiße codieren.

Zusatzinformation: Aufgrund der rasanten Entwicklung der CRISPR/Cas-Forschung ist zu erwarten, dass in naher Zukunft sehr vielfältige Anwendungsbeispiele genannt werden.

Seite 155 (Material)

Material A – Genom-editierte Babys

1 Recherchieren Sie weitere Argumente im Internet.

Verschiedene Forscher und Ethiker äußern sich zu den Genom-editierten Babys. So wird darauf hingewiesen, dass für derartige Forschungen weltweit verbindliche Standards gelten müssten. Ansonsten drohe der Wissenschaft ein irreparabler Vertrauensverlust. Weiterhin wird gesagt, dass es sich um einen Verstoß gegen die Menschenwürde handele. Es bestehe die Gefahr, dass die Folgen für die betroffenen Individuen nicht absehbar seien. Desgleichen gelte für die nachfolgenden Generationen.

In einer anderen Stellungnahme wird darauf hingewiesen, dass der Eingriff in die Keimbahn gar nicht notwendig sei, um die Anfälligkeit für eine HIV-Infektion zu verändern. Damit sei der Eingriff unverhältnismäßig.

Es müsse verhindert werden, dass Genom-Editierung für die Entwicklung von Designerbabys angewendet wird.

Mit der Erzeugung Genom-editierter Menschen werde eine rote Linie überschritten. Eingriffe in die Keimbahn seien nicht zu verantworten.

Bei Versuchen mit Affen wurden Off-Target-Effekte beobachtet. Die Genschere wirkt nicht unbedingt in allen Zellen gleich. Es treten Mosaikformen auf, da die Effekte von Zelle zu Zelle variieren.

2 Nennen Sie Pro- und Kontra-Argumente zur Erzeugung Genom-editierter Babys.

Hier ist zu erwarten, dass die Lernenden sich auf die von den Naturwissenschaftlern und Ethikern genannten Kontra-Argumente beziehen. Insbesondere die Konsequenzen für die betroffenen Kinder sind nicht absehbar.

Pro-Argumente könnten sein, dass bestimmte erblich bedingte Krankheiten durch Ausschalten der betreffenden Gene bei den Nachkommen vermieden werden könnten und dass damit das Leiden der betroffenen Menschen vermindert werden kann. Außerdem würden keine Kosten für aufwendige Behandlungen anfallen.

3 Diskutieren und gewichten Sie die Argumente. Versuchen Sie, mit Ihren Mitschülerinnen und Mitschülern einen Konsens zur Befürwortung oder Ablehnung Genom-editierter Babys zu erzielen.

Die Schülerinnen und Schüler gewichten die Pro- und Kontra-Argumente in ihren Gruppen. Es ist anzunehmen, dass sie aufgrund individueller Wertvorstellungen zu unterschiedlichen Ergebnissen kommen.

2.16 „Grüne" Gentechnik

Seite 156–157

1 Erläutern Sie die Funktion von *Agrobacterium tumefaciens* bei der Transfektion.

Das Bodenbakterium *Agrobacterium tumefaciens* infiziert Pflanzen an verletzten Stellen. Es ist in der Lage, einen Teil seines Genoms, die T-DNA, in die chromosomale DNA der Pflanze zu integrieren. Daher kann *A. tumefaciens* als natürlicher Vektor genutzt werden, um fremde DNA in das Pflanzengenom zu inserieren.

1 Stellen Sie Hypothesen auf, wie die Resistenzentwicklung gegen das Bt-Toxin verhindert werden kann.

Der Maiswurzelbohrer entwickelt Resistenzen gegen das gebräuchlichste Bt-Toxin, das routinemäßig verwendet wird. Um Resistenzen zu vermeiden, darf Bt-Mais nur dort angepflanzt werden, wo es aufgrund großer Ernteschäden notwendig ist. Außerdem sollte man alternierend unterschiedliche Bt-Toxine einsetzen und immer wieder nicht transgene Hybride anpflanzen. Landwirte müssen mehr Alternativen bei der Auswahl des Saatguts haben.

2 Erläutern Sie die Antisense-Technik.

Das Prinzip der Antisense-Technik besteht darin, dass eine zur natürlich vorkommenden mRNA komplementäre sinnwidrige mRNA gebildet wird, damit diese mit der sinnvollen mRNA hybridisiert. So wird die sinnvolle mRNA inaktiviert, deren Translation verhindert und das Protein nicht synthetisiert.

Seite 159 (Material)

Material A – Herbizidresistenz

1 Stellen Sie die Herstellung einer gegenüber Glyphosat resistenten Sojapflanze in einem Flussdiagramm dar.

Isolierung des Ti-Plasmids aus
Agrobacterium tumefaciens

↓

Herstellung eines Fusionsgens aus einem bakteriellen Synthasegens und einem viralen Promotor

↓

Integration des Fusionsgens in das Ti-Plasmid

↓

Übertragung des rekombinanten
Ti-Plasmids in *A. tumefaciens*

↓

Infektion einer Pflanze mit *A. tumefaciens*

↓

Isolation von Laubblattzellen
aus dem Infektionsherd

↓

Selektion der Laubblattzellen mit transformiertem
Fusionsgen auf Glyphosat-Medium

↓

Züchtung neuer Pflanzen

2 Geben Sie an, welche Vorteile Glyphosat als Herbizid aufweist.

Glyphosat wirkt auf nahezu alle unerwünschten Wildkräuter gleichermaßen, ist schon in geringer Konzentration im Boden wirksam und wird von Bodenorganismen schnell abgebaut.

Glyphosat wird als nicht toxisch für den Menschen eingestuft. Die unkomplizierte Anwendung des Herbizids vereinfacht die Arbeitsgänge und den Arbeitsaufwand beim Sojaanbau erheblich. Der Boden wird durch Glyphosat zudem weniger belastet. Für den Landwirt sinken aufgrund der Verringerung der Herbizidmenge die Betriebskosten und es wird in einigen Fällen von höheren Erträgen berichtet.

3 Beurteilen Sie den Anbau gentechnisch veränderter Soja aus der Sicht argentinischer Bauern, von Umweltschützern und Vertretern eines Saatgutkonzerns.

Argentinische Bauern setzen Glyphosat beim Sojaanbau ein, weil dieses Herbizid sich gegen alle unerwünschten Wildkräuter richtet. So wird der Arbeitsaufwand im Gegensatz zum Anbau konventioneller Soja verringert, da nun nicht mehr verschiedene Herbizide in bestimmten Abfolgen eingesetzt oder durch mechanische Arbeit Wildkräuter beseitigt werden müssen. Außerdem benötigen sie wegen der guten Wirkung nicht so große Mengen Herbizid, das zudem für den Menschen nicht toxisch ist und im Boden schnell abgebaut wird. Der Sojaanbau mit Glyphosat ist für sie darüber hinaus wirtschaftlich lohnender als die traditionelle Viehzucht und hat ihrem Land insgesamt zu mehr Wohlstand verholfen. Während die Bauern aber zuvor wahrscheinlich selbstständig waren, sind sie nun abhängig von einer großen Firma, die das Ackerland besitzt und das Saatgut sowie das Herbizid liefert.

Umweltschützer sehen den Sojaanbau und den Einsatz von Glyphosat kritisch, auch wenn Glyphosat im Vergleich zu anderen Herbiziden Vorteile hat. Doch diese können sich bald in Luft auflösen, wenn beispielsweise wegen vermehrter Resistenzen mehr Glyphosat und auch noch andere Herbizide in Kombination ausgebracht werden müssen. Außerdem resultiert aus dem florierenden Sojaanbau ein immenser Flächenverbrauch, der auch ökologisch wertvolle Waldgebiete nicht verschont. Der Einsatz von Düngemitteln hat weiterhin negative Auswirkungen auf Böden und Gewässer.

Vertreter des Saatgutkonzerns erhoffen sich durch den Einsatz von Glyphosat und den Sojaanbau wirtschaftliche Gewinne, weil sowohl das Herbizid als auch das gentechnisch veränderte Saatgut patentiert sind und nur bei dem Konzern und ausschließlich in Kombination erworben werden können. So kann er doppelte Gewinne einfahren. Sollten wegen zunehmender Resistenzen weitere Herbizide notwendig sein, kann er auch diese anbieten.

4 Diskutieren Sie, ob die gentechnische Veränderung der Sojapflanze ein Beispiel für das Basiskonzept Entwicklung darstellt.

Gentechnisch veränderte Sojapflanzen könnten als ein Beispiel für das Basiskonzept Entwicklung gesehen werden, weil an ihnen exemplarisch festgestellt werden kann, dass Pflanzen einer Art in einer Population ein variables Allelmuster aufweisen können.

Allerdings ist die genetische Variation in diesem Beispiel nicht auf natürliche Weise durch Rekombination oder Mutation erfolgt. Es ist keine Angepasstheit an veränderte Umweltbedingungen zu verzeichnen, die zu einem höheren Fortpflanzungserfolg führt. Damit sind wesentliche Aspekte des Basiskonzepts in diesem Beispiel also nicht wiederzufinden.

Seite 160–161 (Methode: Bewerten – ein begründetes Urteil fällen)

1 Vervollständigen Sie die Argumente in der Tabelle. Nehmen Sie Material A auf Seite 159 zu Hilfe.

Naturwissenschaftliche Aussage: Der Anbau transgener Soja ist wirtschaftlich lohnenswert.
Ethische Aussage: Landwirte sollen ihren Lebensunterhalt verdienen können.
Schlussfolgerung: Transgene Soja sollte angebaut werden.
Wert: soziale Gerechtigkeit
Naturwissenschaftliche Aussage: Es können ungewollte Kreuzungen gentechnisch veränderter mit konventionellen Pflanzen auftreten.
Ethische Aussage: Veränderungen konventioneller Pflanzen mit unklaren Folgen sollen vermieden werden.
Schlussfolgerung: Es sollten keine transgenen Sojapflanzen angebaut werden.
Wert: Erhalt von Ökosystemen

2 Finden Sie weitere Argumente und führen Sie die weiteren Schritte der Bewertung durch.

Hinweis: Die Bearbeitung dieser Aufgabe lässt alternative Lösungen zu. Das Formulieren von Argumenten, die Zuordnung zu Werten, deren Gewichtung und somit auch das abschließende Urteil sind individuell.

Beispiele für weitere Argumente:

Naturwissenschaftliche Aussage: Saatgut und dazu passende Herbizide sind patentgeschützt.
Ethische Aussage: Alle sollten gleichermaßen Zugang zu Saatgut und Herbiziden haben.
Schlussfolgerung: Die Zulassung der Pflanzen mit Patentschutz sollte nicht stattfinden.
Wert: Solidarität
Naturwissenschaftliche Aussage: Gentechnisch veränderte Soja wird in großen Mengen aus Amerika nach Europa importiert.
Ethische Aussage: Die europäischen Landwirte sollten durch das Anbauverbot nicht benachteiligt sein.

Schlussfolgerung: Die Pflanzen sollten auch in Europa angebaut werden.
Wert: Wettbewerbsfähigkeit

2.17 Anwendung in der Medizin

Seite 162–163

1 Stellen Sie die Herstellung rekombinanten Erythropoietins in einem Flussdiagramm dar.

Isolierung der *EPO*-mRNA

↓

Herstellung einer cDNA

↓

Vervielfältigung des *EPO*-Gens
mittels PCR

↓

Transformation des *EPO*-Gens
in ein bakterielles Plasmid

↓

Transfektion der rekombinanten Plasmide
in CHO-Zellen durch Mikroinjektion, Elektroporation
oder Calciumphosphatfällung

↓

Selektion und Züchtung der
transfizierten CHO-Zellen

↓

EPO-Produktion in Bioreaktoren

Seite 164

1 Beschreiben Sie den Ablauf einer somatischen Gentherapie.

Um eine somatische Gentherapie durchzuführen, werden von der Fehlfunktion betroffene Zellen genetisch verändert, zum Beispiel durch Einschleusen eines intakten Gens. Das kann etwa durch virale Vektoren geschehen, die mit den Körperzellen in Kontakt gebracht werden.

Bei einem Ex-vivo-Gentransfer werden dafür dem Patienten Zellen entnommen, außerhalb des Körpers transfiziert, selektiert, vermehrt und wieder in den Körper des Patienten zurückgeführt.

Nach einiger Zeit und eventuell mehrfacher Wiederholung der Therapie sind nun manche Körperzellen in der Lage, das vom eingeschleusten Gen codierte Protein herzustellen und so die genetische Fehlfunktion auszugleichen.

Zusatzinformation: Die Kreuzung transgener Stechmücken mit Individuen der Wildtyp-Population führte tatsächlich dazu, dass die Wildtyp-Population um bis zu 80 % reduziert wurde.

Seite 169 (Material)

Material A – Transgene Moskitos

4 Vergleichen Sie die Vorgehensweisen der beiden Forscherteams und bewerten Sie diese.

Gemeinsamkeiten: Beide Teams haben die Absicht, die im Labor erzeugten genetisch veränderten Organismen im Hinblick auf die beabsichtigte Wirkung in Feldstudien zu testen.

Unterschiede: Das Team in Mexiko versucht durch eine aufwendige Öffentlichkeitsarbeit, Transparenz zu schaffen und den Menschen Ängste vor Studien mit gentechnisch veränderten Lebewesen zu nehmen. Dadurch, dass eine Region ausgewählt wurde, in der Menschen unter dem Denguefieber leiden, wurde ein unmittelbarer Bezug zur Forschungsarbeit hergestellt. Das Team verhält sich verantwortungsbewusst im Umgang mit den genetisch veränderten Mücken, da es diese in einem abgeschotteten Forschungszentrum und unter naturnahen Bedingungen hält.

Das Team in der Karibik setzte mit behördlicher Genehmigung Millionen Mücken in der freien Natur aus.

Die Vorgehensweise der Karibikgruppe ist wenig verantwortungsvoll, weil in diesem frühen Stadium der Forschung noch keinerlei Erfahrungen über die Auswirkungen der genetisch veränderten Mücken auf Populationen existieren. Zudem ist eine 100%ige Sterilität wahrscheinlich nicht gegeben. Damit sind die Folgen für die Mückenpopulation und das Ökosystem nicht absehbar.

2.19 Stammbaumanalyse

Seite 170–171

1 Erläutern Sie, wodurch man im Stammbaum auf einen autosomal-dominanten oder autosomal-rezessiven Erbgang schließen kann.

Ein dominantes Merkmal wird ausgeprägt, wenn das dominante Allel heterozygot und wenn es homozygot vorliegt. Wenn Eltern ein Merkmal ausprägen, deren Kinder aber nicht, so ist dies ein Hinweis auf einen dominanten Erbgang.

Ein rezessiv vererbtes Merkmal wird nur ausgeprägt, wenn das entsprechende Allel homozygot vorliegt. Wenn unter den Nachkommen in einer Familie Merkmalsträger vorkommen, obwohl beide Eltern das Merkmal nicht ausprägen, ist dies ein Hinweis auf einen rezessiven Erbgang. Tritt statistisch gesehen in einer größeren Population das Merkmal bei beiden Geschlechtern gleich häufig auf, deutet dies auf einen autosomal-dominanten bzw. autosomal-rezessiven Erbgang hin.

2 Erklären Sie die Wahrscheinlichkeiten merkmalstragender Kinder bei autosomal-dominanten und autosomal-rezessiven Erbgängen.

Die Wahrscheinlichkeiten für merkmalstragende Kinder eines Elternpaars ergeben sich aus den Mendelschen Regeln:

Bei autosomal-rezessiven Erbgängen sind nur homozygot rezessive Individuen Merkmalsträger, homozygot dominante und heterozygote Individuen sind es hingegen nicht. Ist ein Elternteil heterozygot und das andere homozygot rezessiv, erben die Kinder vom homozygoten Elternteil immer und vom heterozygoten Elternteil mit 50%iger Wahrscheinlichkeit das rezessive Allel. Sie sind statistisch gesehen 50 % heterozygote Merkmalsfreie und 50 % Merkmalsträger, da homozygot rezessiv. Sind beide Eltern heterozygot, haben ihre Kinder statistisch gesehen zu 50 % einen heterozygoten Genotyp und zu je 25 % einen homozygot dominanten bzw. rezessiven Genotyp. Nur die homozygot rezessiven Kinder sind Merkmalsträger.

Bei autosomal-dominanten Erbgängen sind homozygot dominante und heterozygote Individuen Merkmalsträger, nur homozygot rezessive Individuen nicht. Ist mindestens ein Elternteil homozygot dominant, erben alle Kinder von diesem homozygoten Elternteil das dominante Allel und sind damit unabhängig vom zweiten Allel Merkmalsträger. Sind beide Eltern heterozygot, haben ihre Kinder statistisch gesehen zu 50 % einen heterozygoten Genotyp und zu je 25 % einen homozygot dominanten bzw. rezessiven Genotyp. Nur die homozygot rezessiven Kinder sind merkmalsfrei.

Seite 172

1 Die durchschnittliche Körpergröße der Frauen in Mitteleuropa lag im 19. Jahrhundert bei 156 cm und liegt heute bei 165 cm. Stellen Sie eine Hypothese zur Erklärung des Phänomens auf.

Die Körpergröße wird wie die Hautfarbe polygen vererbt. Daher variiert die Körpergröße innerhalb einer Population in allen Abstufungen. Auch die Umwelt und das Verhalten haben Einfluss auf die Körpergröße. In den letzten 100 Jahren haben sich die Ernährung und die gesundheitliche Versorgung innerhalb der europäischen Bevölkerung deutlich verbessert. Als Ergebnis stieg die durchschnittliche Körpergröße innerhalb der genetisch determinierten Variationsbreite.

Material A – Phenylketonurie

1 Leiten Sie aus dem Stammbaum den vorliegenden Erbgang ab. Begründen Sie, welche Erbgänge auszuschließen sind.

Dass beide Geschlechter Merkmalsträger sind, ist ein Hinweis auf einen autosomalen Erbgang. Bei einem gonosomalen Erbgang sind meist männliche Individuen betroffen. Weibliche Merkmalsträger sind nicht ausgeschlossen, aber nur mit sehr geringer Wahrscheinlichkeit anzutreffen. Weiterhin haben im Stammbaum in zwei Fällen gesunde Eltern ein krankes Kind. Demnach wird PKU rezessiv vererbt. Bei einem dominanten Erbgang müsste mindestens ein Elternteil das Merkmal ebenfalls ausprägen.

2 Ordnen Sie die Kurvenverläufe des Diagramms den Personen 12, 13 und 14 zu und erklären Sie den Zusammenhang zwischen Tyrosingehalt und Allelkombination.

Kurve I entspricht den Werten, die für eine gesunde Person zu erwarten sind. Die gemessene Tyrosinkonzentration im Blutplasma ist nach wenigen Stunden relativ hoch. Phenylalanin ist in Tyrosin umgewandelt worden.

In Kurve II steigt die Tyrosinkonzentration im Blutplasma ebenfalls deutlich an, erreicht aber geringere Werte als in Kurve I. Die betroffene Person kann Phenylalanin nur eingeschränkt in Tyrosin umwandeln.

In Kurve III zeigt sich keine Veränderung der Tyrosinkonzentration nach der Gabe von Phenylalanin. Die betroffene Person kann Phenylalanin nicht in Tyrosin umwandeln.

Kurve III lässt sich eindeutig der Person 14 zuordnen. Da Phenylketonurie rezessiv vererbt wird, ist Person 14 bezüglich des Allels homozygot.

Der Kurvenverlauf I ist bei einer homozygot gesunden Person zu erwarten, Verlauf II bei einer heterozygot gesunden Person. Nur ein Allel codiert die für den Abbau von Phenylalanin notwendigen Enzyme. Da die Personen 12 und 13 phänotypisch gesund sind, ist eine eindeutige Zuordnung der Kurven nicht möglich. Beide Personen können homozygot oder heterozygot sein.

3 Erläutern Sie den zu erwartenden Kurvenverlauf bei den Personen 6 und 7.

Da der vorliegende Stammbaum ein Beispiel für eine rezessiv vererbtes Allel ist und Person 14 an Phenylketonurie erkrankt ist, müssen die Personen 6 und 7, die Eltern von Person 14, bezüglich des Allels für Phenylketonurie heterozygot sein. Daraus lässt sich schließen, dass der Kurvenverlauf bei beiden Personen dem der Kurve II entsprechen müsste.

Material B – Polygene Vererbung der Hautfarbe

1 Beschreiben Sie den Zusammenhang zwischen Genotyp und Phänotyp am Beispiel der Hautfarbe.

Mehrere Gene bestimmen gemeinsam die Hautfarbe eines Menschen. Je mehr der unvollständig dominanten Allele vorliegen, desto stärker ist die Pigmentierung.

2 Begründen Sie, weshalb man die Allele als unvollständig dominant bezeichnet.

Jedes einzelne dominante Allel verursacht nur eine geringe Pigmentierung. Bei einer vollständigen Dominanz würde ein einzelnes dieser Allele eine maximale Pigmentierung bewirken.

2.20 Pränataldiagnostik

Seite 174–175

1 Erläutern Sie die Bedeutung der Länge einer Gensonde für ihre Spezifität.

Eine Gensonde bindet an einen DNA-Abschnitt, zu dem sie komplementär ist. Sehr kurze Gensonden treffen mit hoher Wahrscheinlichkeit auf eine komplementäre Sequenz, sie binden also möglicherweise vielfach bei einer Vielzahl verschiedener DNA-Proben. Je länger die Sonde ist, desto geringer ist die Wahrscheinlichkeit für eine Bindung, desto spezifischer ist sie also. Da mit der Gensonde das Vorhandensein einer bestimmten Basensequenz nachgewiesen werden soll, ist eine hohe Spezifität wichtig.

2 Begründen Sie die Notwendigkeit des Waschens bei Southern-Blotting und FISH-Test.

Bei beiden Verfahren werden Sonden eingesetzt, deren Hybridisierung mit DNA-Abschnitten bestimmte DNA-Sequenzen anzeigt. Ob eine Hybridisierung stattgefunden hat, kann nur nachgewiesen werden, wenn ungebundene Sonden durch einen Waschvorgang entfernt werden. Ohne das Waschen würden alle Sondenmoleküle auf der horizontalen Oberfläche des Blottingfilters oder des Objektträgers liegen bleiben.

Seite 176

1 Stellen Sie die Verfahren der Pränataldiagnostik in einer Übersicht dar.

Nichtinvasive Methoden (ohne Entnahme fetaler Zellen; keine Auslösung einer Fehlgeburt möglich):

- Ultraschalluntersuchung (Sonografie): Erkenntnisse über Geschlecht, Entwicklungszustand, körperliche Besonderheiten
- Nichtinvasiver Pränataltest (NIPT): Untersuchung fetaler DNA im mütterlichen Blut; Erkenntnisse über Genommutationen
- Blutuntersuchung der Mutter: Erkenntnisse über Stoffwechselstörungen und Blutgruppeninkompatibilität

Invasive Methoden (mit Entnahme fetaler Zellen; Auslösung einer Fehlgeburt möglich): Erkenntnisse über genetisch bedingte Krankheiten, Geschlecht, Stoffwechselstörungen, Entwicklungsstörungen, zum Beispiel durch Gensonden

- Chorionzottenpunktion: Zellentnahme aus dem Chorion
- Fruchtwasserpunktion (Amniozentese): Zellentnahme aus dem Fruchtwasser
- Nabelschnurpunktion: Zellentnahme aus der Nabelschnur

Seite 177 (Material)

Material A – Nachweis von Genmutationen mit zwei Sonden

1 Werten Sie den Versuch aus.

Sonde 1 kann mit DNA hybridisieren, die Mutation 1 (eine Deletion) trägt, wobei sich die mutierte Sequenz nach dem Restriktionsverdau im längsten DNA-Fragment befindet. Sonde 2 kann mit DNA hybridisieren, die Mutation 2 (eine Insertion) trägt, wobei sich die mutierte Sequenz nach dem Restriktionsverdau im mittellangen DNA-Fragment befindet.

Bei Person P1 ist am Ende des Nachweises nur auf dem rechten Blottingfilter im unteren Bereich eine fluoreszierende Bande sichtbar. Das bedeutet, dass diese Person Träger der Insertion, nicht aber der Deletion ist. Bei Person 2 ist am Ende des Nachweises auf keinem Blottingfilter eine fluoreszierende Bande sichtbar, diese Person trägt also keine der beiden Mutationen. Bei Person P3 ist am Ende des Nachweises nur auf dem linken Blottingfilter eine fluoreszierende Bande mit kurzer Laufstrecke sichtbar. Das bedeutet, dass diese Person Träger der Deletion, nicht aber der Insertion ist.

2 Erläutern Sie, ob Person 2 erkrankt ist oder nicht.

Auf den mit UV-Licht bestrahlten Blottingfiltern ist bei Person 2 keine Fluoreszenz sichtbar. Die Deletion und die Insertion, die mit den verwendeten Sonden nachgewiesen werden können, liegen bei der Person also nicht vor. Da die Ursache der Krankheit jedoch auch andere Mutationen sein können, die hier nicht untersucht wurden, kann über eine Erkrankung von Person 2 keine Aussage gemacht werden.

3 Erstellen Sie eine Hypothese, weshalb die DNA vor der Gelelektrophorese geschnitten wurde.

Sehr lange DNA-Stücke bewegen sich extrem langsam durch das Gel und auch bei Vorhandensein mehrerer identischer Kopien bilden sie keine klaren Banden. Geschnittene DNA-Fragmente sammeln sich bei der Gelelektrophorese in recht klaren Banden. Sind von jedem Fragment mehrere identische Kopien vorhanden, können beim anschließenden Blotting viele Sonden auf kleiner Fläche binden und ein klares Ergebnis liefern.

Material B – Genchips

1 Stellen Sie das Verfahren in einem Verlaufsschema dar.

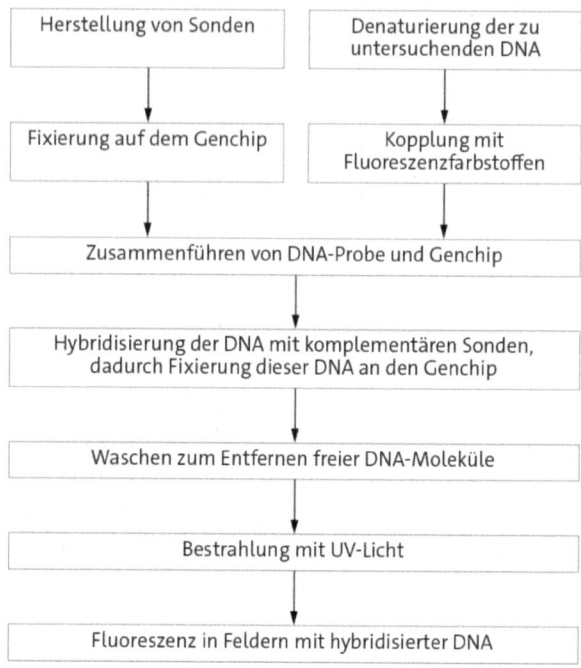

Illustration: Cornelsen/Andrea Thiele

2 Geben Sie an, welche Moleküle bei diesem Verfahren die Sonden sind.

Die einzelsträngigen, am Glasplättchen fixierten DNA-Fragmente sind die Sonden.

3 Begründen Sie die Notwendigkeit, die zu untersuchende DNA mit Farbstoffmolekülen zu markieren.

Beim Genchip ist die zu untersuchende DNA nicht am Glasplättchen fixiert. Sie wird nur daran gebunden, wenn sie mit einer komplementären Sonde hybridisiert. Ihre Bindung an das Glasplättchen kann nach einem Waschvorgang schließlich durch die Farbstoffmoleküle nachgewiesen werden. Ohne die Farbstoffmarkierung wäre die DNA nicht sichtbar und somit eine Hybridisierung nicht nachweisbar.

2.21 Reproduktionsmedizin

Seite 178–179

1 Beschreiben Sie die in der Reproduktionsmedizin eingesetzten Methoden.

Bei der künstlichen Insemination werden die Spermienzellen des Mannes mithilfe eines Katheters in die Gebärmutter oder den Eileiter gespült. Man unterscheidet, ob die Spermienzellen vom Partner der Frau stammen oder von einem fremden Spender. Im ersten Fall spricht man von einer homologen Insemination, im zweiten Fall von einer heterologen Insemination.

Bei der In-vitro-Fertilisation findet die Befruchtung im Reagenzglas statt. Die Frau spritzt sich über mehrere Tage ein follikelstimulierendes Hormon unter die Haut. Dann führt man eine Punktion durch die Bauch- oder die Scheidenwand durch und entnimmt mithilfe eines Katheters mehrere Follikel. Die Eizellen werden in eine Kulturlösung überführt und dort mit den Spermienzellen des Mannes vermischt. Anschließend inkubiert man die Zygoten zwei oder fünf Tage im Brutschrank. Zuletzt erfolgt der Embryotransfer. Maximal drei der sich jetzt im Achtzellstadium befindenden Embryonen werden der Frau mit einem Katheter in die Gebärmutter transferiert.

Für die intracytoplasmatische Spermieninjektion, kurz ICSI, werden der Frau wie bei der In-vitro-Fertilisation Follikel entnommen. Die Befruchtung erfolgt jedoch mithilfe eines Mikromanipulators. Bei diesem Verfahren wird die Eizelle mit einer dünnen Glaspipette fixiert und die Spermienzelle durch eine feine Kanüle direkt in die Eizelle injiziert. Wenn die Spermienzellen vor der Injektion auf ihr Erscheinungsbild und ihre Beweglichkeit untersucht werden, bezeichnet man die Methode als intracytoplasmatische morphologisch selektierte Spermieninjektion, kurz IMSI.

Zur Gewinnung von Spermienzellen werden zwei chirurgische Verfahren durchgeführt. Bei der testikulären Spermienextraktion, kurz TESE, entnimmt man aus dem Hoden Spermienzellen. Bei der minimalinvasiven Spermienzellgewinnung, kurz MESA, werden die Spermienzellen aus dem Nebenhoden entnommen. Anschließend findet eine ICSI statt.

2 Formulieren Sie eine Hypothese, weshalb die durch TESE und MESA gewonnenen Spermienzellen zunächst eingefroren werden.

Sowohl TESE als auch MESA sind chirurgische Eingriffe. Bei beiden Verfahren kann nicht mit Sicherheit davon ausgegangen werden, dass sie erfolgreich verlaufen und dem Mann funktionsfähige, für die Befruchtung geeignete Spermienzellen entnommen wurden. Gegebenenfalls erspart man der Frau die Durchführung einer Hormonbehandlung, die für den Organismus sehr belastend ist, aber für die IMSI notwendig. Außerdem muss die Hormonbehandlung zeitlich exakt gesteuert werden, damit die IMSI direkt nach Untersuchung der Spermienzellen des Mannes erfolgen kann.

Seite 180

1 Erläutern Sie, weshalb eine PID nur im Zusammenhang mit der In-vitro-Fertilisation durchgeführt werden kann.

Für die Präimplantationsdiagnostik ist es notwendig, einzelne Zellen von Embryonen zu untersuchen, die im Achtzellstadium sind. Dazu werden mehrere Embryonen benötigt, die daraufhin untersucht werden, ob sie die gesuchte

Mutation aufweisen oder nicht. Es werden nur Embryonen eingesetzt, die die Mutation nachweislich nicht tragen.

2 Beurteilen Sie die Wahrscheinlichkeit für eine Person mit intaktem oder mutiertem *BRCA1*, an Brustkrebs zu erkranken.

Die Erkrankungswahrscheinlichkeit ist bei Personen mit mutiertem *BRCA1*-Gen etwa vier- bis fünfmal höher als bei anderen Personen. Allerdings sind nur etwa 5 bis 10 % aller Brustkrebserkrankungen überhaupt erblich bedingt, und davon werden manche auch durch andere mutierte Gene ausgelöst. Die Wahrscheinlichkeit, an Brustkrebs zu erkranken, lässt sich mithilfe der vorliegenden Informationen also nicht abschließend beurteilen.

Zusatzinformation: Außerdem unterscheidet sich die Erkrankungswahrscheinlichkeit bei Männern und Frauen.

Seite 181 (Blickpunkt: PID in der Wertediskussion)

1 Stellen Sie die gesetzlichen Bestimmungen zur PID in den verschiedenen Ländern tabellarisch dar.

Land	PID erlaubt?	besondere Bestimmungen
Deutschland	nein	Ausnahmen in besonderen medizinischen Fällen nach Erlaubnis einer Ethikkommission
Italien	nein	
Österreich, Schweiz, Niederlande, Schweden, Frankreich	ja	Erlaubnis unter bestimmten Voraussetzungen; in Schweden und Frankreich nach Einzelfallbewilligung auch HLA-Typisierung erlaubt
England	ja	auch HLA-Typisierung und Untersuchung der Chromosomenanzahl erlaubt
Russland und viele Staaten der USA	ja	auch HLA-Typisierung, Untersuchung der Chromosomenanzahl und Geschlechtsbestimmung erlaubt

Seite 182–183 (Blickpunkt: Genetische Beratung)

1 Beurteilen Sie, ob der dargestellte Stammbaum geeignet ist, um die Wahrscheinlichkeit anzugeben, mit der die Kinder des ratsuchenden Paares Mukoviszidose haben.

Mukoviszidose wird autosomal-rezessiv vererbt. Da der ratsuchende Mann einen erkrankten Bruder und gesunde Eltern hat, müssen die Eltern in Bezug auf das *CFTR*-Gen heterozygot sein. Der ratsuchende Mann selbst ist gesund und kann daher einen heterozygoten oder einen homozygot dominanten Genotyp haben.

In der Familie seiner Partnerin wurden nur gesunde Personen ermittelt. Daher kann für keines ihrer Familienmitglieder und auch nicht für sie selbst angegeben werden, ob sie einen heterozygoten oder einen homozygot dominanten Genotyp hat.

Da die Genotypen des ratsuchenden Paares nicht eindeutig ermittelt werden können, ist der Stammbaum nicht geeignet, um die Wahrscheinlichkeit anzugeben, mit der die Kinder des Paares Mukoviszidose haben.

Seite 184–185 (Material)

Material A – Bewertung eines Fallbeispiels für PND und PID

1 Benennen Sie den Konflikt des Paares Kim und Esra.

Durch Esras Alter besteht für das Paar eine erhöhte Wahrscheinlichkeit, ein Kind mit Trisomie 21 zu bekommen. Mithilfe von PND ist es möglich, eine Trisomie vor der Geburt festzustellen. Sollte eine Trisomie festgestellt werden, muss das Paar allerdings über einen Schwangerschaftsabbruch entscheiden. Eine PID im Ausland ermöglicht, einen Embryo ohne Trisomie 21 für eine In-vitro-Fertilisation auszuwählen. Dabei erzeugt man jedoch überzählige Embryonen, die getötet werden. Die Sicherheit eines gesunden Kindes, die sich das Paar wünscht, ist also nur durch das Inkaufnehmen der Tötung kranker bzw. gesundheitlich eingeschränkter oder auch gesunder Embryonen möglich.

2 Nennen Sie die möglichen Handlungsoptionen des Paares in Deutschland mithilfe der Abbildung links und jene in den Niederlanden.

– Das Paar kann auf natürlichem Weg ein Kind zeugen und keine PND in Anspruch nehmen.
– Das Paar kann auf natürlichem Weg ein Kind zeugen und eine PND durchführen lassen. Beim Befund einer Trisomie 21 können die beiden das Kind trotzdem bekommen oder einen Schwangerschaftsabbruch vornehmen lassen.
– Das Paar kann ein Kind adoptieren.
– Das Paar kann auf ein Kind verzichten.
– In den Niederlanden kann das Paar zusätzlich eine PID durchführen lassen.

3 Bewerten Sie die Handlungsoptionen mit Pro- und Kontra-Argumenten. Nutzen Sie dafür die Argumente aus dem Familien- und Freundeskreis von Kim und Esra. Sie können auch weitere Argumente ergänzen.

Individuelle Lösungen.
Siehe Beispiele in der Tabelle zu Aufgabe 4.

4 Ordnen Sie den Argumenten die zugrunde liegenden Werte zu.

Individuelle Lösungen.
Beispiele:

naturwissenschaftliche Aussage	ethische Aussage	Schlussfolgerung	Wert
Bei der PID werden Embryonen zum frühestmöglichen Zeitpunkt verworfen verglichen mit einem Schwangerschaftsabbruch nach einer Trisomie-Diagnose bei der PND.	Wenn ein Embryo getötet werden muss, dann sollte das so früh wie möglich geschehen.	Eine PID ist den anderen Optionen vorzuziehen.	Verantwortung, Vermeidung von Leid
Ein Mensch mit Trisomie 21 kann möglicherweise nie ein selbstständiges Leben führen.	Jeder Mensch sollte ein gewisses Maß an Unabhängigkeit haben.	Die Geburt eines Kindes mit Trisomie 21 muss vermieden werden.	Unabhängigkeit
Auch wenn ein Embryo außerhalb des Körpers erzeugt wird, ist er ein Mensch und verdient Schutz.	Durch künstliche Befruchtung gezeugte Embryonen sollten nicht getötet werden.	Eine PID ist abzulehnen.	Recht auf Leben
Ein behindertes Kind zu haben kann für eine Familie finanziell und emotional belastend sein.	Eine Familie sollte emotional und finanziell unbeschwert sein.	Die Geburt eines Kindes mit Trisomie 21 muss vermieden werden.	Glück, Sicherheit
Auch mit Trisomie 21 ist das Leben lebenswert.	Ein Leben sollte nicht als wertlos betrachtet werden.	Die Geburt eines Kindes mit Trisomie 21 darf nicht vermieden werden.	Menschenwürde
Embryonen mit Trisomie 21 auszusortieren, führt dazu, dass Menschen mit Behinderungen es noch schwerer haben, akzeptiert zu werden.	Alle Menschen sollten gleichermaßen von der Gesellschaft angenommen werden.	Die Geburt eines Kindes mit Trisomie 21 darf nicht vermieden werden.	Akzeptanz, Toleranz
Vor allem nichtinvasive PND-Methoden liefern in vielen Fällen keine eindeutigen Ergebnisse.	Entscheidungen aufgrund einer unklaren Faktenlage sollten vermieden werden.	Auf PND-Methoden muss verzichtet werden.	Prognosunsicherheit
Invasive Methoden der PND können eine Fehlgeburt auslösen.	Feten sollten nicht getötet werden.	Es dürfen keine invasiven Methoden der PND vorgenommen werden.	Recht auf Leben

5 Fällen Sie Ihr persönliches Werturteil zu diesem Konflikt und erläutern Sie die Konsequenzen. Nehmen Sie dazu Seite 160 und 161 zu Hilfe.

Individuelle Lösungen.

Ein mögliches Werturteil zur Durchführung der PID könnte mit der Gesundheit und damit der höheren Lebensqualität des Kindes begründet werden. Daraus ergibt sich die Konsequenz, dass dem Schutz der ungeborenen Embryonen und der Verantwortung für diese ein weniger hoher Wert zugeordnet wird. Ein für die Eltern belastender Schwangerschaftsabbruch kann verhindert werden.

Eine Ablehnung von PID und PND lässt sich mit der Menschenwürde und der Schutzbedürftigkeit der ungeborenen Embryonen begründen. Die mögliche eingeschränkte Gesundheit des Kindes wird diesen Werten untergeordnet. Glück und Verantwortung für ein eventuell krankes Kind werden höher eingeschätzt. Auch das Leben eines behinderten oder gesundheitlich eingeschränkten Kindes ist lebenswert.

2.22 Abwehr von Krankheitserregern

Seite 186–187

1 Nennen und erläutern Sie die Schutzbarrieren des Körpers.

Zu den natürlichen Schutzbarrieren des Körpers gehören die Haut an der Körperoberfläche sowie die Schleimhäute des Verdauungs- und des Atmungstrakts.

Hornhaut und Schleimhäute bilden eine mechanische Barriere für Krankheitserreger. Der Talg- und Schweißfilm auf der Haut ist sauer und erschwert das Überleben von Erregern durch Denaturierung ihrer Oberflächenproteine. Zusätzlich werden krank machende Bakterien auch durch die Sekrete derjenigen Bakterien abgetötet, die natürlicherweise in der Hautflora vorkommen.

Viele eingeatmete Erreger werden schon von den Härchen im Nasenraum festgehalten und gelangen nicht in die tieferen Atemwege. Dort hält der Schleim der Schleimhäute eingedrungene Erreger fest. Mithilfe von Flimmerhärchen werden sie aus dem Atemweg zum Rachen transportiert und anschließend verschluckt. Der stark saure und proteasehaltige Magensaft macht dann die Krankheitserreger durch Denaturierung ihrer Oberflächenproteine und durch enzymatischen Abbau unschädlich.

Auch andere Körpersekrete wie Speichel und Tränenflüssigkeit enthalten Enzyme wie das Lysozym, das die Zellwände von Bakterien zerstören und die Bakterien dadurch abtöten kann.

2 Erläutern Sie, weshalb bei einer Blutuntersuchung die Leukocytenanzahl bestimmt wird.

Die verschiedenen Blutzelltypen werden im Knochenmark nach Bedarf produziert. Im Fall einer Infektion werden besonders viele Leukocyten für die Abwehr der Krankheitserreger benötigt. Bei einer Blutuntersuchung gibt die Anzahl der Leukocyten einen Hinweis auf eine Infektion des Patienten, auch wenn keine äußeren Krankheitsanzeichen auftreten.

Seite 188

1 Stellen Sie die Vorgänge der spezifischen Abwehr in einem Verlaufsschema dar.

Siehe Verlaufsschema auf der folgenden Seite.

Seite 189 (Material)

Material A – Tätowierungen und unspezifische Immunabwehr

1 Beschreiben Sie den Ablauf einer Entzündungsreaktion und wie Fremdstoffe normalerweise im Rahmen dieser Reaktion beseitigt werden.

Die verletzten Zellen setzen Signalstoffe wie Histamin frei, die die umliegenden Blutgefäße weiten und die Durchlässigkeit der Gefäßwände erhöhen. Dies verursacht Schwellung und Rötung. Durch die Blutgefäße werden neutrophile Granulocyten und Monocyten zur Verletzungsstelle transportiert. Sie verlassen die Gefäße und wandern in das verletzte Gewebe ein. Die Monocyten differenzieren sich zu Makrophagen. Diese phagocytieren zusammen mit den neutrophilen Granulocyten die Fremdstoffe. Die Wunde verheilt und die Blutgefäße kehren in ihren Ausgangszustand zurück.

2 Erklären Sie, weshalb steriles Arbeiten beim Tätowieren mindestens genauso wichtig ist wie beim Verabreichen einer Injektionsspritze.

Wie beim Verabreichen einer Injektionsspritze wird durch die Tätowiernadel die natürliche Schutzbarriere der Haut durchbrochen. Eventuell auf der Nadel vorhandene Erreger könnten so direkt in den Körper gelangen. Der Stechvorgang wird beim Tätowieren tausendfach wiederholt und hinterlässt so eine großflächige Wunde, was die Gefahr einer Infektion bei unsterilem Arbeiten weiter erhöht.

3 Beschreiben Sie den immunbiologischen Vorteil von Rötung, Erwärmung, Schwellung und Schmerzen an der tätowierten Körperstelle.

Rötung und Schwellung an der tätowierten Körperstelle sind Folgen der verstärkten Blutzufuhr beziehungsweise des Austritts von Blutplasma aufgrund der erhöhten Durchlässigkeit der Blutgefäße. Durch die verstärkte Blutzufuhr gelangen mehr Immunzellen an die verletzte Stelle. Die erhöhte Durchlässigkeit der Gefäßwände erlaubt es ihnen, in das verletzte Gewebe einzuwandern. Die Erwärmung beschleunigt die Stoffwechselprozesse der Zellen und damit die Phagocytose. Schmerzen sorgen für eine Schonung der betroffenen Körperstelle und tragen dazu bei zu verhindern, dass diese weiter geschädigt wird.

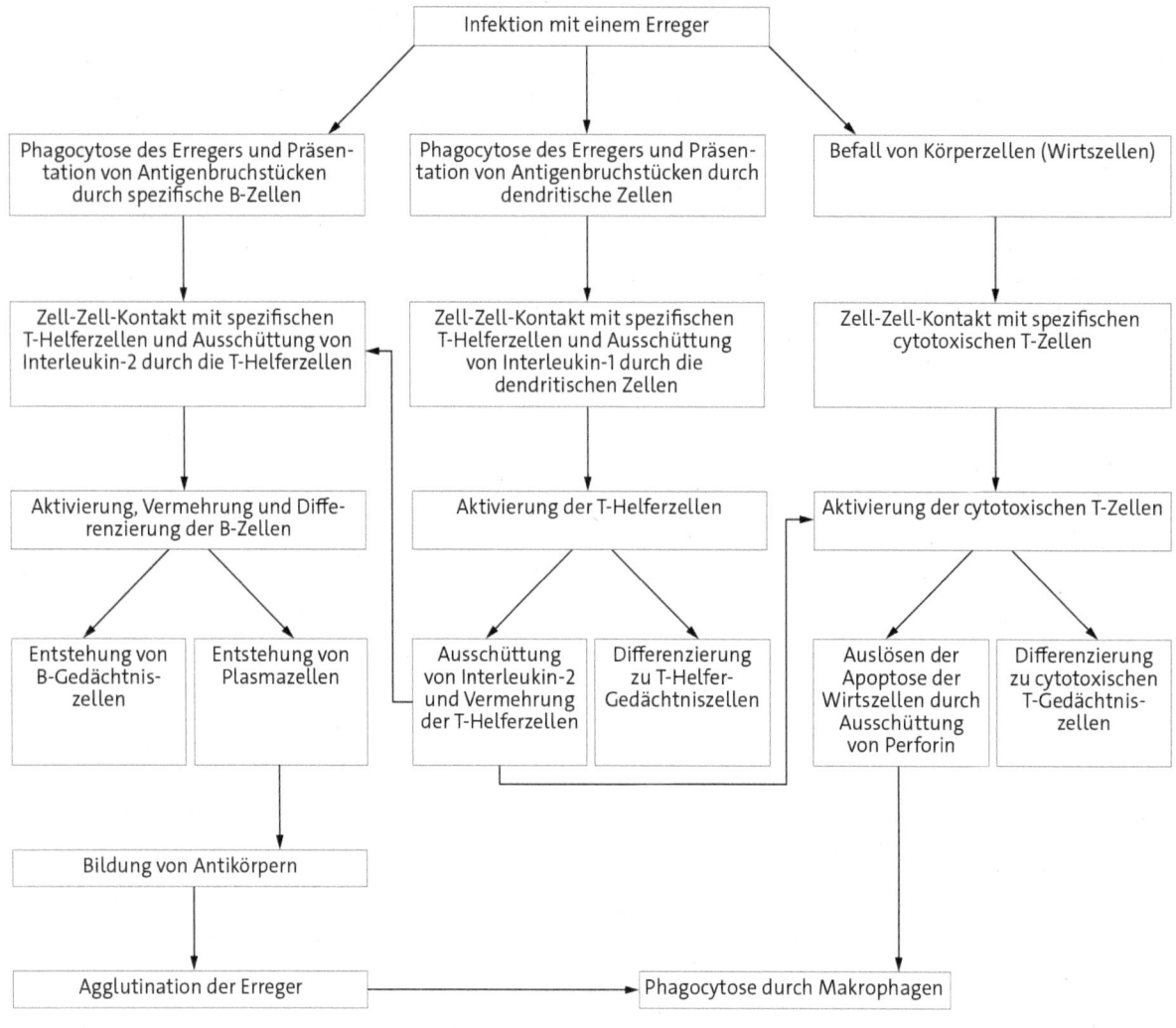

Illustration: Cornelsen/Andrea Thiele

Seite 189 (Material)

Material A – Tätowierungen und unspezifische Immunabwehr

4 Beschreiben Sie, welche Vorgänge im Immunsystem nach einer Laserbehandlung ablaufen.
Durch die Laserbehandlung werden die Farbpigmente zerkleinert. So können sie anschließend von Makrophagen und neutrophilen Granulocyten abgebaut werden. Auch durch die Behandlung zerstörte Körperzellen werden auf diese Weise beseitigt.

5 Erklären Sie, weshalb zwischen zwei Behandlungssitzungen mehrere Wochen Pause liegen müssen.
Um große Mengen an Abfallstoffen über das Lymphsystem zu entsorgen und neue Phagocyten zu bilden, braucht das Immunsystem einige Zeit. Deshalb sind mehrere Sitzungen im Abstand von einigen Wochen nötig.

Material B – Lymphsystem und spezifische Immunabwehr

1 Beschreiben Sie den Weg der Lymphe durch den Körper, beginnend beim Austritt aus einer Blutkapillare.

Die Lymphe tritt aus einer Blutkapillare aus und geht in das umliegende Gewebe über. Von dort aus sammelt sie sich in blind beginnenden Lymphkapillaren, die sich zu größeren Gefäßen zusammenschließen. Durch diese wird die Lymphe durch Lymphknoten und größere lymphatische Organe transportiert. Der Milchbrustgang leitet sie schließlich über die Schlüsselbeinvene zurück in das Blutgefäßsystem.

2 Geben Sie an, an welchen Stellen im Körper die verschiedenen Vorgänge der spezifischen Immunabwehr stattfinden.

Gewebe: Phagocytose von Erregern durch dendritische Zellen, Phagocytose von Antigen-Antikörper-Komplexen und abgestorbenen Wirtszellen durch Makrophagen
Lymphknoten: Vorgänge der humoralen und zellulären Immunantwort

3 In einem Lymphknoten ist die innere Oberfläche an den Stellen, an denen die Lymphocyten von der durchströmenden Lymphe umspült werden, stark vergrößert. Erklären Sie den Vorteil dieser Oberflächenvergrößerung.

Je größer die innere Oberfläche der Lymphknoten ist, desto mehr Lymphocyten können dort mit den Antigenen aus der Lymphe in Kontakt treten. Dadurch steigt die Wahrscheinlichkeit, dass die passenden spezifischen Lymphocyten in großer Zahl aktiviert werden und die Vorgänge der spezifischen Immunabwehr effektiv ablaufen.

2.23 Spezifität der Immunabwehr

Seite 190–191

1 Vergleichen Sie die Zell-Zell-Kontakte der Wirtszellen, B- und T-Zellen miteinander (in Bezug auf beteiligte Zellen, beteiligte Moleküle und Rezeptoren, Wirkung des Kontakts).

beteiligte Zellen	B-Zelle und T-Helferzelle	cytotoxische T-Zelle und Wirtszelle
beteiligte Moleküle und Rezeptoren	MHC-II und Antigenfragment (B-Zelle), CD4-Rezeptor und T-Zell-Rezeptor (T-Helferzelle)	MHC-I und Antigenfragment (Wirtszelle), CD8-Rezeptor und T-Zell-Rezeptor (cytotoxische T-Zelle)
Wirkung des Kontakts	Aktivierung der B-Zelle	Apoptose der Wirtszelle

1 Erklären Sie das Zustandekommen der Antikörpervielfalt durch somatische Rekombination.

Für die Codierung der Antigenbindungsstellen auf der DNA sind spezifische Gensegmente auf Chromosom 14 verantwortlich, die mit V, D und J bezeichnet werden. Es gibt 65 V-Segmente, 25 D-Segmente und 6 J-Segmente. Alle Gensegmente sind durch Introns voneinander getrennt. Während der Reifung der mRNA werden für die variable Region nur ein V-, ein D- und ein J- Segment miteinander verknüpft. Somit findet bei der Bildung der mRNA in einer somatischen Zelle eine Rekombination verschiedener Segmente statt.

2 Berechnen Sie die Kombinationsmöglichkeiten bei der Synthese der variablen Region einer schweren Kette.

Die variable Region der schweren Peptidketten der Antikörper wird von jeweils einer der 65 V-, 25 D- und 6 J-Segmente auf der DNA codiert. Damit ergeben sich $65 \cdot 25 \cdot 6 = 9750$ Kombinationsmöglichkeiten für die schweren Peptidketten.

Zusatzinformation: Da die variablen Regionen der leichten Ketten ebenfalls auf somatische Rekombination zurückzuführen sind, wird angenommen, dass mehr als zehn Millionen verschiedene Antikörper gebildet werden können.

Seite 193 (Material)

Material A – Präsentation von Antigenfragmenten

1 Beschreiben Sie die Vorgänge, die zur Präsentation von Antigenfragmenten an MHC-I- oder MHC-II-Proteinen führen.

Gelangt ein Antigen ins Cytoplasma, wird es vom Proteasom in Fragmente zerlegt. Diese werden durch den TAP-Transporter in das Endoplasmatische Reticulum aufgenommen und dort an ein MHC-I-Molekül gebunden. Über ein Vesikel wird der MHC-I-Antigenfragment-Komplex zunächst in den Golgi-Apparat und dann zur Zellmembran transportiert. Dort wird der Komplex durch Verschmelzung des Vesikels mit der Zellmembran in diese eingebaut, sodass das MHC-I-Protein das Antigenfragment nach außen präsentiert.

Ein durch Phagocytose aufgenommenes Antigen wird nach Verschmelzung eines Lysosoms mit dem Endocytose-Vesikel enzymatisch in Fragmente zerlegt. Parallel dazu wird ein MHC-II-Molekül vom Endoplasmatischen Reticulum über ein Vesikel zunächst in den Golgi-Apparat transportiert. Ein Golgi-Vesikel mit dem MHC-II-Protein darin wird abgeschnürt und verschmilzt mit dem Vesikel mit den Antigenfragmenten. Ein Antigenfragment wird an das MHC-II-Molekül gebunden und der Komplex durch Verschmelzung des Vesikels mit der Zellmembran in diese eingebaut, sodass das MHC-II-Protein das Antigenfragment nach außen präsentiert.

2 Begründen Sie, weshalb ein Antigenfragment nicht versehentlich an MHC-I gebunden präsentiert werden kann, wenn das Antigen über Phagocytose aufgenommen wurde.

Die Fragmente von durch Phagocytose aufgenommenen Antigenen kommen erst in Golgi-Vesikeln mit MHC-Molekülen in Kontakt. Da die MHC-I-Proteine schon im Endoplasmatischen Reticulum mit Antigenfragmenten beladen werden, sind sie zu diesem Zeitpunkt schon mit Antigenfragmenten aus dem Cytoplasma besetzt.

3 Erläutern Sie die Schwierigkeiten der Immunabwehr, wenn dendritische Zellen als Wirtszellen dienen.

Dendritische Zellen spielen eine wichtige Rolle für die Aktivierung der spezifischen Immunabwehr. Werden sie zu Wirtszellen für Viren, ist ihre Zahl reduziert. Die Wahrscheinlichkeit, dass eine dendritische Zelle eine T-Helferzelle aktiviert, sinkt; somit können die humorale und die zelluläre Immunantwort nur eingeschränkt ablaufen. Das Immunsystem ist geschwächt und Erreger können sich besser vermehren, da sie weniger stark bekämpft werden.

Material B – Immunologisches Gedächtnis

1 Beschreiben Sie die dargestellten Messergebnisse.

Im linken Diagramm ist die relative Menge der Antikörper innerhalb eines Zeitraums von sieben Tagen nach Infektion mit einem Antigen bei einer primären Immunantwort dargestellt. Beim ersten Kontakt mit dem Antigen liegt die Anzahl der Antikörper bei null und erreicht innerhalb von fünf Tagen ein Maximum von etwa 0,6 relativen Einheiten. Danach sinkt die Zahl bis zum siebten Tag auf einen Wert von etwa 0,2 relativen Einheiten.

Im rechten Diagramm sind zwei Kurven dargestellt. Der Kurvenverlauf der roten Linie zeigt die relative Menge der Antikörper beim Erstkontakt mit einem neuen Antigen. Der Kurvenverlauf entspricht exakt dem des linken Diagramms. Die blaue Linie zeigt die relative Menge der Antikörper bei einer sekundären Immunantwort, wenn der Organismus zum zweiten Mal mit dem ersten Antigen in Kontakt kommt. Zum Zeitpunkt des Zweitkontakts liegt die relative Menge der Antikörper bei ungefähr 0,2. Sie steigt innerhalb von weniger als drei Tagen auf ein Maximum von etwa 2,2 und fällt dann bis zum siebten Tag auf ungefähr 0,7 relative Einheiten ab.

2 Deuten Sie den unterschiedlichen Verlauf der Kurven in beiden Abbildungen.

Beim Erstkontakt mit einem neuen Antigen ist die Menge produzierter Antikörper wesentlich niedriger als bei einem Zweitkontakt. Hierfür sind die B-Gedächtniszellen und die T-Gedächtniszellen verantwortlich. Sie können sofort reagieren und die Produktion von Antikörpern veran-

lassen. Die schnellere Reaktion und die höhere Antikörperkonzentration sind ein Hinweis darauf, dass der Organismus bei einem wiederholten Kontakt mit dem Antigen immun dagegen ist. Die Kurven verdeutlichen auch, dass die Immunität gegen ein spezifisches Antigen keinen Einfluss auf die Immunreaktion auf ein anderes Antigen hat.

Seite 194–195 (Blickpunkt: Immunisierung)

1 Vergleichen Sie die aktive und die passive Immunisierung.

Immunisierung	aktiv (Schutzimpfung)	passiv (Heilimpfung)
Zeitpunkt der Immunisierung	vor einer Infektion	nach einer Infektion
Impfstoff	Antigene (z. B. abgeschwächte Erreger oder Erregerbruchstücke) oder mRNA	Antikörper
Wirkung	Bildung von Gedächtniszellen zum Schutz vor einer Erkrankung	Unterstützung der Immunreaktion bei der Bekämpfung der Erkrankung
Impfschutz	verzögerte Wirkung, dafür lang andauernde Immunität	schnelle Wirkung, dafür nur kurz andauernd

2 Erläutern Sie den unterschiedlichen Verlauf der Antikörpermenge nach den beiden Immunisierungsformen.

Bei der passiven Immunisierung nimmt die Antikörpermenge schlagartig zu, da der Impfstoff aus Antikörpern besteht, die dem Patienten auf einmal injiziert werden. Da die Antikörper an Erreger gebunden und abgebaut werden, nimmt ihre Menge anschließend sukzessive ab – innerhalb von sieben Wochen auf rund 15 % der Ursprungsmenge. Die Zunahme der Antikörpermenge nach der aktiven Immunisierung geht langsamer vonstatten. Erst nach etwa fünf Wochen ist die maximale Menge Antikörper erreicht. Das liegt daran, dass die spezifische Immunantwort einige Zeit benötigt, bis nach den Aktivierungsprozessen der T-Helferzellen und B-Zellen ein Plasmazellklon existiert, der große Antikörpermengen herstellen kann. An Erreger gebundene Antikörper werden abgebaut, doch es werden in den folgenden Wochen vom Immunsystem immer wieder neue Antikörper produziert, sodass ihre Menge auch nach sieben Woche noch kaum zurückgegangen ist.

3 Formulieren Sie eine Hypothese, weshalb die Injektionen bei einer Simultanimpfung an möglichst weit voneinander entfernten Körperstellen gegeben werden.

Würden beide Injektionen an derselben Stelle verabreicht werden, könnten sich die Antikörper aus dem Impfstoff der passiven Immunisierung direkt an die Antigene aus dem Impfstoff der aktiven Immunisierung binden. So würden weniger Antikörper für die Bindung an den Erreger oder dessen Toxine zur Verfügung stehen. Außerdem würden weniger Antigene die spezifische Immunreaktion stimulieren, die notwendig für die Bildung von Gedächtniszellen ist. Die Impfstoffe könnten sich also gegenseitig in ihrer Wirkung abschwächen.

2.24 Überreaktion des Immunsystems

Seite 196–197

1 Erklären Sie die immer schnellere Transplantat-Abstoßung bei den Versuchen von Schöne mithilfe der akuten Abstoßungsreaktion.
Die akute Abstoßungsreaktion geht auf Vorgänge der humoralen und zellulären Immunreaktion zurück. Dabei werden auch Gedächtniszellen gebildet. Die cytotoxischen T-Gedächtniszellen reagieren bei jedem erneuten Kontakt mit demselben Antigen schneller und wandeln sich zu aktiven cytotoxischen T-Zellen um. Diese zerstören dann mit immer weniger Verzögerung die Zellen des Transplantats.

2 Beschreiben Sie, wie die in der Tabelle von Abbildung 3 genannten Wirkmechanismen der Immunsuppressiva eine Abstoßung verhindern.
Setzen antigenpräsentierende Zellen weniger Signalstoffe frei, werden weniger T-Helferzellen aktiviert.
Eine Hemmung der Rezeptorbindung der T-Zellen an MHC-Proteine und eine Hemmung der Interleukin-2-Produktion haben neben einer verringerten Aktivierung der T-Helferzellen und der B-Zellen auch eine eingeschränkte Auslösung der Apoptose bei Wirtszellen zur Folge.
Sind die Interleukin-2-Rezeptoren der T-Zellen blockiert, sind die Zellen in ihrer Funktion und Vermehrung eingeschränkt. Die Vermehrung der T-Zellen kann auch direkt durch Wirkstoffe, die deren Zellteilung hemmen, reduziert werden.
All diese Wirkmechanismen schwächen die Vorgänge der spezifischen Immunabwehr ab oder hemmen sie komplett, sodass auch die Abstoßung von Transplantaten, insbesondere die akute und chronische Abstoßungsreaktion, verhindert werden.

Seite 198

1 Beschreiben Sie den Verlauf einer allergischen Reaktion vom Soforttyp.
T-Helferzellen vom Typ 2 werden von dendritischen Zellen aktiviert und regen durch Ausschüttung von Cytokinen B-Zellen an. Diese sezernieren IgE-Antikörper, die spezifisch für das Allergen sind. Die Antikörper binden mit ihrer Fußregion an Mastzellen. Bei erneutem Allergenkontakt überbrückt ein Allergen zwei IgE-Antikörper auf einer Mastzelle und bewirkt, dass diese durch Exocytose Histamin ausschüttet. Dadurch wird eine Entzündungsreaktion ausgelöst, die bis zum anaphylaktischen Schock führen kann.

Seite 199 (Material)

Material A – Organspende

1 Beschreiben Sie die juristischen Voraussetzungen zur Organentnahme und die Vorschläge zur Gesetzesänderung bei Organtransplantationen.
Nach der bis zum Jahr 2023 gültigen Regelung ist eine Organspende nur möglich, wenn vom Organspender eine schriftliche Willenserklärung vorliegt. Dies können der Organspendeausweis oder eine Patientenverfügung sein. Außerdem müssen mehrere unabhängige Fachärzte den Hirntod des Spenders festgestellt haben. Eine postmortale Organspende ist auch möglich, wenn die Angehörigen des Verstorbenen zustimmen. Dies wird als erweiterte Zustimmungsregelung bezeichnet.
Ein Vorschlag zur Gesetzesänderung bei Organtransplantationen sieht eine Widerspruchslösung vor. Das bedeutet, dass man automatisch zum Organspender werden kann, wenn man zu Lebzeiten nicht ausdrücklich einer Organspende widersprochen hat.
Ein anderer Vorschlag zur Gesetzesänderung sieht vor, dass ein bundesweites Online-Register erstellt wird. Jeder Bundesbürger, der einen Pass oder einen Personalausweis abholt, erklärt in der zuständigen Behörde, ob er als möglicher Organspender zur Verfügung steht.

2 Recherchieren Sie weitere Argumente, die für und gegen die jeweiligen Optionen sprechen.
Die Befürworter der Widerspruchslösung bezeichnen dieses Verfahren als sehr unbürokratisch, da man ohne große Mühe seine Meinung ändern könne. Außerdem werde niemand gezwungen, Organe zu spenden. Kritiker dieses Verfahrens weisen darauf hin, dass Menschen, die sich nicht mit der Frage der Organspende beschäftigen, automatisch zu Spendern werden, auch wenn sie es nicht wollen. Somit würde die Widerspruchslösung Ängste wecken und das Vertrauen in die Organspende senken.
Die Befürworter des Online-Registers sind der Auffassung, dass nur ihr Verfahren zu einer freiwilligen, nicht vom Staat erzwungenen Entscheidung führe. Allerdings würde ein Online-Register einen höheren Bürokratieaufwand erfordern.

3 Fällen Sie Ihr persönliches Werturteil und erläutern Sie die Konsequenzen.
Individuelle Lösungen.
Das persönliche Werturteil kann sowohl der bis 2023 gültigen Regelung als auch der genannten Gesetzesvorlage folgen. Dies sollte auf Grundlage des den Schülerinnen und Schülern bekannten Wertepools erfolgen. Bei der Erläuterung der Konsequenzen sollten moralische Maßstäbe genannt werden sowie Argumente, die das Werturteil unterstützen.

4 Diskutieren Sie innerhalb Ihrer Gruppe die verschiedenen Werturteile und finden Sie einen Kompromiss.

Individuelle Lösungen.

Hier sollen die Lernenden in ihrer Gruppe die Argumente ihrer persönlichen Werturteile im Rahmen der bisherigen Gesetzgebung und der Gesetzesvorschläge gegeneinander abwägen. Streitpunkte und Interessenkonflikte werden benannt und diskutiert. Die intendierte Kompromissfindung entspricht einem demokratischen Werturteil.

Material B – Reifung von T-Zellen und Autoimmunkrankheiten

1 Beschreiben Sie die Vorgänge bei der positiven Selektion.

Verschiedene T-Zellen binden an eine antigenpräsentierende Zelle. Dabei bindet ihr CD4-Rezeptor an das MHC-II-Protein und ihr T-Zell-Rezeptor an das präsentierte Eigenantigen. Kann eine vollständige Bindung von CD4-Rezeptor und MHC-II-Protein stattfinden, bleibt die T-Zelle bestehen und kann sich weiter vermehren. Bei fehlender oder unvollständiger Bindung wird die T-Zelle eliminiert.

2 Begründen Sie, welche T-Zellen bei der positiven Selektion aussortiert werden.

Es werden diejenigen T-Zellen aussortiert, deren CD4-Rezeptor nicht oder nur unvollständig an das körpereigene MHC-II-Protein binden kann. Sie könnten im Fall einer Immunreaktion durch die fehlende Bindung nicht aktiviert werden und nicht zur Bekämpfung eines Erregers beitragen. Deshalb werden sie eliminiert.

3 Beschreiben Sie die Vorgänge bei der negativen Selektion.

Verschiedene zuvor positiv selektierte T-Zellen unterschiedlicher Spezifität binden an verschiedene antigenpräsentierende Zellen. Kann eine vollständige Bindung von T-Zell-Rezeptor und Eigenantigen stattfinden, wird die T-Zelle eliminiert. So bleiben am Ende nur T-Zellen übrig, die keine Eigenantigene erkennen.

4 Erklären Sie, welche der eliminierten T-Zellen autoreaktiv sind.

Die bei der positiven Selektion eliminierten T-Zellen sind nicht autoreaktiv, denn sie lösen bei Anwesenheit von Eigenantigenen keine Immunreaktion aus. Die bei der negativen Selektion eliminierten T-Zellen sind hingegen autoreaktiv. Sie können mit ihrem CD4-Rezeptor an MHC-II-Moleküle und mit ihrem T-Zell-Rezeptor an Eigenantigene binden. Somit könnten sie bei Anwesenheit von Eigenantigenen eine Immunreaktion auslösen und zu einer Autoimmunkrankheit führen.

2.25 Infektionskrankheiten durch Viren

Seite 200–201

1 Erläutern Sie die besondere Gefährlichkeit einer HIV-Erkrankung.

HI-Viren befallen vor allem T-Helferzellen und Makrophagen. T-Helferzellen sind zentral für den Ablauf der spezifischen Immunreaktion, da sie B- und cytotoxische T-Zellen aktivieren, welche die humorale und die zelluläre Immunantwort ermöglichen. Makrophagen phagocytieren Viren. Ist die Anzahl von T-Helferzellen und Makrophagen reduziert, können sie ihre Aufgaben nicht erfüllen, das Immunsystem ist geschwächt.

HI-Viren können ihr Erbgut als Provirus in Wirtszellen einbauen. In dieser Form sind sie für andere Immunzellen nicht sichtbar und können nicht bekämpft werden.

Die RNA von HI-Viren wird durch das Enzym Reverse Transkriptase in DNA umgeschrieben. Dabei kommt es häufig zu Mutationen, die neue Virusvarianten hervorbringen. Die bereits gebildeten Immunzellen und Antikörper, die spezifisch für das ursprüngliche Virus waren, können eventuell an die neue Variante nicht binden und sind nutzlos. Es müssen von einem ohnehin geschwächten Immunsystem ständig neue Zellen und Moleküle gebildet werden.

Seite 202

1 Stellen Sie die Vorgänge im ELISA-Reaktionsgefäß direkt vor den beiden Waschgängen zeichnerisch dar.

Vor dem ersten Waschgang:

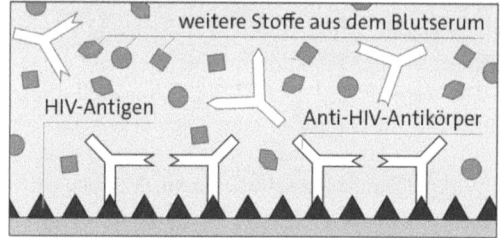

Vor dem zweiten Waschgang:

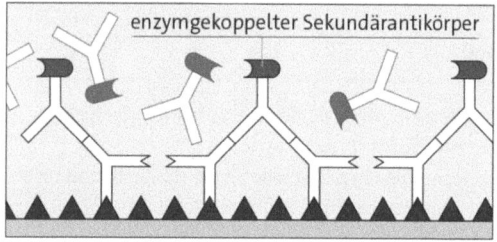

Illustration: Cornelsen/Rainer Götze, bearbeitet von Andrea Thiele

2 Erläutern Sie den Zusammenhang zwischen der Menge von Anti-HIV-Antikörpern und der Farbstoffkonzentration des Testergebnisses.

Je mehr Anti-HIV-Antikörper es im zu testenden Blutserum gibt, desto mehr davon können an die fixierten HIV-Antigene binden und desto mehr enzymgekoppelte Sekundärantikörper können im nächsten Schritt an sie binden. Es befinden sich also am Ende mehr Enzyme im Testgefäß, die in einem bestimmten Zeitraum mehr Substrate zu Farbstoff umsetzen können. Die Färbung fällt daher intensiver aus.

3 Erklären Sie, weshalb der Test erst mehrere Wochen nach einer möglichen HIV-Infektion ein aussagekräftiges Ergebnis liefert.

Der Test weist Anti-HIV-Antikörper nach. Diese werden nach einer Infektion vom Immunsystem nicht sofort gebildet. Erst wenn die humoralen Vorgänge der spezifischen Immunreaktion abgelaufen sind, werden nachweisbare Antikörper in ausreichender Menge gebildet.

Seite 203 (Material)

Material A – Bekämpfung von HIV

1 Erklären Sie, in welcher Weise die verschiedenen Wirkstoffe die Reproduktion von HIV beeinflussen.

Ein Medikament hemmt die Funktion von gp41. Das hat zur Folge, dass das Virus nicht an die Wirtszelle andocken und damit kein Reproduktionszyklus von HIV stattfinden kann.

Der Wirkstoff, der das Enzym Reverse Transkriptase hemmt, verhindert die Umschreibung der HIV-RNA in eine Provirus-DNA. Damit wird der Reproduktionszyklus unterbrochen und HIV kann sich in der Wirtszelle nicht vermehren. Ähnlich wirken die Nukes, die einen Kettenabbruch bei der Umschreibung der RNA in DNA induzieren. Die entstehenden DNA-Fragmente beinhalten nicht die vollständige Information, die für die Neusynthese von Virenbestandteilen notwendig ist.

Proteasehemmer stören den Zusammenbau der HIV-Bestandteile. Die gebildeten HI-Viren sind unvollständig und nicht in der Lage, neue Wirtszellen anzugreifen.

Integrasehemmer verhindern den Einbau der von der Reversen Transkriptase gebildeten DNA in das Genom der Wirtszelle. Damit verhindern sie die Entstehung des Provirus. HIV kann sich nicht vermehren.

2 In einigen reichen Industrieländern wird diskutiert, HIV-Medikamente von Risikogruppen vorbeugend einnehmen zu lassen. Beurteilen Sie diesen Vorschlag.

Die Kosten für eine HIV-Therapie werden mit 25 000 Euro pro Jahr angegeben. Ähnlich hoch wären die Kosten bei einer vorbeugenden Behandlung, da es sich um die gleichen Wirkstoffe handelt. Da die Krankenkassen derart hohe Kosten bei gesunden Menschen kaum übernehmen würden, wäre diese Form der Vorbeugung nur für sehr wohlhabende Menschen denkbar.

Sinnvoller ist eine Vermeidung der Infektionsrisiken beispielsweise durch ein angepasstes Sexualverhalten. Die prophylaktische Einnahme von Medikamenten könnte ein trügerisches Sicherheitsgefühl mit einer höheren Risikobereitschaft bewirken. Vor dem Hintergrund, dass in vielen Ländern mit einer hohen Infektionsrate keine Medikamente für die betroffenen Menschen zur Verfügung stehen, werden moralische Werte wie Chancengleichheit und Fairness infrage gestellt.

Material B – Nachweis einer SARS-CoV-2-Infektion durch Antigentests

1 Beschreiben Sie den Ablauf des ELISA-Tests zum Nachweis des Nucleoproteins von SARS-CoV-2 in einer Lösung mit Nasensekret.

In einem Gefäß sind Anti-Nucleoprotein-Antikörper fixiert. Die Probe mit dem Nasensekret wird dazugegeben, vorhandene Nucleoproteine binden an die fixierten Antikörper. Ein Waschvorgang entfernt ungebundene Stoffe. Es werden enzymgekoppelte Anti-Nucleoprotein-Antikörper (Sekundärantikörper) zugegeben, die an die Nucleoproteine binden. Nach einem zweiten Waschvorgang, der ungebundene Antikörper entfernt, gibt man das Substrat des Enzyms zu. Vorhandene Enzyme setzen es zu einem Farbstoff um. Nach einer bestimmten Zeit wird die Färbung der Probe gemessen.

2 Erklären Sie die Notwendigkeit der Waschvorgänge beim ELISA-Test.

Der erste Waschvorgang entfernt ungebundene Stoffe aus der Probenflüssigkeit. Sie könnten die weiteren Vorgänge beim ELISA-Test stören, indem sie den Kontakt der Sekundärantikörper mit den Antigenen erschweren.

Der zweite Waschvorgang entfernt ungebundene enzymgekoppelte Antikörper. Es dürfen nur gebundene Antikörper im Gefäß verbleiben, da sie die Anwesenheit von Antigenen in der Probe anzeigen. So zeigt eine Farbreaktion ein positives Testergebnis an. Würde man diesen Waschvorgang weglassen, wäre das Ergebnis des Tests in jedem Fall positiv, auch ohne Antigene in der Probenflüssigkeit.

3 Begründen Sie, weshalb Primär- und Sekundärantikörper für verschiedene Epitope des Nucleoproteins spezifisch sein müssen.

Beide Antikörper müssen gleichzeitig an verschiedene Stellen eines Nucleoproteins binden. Das wäre nicht möglich, wenn sie spezifisch für das gleiche Epitop wären.

4 Vergleichen Sie den ELISA-Test mit dem Schnelltest.

Beide Tests weisen mithilfe von Antikörpern durch eine Farbreaktion Nucleoproteine qualitativ und quantitativ nach.

Beim ELISA-Test finden alle Vorgänge in einem Gefäß statt, in das nacheinander Moleküle zugegeben werden bzw. das zweimal gespült wird. Es kommen neben fixierten Primärantikörpern auch enzymgekoppelte Sekundärantikörper und Substratmoleküle zum Einsatz, am Ende entsteht ein Farbstoff. Eine Kontrolle, ob alle notwendigen Moleküle im Gefäß vorhanden sind, ist nicht nötig, da sie jeweils direkt zugegeben werden.

Beim Schnelltest bewegt sich die Probenflüssigkeit entlang einer porösen Schicht durch verschiedene Bereiche. Dabei nimmt sie farbstoffgekoppelte Sekundärantikörper auf, die sich an vorhandene Nucleoproteine binden. Sekundärantikörper-Nucleoprotein-Komplexe binden dann im Testfeld an fixierte Primärantikörper, ungebundene Sekundärantikörper verbinden sich im Kontrollfeld mit fixierten Primärantikörpern. So zeigt eine Färbung im Kontrollfeld an, dass die Diffusion der Sekundärantikörper stattgefunden hat. Eine Färbung im Testfeld ist der Nachweis des Nucleoproteins.

Seite 203 (Material)

Material B – Nachweis einer SARS-CoV-2-Infektion durch Antigentests

5 Erläutern Sie, weshalb ein ELISA-Test eine höhere Sensitivität als ein Schnelltest besitzt, also auch geringere Virenmengen im Nasensekret nachweisen kann.
In einer Probe mit einer sehr geringen Menge an Nucleoproteinen sind zwar kaum Antigenbindungsstellen der fixierten Antikörper besetzt und dadurch nach dem zweiten Waschvorgang nur sehr wenige Enzyme im Versuchsgefäß. Aber jedes einzelne Enzymmolekül kann während der Einwirkzeit viele Substratmoleküle zu Farbstoffmolekülen umsetzen, denn das Enzym wird bei der Reaktion nicht verbraucht. So können auch wenige in der Probe vorhandene Nucleoproteine zu einer sichtbaren Färbung der Probe führen.

Da im Schnelltest keine Enzyme eingesetzt werden, ist dieser Verstärkungsmechanismus hier nicht möglich. Ein einzelnes Nucleoprotein bewirkt nur die Bindung eines einzigen farbstoffgekoppelten Sekundärantikörpers im Testfeld, diese geringe Farbstoffmenge ist nicht sichtbar. Erst die Bindung vieler farbstoffgekoppelter Sekundärantikörper führt zu einer sichtbaren Verfärbung des Testfeldes.

Klausurtraining

Seite 208–209

Training A – Transgene Fische

1 Erläutern Sie die Funktion des GFP-Gens als Reportergen und seine Bedeutung bei Transfektionsexperimenten.
Das GFP-Gen codiert für das grün fluoreszierende Protein GFP der Qualle Aequorea victoria. GFP kann mit beliebigen anderen Proteinen fusioniert werden und daher die räumliche und zeitliche Verteilung des anderen Proteins in lebenden Zellen, Geweben und Lebewesen sichtbar machen. Wird das GFP-Gen mit einem künstlich in fremde DNA einzubauenden Gen verknüpft, lässt sich beobachten, ob dieses Gen wie gewünscht an der richtigen Stelle in die fremde DNA eingebaut wurde. Gene, deren Produkte sich leicht nachweisen lassen, um die Expression von Genen zu überprüfen oder nachzuweisen, bezeichnet man als Reportergene.

2 Beschreiben Sie die Funktion des Promotors für die Transkription.
Der Promotor ist die Stelle, an die sich die RNA-Polymerase anheftet, um mit der Transkription zu beginnen.

3 Erläutern Sie, weshalb transgene Zebrabärblinge als Bioindikatoren eingesetzt werden könnten.
Bei den transgenen Zebrabärblingen wurde das GFP-Gen mit einem Stoffwechselgen gekoppelt, welches ein Enzym codiert, das über weitere Schritte im Stoffwechsel eine Stressreaktion beim Fisch hervorruft. Diese Reaktion erfolgt aber nur, wenn Moleküle bestimmter Umweltgifte im Wasser vorhanden sind. Denn ohne ein Molekül eines Umweltgiftes unterdrückt ein von einem Repressorgen codierter Repressor die Transkription des Stoffwechselgens, indem der Repressor an den Operator bindet und so die Aktivität der RNA-Polymerase verhindert. Bindet aber ein Giftmolekül an den Repressor, ändert sich dessen Konformation, sodass er nicht mehr an den Operator binden kann. Die RNA-Polymerase kann daraufhin die DNA ablesen und das Stoffwechselgen transkribieren. Durch die Kopplung des GFP-Gens mit dem Stoffwechselgen erreicht man, dass gleichzeitig mit dem Stoffwechselgen auch das GFP-Gen abgelesen wird. Auf diese Weise wird die Stressreaktion bei Bestrahlung des Fisches mit UV-Licht durch die Fluoreszenz des ebenfalls synthetisierten GFP sichtbar. So kann der Zebrabärbling als Bioindikator für die Gewässerqualität genutzt werden.

4 Erklären Sie, ob es sich bei der Kopplung des GFP-Gens und des Stoffwechselgens um eine Genwirkkette handelt.
Eine Genwirkkette ist eine Abfolge voneinander abhängiger, gengesteuerter, enzymatisch katalysierter Stoffwechselschritte. Im hier vorliegenden Fall sind die Genprodukte der beiden Gene nicht voneinander abhängig und das GFP-Protein ist kein Enzym. Es handelt sich also nicht um eine Genwirkkette.

5 Beschreiben Sie eine Möglichkeit der Regulation der Translation eines Gens.
Beispiel: RNA-Umsatz
Je mehr mRNA-Moleküle gebildet werden und je länger sie bis zu ihrem Abbau in der Zelle existieren, desto häufiger werden sie translatiert und desto größere Mengen des entsprechenden Proteins werden hergestellt.
Weitere Möglichkeiten: RNA-Editing, RNA-Interferenz

6 Nennen Sie drei Methoden der Transfektion tierischer Zellen.

Mikroinjektion, Elektroporation, Calciumphosphatfällung

7 Begründen Sie, welche Zellen durch Transfektion verändert werden müssen, um komplett transgene Fische zu erhalten.

Die Zygote muss vor ihrer ersten Teilung verändert werden, damit alle ihre Tochterzellen transgen sind. Alternativ könnte man Eizelle und Spermium gentechnisch verändern und diese gezielt miteinander verschmelzen lassen. Auch dann entstünde eine transgene Zygote.

8 Beurteilen Sie die unterschiedlichen rechtlichen Vorgaben für die Nutzung transgener Tiere als Heimtiere.

Die liberale Gesetzgebung in Asien und den USA (mit Ausnahme von Kalifornien) folgt rein marktwirtschaftlichen Prinzipien. In den USA wird als weitere Begründung angeführt, dass Zebrabärblinge dort nicht als Wildpopulation existieren. Bei dieser Argumentation bleiben mögliche Risiken der Auswilderung für das betroffene Ökosystem völlig unbeachtet. In der diesbezüglich restriktiven europäischen Gesetzgebung spielen derartige ökologische Bedenken eine große Rolle.

Training B – CCR5-Rezeptor und HIV

1 Ermitteln Sie mithilfe der Codesonne (▶ S. 116) die ersten 10 vom dargestellten DNA-Ausschnitt codierten Aminosäuren des Wildtyps.

DNA-Sequenz:
3' ... AAA GGT ATG TCA GTC ATA GTT AAG ACC TTC ... 5'
mRNA-Sequenz:
5' ... UUU CCA UAC AGU CAG UAU CAA UUC UGG AAG ... 3'
Aminosäuresequenz:
... Phe–Pro–Tyr–Ser–Gln–Tyr–Gln–Phe–Trp–Lys ...

2 Erläutern Sie anhand der DNA-Sequenzen das Vorliegen von gleich zwei Mutationen bei der Δ32-Mutante und deren Folgen für das CCR5-Protein.

Bei der Δ32-Mutante liegt eine Deletion von 32 Basenpaaren vor, die bei der Translation zur Verschiebung des Leserasters führt. Nach der mutierten Stelle werden andere Aminosäuren in das Protein eingebaut als beim Wildtyp. Durch die Verschiebung des Leserasters tritt zusätzlich eine Nonsense-Mutation auf. Gegen Ende der dargestellten DNA-Sequenz entsteht durch die vorherige Deletion das Triplett ACT, das zum Triplett UGA in der mRNA transkribiert wird. Es handelt sich um ein Stoppcodon, die Translation bricht an dieser Stelle also ab. Das CCR5-Protein ist demnach zusätzlich zur teilweise falschen Aminosäuresequenz verkürzt.

3 Beschreiben Sie die Auswirkung des fehlenden CCR5-Rezeptors auf die Wirtszelle.

Aus der Abbildung geht hervor, dass das HI-Virus zunächst an den CD4-Rezeptor und dann an den CCR5-Rezeptor bindet. Anschließend findet die Fusion von Virus und Wirtszelle statt. Bei Wirtszellen ohne CCR5-Rezeptor kommt es zu keiner weiteren Bindung. Eine Fusion von Virus und Wirtszelle findet nicht statt.

4 Erklären Sie anhand der DNA-Sequenzen das Bandenmuster der Gelelektrophorese von Wildtyp und Δ32-Mutante.

Das Ergebnis der Gelelektrophorese zeigt die Laufstrecken der Proben von fünf Personen. Bei allen Proben ist eine Bande in einer Höhe oberhalb von 150 Basenpaaren sichtbar. Es handelt sich um den nicht mutierten Wildtyp. Bei Person 2 zeigen sich zwei Banden. Die zweite Bande liegt in Höhe des Größenvergleichsstandards von 150 Basenpaaren. Es ist die Δ32-Mutante. Sie weist eine größere Laufstrecke auf.

Der Ausschnitt der DNA-Sequenzen verdeutlicht, dass bei der Δ32-Mutante eine Sequenz von 32 Basenpaaren fehlt. Es handelt sich um eine Deletion. Die kürzere Basensequenz legt bei der Gelelektrophorese eine größere Laufstrecke zurück und ist deshalb als zweite Bande erkennbar.

5 Begründen Sie, bei welchen Personen die Δ32-Mutation homozygot oder heterozygot vorliegt.

Person 2 muss bezüglich der 32Δ-Mutation heterozygot sein, da zusätzlich die Bande des Wildtyps erkennbar ist. Diese Bande weist auf das nicht mutierte CCR5-Allel hin. Bei allen anderen Personen liegt die Mutation gar nicht vor.

6 Begründen Sie, welchen Genotyp ein Mensch haben muss, der gegen HIV resistent ist.

Man kann davon ausgehen, dass ein Mensch, der gegen HIV immun ist, homozygot für das mutierte CCR5-Allel sein muss. Dieser Genotyp hat zur Folge, dass keine CCR5-Rezeptoren gebildet werden können und damit keine Fusion der Wirtszelle mit dem Virus stattfinden kann. Eine bezüglich dieses Allels heterozygote Person trägt in den Zellen ein Allel des Wildtyps. Dieses Allel ist in der Lage, ein funktionsfähiges Rezeptorprotein zu codieren. Die betroffene Person wird vielleicht eine geringere Anzahl an CCR5-Rezeptoren aufweisen, ist aber nicht immun gegenüber HIV.

7 Stellen Sie den Weg des naturwissenschaftlichen Erkenntnisprozesses der Aidsforscher dar.

Die Aidsforscher beobachteten, dass sich einige Menschen trotz ungeschütztem Geschlechtsverkehr nicht mit HIV infizierten. Daraufhin stellten sie die Hypothese auf, dass die T4-Wirtszellen für HIV bei diesen Personen besondere Merkmale aufweisen müssten, die sie gegen HIV immun machen. Auf der Basis dieser Hypothese wurden Experimente durchgeführt, mit deren Hilfe die besonderen

Merkmale der Zellen dieser Menschen untersucht werden können. Dabei konzentrierte man sich auf die Struktur der Zellmembran, da man wusste, dass HIV nur mit der Wirtszelle fusionieren kann, wenn diese über einen CD4-Rezeptor und einen CCR5-Rezeptor verfügt.

Da die Struktur der Rezeptoren im Genom codiert ist, isolierte man aus dem Genom der T4-Zellen die codierenden Sequenzen für die beiden Rezeptoren bei Menschen, die gegen HIV immun sind, und bei Menschen, die nicht gegen HIV immun sind. Die jeweiligen Sequenzen wurden mit einer PCR vervielfältigt und anschließend mittels Gelelektrophorese aufgetrennt. Die unterschiedlichen Laufstrecken bestätigten, dass die codierenden Sequenzen Unterschiede aufweisen. Anhand der Analyse der DNA-Sequenzen konnte bestätigt werden, dass die Immunität auf eine Deletion von 32 Basenpaaren des *CCR5*-Gens zurückzuführen ist.

Die Annahme, dass die Immunität auf besondere Merkmale der T4-Wirtszellen zurückzuführen ist, wurde somit bestätigt.

Seite 208–209 (Klausurtraining)

Training B – CCR5-Rezeptor und HIV

8 Erklären Sie, wie alternativ durch den Einsatz einer Sonde die DNA-Sequenz der Δ32-Mutante von der des Wildtyps unterschieden werden kann.

Mit einer Sonde, die nur an die DNA des Wildtyps oder nur an die DNA der Δ32-Mutante binden kann, können die DNA-Sequenzen unterschieden werden.

Wählt man die Sonde so, dass sie komplementär zu dem DNA-Abschnitt ist, der bei der Δ32-Mutante vor und nach der Deletionsstelle liegt, kann diese nur mit der DNA der Δ32-Mutante hybridisieren. Eine Sonde, die komplementär zur bei der Δ32-Mutante deletierten Basensequenz ist, kann nur mit der Wildtyp-DNA hybridisieren. In beiden Fällen muss darauf geachtet werden, dass die Sonde an keiner anderen Stelle des *CCR5*-Gens binden kann.

Nach Durchführung des Southern-Blotting können die Sonden sichtbar gemacht werden und erlauben Rückschlüsse auf das Vorhandensein oder Fehlen der Δ32-Mutation.

9 Nennen Sie Vor- und Nachteile eines Screenings von Embryonen auf die Δ32-Mutante im Rahmen der Präimplantationsdiagnostik.

Vorteil:
– Möglichkeit, gegen HIV resistente Kinder zu bekommen

Nachteile:
– Unklarheit über mögliche gesundheitliche Nachteile der Δ32-Mutation
– Gefahr, dass das Wissen über die eigene Resistenz gegen HIV zu riskantem Sexualverhalten führt (mit der Folge anderer Infektionen)

Zusatzinformation: Die Resistenz der Δ32-Mutante bezieht sich nur auf eine Infektion mit dem Subtypus HIV-1, nicht mit HIV-2.

3 Informationssysteme

3.1 Neuronen und Gliazellen

Seite 216–218

1 Vergleichen Sie Struktur und Funktion von Neuronen und Gliazellen.
Gemeinsamkeiten: Sowohl Neuronen als auch Gliazellen haben einen Zellkörper und Fortsätze. Sie sind Teil des zentralen Nervensystems.
Unterschiede: Neuronen sind durch ein oder mehrere Fortsätze, die Axone und Dendriten, gekennzeichnet. Je nach Anzahl der Fortsätze werden sie als unipolar, bipolar, pseudo-unipolar oder multipolar bezeichnet. Axone können bis zu 1 m lang werden. Über die Synapsenendknöpfchen an den Axonendigungen stehen die Neuronen in Kontakt mit den Dendriten oder Zellkörpern von Nachbarneuronen. Neuronen haben die Aufgabe, Informationen über größere Strecken zu übertragen.
Gliazellen haben für die Neuronen unterstützende Funktionen. Je nach Funktion sind sehr unterschiedliche Zellstrukturen zu beobachten. Astrocyten sind unregelmäßig geformt und haben lange Zellfortsätze. Sie regulieren die extrazelluläre Zusammensetzung der Neuronen und beeinflussen deren Wachstum sowie die chemische Zusammensetzung ihrer Umgebung. Bestimmte Astrocyten verhindern das Eindringen giftiger Stoffe aus dem Blut in das Gehirn. Mikrogliazellen beseitigen abgestorbene oder degenerierte Neuronen. Schwann-Zellen und Oligodendrocyten umwickeln das Axon und isolieren es auf diese Weise.

2 Erläutern Sie den Transport von Stoffwechselprodukten durch das Axon.
Da die Proteinbiosynthese nur im Soma der Neuronen stattfindet, müssen die produzierten Proteine entlang des Axons bis in die Synapsenendknöpfchen transportiert werden. Hierzu werden die Proteinmoleküle in Vesikel des Golgi-Apparats eingeschlossen. Die Vesikel werden entlang von Mikrotubuli, die längs des Axons verlaufen, transportiert. Den Transport übernehmen spezifische, als Kinesin bezeichnete Proteine mithilfe von beinartigen Fortsätzen unter ATP-Verbrauch.

Seite 219 (Material)

Material A – Gliazellen im Gehirn

1 Erläutern Sie anhand des Säulendiagramms die Bedeutung der Astrocyten für die Regeneration der Myelinscheide.
Das Balkendiagramm zeigt die relative Menge neuer Myelinscheiden drei Wochen nachdem das Gehirngewebe mit einem Gift behandelt wurde, das die Myelinscheide beschädigt. In Gegenwart funktionsfähiger Astrocyten liegt die relative Menge neuer Myelinscheiden bei 1,0. Das heißt, die Myelinscheiden wurden zu 100 % regeneriert. Wenn die Astrocyten defekt sind, liegt die relative Menge neuer Myelinscheiden bei 0,2. Es wurden also nur 20 % regeneriert. Somit wird deutlich, dass die Astrocyten in erheblichem Maße zur Regeneration der geschädigten Myelinscheiden beitragen.

2 Beschreiben Sie anhand der schematischen Darstellungen den Ablauf der Entfernung beschädigter Myelinscheiden.
Die Astrocyten setzen einen Botenstoff frei. Nach Kontakt mit dem Botenstoff wandern Mikrogliazellen in das geschädigte Gewebe ein. Sie können nun mittels Phagocytose das geschädigte Gewebe entfernen. Anschließend bilden Oligodendrocyten neue Myelinscheiden.

3 Erklären Sie, welche Bedeutung der Gliazellen für das Gehirn aus diesen Befunden ableitbar ist.
Verschiedene Typen von Gliazellen sind gemeinsam dafür verantwortlich, die Struktur und damit die Funktion der Neuronen zu kontrollieren und neu aufzubauen. Aus den Experimenten geht hervor, dass die Astrocyten den Regenerationsprozess durch freigesetzte Botenstoffe einleiten. Mikrogliazellen können zerstörtes Gewebe entfernen und Oligodendrocyten neue Myelinscheiden bilden.

Material B – Proteintransport im Axon

1 Ermitteln Sie anhand der Ausbreitung der radioaktiv markierten Proteine die Transportrate im Axon pro Tag.
Im Koordinatensystem ist auf der y-Achse ein Zeitrahmen von 10 h dargestellt. Auf der x-Achse lässt sich ablesen, in welcher Entfernung radioaktiv strahlende Proteine nachzuweisen sind, nachdem die radioaktiv markierte Aminosäure Leucin in den Ischiasnerv einer Katze injiziert wurde. Nach 10 h lassen sich die Proteine etwa 170 mm vom Injektionsort nachweisen. Das entspricht einer durchschnittlichen Ausbreitungsgeschwindigkeit von 17 mm pro h. Auf dieser Basis ist in 24 h eine Ausbreitung von 408 mm zu erwarten.

2 Erklären Sie den geringeren Wert der Ausbreitung radioaktiv markierter Proteine innerhalb der ersten beiden Stunden.
Aminosäuren sind die Bausteine der Proteine. Da nur die Proteine entlang des Axons transportiert werden, kann man erst dann Messergebnisse ablesen, nachdem in der Proteinbiosynthese radioaktives Leucin in Proteine eingebaut wurde.

3 Begründen Sie, weshalb es bei diesem Experiment notwendig ist, die radioaktiv markierte Aminosäure in das Soma zu injizieren und nicht direkt in das Axon.

Nur im Soma befinden sich die für die Proteinbiosynthese notwendigen Zellstrukturen. Die fertigen Proteine werden in Vesikel verpackt und entlang der Mikrotubuli unter Energieverbrauch transportiert. Mit diesem Experiment kann also überprüft werden, wie schnell die Proteine transportiert werden. Würde man eine radioaktiv markierte Aminosäure in das Axon injizieren, könnte diese nicht in ein Protein eingebaut werden. Sie würde außerdem nicht durch den Golgi-Apparat in ein Vesikel gepackt. Der aktive Transport würde somit nicht stattfinden.

3.2 Entstehung des Membranpotenzials

Seite 220–222

1 Erklären Sie anhand von Abbildung 2 auf Seite 221 die Entstehung eines Gleichgewichtspotenzials.

Bei der linken Abbildung ist keine Spannung messbar, da die Kaliumionenkanäle geschlossen sind. Die Konzentrationen und damit die Ladungen von Kationen und Anionen gleichen sich aus.

Auf dem mittleren Bild erkennt man aus der Zelle hinausdiffundierte Kaliumionen, da die Kaliumionenkanäle geöffnet sind. Im Zellinneren befindet sich eine höhere Konzentration von Anionen, die die Membran nicht passieren können. Außerhalb der Zelle ist die Konzentration an Kationen erhöht. Dies führt zu einer Potenzialdifferenz, die als Spannung, hier –40 mV, messbar ist.

Das rechte Bild zeigt eine stärker erhöhte Kaliumionenkonzentration außerhalb der Zelle. Deshalb ist die Potenzialdifferenz und damit die gemessene Spannung von –80 mV noch höher.

Da die Anziehungskräfte auf die Kaliumionen in der Zelle mit zunehmender Potenzialdifferenz steigen, ist ein Zustand erreicht, bei dem die Anzahl der aus der Zelle herausdiffundierenden Kaliumionen gleich der Anzahl der in die Zelle hineindiffundierenden Kaliumionen ist. Dieser Zustand, bei dem die Kräfte des elektrischen Potenzials denen des Konzentrationsgradienten entsprechen, wird als Gleichgewichtspotenzial bezeichnet.

2 Erläutern Sie, weshalb innerhalb eines Neurons keine Spannung messbar ist.

Innerhalb einer Zelle ist keine Spannung messbar, da zwischen Anode und Kathode keine Potenzialdifferenz vorliegt. Erst wenn Ladungen durch eine elektrisch isolierende Schicht voneinander getrennt werden, kann eine Potenzialdifferenz und damit eine Spannung gemessen werden.

3 Beschreiben Sie die Methoden zur Messung von Membranpotenzialen.

Bei der als Voltage-Clamp bezeichneten Technik verwendet man zur Messung eine mit einer konzentrierten Salzlösung gefüllte Glaskapillare als Elektrode, die in die Zelle hineingeführt wird. In der Glaskapillare befindet sich ein Draht, der über einen Verstärker mit einem Oszilloskop verbunden ist. Mit dieser Methode lassen sich die Spannungen zwischen Zellinnerem und Zelläußerem messen.

Bei der Patch-Clamp-Technik wird ebenfalls eine Glaskapillare mit einer Salzlösung und einem feinen Draht verwendet. Die Glaskapillare ist mit einem Durchmesser von 1 µm besonders fein und hat sehr glatte Ränder. Mithilfe eines leichten Unterdrucks kann ein einzelner Ionenkanal der Membran angesaugt werden. Auf diese Weise lassen sich die Ströme an einem einzelnen Ionenkanal messen.

1 Erläutern Sie die Vorgänge im Becherglas nach Erhöhung der Kaliumchloridkonzentration in der linken Kammer.

Nach Erhöhung der Kaliumchloridkonzentration in der linken Kammer entsteht ein Konzentrationsgefälle zwischen den beiden Kammern, da sowohl die Kalium- als auch die Chloridionenkonzentration auf der linken Seite höher ist als auf der rechten Seite. Aufgrund des Konzentrationsgefälles kommt es zu einer Nettodiffusion der Kaliumionen in die rechte Kammer. Da die Membran für die Chloridionen impermeabel ist, bleibt deren Konzentration auf der rechten Seite unverändert. Aufgrund der Nettodiffusion der Kaliumionen entsteht ein Ladungsunterschied und damit ein elektrisches Potenzial zwischen den beiden Kammern.

Die rechte Abbildung zeigt den Zustand des Gleichgewichtspotenzials. Die Diffusion der Kaliumionen ist in beide Richtungen gleich hoch.

2 Beschreiben und erklären Sie die elektrische Spannung in den drei Bechergläsern.

In der Ausgangssituation ist keine Spannung messbar, da die Kaliumchloridkonzentration in beiden Kammern gleich hoch ist.

Nach Erhöhung der Kaliumchloridkonzentration in der linken Kammer entsteht aufgrund der Nettodiffusion der Kaliumionen in die rechte Kammer ein Potenzial und eine Spannung ist messbar. Die linke Kammer ist gegenüber der rechten Kammer negativ geladen.

Bei der dritten Abbildung ist die gemessene Spannung höher als bei der zweiten Abbildung, da die Konzentration der Kaliumionen in der rechten Kammer zugenommen hat. Aufgrund des entstandenen Gleichgewichtspotenzials verändert sich die Spannung nicht mehr.

3 Erklären Sie, weshalb es in diesem Modellversuch nicht zu einem Konzentrationsausgleich zwischen den Kammern kommt.

Das elektrische Potenzial zwischen den beiden Kammern steigt im Verlauf der Nettodiffusion von Kaliumionen in die rechte Kammer. Gleichzeitig steigen die Anziehungskräfte der negativ geladenen Chloridionen auf die positiv geladenen Kaliumionen in der linken Kammer. Deshalb sinkt die Diffusionsrate mit steigender Potenzialdifferenz. Ein Konzentrationsausgleich der Chloridionen ist aufgrund der Impermeabilität der Membran zwischen den beiden Kammern nicht möglich.

Material B – Membranpotenzial für Kaliumionen

1 Beschreiben Sie die Veränderung des Membranpotenzials während des Versuchs.

Zunächst ist keine Spannung messbar. Mit zunehmender Kaliumionenkonzentration im Axon erhöht sich die Spannung an der Axonmembran. Die Spannung steigt erst stark an und flacht bei Annäherung an -50 mV langsam ab. Nach Erreichen von ca. -54 mV steigt die Spannung bei zunehmender Kaliumionenkonzentration im Zellinneren nicht weiter an. Der Kurvenverlauf entspricht dem einer Sättigungskurve.

2 Erklären Sie den Verlauf des Membranpotenzials.

Das Membranpotenzial hat zu Beginn des Versuchs den Wert null, da die Konzentrationen der Kationen und der Anionen innerhalb und außerhalb des Axons aufgrund der Einbettung in eine physiologische Kochsalzlösung gleich hoch sind. Die Erhöhung der Kaliumionenkonzentration im Axon des Tintenfischs hat zur Folge, dass Kaliumionen aus dem Axon hinausdiffundieren. Deshalb ist eine Spannung messbar. Da die Kaliumionen positiv geladen sind, entsteht ein Membranpotenzial, bei dem das Zellinnere negativ geladen ist. Mit der zunehmenden Kaliumionenkonzentration im Axon steigt die Diffusionsrate für Kaliumionen von innen nach außen und damit die gemessene Spannung. Obwohl man erwarten sollte, dass die Spannung mit zunehmendem Konzentrationsgradienten weiter ansteigt, ist ab einem bestimmten Konzentrationsunterschied keine weitere Spannungsänderung mehr feststellbar.

3.3 Vom Ruhe- zum Aktionspotenzial

Seite 224–227

1 Erläutern Sie, wie das Ruhepotenzial zustande kommt.

Das Ruhepotenzial wird durch die unterschiedliche Permeabilität der Zellmembran für die verschiedenen Ionenarten im Neuron und in seiner Umgebung beeinflusst. Es wird insbesondere durch das Gleichgewichtspotenzial der Kaliumionen und in geringerem Umfang durch das der Natriumionen bestimmt. Da ein Teil der Kaliumionenkanäle, die Kaliumionenhintergrundkanäle, immer geöffnet sind, ist die Permeabilität der Membran für Kaliumionen am höchsten. Die Permeabilität für Natriumionen ist geringer, da die Kanäle nicht dauerhaft geöffnet sind. Dennoch diffundieren Natriumionen in geringem Umfang durch die Membran von außen nach innen. Durch den Transport von Kaliumionen nach innen und Natriumionen nach außen hält die Natrium-Kalium-Pumpe jedoch das Ruhepotenzial aufrecht.

Chloridionen und organische Anionen tragen aufgrund der geringen Permeabilität der Membran kaum zum Ruhepotenzial bei.

2 Beschreiben Sie den Ablauf eines Aktionspotenzials.

Wenn die Membran des Neurons durch einen Reiz bis zum Schwellenwert depolarisiert wird, führt dies zur Aktivierung der Spannungssensoren der Natriumionenkanäle und die Natriumionenkanäle öffnen sich. Aufgrund des Einstroms der Natriumionen kommt es zu einer Spannungsumkehr, dem Overshoot. Es werden etwa 30 mV gemessen.

Mit einer zeitlichen Verzögerung von ungefähr 1 ms öffnen sich aufgrund der Spannungsumkehr spannungsgesteuerte Kaliumionenkanäle. Gleichzeitig schließen sich die Natriumionenkanäle. Der Ausstrom der Kaliumionen führt zunächst zur Repolarisation an der Membran und dann zu einer Hyperpolarisation, die als Undershoot bezeichnet wird. Die Kaliumionenkanäle schließen sich wieder.

3 Erläutern Sie, weshalb während der absoluten Refraktärzeit kein Aktionspotenzial ausgelöst werden kann.

Im Zustand der maximalen Depolarisation schließen sich die Natriumionenkanäle, indem ein globuläres Protein den Ionenkanal blockiert. Dies verhindert, dass ein weiteres Aktionspotenzial ausgelöst wird.

Erst wenn das globuläre Protein den Ionenkanal verlässt, kann dieser seinen ursprünglichen Zustand wieder annehmen und damit wieder ein Aktionspotenzial ausgelöst werden.

Material A – Messung des Membranpotenzials

1 Beschreiben Sie die Versuchsanordnung, die zur Gewinnung der Messergebnisse benötigt wird.

Das Verfahren zur Messung des Membranpotenzials ist die Voltage-Clamp-Methode. Zwei Glaskapillaren werden hierzu mit einer konzentrierten Salzlösung gefüllt. Ein Draht führt von den jeweiligen Elektroden über einen Verstärker zu einem Oszilloskop. Die beiden Elektroden erlauben die Messung der Spannungsverhältnisse an einem Tintenfischneuron. Am Oszilloskop wird die gemessene Spannung anzeigt.

2 Erklären Sie die Veränderung der Spannung zum Zeitpunkt $t = 2$ ms.

Innerhalb der ersten 2 ms zeigt das Oszilloskop eine Spannung von 0 mV an. Dies ist darauf zurückzuführen, dass sich beide Elektroden entweder außerhalb des Tintenfischneurons befanden oder beide innerhalb. In beiden Fällen befinden sich die Elektroden im gleichen Milieu, sodass keine Potenzialdifferenz und damit keine Spannung feststellbar ist.

Zum Zeitpunkt $t = 2$ ms verändert sich das gemessene Potenzial ohne Verzögerung von 0 mV auf –60 mV. Dies lässt sich dadurch erklären, dass eine Elektrode in das Zellinnere eingeführt wird, während sich die andere Elektrode außerhalb der Zelle befindet. Aufgrund der Permeabilität der Membran des Tintenfischneurons für Kalium- und für Natriumionen entsteht das gemessene Potenzial.

Material B – Austrittsrate für Natriumionen bei *Loligo*

1 Beschreiben Sie die Ergebnisse der Teilversuche a bis e anhand der Abbildung.

Im Versuchsteil a liegt das Axon im Meerwasser. Die Austrittsrate der radioaktiv markierten Natriumionen sinkt innerhalb einer Zeitspanne von 50 min von etwa 150 auf 125 Zerfälle pro min.

Nach Überführung des Axons in eine Lösung ohne Kaliumionen liegt die Austrittsrate nur noch bei etwa 30 Natriumionen pro min. Sie ändert sich innerhalb des Zeitraums von 50 bis 100 min nach Versuchsbeginn kaum.

Im Teilversuch c wird das Axon zurück in normales Meerwasser überführt. Die Austrittsrate liegt nun bei etwa 110 Natriumionen pro min und sinkt innerhalb der nächsten 50 min kontinuierlich auf etwa 95 Ionen pro min.

Nach Zugabe von Dinitrophenol in Teilversuch d sinkt die Austrittsrate der Natriumionen während der folgenden 50 min von etwa 95 auf ca. 2 pro min.

Für den Teilversuch e wird das Axon zurück in normales Meerwasser gelegt. Die Austrittsrate steigt zunächst steil, dann in einem flacheren Kurvenverlauf auf etwa 37 Natriumionen pro min nach weiteren 50 min.

2 Erklären Sie die jeweiligen Ergebnisse zu den Teilversuchen unter Berücksichtigung Ihrer Kenntnisse zur Aufrechterhaltung des Ruhepotenzials.

In Teilversuch a ist das Axon uneingeschränkt funktionsfähig. Das leichte Absinken der Austrittsrate radioaktiv markierter Natriumionen ist darauf zurückzuführen, dass aufgrund des umgebenden Meerwassers radioaktiv markierte Ionen durch nicht markierte Natriumionen ausgetauscht werden.

In Teilversuch b fehlen der Kalium-Natrium-Pumpe die Kaliumionen. Die Kalium-Natrium-Pumpe ist nur eingeschränkt funktionsfähig.

Die Beobachtungen in Teilversuch c zeigen, dass die Kalium-Natrium-Pumpe wieder funktionsfähig ist, da Kaliumionen im Milieu vorhanden sind.

In Teilversuch d werden keine ATP-Moleküle produziert, die für die Funktion der Kalium-Natrium-Pumpe notwendig sind. Deshalb fällt die Austrittsrate mit der abnehmenden ATP-Konzentration.

Der Kurvenverlauf in Teilversuch e verdeutlicht, dass die Blockade der ATP-Synthese durch Dinitrophenol reversibel ist. Mit zunehmender Versuchsdauer wird mehr ATP synthetisiert und damit die Arbeit der Kalium-Natrium-Pumpe aktiviert.

3 In einem weiteren Versuch wird das Axon im Verlauf von Stadium d elektrisch gereizt. Begründen Sie, welche Auswirkungen zu erwarten sind.

Die spannungsgesteuerten Ionenkanäle werden durch Dinitrophenol nicht beeinflusst. Deshalb werden Aktionspotenziale ausgelöst. Da jedoch die Ionenpumpe nicht arbeitet, werden wahrscheinlich nur wenige Aktionspotenziale zustande kommen.

Material C – Reize und Aktionspotenziale

1 Vergleichen Sie die Beobachtungen der beiden Experimente.

Die linke Abbildung zeigt die Spannungsverhältnisse an einem Axon über einen Zeitraum von 40 ms. Nach ungefähr 6 ms beginnt die Dauerreizung über 20 ms. In diesem Zeitintervall werden drei Aktionspotenziale ausgelöst.

Innerhalb der ersten 6 ms wird ein Ruhepotenzial von etwa –65 mV gemessen. Fast zeitgleich mit dem Beginn der Reizung wird ein Aktionspotenzial ausgelöst. Bei der Spannungsumkehr wird ein Maximalwert von 40 mV erreicht. Nach Ablauf des ersten Aktionspotenzials verändert sich bei dem folgenden Aktionspotenzial die Spannung zunächst langsam bis zu einem Wert von etwa –58 mV. Dann wird das zweite Aktionspotenzial ausgelöst. Es erreicht bei der Spannungsumkehr einen Maximalwert von 30 mV. Der Vorgang wiederholt sich beim dritten Aktionspotenzial in gleicher Weise. Nach Ablauf des dritten Aktionspotenzials dauert die Rückkehr zum Ruhepotenzial etwa 8 ms.

Die rechte Abbildung zeigt die Spannungsverhältnisse an einem Axon über einen Zeitraum von 20 ms. Es sind drei Reizströme im Abstand von jeweils 3 ms erkennbar, die jeweils 1 ms andauern. Bis zum ersten Reiz entsprechen die Beobachtungen dem ersten Experiment. Beim zweiten und dritten Reiz werden jedoch keine weiteren Aktionspotenziale ausgelöst. Die gemessene Spannung verändert sich nur geringfügig von –70 auf –68 mV beim zweiten Reiz und von –68 auf –60 mV beim dritten Reiz.

2 Deuten Sie die unterschiedlichen Reaktionen des Axons.

Beim ersten Experiment wird das erste Aktionspotenzial voll ausgebildet. Am Ende dieses Aktionspotenzials zeigt die Spannungskurve, dass die Membran hyperpolarisiert ist und erst langsam zum Ruhezustand zurückkehrt. Diese Zeit entspricht der relativen Refraktärzeit. Der Reizstrom ist zunächst nicht stark genug, um ein weiteres Aktionspotenzial auszulösen. Beim zweiten und dritten Aktionspotenzial erreicht der Maximalwert der Spannungsumkehr einen geringeren Wert als beim ersten Aktionspotenzial. Das ist darauf zurückzuführen, dass sich die spannungsgesteuerten Natriumionenkanäle während der relativen Refraktärphase durch die Dauerreizung öffnen, also bereits vor Erreichen des Ruhezustands der Membran.

Beim zweiten Experiment reicht der erste Reizstrom aus, um die Membran bis zum Schwellenwert zu depolarisieren, sodass ein Aktionspotenzial ausgelöst wird. Beim zweiten und beim dritten Reiz befindet sich die Axonmembran in der Phase der Hyperpolarisation. Aufgrund der hierdurch bedingten relativen Refraktärzeit reicht die Reizstärke nicht aus, um den Schwellenwert zu erreichen, der für die spannungsgesteuerte Öffnung der Natriumionenkanäle notwendig ist. Man beobachtet lediglich eine geringfügige passive Veränderung der Membranspannung.

Material D – *Fugu* – gefährlich und delikat

1 Vergleichen Sie die Verläufe der abgebildeten Membranpotenziale A und B.

Kurve A zeigt den Verlauf eines typischen Aktionspotenzials. Sobald der Schwellenwert, der hier bei ungefähr –45 mV liegt, erreicht wird, steigt die Kurve des Aktionspotenzials innerhalb von 1 ms steil an bis zu einem Wert von etwa 30 mV. Nach dieser Spannungsumkehr kommt es zur Repolarisation und anschließend zur Hyperpolarisation. Nach ungefähr 3 ms stellt sich das Ruhepotenzial wieder ein.

Bis zum Schwellenwert verläuft Kurve B parallel zur Kurve A. Danach verläuft sie jedoch wesentlich flacher. Innerhalb von etwa 1,5 ms erreicht sie ein Maximum von –40 mV und sinkt dann langsam wieder ab, bis nach etwa 4 ms das Ruhepotenzial erreicht wird.

2 Begründen Sie anhand des Verlaufs der Kurve B die Wirkungsweise von Tetrodotoxin auf Neuronen.

Aufgrund des flachen Anstiegs der Kurve B ist davon auszugehen, dass die Funktion der spannungsgesteuerten Natriumionenkanäle beeinträchtigt ist. Der Einstrom von Natriumionen erfolgt verhältnismäßig langsam und in geringer Intensität. Deshalb öffnen sich die spannungsgesteuerten Kaliumionenkanäle ebenfalls nicht. Die langsame Rückkehr zum Ruhepotenzial ist auf die dauerhaft geöffneten spannungsunabhängigen Kaliumionenhintergrundkanäle zurückzuführen.

3 Stellen Sie Hypothesen zu den Folgen der Vergiftung mit Tetrodotoxin für den Organismus auf.

Da Tetrodotoxin dazu führt, dass keine Aktionspotenziale gebildet werden, kann vermutet werden, dass die Muskulatur durch dieses Gift gelähmt wird. Außerdem ist zu erwarten, dass schon geringe Konzentrationen die Sinneswahrnehmungen beeinträchtigen oder zu ihrem Ausfall führen.

3.4 Erregungsleitung

Seite 230–232

1 Erläutern Sie die Bedeutung der lokalen Strömchen für die Erregungsleitung.

Die durch ein Aktionspotenzial ausgelösten lokalen Strömchen bewirken eine Depolarisation der Axonmembran in der Umgebung des Aktionspotenzials. Erreicht die Depolarisation den Schwellenwert, so wird an dieser Stelle ein neues Aktionspotenzial ausgelöst. Je weiter entfernt diese Stelle vom ursprünglichen Aktionspotenzial ist, umso höher ist die Geschwindigkeit, mit der eine Erregung weitergeleitet wird.

Die Reichweite der lokalen Strömchen ist abhängig vom elektrischen Widerstand innerhalb des Axons. Da dieser Widerstand abnimmt, wenn der Durchmesser des Axons größer wird, steigt die Geschwindigkeit der Erregungsleitung mit zunehmendem Durchmesser des Axons.

2 Vergleichen Sie die kontinuierliche und die saltatorische Erregungsleitung.

Gemeinsamkeiten: Sowohl bei der kontinuierlichen als auch bei der saltatorischen Erregungsleitung strömen zu Beginn eines Aktionspotenzials Natriumionen in das Axon. Da sich die Umgebung des Axons im Ruhezustand befindet, entstehen lokale Strömchen, die dort eine Depolarisation der Axonmembran bewirken. Die Erregungsleitung erfolgt aufgrund der Refraktärzeit in beiden Fällen immer vom Axonhügel in Richtung zur synaptischen Endigung.

Unterschiede: Die Depolarisation bewirkt bei nicht myelinisierten Axonen, dass direkt neben dem Aktionspotenzial ein neues Aktionspotenzial ausgelöst wird. Die Myelinscheide von Wirbeltierneuronen wirkt wie ein elektrischer

Isolator, der das Innere des Axons gegenüber der Außenseite isoliert. Die lokalen Strömchen haben dadurch eine größere Reichweite. Weiterhin ist die Myelinscheide in bestimmten Abständen durch Ranvier-Schnürringe unterbrochen. Nur dort befinden sich Ionenkanäle, die für die Ausprägung eines Aktionspotenzials notwendig sind. Somit springen die Aktionspotenziale von Schnürring zu Schnürring, was zur Folge hat, dass die saltatorische Erregungsleitung auch bei geringerem Axondurchmesser schneller ist als die kontinuierliche Erregungsleitung.

Seite 230–232

3 Nehmen Sie Stellung zu der Aussage, dass das Gehirn eines Menschen ohne Myelinscheide größer als ein Scheunentor sein müsste.

Im Gehirn des Menschen werden sehr viele Informationen in sehr kurzer Zeit verarbeitet. Nur aufgrund der Myelinscheiden um die Axone ist es möglich, dass diese Informationen in der notwendigen Geschwindigkeit weitergeleitet werden. Der Vergleich mit dem Scheunentor soll verdeutlichen, dass die gleiche Anzahl an Axonen ohne Myelinscheide diese Rechenleistung nur vollbringen könnte, wenn sie einen hinreichend großen Durchmesser hätten – mit der Folge einer einem Scheunentor vergleichbaren Ausdehnung des Gehirns.

Seite 233 (Material)

Material A – Lokalanästhesie

1 Erläutern Sie, weshalb Lidocain zu einer lokalen Betäubung führt.

Da die Axonmembran für Lidocain permeabel ist, können die Moleküle dieses Wirkstoffs in das Axon diffundieren. Dort verschließen sie von innen die Natriumionenkanäle der schmerzassoziierten Nervenbahnen. Dies hat zur Folge, dass keine Aktionspotenziale ausgelöst werden und die durch den Schmerz ausgelöste Erregung nicht an das Gehirn weitergeleitet wird.

2 Stellen Sie anhand der Prinzipien der Erregungsleitung eine Hypothese auf, weshalb ein Patient zwar keine Schmerzen, aber Berührungen wahrnehmen kann.

Schmerz- und Berührungsreize werden über verschiedene Neuronen verarbeitet und weitergeleitet. Da die Signalübertragung der Schmerzreize nur über sehr aktive, dünne Aδ-Neuronen und nicht myelinisierte C-Neuronen erfolgt, während die Berührungsreize über weniger aktive, dicke Aβ-Neuronen übertragen werden, muss angenommen werden, dass die hohe Aktionspotenzialrate mit einer höheren Anzahl an aktiven Natriumionenkanälen zusammenhängt, die für die Erregungsleitung notwendig sind und durch das Lidocain blockiert werden. Ein größerer Innenwiderstand dünner Axone bedingt eine geringere Reichweite der lokalen Strömchen und damit eine größere Abhängigkeit von funktionsfähigen Natriumionenkanälen.

Weiterhin kann angenommen werden, dass die Diffusion des Medikaments in das Axon bei nicht myelinisierten Neuronen leichter möglich ist.

Material B – Multiple Sklerose

1 Beschreiben Sie die durch Multiple Sklerose verursachten Veränderungen am Axon.

Die Myelinscheiden der Axone werden durch Abwehrzellen des Immunsystems angegriffen und abgebaut. Dies führt bei einer akuten Demyelinisierung dazu, dass größere Bereiche des Axons keine Myelinscheide mehr haben. An diesen Stellen liegen aber keine Natriumionenkanäle vor. Die chronische Demyelinisierung ist dadurch gekennzeichnet, dass in den frei liegenden Bereichen des Axons neue Natriumionenkanäle gebildet worden sind. Bei degenerierten Axonen sind die myelinfreien Bereiche und die synaptischen Endigungen zurückgebildet. Es besteht kein Kontakt zum folgenden Neuron.

2 Erklären Sie die Auswirkungen der verschiedenen Stadien der Demyelinisierung auf die Erregungsleitung.

Die akute Demyelinisierung hat zur Folge, dass Aktionspotenziale nicht weitergeleitet werden können, da in den demyelinisierten Bereichen keine Natriumionenkanäle vorhanden sind. Da beim chronisch demyelinisierten Axon die Natriumionenkanäle neu gebildet worden sind, ist dort eine Erregungsleitung möglich. Aufgrund der fehlenden Myelinscheide erfolgt die Erregungsleitung in den entsprechenden Bereichen verlangsamt. Degenerierte Axone sind zu keiner Erregungsleitung befähigt, da sowohl das Axon als auch die synaptischen Endigungen zurückgebildet sind und kein Kontakt zum folgenden Neuron besteht.

3 Begründen Sie, weshalb das Krankheitsbild bei der Multiplen Sklerose sehr uneinheitlich sein kann.

Das Krankheitsbild der Multiplen Sklerose ist sehr uneinheitlich, da die verschiedenen Stadien der Demyelinisierung unterschiedliche Auswirkungen auf die Erregungsleitung haben. So sind akute Lähmungserscheinungen möglich, die teilweise zurückgehen, also reversibel sind. Da degenerierte Axone keine Erregungsleitung mehr zulassen, sind die dadurch entstehenden Lähmungserscheinungen erheblicher und nicht reversibel. Weiterhin ist die jeweilige Lähmung oder Ausfallerscheinung davon abhängig, welche und wie viele Neuronen von einer Demyelinisierung betroffen sind.

Zusatzinformation: Einzelne Stadien der Demyelinisierung können „übersprungen" werden, wodurch der Krankheitsverlauf beschleunigt wird.

3.5 Informationsübertragung an Synapsen

Seite 234–236

1 Erstellen Sie ein Flussdiagramm, das den Ablauf der Informationsübertragung an einer chemischen Synapse übersichtlich darstellt.

Aktionspotenzial erreicht das synaptische Endknöpfchen und die Zellmembran wird dort durch Öffnen der Natriumionenkanäle depolarisiert.

↓

Spannungsgesteuerte Calciumionenkanäle öffnen sich.

↓

Durch den Einstrom von Calciumionen erhöht sich deren Konzentration in der Zelle.

↓

Vesikel mit dem Neurotransmitter Acetycholin öffnen sich durch Exocytose in den synaptischen Spalt.

↓

Acetylcholin-Moleküle diffundieren zur postsynaptischen Membran.

↓

Acetylcholin-Moleküle binden an Acetylcholin-Rezeptoren.

↓

Für Natriumionen permeable Ionenkanäle öffnen sich.

↓

Einströmende Natriumionen bewirken Depolarisation der postsynaptischen Membran.

↓

Bei Erreichen des Schwellenwerts wird am Axonhügel des postsynaptischen Neurons ein Aktionspotenzial ausgelöst.

↓

Acetylcholin wird vom Enzym Acetylcholin-Esterase in Cholin und Acetat gespalten und damit inaktiviert.

↓

Cholin gelangt durch aktiven Transport zurück in präsynaptische Endigung.

↓

Ein Enzym verknüpft das Cholin mit einem neuen Acetatrest.

↓

Rückgewinnung der Vesikel durch Endocytose.

↓

Zurückgewonnene Vesikel werden mit Transmittermolekülen befüllt.

2 Vergleichen Sie die Informationsübertragung an der chemischen und an der elektrischen Synapse.

Gemeinsamkeiten: An beiden Synapsentypen werden Informationen von einem Neuron auf eine benachbarte Zelle (Neuron oder Muskelzelle) übertragen und somit weitergeleitet.

Unterschiede: Bei einer chemischen Synapse erfolgt die Informationsübertragung durch einen Neurotransmitter. Die elektrische Übertragung erfolgt über Gap junctions, Ionenkanäle, die die Neuronen verbinden.

Die Signalübertragung an elektrischen Synapsen geschieht schneller als an chemischen Synapsen. Sie ist zudem in beide Richtungen, also bidirektional möglich. Aufgrund der elektrischen Kopplung elektrischer Synapsen werden Signale, anders als an chemischen Synapsen, passiv weitergeleitet.

Seite 237 (Material)

Material A – Der Vagusstoff

1 Beschreiben Sie das von Loewi durchgeführte Experiment.

Loewi präparierte zwei Froschherzen, eines mit Vagusnerv, das andere ohne. Die Herzen wurden jeweils in ein mit physiologischer Kochsalzlösung gefülltes Gefäß gelegt. Beide Gefäße wurden durch einen Schlauch mit einer Pumpe miteinander verbunden. Die Herzfrequenz beider Herzen wurde gemessen. Beide Herzen schlugen mit gleicher Frequenz.

Stimulierte Loewi den Vagusnerv, so beobachtete er, dass das mit diesem Nerv verbundene Herz daraufhin eine geringere Herzschlagfrequenz hatte. Die Schlagfrequenz des anderen Herzens reduzierte sich in gleichem Maße, obwohl dessen Gefäß nur über den Schlauch mit der Pumpe mit dem Gefäß des ersten Herzens verbunden war.

2 Erklären Sie, welche Vorstellung zur Informationsübertragung an der Synapse mit diesem Experiment bestätigt wurde.

Da beide Froschherzen in verschiedenen Gefäßen aufbewahrt wurden, hatten sie keinen direkten Kontakt. Lediglich ein Teil der Flüssigkeit aus dem ersten Gefäß konnte mittels Schlauch und Pumpe in die zweite Kammer gelangen.

Die Information, die dazu führte, dass auch das zweite Herz langsamer schlug, konnte somit nur durch die Flüssigkeit in die zweite Kammer gelangt sein. Es musste sich also um einen chemischen Botenstoff, einen Neurotransmitter, handeln, der mit der Flüssigkeit in das andere Gefäß transportiert wurde. Somit bestätigte Loewis Experiment die Annahme, dass die Informationsübertragung durch einen chemischen Botenstoff erfolgt.

3 Deuten Sie anhand der Herzfrequenzen die Funktion des Vagusnervs.

Die Stimulation des Vagusnervs führte dazu, dass sich die Frequenz des Herzschlags beim Frosch verringerte. Deshalb kann angenommen werden, dass der Vagusnerv für die Verlangsamung des Herzschlags verantwortlich ist. *Zusatzinformation: Die Herztätigkeit wird vom vegetativen Nervensystem gesteuert. Auf Herzfrequenz und Schlagkraft des Herzmuskels wirkt der Nervus vagus verlangsamend. Der Transmitter des N. vagus ist Acetylcholin. Die Nerven des Sympathikus erhöhen die Herzfrequenz.*

Material B – Chemische und elektrische Synapse im Vergleich

1 Vergleichen Sie die Membranpotenziale des präsynaptischen Axons und der postsynaptischen Membran in den beiden Teilversuchen.

In Teilversuch A führt der elektrische Reiz in der präsynaptischen Zelle zu einem Aktionspotenzial. Fast zeitgleich mit Einsetzen des Aktionspotenzials ändert sich das postsynaptische Potenzial. Dort wird ebenfalls eine Depolarisation beobachtet.

Auch in Teilversuch B führt der elektrische Reiz zur Ausbildung eines Aktionspotenzials in der präsynaptischen Zelle. An der postsynaptischen Membran wird jedoch nur eine geringe Depolarisation gemessen, die den Schwellenwert nicht erreicht. Außerdem zeigt die Messung, dass die postsynaptische Membran erst nach einer zeitlichen Verzögerung reagiert.

2 Begründen Sie, welche postsynaptische Reaktion der elektrischen und welche der chemischen Synapse zuzuordnen ist.

Da in Teilversuch A kaum eine zeitliche Verzögerung zwischen der Reaktion der präsynaptischen und der postsynaptischen Zelle auf den elektrischen Reiz zu beobachten ist, ist sie der elektrischen Synapse zuzuordnen. Die größere Amplitude des postsynaptischen Potenzials lässt sich damit erklären, dass ein ungehinderter Stromfluss zwischen beiden Neuronen durch die Gap junctions erfolgt.

Im Teilversuch B ist eine deutliche Verzögerung der Veränderung des postsynaptischen Potenzials gegenüber dem Aktionspotenzial am Axon der präsynaptischen Zelle zu beobachten. Deshalb muss es sich um eine chemische Synapse handeln. Zudem zeigt das postsynaptische Potenzial eine geringere Amplitude. Der Schwellenwert, der zum Auslösen eines Aktionspotenzials am Axonhügel der nachgeschalteten Zelle notwendig ist, wird nicht erreicht.

3.6 Neurotransmitter

Seite 238–240

1 Beschreiben Sie die Abläufe der Synthese von Neurotransmittern.

Neurotransmitter, die zur Stoffklasse der Peptide gehören, werden in mehreren Schritten gebildet. Zunächst werden an den Ribosomen des rauen Endoplasmatischen Reticulums langkettige Peptide als Vorläufer der aktiven Neurotransmitter synthetisiert. Die Vorläufer werden in den Golgi-Apparat transportiert und dort in kleinere Peptidfragmente, die aktiven Neurotransmitter, zerlegt. Anschließend erfolgt der anterograde Transport der Neurotransmitter in Vesikeln entlang des Axons zum Synapsenendknöpfchen. Dort werden die Vesikel mit den Neurotransmittern gespeichert.

Transmitter der Stoffklassen Aminosäuren und Amine werden im Synapsenendknöpfchen synthetisiert und mithilfe von Transporterproteinen in die Vesikel befördert. Die Enzyme zur Herstellung dieser Neurotransmitter werden im Endoplasmatischen Reticulum im Soma des Neurons produziert und entlang des Axons zum Synapsenendknöpfchen transportiert.

2 Stellen Sie den Second-Messenger-Übertragungsweg in einem Flussdiagramm dar.

Der Transmitter Noradrenalin bindet an einen β-adrenergen Rezeptor für Noradrenalin in der postsynaptischen Membran.

↓

Ein an den β-adrenergen Noradrenalin-Rezeptor gebundenes G-Protein wird aktiviert, indem das Cosubstrat GDP durch GTP ersetzt wird.

↓

Das aktivierte G-Protein aktiviert das Enzym Adenylatcyclase, welches ATP in cAMP umwandelt.

↓

cAMP stimuliert eine Proteinkinase, die Phosphatgruppen auf Kaliumionenkanäle überträgt.

↓

Die Kaliumionenkanäle schließen sich.

↓

Das Ruhepotenzial an der postsynaptischen Membran wird geringer, da keine Kaliumionen aus dem Neuron herausströmen können.

3 Erklären Sie, weshalb man einen an ein G-Protein gekoppelten Signalweg als Second-Messenger-Übertragungsweg bezeichnet.

Beim Second-Messenger-Übertragungsweg bindet das Transmittermolekül an einen Rezeptor auf der postsynaptischen Membran, ohne dass direkt ein Ionenkanal geöffnet oder geschlossen wird. Erst durch die weiteren Reaktionen, bei denen cAMP gebildet wird, erfolgt eine indirekte Wirkung auf spezifische Ionenkanäle. Das cAMP wirkt wie ein zweiter Botenstoff, also wie ein Second Messenger.

Seite 241 (Material)

Material A – Der verkürzte Signalweg

1 Beschreiben Sie den Ablauf des verkürzten Signalwegs.

Beim verkürzten Signalweg ist der muskarinische Acetylcholin-Rezeptor mit einem G-Protein gekoppelt. Das G-Protein wird durch Bindung des Acetylcholins aktiviert, indem ein GDP durch ein GTP ausgetauscht wird. Nach seiner Aktivierung spaltet sich das G-Protein in ein α- und ein β- und γ-Teilprotein. Das α-Teilprotein wandert entlang der postsynaptischen Membran zu einem benachbarten zunächst geschlossenen Kaliumionenkanal. Das α-Teilprotein bewirkt die Öffnung des Kaliumionenkanals.

2 Erläutern Sie die Wirkung des Acetylcholins an der postsynaptischen Membran des Herzmuskels.

Das Acetylcholin bewirkt an der postsynaptischen Membran des Herzmuskels, dass Kaliumionenkanäle geöffnet werden. Dies hat zur Folge, dass positiv geladene Kaliumionen aus den Neuronen des Herzmuskels hinausströmen. Damit erhöht sich der Wert des postsynaptischen Ruhepotenzials. Das Neuron ist nicht mehr so leicht erregbar. Das hat für den Herzmuskel zur Folge, dass die Herzfrequenz durch den Transmitter Acetylcholin abgesenkt wird.

Hinweis: Vgl. Schulbuch Seite 289, Material A – Der Vagusstoff.

3 Bereits wenige mg Muskarin wirken tödlich. Erklären Sie diesen Sachverhalt.

Muskarin bindet wie das Acetylcholin an den muskarischen Acetylcholin-Rezeptor der Neuronen im Herzen. Seine Wirkung entspricht der des Acetylcholins, ist aber stärker. Dies hat zur Folge, dass die Anzahl der geöffneten Kaliumionenkanäle zunimmt und sich damit der Wert des postsynaptischen Potenzials erheblich erhöht. Das Neuron ist dadurch nicht mehr erregbar und der Herzschlag setzt aus.

Material B – Second-Messenger-Kaskade

1 Beschreiben Sie den Ablauf der Second-Messenger-Kaskade.

Der Neurotransmitter bindet an einen spezifischen Rezeptor und aktiviert ihn. Daraufhin aktiviert der Rezeptor mehrere G-Proteine. Bei diesem Prozess wird GDP durch ein GTP ersetzt. Jedes aktivierte G-Protein stimuliert eine Adenylatcyclase, die ihrerseits mehrere ATP-Moleküle in cAMP-Moleküle umwandeln. Jedes cAMP aktiviert daraufhin eine Proteinkinase, die mehrere Kaliumionenkanäle phosphoryliert und damit öffnet.

Zusatzinformation: Bei der Second-Messenger-Kaskade kann ein einziges Neurotransmittermolekül bis zu 20 G-Proteine aktivieren.

Proteinkinasen können Ionenkanäle auf unterschiedliche Weise beeinflussen. Es ist also auch möglich, dass Kaliumionenkanäle sich schließen und das Neuron dadurch leichter erregbar ist.

2 Erläutern Sie Gemeinsamkeiten und Unterschiede zwischen verkürztem Signalweg und Second-Messenger-Kaskade.

Gemeinsamkeiten: Bei beiden Signalwegen bindet der Neurotransmitter an einen an ein G-Protein gekoppelten Rezeptor. Weiterhin wird zur Aktivierung des G-Proteins ein GTP-Molekül benötigt. Es erfolgt somit keine direkte Öffnung eines Ionenkanals.

Unterschiede: Im Gegensatz zur Second-Messenger-Kaskade ist der verkürzte Signalweg dadurch gekennzeichnet, dass die Informationsübertragung vom Rezeptor zum Kaliumionenkanal nur durch das G-Protein vermittelt wird und damit sehr schnell (innerhalb von 30 bis 100 ms) erfolgt. Das G-Protein kann nur einen Ionenkanal in der direkten Nachbarschaft des Rezeptors beeinflussen.

An der Second-Messenger-Kaskade sind mehrere Enzyme beteiligt: neben dem G-Protein die Adenylatcyclase und eine Proteinkinase. Da jedes Transmittermolekül mehrere G-Proteine gleichzeitig aktivieren kann und jede Adenylatcyclase mehrere ATP-Moleküle in cAMP-Moleküle umwandelt, können sehr viele Proteinkinasen aktiviert werden und damit eine große Anzahl an Kaliumionenkanälen in einem größeren Bereich um den Rezeptor geschlossen werden. Dieser Prozess ist langsamer als der verkürzte Signalweg und dauert mit mehreren Minuten erheblich länger an.

3.7 Erregende und hemmende Synapsen

Seite 242–244

1 Erläutern Sie den Unterschied zwischen einem EPSP und einem IPSP.

Ein EPSP entsteht an erregenden Synapsen. Die postsynaptische Membran wird depolarisiert, da sich Natriumionenkanäle öffnen und Natriumionen in die postsynaptische Zelle einströmen. Ein EPSP trägt dazu bei, dass am Axonhügel der postsynaptischen Zelle ein neues Aktionspotenzial ausgelöst wird.

Das IPSP entsteht an hemmenden Synapsen. Die postsynaptische Membran wird hyperpolarisiert, da sich Chloridionenkanäle öffnen und Chloridionen in die postsynaptische Zelle einströmen. Das IPSP senkt die Wahrscheinlichkeit, dass am Axonhügel ein neues Aktionspotenzial ausgelöst wird.

2 Vergleichen Sie die räumliche und die zeitliche Summation.

Gemeinsamkeiten: Sowohl bei der räumlichen als auch bei der zeitlichen Summation addieren sich die Amplituden der postsynaptischen Potenziale. Je höher die hierdurch entstehende Depolarisation ist, umso mehr Aktionspotenziale werden am Axonhügel ausgelöst.

Unterschiede: Bei der räumlichen Summation addieren sich die Werte der EPSP mehrerer Synapsen, während bei der zeitlichen Summation die schnelle Folge von Erregungen einer einzelnen Synapse die Höhe der Depolarisation der postsynaptischen Membran bestimmt.

Seite 245 (Material)

Material A – Passive Erregungsleitung

1 Erläutern Sie anhand der gemessenen postsynaptischen Potenziale die Besonderheit der passiven Erregungsleitung.

Das direkt hinter der Synapse gemessene postsynaptische Potenzial ist höher als das in einiger Entfernung am Soma gemessene Potenzial. Die Depolarisation der Membran nimmt mit zunehmendem Abstand zur Synapse aufgrund des zunehmenden Widerstands ab. Demgegenüber ist die aktive Erregungsleitung am Axon dadurch gekennzeichnet, dass die Amplitude des Aktionspotenzials immer gleich bleibt.

2 Beschreiben und erklären Sie die im Koordinatensystem dargestellten Kurvenverläufe.

Der Schwellenwert liegt entlang der Dendriten und des Somas bei -35 mV. Im Bereich des Axonhügels nimmt er rapide ab auf einen Wert zwischen -55 und -60 mV. Ursache hierfür ist die hohe Dichte an spannungsgesteuerten Natriumionenkanälen im Bereich des Axonhügels.

Das postsynaptische Potenzial hat in direkter Nähe zur Synapse einen Wert von etwa -38 mV. Mit zunehmender Entfernung zur Synapse fällt das postsynaptische Potenzial aufgrund des elektrischen Widerstands der Zellmembran auf etwa -45 mV, während es sich passiv in der Zelle ausbreitet. In Höhe des Axonhügels überschreitet die Depolarisation der Membran den hier stark abfallenden Schwellenwert. Ein Aktionspotenzial wird ausgelöst. Ursache hierfür ist die hohe Dichte an spannungsgesteuerten Natriumionenkanälen im Bereich des Axonhügels.

Material B – Kurzschlusshemmung

1 Stellen Sie die Potenzialverhältnisse an den Elektroden 1 und 2 für die beiden dargestellten Fälle A und B unter Berücksichtigung der biochemischen Vorgänge dar.

Wenn die erregende Synapse aktiv und die hemmende Synapse inaktiv ist (Fall A), wird an der Elektrode 1 ein EPSP gemessen. Die an der Elektrode 2 gemessene Depolarisation ist aufgrund der passiven Erregungsleitung geringer als die an Elektrode 1.

Wenn sowohl die erregende als auch die hemmende Synapse aktiv sind (Fall B), wird an der Elektrode 1 ein EPSP gemessen, das die gleiche Amplitude hat wie bei Fall A. Die Elektrode 2 zeigt keinen Ausschlag, die gemessene Spannung entspricht dem Ruhepotenzial.

Die erregende Synapse ist dadurch gekennzeichnet, dass ein Neurotransmitter wie Acetylcholin die Rezeptoren für die Natriumionenkanäle besetzt, wodurch sich diese öffnen. Natriumionen strömen in die postsynaptische Zelle und die postsynaptische Membran wird depolarisiert. Es kommt zu einem EPSP.

An einer hemmenden Synapse wird ein Neurotransmitter wie Glycin ausgeschüttet, der an die Rezeptoren der Chloridionenkanäle der postsynaptischen Membran bindet und die Öffnung dieser Kanäle bewirkt. Deshalb strömen Chloridionen in die postsynaptische Zelle mit der Folge, dass deren Membran hyperpolarisiert wird, es kommt zu einem IPSP.

2 Erklären Sie am Beispiel der Schreckkrankheit die Bedeutung der Kurzschlusshemmung für die synaptische Integration.

Bei der Kurzschlusshemmung werden gleichzeitig eine erregende und eine hemmende Synapse aktiv. Dies hat zur Folge, dass sich das durch die erregende Synapse erzeugte EPSP und das durch die hemmende Synapse erzeugte IPSP addieren und somit gegenseitig auslöschen. Kurzschlusshemmungen verhindern im Rahmen der synaptischen Integration die Weiterleitung von Erregungen.

Bei der Schreckkrankheit sind Glycin-Rezeptoren defekt. Deshalb sind Kurzschlusshemmungen, an denen glycingesteuerte Rezeptoren beteiligt sind, nicht möglich. Erregungen werden ungehemmt weitergeleitet und verstärken somit die Schreckreaktion.

3.8 Synapsengifte

Seite 246–248

1 Nennen Sie die verschiedenen Neurotoxine und ihre Wirkorte an der Synapse.

Das Spinnengift der Schwarzen Witwe, α-Latrotoxin, bindet an die Außenseite der präsynaptischen Membran und bewirkt die Öffnung von Calciumionenkanälen.

Botulinumtoxin unterbindet die Freisetzung von Acetylcholin in den synaptischen Spalt, indem es die Verschmelzung der Vesikelmembran mit der präsynaptischen Membran verhindert.

Tetanustoxin verhindert die Freisetzung der inhibitorisch wirkenden Neurotransmitter Glycin und GABA in den synaptischen Spalt.

Das Gift der Königskobra, α-Bungarotoxin, bindet an die Acetylcholin-Rezeptoren der postsynaptischen Membran und verhindert die Öffnung der Natriumionenkanäle.

Curare bindet ebenfalls an die Acetylcholin-Rezeptoren der postsynaptischen Membran und verhindert die Öffnung der Natriumionenkanäle, wirkt aber nicht so stark wie α-Bungarotoxin.

Das Gift der Schwarzen Tollkirsche, Atropin, blockiert die Acetylcholin-Rezeptoren des Herzens. Bei höheren Dosierungen werden auch die Acetylcholin-Rezeptoren der motorischen Endplatte blockiert.

Nikotin bindet an Acetylcholin-Rezeptoren, wodurch sich die Natriumionenkanäle in der postsynaptischen Membran öffnen. Weiterhin hemmt es das Enzym Monoaminooxidase und beeinflusst damit das Belohnungssystem im Gehirn.

Chemische Kampfstoffe auf Basis von Phosphorsäureestern hemmen das Enzym Acetylcholin-Esterase und verhindern damit den Abbau von Acetylcholin im synaptischen Spalt.

2 Erläutern Sie, weshalb Atropin als Gegengift für Parathion genutzt werden kann.

Parathion wirkt, indem es das Enzym Acetylcholin-Esterase hemmt. Das hat zur Folge, dass Acetylcholin im synaptischen Spalt nicht mehr abgebaut wird und dauerhaft an die Acetylcholin-Rezeptoren der postsynaptischen Membran bindet. Daraus resultiert ein dauerhafter Einstrom von Natriumionen in die postsynaptische Zelle.

Atropin bindet ebenfalls an die Acetylcholin-Rezeptoren, blockiert diese jedoch. Deshalb verhindert Atropin die Öffnung der Natriumionenkanäle in Gegenwart des Acetylcholins. Es wirkt als Antagonist.

Seite 249 (Material)

Material A – Mungos und Kobras

1 Erläutern Sie die Wirkung von α-Bungarotoxin.

α-Bungarotoxin bindet an die Acetylcholin-Rezeptoren der postsynaptischen Membran und verhindert die Öffnung der Natriumionenkanäle. Deshalb kommt nach einem Schlangenbiss beim Beutetier an den motorischen Endplatten kein erregendes postsynaptisches Potenzial zustande. Die Muskulatur wird nicht innerviert und es kommt zur Lähmung auch der Atemmuskulatur.

2 Erklären Sie anhand der Messwerte, weshalb Mungos gegen das Schlangengift unempfindlich sind.

Das Balkendiagramm stellt die relativen Bindungsstärken des Proteins α-Bungarotoxin bei Igel, Maus, Hamster und Mungo dar. Bei Maus und Hamster sind relativ hohe Messwerte erkennbar. Das Neurotoxin bindet bei diesen Tierarten also verhältnismäßig stark an die Acetylcholin-Rezeptoren. Beim Igel und insbesondere beim Mungo sind die Messwerte relativ niedrig. Das α-Bungarotoxin kann demnach beim Mungo nur schwach an die Acetylcholin-Rezeptoren binden und diese nicht blockieren. Das Acetylcholin wird in seiner Wirkung nicht oder nur geringfügig beeinflusst. Deshalb treten beim Mungo bei einem Schlangenbiss keine Lähmungserscheinungen auf.

Material B – Der Tod des Sokrates

1 Stellen Sie Hypothesen zur möglichen Wirkung von Coniin an der Synapse auf.

Da Sokrates durch Atemlähmung starb, könnte angenommen werden, dass Coniin den Einstrom von Calciumionen durch die präsynaptische Membran unterbindet und damit die Erregungsübertragung an der Synapse verhindert. Es ist ebenfalls denkbar, dass Coniin die Ausschüttung von Acetylcholin in den synaptischen Spalt hemmt. Eine weitere Möglichkeit der Wirkung dieses Neurotoxins wäre die Blockade der Acetylcholin-Rezeptoren in der postsynaptischen Membran. Die drei genannten Annahmen basieren auf der Überlegung, dass keine Natriumionen in das postsynaptische Neuron einströmen und damit kein erregendes postsynaptisches Potenzial zustande kommt.

Eine weitere Möglichkeit der Coniin-Wirkung kann die verstärkte Wirkung hemmender Synapsen aufgrund eines erhöhten Chloridioneneinstroms in die Postsynapse sein. Ursache hierfür könnte die Bindung an den GABA-Rezeptor oder eine erhöhte Ausschüttung von mit GABA gefüllten Vesikeln sein. Aufgrund der Hyperpolarisation der postsynaptischen Membran würde bei der synaptischen Integration der Schwellenwert nicht erreicht.

2 Planen Sie ein Experiment am Neuron zur Überprüfung Ihrer Hypothesen.

Anhand der Bestimmung der Calciumionenkonzentration im Synapsenendknöpfchen kann festgestellt werden, ob die Calciumionenkanäle durch das Neurotoxin blockiert werden. Die Bestimmung der Acetylcholinkonzentration im synaptischen Spalt erregender Synapsen beziehungsweise die der GABA-Konzentration bei hemmenden Synapsen dient der Feststellung, ob die Ausschüttung des jeweiligen Neurotransmitters in den synaptischen Spalt beeinflusst wird. Eine Überprüfung der Spannungsverhältnisse einzelner Ionenkanäle an der postsynaptischen Membran mithilfe der Patch-Clamp-Technik ermöglicht es festzustellen, ob die Natrium- oder die Chloridionenkanäle durch das Coniin beeinflusst werden.

3 Recherchieren Sie die Wirkung von Coniin und vergleichen Sie diese mit den von Ihnen aufgestellten Hypothesen.

Coniin bindet an den Rezeptor für Acetylcholin und verhindert die Öffnung der Natriumionenkanäle. Anhand der recherchierten Wirkung von Coniin können die anderen genannten Hypothesen falsifiziert werden.

3.9 Aufnahme und Verarbeitung von Sinnesreizen

Seite 250–251

1 Ermitteln Sie für die genannten Rezeptoren konkrete Beispiele für adäquate Reize.

Chemorezeptoren in der Nase reagieren auf chemische Stoffe in der Luft, die Duftstoffe.

Die Fotorezeptoren in der Netzhaut sind empfindlich für bestimmte Wellenlängen des Lichts.

Thermorezeptoren in der Haut reagieren auf Temperaturveränderungen.

Mechanorezeptoren in der Haut werden durch mechanische Reize wie Druck erregt.

2 Erläutern Sie, weshalb Röntgenstrahlen keinen Reiz für den Menschen darstellen. Nennen Sie weitere Beispiele.

Der Mensch besitzt keine Sinneszellen, die auf Röntgenstrahlen reagieren. Weitere Beispiele sind UV-, Infrarot- und radioaktive Strahlen sowie Ultraschall.

3 Erstellen Sie ein Flussdiagramm, das die Vorgänge der Signaltransduktion wiedergibt.

Beispiel Thermorezeptor:

Änderung der Hauttemperatur

↓

Räumliche Struktur von Ionenkanälen in den Thermorezeptoren wird verändert.

↓

Ionen strömen in die Zelle, sodass sich das Membranpotenzial ändert.

↓

Transmittergefüllte Vesikel entlassen durch Exocytose Transmitter in den synaptischen Spalt.

↓

Transmitter binden an die Ionenkanäle im nachgeschalteten Neuron.

↓

Nachgeschaltetes Neuron wird depolarisiert.

↓

Weiterleitung des Signals zum ZNS.

Beispiel Fotorezeptor:

Lichtreiz trifft auf Rezeptorzelle.

↓

Rezeptorproteine in der Zellmembran werden angeregt und lösen Reaktionskette im Zellinneren aus.

↓

Bildung eines Second Messengers

↓

Öffnen oder Schließen von Ionenkanälen.

↓

Transmittergefüllte Vesikel entlassen durch Exocytose Transmitter in den synaptischen Spalt.

↓

Transmitter binden an die Ionenkanäle im nachgeschalteten Neuron.

↓

Nachgeschaltetes Neuron wird depolarisiert.

↓

Weiterleitung des Signals zum ZNS.

4 Vergleichen Sie die Signaltransduktion der verschiedenen Sinneszellen.

Gemeinsamkeiten: Alle Sinneszellen reagieren auf einen spezifischen Reiz mit einer Veränderung des Rezeptorpotenzials. Alle Sinneszellen können schwache Reize verstärken. Reize werden immer in elektrische Signale umgewandelt.

Unterschiede: Bei Chemorezeptoren binden Moleküle an ein Rezeptorprotein, was über eine intrazelluläre Reaktionskette zu einer Änderung des Membranpotenzials in der Zelle führt.

Bei Fotorezeptoren führt ein Lichtreiz zur Strukturänderung des Rezeptorproteins, was ebenfalls über eine intrazelluläre Signalübertragung zu einer Änderung des Membranpotenzials in der Zelle führt.

Bei Thermorezeptoren führt ein Wärmereiz zu einer Öffnung von Ionenkanälen, was eine Änderung des Membranpotenzials in der Zelle zur Folge hat.

Bei Mechanorezeptoren führt ein mechanischer Reiz wie Berührung, Druck oder Vibration zur Öffnung von Ionenkanälen, was zu einer Änderung des Membranpotenzials in der Zelle führt.

Während mechanische Reize und Wärmereize einen direkten Einfluss auf den Öffnungszustand der Membrankanäle haben, wirken Duftstoffe und Lichtreize indirekt über einen Signalübertragungsweg im Inneren der Zelle. Daran sind die Second Messenger beteiligt.

1 Vergleichen Sie Bau und Funktion von primären und sekundären Sinneszellen.

Gemeinsamkeiten: Sowohl primäre als auch sekundäre Sinneszellen haben einen Zellkörper mit Zellkern sowie spezifische Membranstrukturen zur Reizaufnahme. Sie wandeln spezifische Reizinformationen aus der Umwelt in elektrische Signale um.

Unterschiede: Primäre Sinneszellen, zum Beispiel die Geruchsrezeptoren der Insekten und Wirbeltiere, ähneln in ihrem Bau den Neuronen. Sie haben im Gegensatz zu den sekundären Sinneszellen ein Axon und bilden ein Rezeptorpotenzial, das sich bis zum Axonhügel ausbreitet und dann bei Überschreiten eines Schwellenwertes in Aktionspotenziale umgesetzt wird. Diese Erregung wird auf nachgeschaltete Neuronen übertragen.

Sekundäre Sinneszellen, zum Beispiel Haarzellen im Ohr der Wirbeltiere, besitzen kein Axon und bilden selbst keine Aktionspotenziale. Das Rezeptorpotenzial breitet sich bis zur Synapse aus und bewirkt dort die Ausschüttung eines Neurotransmitters. Im nachgeschalteten Neuron können dann Aktionspotenziale entstehen.

2 Beschreiben und erläutern Sie die unterschiedlichen Rezeptorantworten im Hinblick auf den Zusammenhang zwischen Reiz und Rezeptorpotenzial.

Je nach Reizantwort unterscheidet man drei Typen von Rezeptoren: Tonische Rezeptoren ändern ihre Impulsfrequenz bei Dauerreizung und bei gleicher Reizstärke nicht. Die Reizstärke wird exakt codiert. Eine Rezeptoradaptation findet nicht statt. Bei phasischen Rezeptoren fällt die Impulsfrequenz bei Dauerreizung durch Adaptation auf null ab. Bei phasisch-tonischen Rezeptoren ist die Impulsfrequenz am Anfang hoch und fällt dann auf einen niedrigeren konstanten Wert ab.

3 Nennen Sie für das Phänomen der Rezeptoradaptation Beispiele aus dem Alltag.

Individuelle Lösungen. Als Beispiele können zum Beispiel genannt werden:
- Hell-Dunkel-Adaptation des Auges,
- Einstellen des Gehörsinns auf einen Geräuschpegel,
- Gewöhnung der Geruchs- und Geschmacksrezeptoren, Gewöhnung an den Berührungsreiz durch Kleidung.

Seite 253 (Material)

Material A – Der Infrarotsensor des Schwarzen Kiefernprachtkäfers

1 Beschreiben Sie den Infrarotsensor des Käfers und erläutern Sie dessen biologische Bedeutung.

Der Schwarze Kiefernprachtkäfer besitzt Infrarotrezeptoren in den Hüftgruben der Mittelbeine, die Feuerwärme registrieren können. Jeder Rezeptor ist eingebettet in einen winzigen, mit kleinsten Mengen Wasser gefüllten Behälter. Das Wasser in den Behältern der Rezeptoren wird bei einem Waldbrand durch die Infrarotstrahlung erhitzt, dehnt sich aus und drückt gegen die Sinneszelle. Die druckabhängige Verformung des Rezeptors führt zur Auslösung eines Rezeptorpotenzials. Der Käfer registriert die Spannungsänderungen und fliegt in Richtung Waldbrand. Die Infrarotsensoren der Käfer ermöglichen ihnen, Waldbrände schnell zu orten, sodass die Weibchen ihre Eier unter die Rinde von abgebrannten Bäumen ablegen können.

2 Ordnen Sie die Infrarotsinneszellen einem Rezeptortyp zu und begründen Sie Ihre Zuordnung.

Die Infrarotsinneszellen des Schwarzen Kiefernprachtkäfers sind den Mechanorezeptoren zuzuordnen, da sie auf Druckänderungen reagieren. Durch die Ausdehnung des wassergefüllten Behälters wird Druck auf den Rezeptor ausgeübt, sodass dieser sich verformt. Die Verformung löst Ionenströme und damit Spannungsänderungen aus.

3 Beschreiben Sie das Antwortverhalten einer Infrarotsinneszelle und begründen Sie, um welche Art der Reizcodierung es sich hierbei handelt.

Bei anhaltender Reizung der Infrarotsinneszellen nimmt die Frequenz der Aktionspotenziale zunächst ab, nach einer Weile werden trotz weiter bestehendem Wärmereiz gar keine Aktionspotenziale mehr ausgelöst. Bei dem Infrarotsensor des Schwarzen Kiefernprachtkäfers handelt es sich somit um einen phasischen Rezeptor.

Material B – Der sechste Sinn der Haie

1 Beschreiben Sie den Aufbau der Lorenzinischen Ampullen und erläutern Sie an diesem Beispiel das Basiskonzept Struktur und Funktion.

Die Lorenzinischen Ampullen sind winzige, schleimgefüllte Kanäle mit Elektrorezeptoren. Sie sind über die Schnauzenregion verteilt und an der Hautoberfläche als dunkle Porenöffnungen zu erkennen. Im Meerwasser entstehen durch die Muskelbewegungen von Lebewesen elektrische Felder. Diese elektrischen Felder können von den Lorenzinischen Ampullen registriert werden. Die Struktur der Lorenzinischen Ampullen erklärt deren Funktion: Die mit Schleim gefüllten Kanäle leiten selbst schwache elektrische Ströme an die Rezeptoren weiter.

2 Erläutern Sie die Reizcodierung in Elektrorezeptoren.

Die Elektrorezeptorzelle wird erregt, wenn ein elektrisches Feld über ihrer Membran ein Potenzial erzeugt. Es öffnen sich Ionenkanäle und Ionen strömen in die Zelle ein. Die Weiterleitung des Signals erfolgt dann über Synapsen. Die Frequenz der entstehenden Aktionspotenziale zeigt die Stärke und Ausrichtung des elektrischen Feldes an. Die Reizrichtung erkennt der Hai an der Position der erregten Rezeptoren in seiner Haut.

Material B – Der sechste Sinn der Haie

3 Erläutern Sie die biologische Bedeutung des sechsten Sinns von Haien.

Jedes Lebewesen erzeugt elektrische Felder durch Muskelaktivität. Haie erkennen diese schwachen elektrischen Felder, von denen Tiere im Wasser umgeben sind, mit dem sechsten Sinn, das heißt mithilfe der Lorenzinischen Ampullen. Dieser Sinn hilft Haien dabei, ihre Beute zu finden und in der Schlussphase eines Angriffs zu erkennen, wo sie zubeißen sollten. Er lässt sie aber auch spüren, wenn sich ihnen ein Beutegreifer nähert. Der sechste Sinn ist somit ein sehr effektives System zur schnellen Ortung von Beute und Feinden.

3.10 Struktur und Funktion des Auges

Seite 254–255

1 Erstellen Sie ein Flussdiagramm, das den Strahlengang im Auge wiedergibt.

Die Lichtstrahlen treffen auf die Hornhaut des Auges
und werden gebündelt.

↓

Sie passieren die Pupille, deren Größe
und somit die eindringende Lichtmenge
durch die Iris geregelt wird.

↓

Die Lichtstrahlen durchdringen
die transparente Linse.

↓

Sie gelangen durch den Glaskörper
zur Retina.

↓

Dort erreichen sie die Fotorezeptoren, wo das Licht von
den Fotopigmenten absorbiert wird.

2 Erklären Sie, weshalb bei Tag die Sehschärfe im gelben Fleck am höchsten ist.

Das Zentrum des von der Linse erzeugten Bildes fällt genau auf den gelben Fleck. In diesem Bereich der Retina ist die Dichte der Zapfen am höchsten. Zapfen sind für das Sehen bei Tageslicht zuständig. Der gelbe Fleck ist deshalb bei Tag der Bereich des schärfsten Sehens.

1 Geben Sie die Unterschiede zwischen Stäbchen und Zapfen tabellarisch an.

	Stäbchen	Zapfen
höchste Dichte	Peripherie der Retina	gelber Fleck (Fovea) in der Retina
Form	länglich, zylindrisch	kürzer, zugespitzt
Funktion	Sehen bei Dämmerung und Dunkelheit	Farbensehen bzw. Sehen am Tag
Rezeptortypen	nur ein Typ	drei verschiedene Typen (Blau-, Rot- und Grünrezeptoren)
Lichtempfindlichkeit	hoch	niedrig
Anzahl der Disks	hoch	geringer

2 Fassen Sie die wichtigsten Schritte der Fototransduktion zusammen.

Fototransduktion ist die Umwandlung eines Lichtreizes in einen Nervenimpuls. Sie erfolgt in den Disks von Stäbchen und Zapfen, die den Sehfarbstoff Rhodopsin enthalten. Trifft ein Photon auf ein Rhodopsinmolekül, reagiert es zu Metarhodopsin II. Dieses reagiert mit dem Membranprotein Transducin. Das so aktivierte Transducin aktiviert wiederum das Enzym Phosphodiesterase, das den Abbau von zyklischem Guanosinmonophosphat, kurz cGMP, auslöst. Die Abnahme der Konzentration des cGMP hat eine Schließung der Natriumionenkanäle und damit eine Hyperpolarisation der Zellmembran der Fotorezeptorzelle zur Folge.

3 Erklären Sie das Sprichwort: „Nachts sind alle Katzen grau".

Bei wenig Licht sehen wir keine Farben, denn die Zapfen werden bei geringer Lichtintensität nicht mehr gereizt. Die Stäbchen, die lichtempfindlicher als die Zapfen sind und daher noch bei geringem Licht reagieren, senden aber weiterhin Impulse ans Gehirn. Aus diesem Grund sehen wir bei wenig Licht keine Farben mehr, sondern nur noch Grautöne.

Seite 259 (Material)

Material A – Potenzialverhältnisse bei Zellen der Retina

1 Beschreiben Sie die Membranpotenziale in den einzelnen Zellen der Retina bei Dunkelheit und bei Belichtung.

In völliger Dunkelheit beträgt das Ruhepotenzial eines Stäbchens –40 mV. Die nachgeschalteten Zellen, die Bipolarzelle und die Ganglienzelle, zeigen ein Ruhepotenzial von –70 mV.

Eine Belichtung bewirkt eine Hyperpolarisation der Stäbchenmembran auf –60 mV. Die Bipolarzelle wird auf

–20 mV depolarisiert. Hier wird kein Aktionspotenzial erzeugt. In der Ganglienzelle wird dagegen ein Aktionspotenzial ausgelöst, wodurch ihr Membranpotenzial von –70 mV auf +30 mV steigt.

2 Erläutern Sie, wie es zu den dargestellten Membranpotenzialen bei Dunkelheit und bei Belichtung in den Zellen der Retina kommt.

Die Synapsen der Stäbchen schütten im Dunkeln ständig einen die Bipolarzellen hemmenden Transmitter aus. In den Bipolarzellen und den nachgeschalteten Ganglienzellen erfolgt keine Erregung.

Ein auftreffender Lichtreiz bewirkt eine Hyperpolarisation der Stäbchenmembran. Die hemmende Transmitterausschüttung stoppt und die Bipolarzellen werden depolarisiert. Die Erregung wird an die Ganglienzellen durch erregende Transmitterausschüttung weitergegeben. Die Ganglienzellen bilden Aktionspotenziale aus.

Material B – Retinitis pigmentosa

1 Beschreiben Sie die anatomischen Veränderungen der Retina bei einer an Retinitis pigmentosa erkrankten Person.

Die Abbildung zeigt, dass die Retina der an Retinitis pigmentosa erkrankten Person im Vergleich zur Retina eines gesunden Menschen stark verändert ist. Die Anordnung der unterschiedlichen Zelltypen in Schichten ist nicht mehr eindeutig zu erkennen. Auffällig ist eine Degeneration der Fotorezeptoren; diese sind nicht eindeutig zu identifizieren.

2 Stellen Sie eine Hypothese zur Reizantwort der Fotorezeptoren einer an Retinitis pigmentosa erkrankten Person im Vergleich zu einer gesunden Person auf.

Während bei Gesunden ein Lichtreiz zu einer Änderung des Membranpotenzials der Fotorezeptoren führt, ist bei einer an Retinitis pigmentosa erkrankten Person davon auszugehen, dass die Reizantwort der Fotorezeptoren stark reduziert oder nicht vorhanden ist.

3 Begründen Sie, weshalb eine Mutation in den Genen für die cGMP-spezifische Phosphodiesterase eine Retinitis pigmentosa verursachen kann.

Eine Mutation in den Genen der cGMP-spezifischen Phosphodiesterase führt zu einer strukturellen Veränderung des Enzyms. Daher wird die katalytische Funktion des Enzyms gestört. Die Folge ist eine Unterbrechung der biochemischen Kaskade während der Fototransduktion. Eine adäquate Reaktion auf einen Lichtreiz bleibt aus.

3.11 Vom Reiz zur Wahrnehmung

Seite 260-261

1 Erklären Sie mithilfe von Abbildung 2 die unterschiedlichen Reaktionen von Ganglienzellen auf Lichtreize.

Ein rezeptives Feld auf der Netzhaut besitzt ein Zentrum und ein Umfeld. Die Fotorezeptoren im Zentrum sind direkt mit Bipolarzellen verbunden, die Fotorezeptoren im Umfeld nehmen über Horizontalzellen Einfluss auf die Bipolarzellen. Wirken die Bipolarzellen erregend auf die nachgeschaltete Ganglienzelle, spricht man von einer ON-Bipolarzelle.

Je nachdem, auf welchen Bereich das Licht fällt, antwortet die Ganglienzelle mit unterschiedlichen Frequenzen.

Fällt Licht auf Fotorezeptoren, die sich im Zentrum des rezeptiven Feldes befinden, bildet die Ganglienzelle mehr Aktionspotenziale als sonst, die Frequenz steigt. Die Zelle ist erregt. Fällt Licht sowohl auf Fotorezeptoren im Zentrum als auch auf die Fotorezeptoren des Umfelds, so verringert sich die Impulsfrequenz der Ganglienzelle wieder. Die Horizontalzellen wirken hemmend auf die ON-Bipolarzelle; das führt zu einer verringerten Impulsfrequenz, obwohl auch im zweiten Versuch das Zentrum des rezeptiven Feldes genauso stark wie im ersten Versuch belichtet wurde. Durch die Verrechnung von hemmenden und erregenden Einflüssen auf die Bipolarzelle wird die Reizinformation bereits in der Netzhaut verrechnet.

Ist die Helligkeit im Zentrum und im Umfeld gleich, verändert sich die Impulsfrequenz der Ganglienzelle somit nicht oder weniger als bei Belichtung nur des Zentrums, da sich die Aktivitäten der hemmenden und erregenden Bipolarzellen aufheben. Bei Helligkeitsunterschieden im Zentrum und im Umfeld reagiert die Ganglienzelle also mit verstärkter Veränderung des Antwortverhaltens. Je größer die Helligkeitsunterschiede zwischen beleuchtetem Zentrum und dunkler Umgebung sind, desto mehr Aktionspotenziale werden in der Ganglienzelle gebildet. Die Ganglienzellen reagieren daher am stärksten auf helle Flecken vor dunklem Hintergrund.

Zusatzinformation: Da Zentrum und Umfeld eines rezeptiven Feldes die Aktivität der Ganglienzellen mit gegensätzlicher Wirkung beeinflussen, spricht man von einem Zentrum-Umfeld-Antagonismus.

2 Erläutern Sie, weshalb mit einem verdeckten Auge kein räumliches Sehen möglich ist.

Ist ein Auge verdeckt, wird nur die Information für eine Hälfte des Gesichtsfeldes zu einer Hälfte des visuellen Cortex weitergeleitet. Das Gehirn kann kein räumliches Bild erstellen.

1 Beschreiben Sie mithilfe eines Flussdiagramms den Sehprozess vom Auge bis zur bewussten Wahrnehmung.

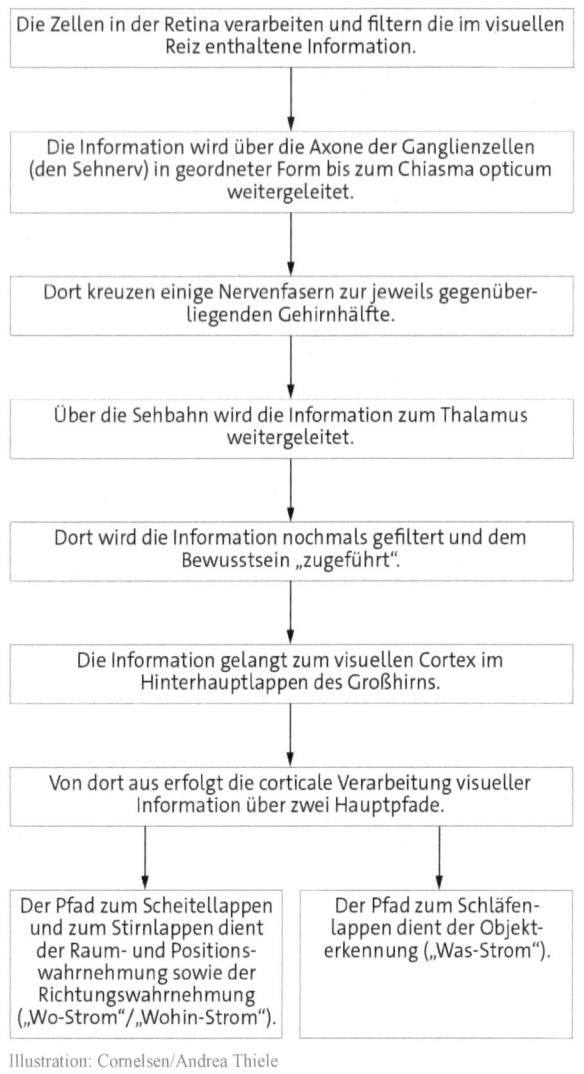

> Die Zellen in der Retina verarbeiten und filtern die im visuellen Reiz enthaltene Information.

> Die Information wird über die Axone der Ganglienzellen (den Sehnerv) in geordneter Form bis zum Chiasma opticum weitergeleitet.

> Dort kreuzen einige Nervenfasern zur jeweils gegenüberliegenden Gehirnhälfte.

> Über die Sehbahn wird die Information zum Thalamus weitergeleitet.

> Dort wird die Information nochmals gefiltert und dem Bewusstsein „zugeführt".

> Die Information gelangt zum visuellen Cortex im Hinterhauptlappen des Großhirns.

> Von dort aus erfolgt die corticale Verarbeitung visueller Information über zwei Hauptpfade.

> Der Pfad zum Scheitellappen und zum Stirnlappen dient der Raum- und Positionswahrnehmung sowie der Richtungswahrnehmung („Wo-Strom"/„Wohin-Strom").

> Der Pfad zum Schläfenlappen dient der Objekterkennung („Was-Strom").

Illustration: Cornelsen/Andrea Thiele

Seite 263 (Material)

Material A – Ein Neuron für Halle Berry?

1 Beschreiben Sie die in Abbildung A dargestellten Hypothesen zur Repräsentation komplexer Informationen.

Die Abbildung A zeigt schematisch und vereinfacht zwei unterschiedliche Hypothesen, wie komplexe Reizinformationen, hier Gesichter berühmter Personen, im Schläfenlappen verarbeitet werden. In zwei Spalten sind die Ergebnisse möglicher Messungen für die jeweiligen Hypothesen dargestellt.

In der linken Spalte wird die Einzelzellhypothese angenommen. Das heißt, dass einzelne Neuronen, die hier Neuron 1, 2 und 3 genannt werden, jeweils spezifisch und selektiv auf Gesichter und Personen reagieren. Nach dieser Hypothese würde zum Beispiel Neuron 1 mit einer erhöhten Frequenz reagieren, wenn den Versuchspersonen ein Bild von Halle Berry gezeigt wird, Neuron 2, wenn Barak Obama im Bild zu sehen ist und das Neuron 3 bei einem Bild von Julia Roberts. Das entspricht der „Großmutterzelltheorie".

In der rechten Spalte wird die mögliche Informationsverarbeitung bei der Netzwerkhypothese gezeigt. Die Reizinformation wird dabei nicht von einer einzelnen Zelle, sondern von einer Gruppe von Neuronen, einem kleinen Netzwerk, repräsentiert. Das jeweilige Aktivitätsmuster dieser Zellgruppe codiert die Information. Alle drei Neuronen sind aktiv, je nach Bild verändert sich die Frequenz der Aktionspotenziale.

Zusatzinformation: In der Literatur unterscheidet man nicht nur zwischen der Einzelzellhypothese („single-neuron-representation") und der Netzwerkhypothese („sparse-neuron-representation"), sondern zusätzlich noch zwischen zwei Varianten innerhalb der Netzwerkhypothese. Dort gibt es einerseits „sparse coding" mit einer kleinen Gruppe von Neuronen und andererseits „distributed coding" mit vielen Neuronen verteilt im Gehirn.
Literatur: Rodrigo Quiroga et al., Brain Cells for Grandmother. Scientific American. 2/2013

2 Beschreiben und erläutern Sie die Versuchsergebnisse in Abbildung B mit Blick auf die Verarbeitung visueller Information im Cortex.

Die Epilepsieerkrankten wurden während einer Operation Tiefenelektroden in das Gehirn implantiert, die zur Behandlung der Epilepsie dienten. Gleichzeitig konnte man mithilfe dieser Elektroden Erregungen von Neuronen in einer Region des Schläfenlappens messen, die zum Hippocampus gehört.

Abbildung B stellt die Ergebnisse der Ableitungen bei einer an Epilepsie erkrankten Person während der Präsentation von Fotos der Schauspielerin Halle Berry und der Schauspielerin Julia Roberts beziehungsweise des jeweiligen Namens als Schriftzug dar. Dabei reagierte ein bestimmtes Neuron mit einer Aktivitätssteigerung auf alle Fotos von Halle Berry sowie ihrem geschriebenen Namen, aber mit nur geringer Aktivität auf ein Foto von Julia Roberts und ihrem geschriebenen Namen. Die Darbietung von bekannten Gesichtern führt in diesem Experiment zu einer spezifischen Antwort von einzelnen Neuronen. Selbst wenn nur der Schriftzug dieser Person gezeigt wird, kommt es zur gleichen Aktivierung.

Bei der Verarbeitung von Reizinformationen sind verschiedene Gehirnbereiche beteiligt. Die erste Analyse der visuellen Information wird vom visuellen Cortex geleistet. Die Informationen werden dann an andere Cortexbereiche weitergeleitet, unter anderem zum Schläfenlappen („Was"-Strom). Hier reagieren Neuronen auf die einlaufenden Informationen aus dem visuellen Cortex offenbar mit Aktivitätsveränderungen. Diese Aktivitätsveränderungen sind auch messbar, wenn die Person auf ganz unterschiedliche Weise gezeigt wird oder nur der Name der

Person genannt wird. Zusammenfassend lässt sich festhalten: Die Ergebnisse zeigen bei den Messungen von einzelnen Neuronen eine spezifische Reaktion auf komplexe Reize, auch wenn die visuelle Reizinformation im Detail sehr unterschiedlich war.

3 Begründen Sie die Vorteile der gemessenen neuronalen Reaktionen im Hippocampus für unsere Wahrnehmung. Erklären Sie, weshalb das Forschungsteam trotz der Befunde die Existenz von „Großmutterneuronen" anzweifelt.

Das rasche Erkennen von bekannten Gesichtern und Personen gehört zu den sehr wichtigen Fähigkeiten des Menschen als soziales Wesen. Diese Personen wiederzuerkennen, egal in welchem Kontext sie sich befinden oder aus welcher Perspektive sie gesehen werden, kann durch spezialisierte Zellen oder Zellverbände geleistet werden. Die Aktivität des Neurons 1 der Testperson, die sich beim Zeigen von Bildern von Halle Berry erhöhte, signalisiert somit: „Das ist Halle Berry und es ist egal, wie sie dargestellt ist, ich erkenne sie." Das ist vorteilhaft, da wir nicht nur Personen, sondern auch Gegenstände in ganz unterschiedlichen Perspektiven und Zusammenhängen als Person und Gegenstand wiedererkennen müssen.

In der Studie wird trotz der Befunde nicht davon ausgegangen, dass für das Erkennen einer Person oder eines Gegenstandes eine einzige Zelle, also eine Großmutterzelle, verantwortlich ist. Mögliche Argumente gegen die Annahme von spezialisierten Großmutterzellen sind logische Annahmen: Wie viele Zellen für wie viele bekannte Gesichter und Objekte müssten wir besitzen? Und wie genau spezialisiert müssten diese Neuronen sein? Würde zum Beispiel ein Neuron für das Objekt „Tisch" reichen oder bräuchten wir ein weiteres Neuron für das Objekt „Tischbein"? Dies würde in fast unendlich vielen Neuronen enden. Auch die Überlegung, dass die Zerstörung oder das Absterben einer Zelle sämtliche Erinnerungen zum Beispiel an unsere Großmutter löschen würde, spricht eher gegen das Vorhandensein von Großmutterzellen.

Außerdem ist der Versuchsaufbau aus Abbildung B nicht geeignet, um ein Neuronennetzwerk aufzuspüren, denn es wurde nur Neuron 1 untersucht und kein weiteres. So kann man zum Fehlschluss des Vorliegens eines spezialisierten Neurons kommen und die Erregungsmuster einer Neuronengruppe übersehen.

Zusatzinformation: Zusätzlich zu den logischen Gegenargumenten bezüglich der Großmutterzellen gibt es weitere wissenschaftliche Befunde, die deren Existenz anzweifeln lassen. So konnten zum Beispiel Aktivitätssteigerungen in einem Neuron, das stark auf Luke Skywalker reagierte, nachgewiesen werden, während der Testperson Yoda gezeigt wurde.
Die Autoren diskutierten außerdem das Prinzip der „concept-cells". Denn offensichtlich entwickeln wir aus der Fülle der Einzelheiten kein detailgetreues Abbild der Person oder des Gegenstandes, sondern eine abstrakte Vorstellung von relevanten Merkmalen, ein Konzept. Dadurch

können wir gelernte und im Gedächtnis gespeicherte Objekte auch dann wiedererkennen, wenn wir nur Teile davon sehen oder die Perspektive, Farbe oder Beschaffenheit sich ändert.
Literatur: Sensation and Perception von E. Bruce Goldstein

3.12 Kontraktion von Muskeln

Seite 264–266

1 Erläutern Sie, wie ein Nervenimpuls die Kontraktion eines Sarkomers bewirkt.

Die Kontraktion des Sarkomers wird durch ein elektrisches Signal des Motoneurons an der motorischen Endplatte ausgelöst. Dort wird – wie bei anderen Synapsen – durch die Ausschüttung von Transmittern die Öffnung von Ionenkanälen in der postsynaptischen Membran ausgelöst, was zu einer Depolarisation der Membran führt. Diese bewirkt wiederum ein Muskelaktionspotenzial an der Membran der Muskelfaser. Das Muskelaktionspotenzial breitet sich über die T-Tubuli bis tief in die Muskelfaser aus und bewirkt die Öffnung von Calciumionenkanälen in der Membran des Sarkoplasmatischen Reticulums. Daraufhin strömen Calciumionen aus dem Sarkoplasmatischen Reticulum in das Zellplasma. Durch Anlagerung von Calciumionen an die Aktinfilamente werden Bindungsstellen freigelegt. Daran binden die Köpfe der Myosinfilamente und bilden Querbrücken. Die Myosinköpfe verändern ihre Lage und bewirken eine Verschiebung des Aktinfilaments. Die Proteinfilamente gleiten durch die Verschiebung aneinander vorbei und bewirken eine Verkürzung des gesamten Sarkomers. Durch die Verkürzung der Sarkomere kontrahiert der Muskel. Zusammengefasst kann man sagen: Durch den elektrischen Impuls des Motoneurons wird die Calciumionenkonzentration im Sarkoplasma beeinflusst und der Querbrückenzyklus ausgelöst, der die Kontraktion bewirkt. Dieses Zusammenspiel nennt man elektromechanische Kopplung.

2 Erläutern Sie, wie das Nervensystem einen Skelettmuskel zu einer möglichst starken Kontraktion veranlassen kann.

Die Stärke der Kontraktion hängt von verschiedenen Faktoren ab. Einerseits wird die Kontraktionsstärke von der Anzahl an aktivierten motorischen Einheiten und die Größe der motorischen Einheit beeinflusst. Wird durch ein Motoneuron eine größere Anzahl von Muskelfasern innerviert, so kann ein einziger Impuls mehrere Muskelfasern aktivieren, und so kontrahieren in einem Muskel alle Muskelfasern, die von diesem Neuron innerviert werden. Die Verkürzung beziehungsweise die resultierende Muskelspannung ist größer.

Als zweiter Einflussfaktor ist die Signalfrequenz entscheidend. Eine hohe präsynaptische Aktionspotenzialfrequenz führt in der Muskelfaser zur Ausschüttung einer größeren

Menge des Transmitters. Dies hat zur Folge, dass der Calciumionenspiegel im Sarkoplasma hoch bleibt. Eine rasche Frequenz von aufeinanderfolgenden Aktionspotenzialen bewirkt eine Verschmelzung der durch die einzelnen Aktionspotenziale ausgelösten Einzelzuckungen zu einer dauerhaften Kontraktion, dem Tetanus. Dadurch erhöht sich die Spannung im Muskel.

Zusatzinformation: Die Anzahl der Muskelfasern, die von einem einzelnen Motoneuron aktiviert werden, nennt man Rekrutierung. Neben der Rekrutierung und der Signalfrequenz spielen weitere Faktoren bei der Stärke der Kontraktion eine Rolle. So besitzen Muskeln verschiedene Typen von Muskelfasern. Die Slow-Twitch-Fasern (ST-Fasern) können relativ langsam und ausdauernd kontrahieren. Da sie viele Mitochondrien enthalten und gut durchblutet sind, erscheinen sie im mikroskopischen Bild dunkelrot. Andere Muskelfasern kontrahieren rasch und kräftig. Sie heißen Fast-Twitch-Fasern (FT-Fasern), ermüden schneller als die ST-Fasern und erscheinen im mikroskopischen Bild heller. Die Menge der verschiedenen Muskelfasertypen in Muskeln können von Mensch zu Mensch variieren und sind durch Training beeinflussbar.

Seite 267 (Material)

Material A – Maligne Hyperthermie

1 Beschreiben Sie die dargestellten Messergebnisse bei Gesunden und erläutern Sie die zeitliche Abfolge.
Die Abbildungen zeigen Ableitungsergebnisse vom Motoneuron und von einer Muskelfaser. Die elektrischen Potenziale an der Axonmembran des Motoneurons und der Membran der Muskelfaser werden in Millivolt (mV) gemessen, die Calciumionenkonzentration im Sarkoplasma wird von niedrig bis hoch angegeben, so auch die Muskelspannung.
Nervenaktionspotenzial und Muskelaktionspotenzial sowie die Erhöhung der Calciumionenkonzentration und die nachfolgende Muskelspannung verlaufen typisch und zeitlich versetzt. Die Aktionspotenziale dauern viel kürzer an als die Erhöhung der Calciumionenkonzentration und die mechanische Kontraktion. Die Kontraktion des Muskels zeigt den normalen Verlauf: Anstieg der Kraft beziehungsweise Spannung, Gipfel und Kraft- beziehungsweise Spannungsabfall.
Das zeitlich versetzte Aufeinanderfolgen der einzelnen Messergebnisse lässt sich mit der chemischen Übertragung des Signals an der Synapse und der Ausbreitung des Muskelaktionspotenzials bis in die Tiefen des Sarkoplasmas erklären, wo es dann erst die Ausschüttung der Calciumionen bewirkt. Die Konzentration der Calciumionen muss einen bestimmten Wert erreichen, sodass der Querbrückenzyklus beginnen und eine Kontraktion der Muskelfaser bewirken kann. Die abnehmende Konzentration der Calciumionen ist durch die aktive Wiederaufnahme von Calciumionen in das Sarkoplasmatische Reticulum zu erklären. Zeitlich verzögert endet die Kontraktion mit dem Rückgang der Calciumionenkonzentration und dem Verbrauch von ATP.

2 Erläutern Sie, welche Folgen die genetische Veränderung bei den Erkrankten für die Abläufe in den Muskeln hat.
Bei der Malignen Hyperthermie liegt eine genetisch bedingte Veränderung der Calciumionenkanäle des Sarkoplasmatischen Reticulums vor. Das Narkotikum bewirkt einen unkontrollierten Calciumioneneinstrom in die Muskelfaser. Dadurch kommt es zur Aktivierung des Querbrückenzyklus und zur Kontraktion der Sarkomere. Diese Kontraktionen bewirken eine starke Steigerung des Zellstoffwechsels, des Sauerstoffumsatzes und der Wärmeproduktion. Da die Kontraktion ein energieabhängiger Prozess ist und ATP benötigt wird, kommt es infolge ATP-Mangels zunächst zu anaeroben Stoffwechselprozessen, später zum Zelltod und Muskelzerfall durch Kohlenstoffdioxidanreicherung, Übersäuerung und Überwärmung des gesamten Körpers.

Material B – Behandlung der Muskelschwäche Myasthenia gravis

1 Vergleichen Sie die neuromuskuläre Synapse eines Gesunden mit der eines Kranken.
Gemeinsamkeiten: Die Präsynapse bei an Myasthenia gravis erkrankten Personen ist gegenüber der von gesunden Personen unverändert.
Unterschiede: Bei Erkrankten ist die Anzahl der Acetylcholin-Rezeptoren an der postsynaptischen Membran im Vergleich zu deren Anzahl bei Gesunden reduziert. Zudem sind die Einfaltungen der postsynaptischen Membran abgeflacht und verbreitert.

2 Leiten Sie aus der veränderten Struktur der neuromuskulären Synapse Auswirkungen auf die Muskelkontraktion ab.
Die reduzierte Anzahl der Acetylcholin-Rezeptoren bei von Myasthenia gravis betroffenen Personen hat Auswirkungen auf die Weiterleitung von elektrischen Signalen, die Ausbildung des postsynaptischen Potenzials und damit auf die Muskelaktionspotenziale.
Mit jedem ankommenden Aktionspotenzial wird eine bestimmte Menge an Transmittern ausgeschüttet. Dies bewirkt an der Muskelzelle durch die Anlagerung an die Acetylcholin-Rezeptoren der Natriumionenkanäle deren Öffnung und den Einstrom von Natriumionen. Die Depolarisation der postsynaptischen Membran hat ein Muskelaktionspotenzial zur Folge. Im Fall einer Myasthenia-gravis-Erkrankung ist die Anzahl der Acetylcholin-Rezeptoren reduziert und die Oberfläche der Membran insgesamt verringert. Dieselbe Menge an ausgeschüttetem Acetylcholin bewirkt daraufhin keinen ausreichenden Natriumioneneinstrom, um ein Muskelaktionspotenzial auszulösen. Die Muskelfaser kontrahiert nicht. Da davon die ganze motorische Einheit betroffen ist, lässt die Muskelkraft im betroffenen Muskel nach.

3 Begründen Sie, wie Medikamente, die den Acetylcholin-Esterase-Hemmstoff Neostigmin enthalten, Einfluss auf die Muskelkontraktion nehmen können.

Neostigmin hemmt das Enzym Acetylcholin-Esterase, das den Transmitter Acetylcholin spaltet und somit vom Membranrezeptor des Natriumionenkanals ablöst. Durch die Hemmung des Enzyms kommt es zu einem Anstieg der Konzentration von Acetylcholin im synaptischen Spalt. Die Depolarisation der postsynaptischen Membran der Muskelfaser dauert länger an oder hat eine höhere Amplitude, sodass ein Muskelaktionspotenzial und die Muskelkontraktion ausgelöst werden. Das Medikament bewirkt somit eine Verbesserung der Übertragung an der motorischen Endplatte und beseitigt oder reduziert für eine Zeit die Muskelschwäche.

3.13 Erkrankungen des Nervensystems

Seite 268–270

1 Fassen Sie die physiologischen Veränderungen, die bei der multiplen Sklerose, Alzheimer-Krankheit und Depression auftreten, in einer Tabelle zusammen.

Krankheit	physiologische Veränderungen
Multiple Sklerose	Durch eine Autoimmunreaktion werden körpereigene Proteine wie MOG von Abwehrzellen angegriffen. Die Entzündungsreaktion führt zum Myelinabbau und zur Narbenbildung an multiplen Stellen des ZNS. Die Beeinträchtigung der saltatorischen Erregungsleitung zeigt sich in verschiedenen motorischen und kognitiven Störungen.
Alzheimer-Krankheit	Nicht korrekt abgebaute Beta-Amyloid-Proteine verklumpen und bilden außerhalb von Neuronen Plaques, die vermutlich Calciumionenkanäle und damit den Zellstoffwechsel beeinträchtigen. Innerhalb von Neuronen binden Tau-Proteine zu viel Phosphat und bilden daraufhin Tau-Fibrillen. Der damit hervorgerufene Zerfall der Mikrotubuli führt letztlich zur Degeneration der Nervenzellen. Es kommt zur Hirnschrumpfung und entsprechend der betroffenen Areale zu Funktionsstörungen.
Depression	Die genauen physiologischen Mechanismen sind unklar, betreffen aber das Gleichgewicht von Neurotransmittern, vor allem Serotonin, Noradrenalin und Dopamin. Die Neurotransmitter beeinflussen sich gegenseitig in der Konzentration, Rezeptordichte und Stärke der Signalübertragung, außerdem kann ein Transmitter je nach Untertyp des Rezeptors unterschiedliche Reaktionen hervorrufen. Daher sind die Mechanismen vielgestaltig.

Seite 271 (Material)

Material A – Morbus Parkinson

1 Beschreiben Sie die Veränderungen im Gehirn eines Parkinson-Patienten und deren Folgen.

Ein gesundes Gehirn weist im Querschnitt einen auffälligen schwarz gefärbten Bereich auf, die Substantia nigra. Diese fehlt bei Parkinsonerkrankten fast vollständig. In diesem Bereich des Mittelhirns befinden sich die Basalganglien und Neuronen, bei denen Dopamin als Transmitter fungiert. Bei einer Erkrankung an Parkinson bilden sich Ansammlungen falsch gefalteter Proteine in den dopaminergen Neuronen, wodurch diese zerstört und die Basalganglien in ihrer Funktion beeinträchtigt. werden. Da die Basalganglien Schaltstationen zur Bewegungskoordination darstellen, kommt es bei deren Ausfall zu den typischen Symptomen der Parkinson-Krankheit wie Zittern, Gleichgewichts- und Koordinationsstörungen, Verlangsamung der Bewegungsabläufe sowie Verlust der kognitiven Leistungsfähigkeit.

2 Beschreiben Sie die Prozesse der Proteinfaltung und des Protein-Recyclings.

Nach der Proteinbiosynthese liegt die Aminosäuresequenz in der Primärstruktur vor. Durch Chaperone wird das Protein in die funktionelle dreidimensionale Sekundär- und Tertiärstruktur gefaltet, welche durch Wasserstoffbrücken und zwischenmolekulare Anziehungskräfte stabilisiert wird. Sollten dabei Fehler auftreten oder die dreidimensionale Struktur teilweise wieder entfaltet werden, kommen erneut Chaperone zum Einsatz, um die funktionelle Raumstruktur herzustellen. Sollte dies wiederum nicht gelingen, werden falsch gefaltete Proteine durch das Protein Parkin mit Ubiquitin markiert. Diese Markierung führt dazu, dass das falsch gefaltete Protein durch ein Proteasom in seine Bausteine, die Aminosäuren, abgebaut wird.

3 Erklären Sie, wie es zu den Proteinansammlungen kommen kann.

Proteinansammlungen entstehen, wenn die falsch gefalteten Proteine nicht mehr abgebaut werden können, weil beispielsweise die Chaperone nicht richtig arbeiten oder weil das Protein Parkin durch eine Mutation im codierenden Gen so verändert ist, dass es nicht mehr die abzubauenden Proteine mit Ubiquitin markiert.

4 Erläutern Sie mögliche Maßnahmen zur Verringerung des Dopaminmangels im Gehirn.

Dem Dopaminmangel im Gehirn versucht man zu begegnen, indem man die Vorstufe L-Dopa als Medikament verabreicht, damit daraus Dopamin enzymatisch hergestellt wird. Es werden auch Dopamin-Agonisten eingesetzt, die zwar nicht die Dopaminmenge erhöhen, aber die Wirkung des Dopamins unterstützen, indem sie in der postsynaptischen Membran Dopamin-Rezeptoren besetzen und eine ähnliche Wirkung erzielen wie das Dopamin. Eine weitere Möglichkeit besteht darin, den Abbau des Dopamins zu verhindern, indem die für den Abbau zuständigen Enzyme in ihrer Wirkung gehemmt werden. Dazu nehmen die behandelten Personen spezifische Inhibitoren ein.

3.14 Rauschmittel und Drogenwirkung

Seite 272–274

1 Erklären Sie die schmerzhemmende Wirkung des Morphins.
Bindet Morphin an einen Opioid-Rezeptor, wird das Enzym Adenylatcyclase deaktiviert und damit die Umwandlung von ATP zu cAMP unterbunden. Deshalb sinkt der cAMP-Spiegel nach einer Morphingabe. Dies führt dazu, dass die Calciumionenkanäle nicht mehr phosphoryliert werden und sich bei Eintreffen eines Aktionspotenzials nicht öffnen. Durch die Inhibierung der Transmitterfreisetzung werden die Aktivität des Neurons und damit die Weiterleitung des Schmerzsignals gehemmt. So kann durch präsynaptische Hemmung eine Weiterleitung der Erregung über die im Rückenmark aufsteigende Schmerzbahn verhindert werden.

2 Erklären Sie, weshalb eine Erhöhung der Morphindosis nicht zu einer gesteigerten Wirkung führt.
Nach einer Morphingabe sinkt der cAMP-Spiegel. Durch die aufgrund des cAMP-Mangels hervorgerufene Deaktivierung des Transkriptionsfaktors wird das Adenylatcyclase-Gen abgelesen und die Proteinbiosynthese des Enzyms eingeleitet. Damit erhöht sich die Enzymmenge in der Membran. Der cAMP-Mangel kann längerfristig kompensiert werden. Da nun mehr Enzyme zur cAMP-Synthese vorhanden sind, muss anschließend eine erhöhte Morphindosis gegeben werden, wenn man eine ähnliche Wirkung erzeugen will. Denn bei der gleichen Dosis blieben Adenylatcyclasen aktiv und würden dazu beitragen, den cAMP-Spiegel nicht so stark sinken zulassen. Daher kann auch trotz höherer Dosis keine gesteigerte Wirkung eintreten.

3 Erläutern Sie das Experiment zur Klärung der Wirkung des THC auf den Hippocampus.
Im Hippocampus existieren sowohl an den Neuronen als auch an den Astrocyten Rezeptoren, an die THC bindet.
Unter Einfluss von THC wird das räumliche Arbeitsgedächtnis von Mäusen beeinträchtigt, sodass sie bereits erlernte Wege durch ein Labyrinth nicht mehr finden.
Um herauszufinden, welche Rolle die Rezeptoren an den Astrocyten spielen, wurden gezielt Gene abgeschaltet, welche für die Anandamid-Rezeptoren codieren. Fehlen diese Rezeptoren an den Neuronen, wird das Gedächtnis beeinträchtigt: Die Mäuse finden den Weg nicht. Fehlen die Rezeptoren allerdings an den Astrocyten, wirkt das THC nicht auf das Gedächtnis und die Mäuse finden den erlernten Weg wieder. Daraus konnte man schlussfolgern, dass THC an die Rezeptoren der Astrocyten bindet und damit eine Reaktionskaskade in Gang setzt, die zur Störung des Arbeitsgedächtnisses führt.

Seite 275 (Material)

Material A – Heroin

1 Erläutern Sie anhand des Modells die Wirkung von Naloxon und dessen Einsatzmöglichkeit bei einer Heroinvergiftung.
Naloxon reagiert mit der inaktiven Form des Opioid-Rezeptors. Es konkurriert als Antagonist mit Heroin um die Bindungsstelle am Rezeptor. Bei einer Heroinvergiftung wird so die Wirkung des Heroins herabgesetzt, lebensbedrohliche Folgen wie zum Beispiel ein Atemstillstand können dadurch verhindert werden.

2 Erläutern Sie die Wirkung des Methadons und dessen Einsatz bei einer Heroinentzugstherapie.
Methadon bindet wie Heroin an die Opioid-Rezeptoren und wirkt als Agonist. Es hat stark schmerzlindernde Wirkung und macht ebenfalls abhängig. Da es aber deutlich langsamer als Heroin ins Gehirn übergeht, erlebt die abhängige Person bei der Einnahme von Methadon nicht den typischen „Heroinkick".
Das Methadon muss nur einmal täglich genommen werden. Durch seine schmerzstillende Wirkung mindert es die Entzugserscheinungen eines Heroinentzugs. Dies ermöglicht Substitutionspatienten, ihren Alltag immer besser zu bewältigen. Nach 21 Tagen fallen die Entzugssymptome weg. Psychisch und physisch ist die betroffene Person nun weder durch den Heroinentzug noch durch das Methadon beeinträchtigt und hat somit die Kontrolle über ihre geistigen und körperlichen Kräfte. Dies ermöglicht ihr, wieder in der Gesellschaft Fuß zu fassen und ein normales Leben mit festem Wohnsitz und Erwerbstätigkeit aufzunehmen. So haben methadonsubstituierte Abhängige die Chance, Abstand zur Drogenszene zu gewinnen und den Ausstieg aus der häufig mit der Abhängigkeit einhergehenden Prostitution und Beschaffungskriminalität zu finden.

Material B – Kokain

1 Erläutern Sie die molekulare Wirkung des Kokains.
An einer dopaminergen Synapse wird der Transmitter Dopamin aus den synaptischen Vesikeln in den synaptischen Spalt entlassen. Er diffundiert zur postsynaptischen Membran und bindet an Dopamin-Rezeptoren, sodass die Erregung weitergeleitet werden kann. Ein Transportprotein in der präsynaptischen Membran sorgt für die Wiederaufnahme des Dopamins in die präsynaptische Zelle zur Wiederverwendung. Wenn Kokainmoleküle im synaptischen Spalt vorhanden sind, setzen sie sich am Transportprotein fest, werden aber nicht transportiert, sondern blockieren dieses. Daher können nun Dopaminmoleküle nicht mehr zurück in die Präsynapse aufgenommen werden.

2 Erklären Sie die stimulierende Wirkung des Kokains.

Da Kokain die Wiederaufnahme von Dopamin in die Prä-synapse verhindert, kommt es zu einer länger andauernden hohen Dopaminkonzentration im synaptischen Spalt. Dadurch binden Dopaminmoleküle immer wieder an die Rezeptoren der postsynaptischen Membran und lösen eine verstärkte Erregungsleitung aus. Da Dopamin eine An-triebssteigerung und Motivation bewirkt, kommt es durch den Einfluss des Kokains zu einer stimulierenden Wir-kung mit einem entsprechenden euphorischen Hochge-fühl.

Material C – Koffein

1 Deuten Sie die Versuchsergebnisse.

Während die Ratten der Gruppe B, denen kein Koffein verabreicht wurde, weder in ihrem Verhalten noch in der Anzahl der Adenosin-Rezeptoren eine Veränderung im Versuchsverlauf zeigten, änderte sich das Verhalten der Ratten der Gruppe A durch den Koffeinkonsum in den ers-ten Tagen deutlich. Sie rannten zunächst rastlos umher und legten dieses Verhalten erst nach wenigen Tagen wie-der ab. Die Anzahl der Adenosin-Rezeptoren hat sich deutlich erhöht.

Offenbar bewirkt der Koffeinkonsum einen gesteigerten Bewegungsdrang mit verminderten Müdigkeitserschei-nungen. Ein Zusammenhang mit dem Neurotransmitter Adenosin und dessen Rezeptoren ist zu vermuten. Je nach Wirkung des Adenosins könnte Koffein als Agonist oder Antagonist wirken. Erst durch eine Zunahme der Adeno-sin-Rezeptoren verliert Koffein an Wirksamkeit.

2 Recherchieren Sie die Wirkung von Adenosin auf das Gehirn.

Adenosin ist ein Neuromodulator und verhindert im Ge-hirn durch die Bindung an Adenosin-Rezeptoren die Frei-setzung neuronaler Transmitter wie Noradrenalin oder Dopamin, die aktivierend wirken. Durch Adenosin verrin-gert sich die Herzfrequenz und der Blutdruck sinkt. Man wird müde. Koffein ist der kompetitive Antagonist des Adenosins, der dessen Wirkung verhindert und damit die Ermüdungserscheinungen verringert.

3.15 Lernen und Gedächtnis

Seite 276–277

1 Denken Sie einige Minuten an Ihre Zeit in der Grundschule. Notieren Sie anschließend Dinge, die Ihnen besonders in Erinnerung geblieben sind.

Individuelle Lösungen.

Es können beispielsweise genannt werden: Personen, Orte, Farben, Gerüche, Szenen, besonders positive oder negative Erinnerungen.

2 Ordnen Sie diese Erinnerungen den drei Gedächt-nissystemen zu. Benennen Sie Auffälligkeiten und ge-gebenenfalls Schwierigkeiten.

Individuelle Lösungen.

Eine Zuordnung zu den drei Gedächtnissystemen kann im Einzelfall eindeutig ausfallen oder schwierig sein. Hier können Komponenten für die Zuordnung zu mehreren Sys-temen diskutiert und die Individualität von Gedächtnis-leistungen herausgestellt werden.

Seite 279 (Material)

Material A – Lernen von Wortlisten

1 Beschreiben Sie die Ergebnisse.

Dargestellt ist jeweils der prozentuale Anteil der richtigen Antworten in Abhängigkeit von der Anzahl der Durch-gänge. Beim Auswendiglernen einer Wortliste (Abb. A – Erwerb) werden sieben Durchgänge benötigt, um knapp 100 % der gelernten Wörter richtig wiederzugeben. Nach dem Auswendiglernen einer zweiten Wortliste werden beim dritten Durchgang weniger als 20 % der Wörter der ersten Wortliste richtig wiedergegeben (Abb. B – Auslö-schung). Nach erneutem Auswendiglernen der ersten Wortliste (Abbildung C – Wiedererwerb) werden nach vier Durchgängen fast 100 % richtige Antworten gegeben.

2 Deuten Sie die Ergebnisse im Hinblick auf die neu-ronale Plastizität des Gehirns.

Vergleicht man die Ergebnisse von Versuch A und C, so wird deutlich, dass die Anzahl der Versuche, die benötigt werden, um annähernd 100 % richtige Antworten zu ge-ben, durch wiederholtes Lernen sinkt (von sieben auf vier). Trotz der Auslöschung durch das Lernen der ande-ren Wortliste scheint die Gedächtnisleistung im Vergleich zum ersten Lernen erhöht zu sein. Hier haben schon Pro-zesse von Bahnung und Langzeitpotenzierung stattgefun-den, die eine Gedächtnisleistung und damit eine Verände-rung der neuronalen Prozesse deutlich machen. Durch Vergrößerung der synaptischen Kontaktfläche, eine er-höhte Vesikelanzahl und eine erhöhte Anzahl postsynap-tischer Ionenkanäle wird die synaptische Übertragung ge-steigert. Aufgrund von Wiederholung von zum Beispiel Bewegungsabläufen werden die zugrunde liegenden neu-ronalen Verknüpfungen durch die Bildung neuer Synap-sen verstärkt. Infolge dieser Bahnung werden Signale schneller übertragen. Sowohl Langzeitpotenzierung als auch Bahnung sind die Grundlage von Lernvorgängen.

Seite 279 (Material)

Versuch B – Abhängigkeit der Gedächtnisleistung von der Verarbeitungstiefe

1 Notieren Sie nach drei Tagen die Wörter, an die Sie sich erinnern können.
Individuelle Lösungen.

2 Ermitteln Sie die durchschnittliche Behaltensleistung der Gruppen in Prozent.
Individuelle Lösungen.

3 Stellen Sie das Ergebnis grafisch dar.
Individuelle Lösungen.
Darstellung in Anlehnung an die Diagramme in Material A oder als Balkendiagramm.

4 Diskutieren Sie das Ergebnis im Hinblick auf die Komplexität der Aufgabe.
Der Grad der Verarbeitungstiefe steigt von Gruppe I bis Gruppe III. Insofern ist zu erwarten, dass die Gruppen II und III bessere Behaltensleistungen zeigen als Gruppe I, da die Komplexität der Aufgabe steigt und jeweils mehr Gehirnareale aktiviert werden, die an dem Lernprozess beteiligt sind. Allgemein gilt: Je höher der Grad der Verarbeitungstiefe ist, desto höher ist auch in der Regel die Gedächtnisleistung.

3.16 Hormone regeln Lebensfunktionen

Seite 280–281

1 Stellen Sie die Eigenschaften von Insulin, Glukagon und Adrenalin in einer Tabelle dar.

	Insulin	Glukagon	Adrenalin
Steuerung durch	Hypothalamus	Hypothalamus	Hypothalamus über Sympathikus
Stoffklasse	Peptidhormon	Peptidhormon	Aminosäurederivat
Produktion	Bauchspeicheldrüse, β-Zellen der Langerhans'schen Inseln	Bauchspeicheldrüse, α-Zellen der Langerhans'schen Inseln	Nebennierenmark
Wirkung	Glucoseaufnahme in die Zellen, Glykogenaufbau	Glykogenabbau, Glucoseabgabe ins Blut	Glykogenabbau (Leber), Fettabbau (Fettgewebe)
Blutglucosespiegel	sinkt	steigt	steigt

Seite 282

1 Recherchieren Sie die Funktion des Thymus und der Epiphyse.
Der Thymus ist als lymphatisches Organ Teil des Immunsystems. In ihm findet die Entwicklung und Differenzierung der T-Lymphocyten statt. Die Epithelzellen des Thymus sezernieren mehrere unter dem Oberbegriff Thymusfaktoren zusammengefasste Peptidhormone. Dazu gehören zum Beispiel Thymosin und Thymopoetin, welche die Reifung der T-Lymphocyten und den Aufbau von Lymphgewebe bewirken sowie an der Immunsuppression beteiligt sind.
Die Epiphyse oder Zirbeldrüse produziert die Hormone Melatonin und Noradrenalin und gibt sie in die Blutbahn ab. Die Freisetzung von Melatonin wird durch Lichtmangel stimuliert, während Lichteinfluss die endokrine Aktivität der Epiphyse hemmt. So beeinflusst die Epiphyse den Tages- und Jahresrhythmus des Verhaltens. Dazu gehören beispielsweise der Schlaf-Wach-Rhythmus, die Bewegungsaktivität, die Nahrungsaufnahme und die Thermoregulation.

2 Erklären Sie die besondere Bedeutung der Hypophyse.
Die Hypophyse ist die Schnittstelle zwischen dem Nerven- und dem Hormonsystem. Sie ist funktionell und anatomisch mit einem Teil des Gehirns, dem Hypothalamus, verbunden und fungiert gleichzeitig als übergeordnete Hormondrüse. Dadurch stellt sie die Kontroll- und Regulationsinstanz für viele Regelkreise dar.

Seite 283 (Material)

Material A – Glucosetoleranztest

1 Beschreiben Sie, wie der Test durchgeführt wird.
Nach zehnstündiger Nahrungsabstinenz wird einer Person Blut abgenommen und der Blutglucosegehalt im nüchternen Zustand bestimmt. Anschließend trinkt die Person eine festgelegte Menge Glucose, die in Wasser gelöst ist. Nach zwei Stunden wird erneut der Blutglucosewert bestimmt.

2 Deuten Sie die Kurvenverläufe und ordnen Sie die Kurven einer gesunden Person und einem Diabetiker zu.
Die untere, blaue Kurve gehört zu einer Person, deren Glucosestoffwechsel intakt ist. Dies erkennt man bereits am Nüchternwert, der bei ungefähr 90 mg Glucose pro dl (ca. 5 mmol/l) Blut liegt. Nach der Glucoseaufnahme steigt – zeitversetzt durch die verzögerte Resorption – der Blutglucosespiegel nach einer knappen Stunde auf einen Maximalwert von ungefähr 130 mg/dl (ca. 7,4 mmol/l) an. Nach gut zwei Stunden wird bereits wieder der Ausgangswert erreicht, weil durch Insulinsekretion über die Bauchspeicheldrüse der Blutglucosespiegel gesenkt wurde.

Die obere, rote Kurve beginnt bereits bei einem Nüchtern-wert von ca. 130 mg/dl (ca. 7,4 mmol/l) und steigt auf ein Maximum von über 200 mg/dl (ca. 11,1 mmol/l) an. Die-ser nach zwei Stunden noch immer vorherrschende Wert ist neben dem erhöhten Ausgangswert ein deutliches Zei-chen für eine gestörte Blutglucoseregulation. Dass erst nach fünf Stunden der Ausgangswert wieder annähernd erreicht wird, zeigt, dass zu wenig Insulin produziert wird.

Material B – Blutglucoseregulation

1 Werten Sie die Ergebnisse der Glucose- und Insu-linkonzentration im Blut nach oraler Aufnahme von Glucose aus.
Nach der Einnahme von 50 g Glucose steigt der Blutglu-cosespiegel innerhalb von 45 Minuten von 4,7 mmol/l auf 7,5 mmol/l an. Etwas zeitverzögert nimmt auch die Insu-linkonzentration im Blut zu und erreicht nach einer Stunde den Maximalwert. Die zeitliche Verzögerung ist damit zu erklären, dass die Glucose zunächst resorbiert werden muss. Dann wird über Rezeptoren der erhöhte Blutglu-cosegehalt registriert und an das Gehirn gemeldet, bevor die ß-Zellen der Langerhans'schen Inseln der Bauchspei-cheldrüse stimuliert werden, Insulin freizusetzen. Durch das freigesetzte Insulin wird die Glucose vermehrt aus dem Blut beispielsweise in Muskel- und Leberzellen transportiert, sodass der Blutglucosespiegel sinkt. Mit dem sinkenden Blutglucosespiegel geht auch ein Absin-ken der Insulinkonzentration einher, weil bei einem gerin-geren Blutglucosewert die Insulinproduktion in der Bauchspeicheldrüse verringert wird.

2 Erklären Sie den Verlauf der Glukagonkonzentra-tion nach Glucoseaufnahme und während der Fasten-zeit.
Glukagon ist der Antagonist zu Insulin, bewirkt also eine Erhöhung des Blutglucosespiegels durch Stimulierung des Abbaus von Glykogen zu Glucose. Wenn die Rezeptoren einen erhöhten Blutglucosespiegel melden, wird die Glu-kagonproduktion in den α-Zellen der Langer-hans'schen Inseln der Bauchspeicheldrüse vermindert. Daher sinkt die Glukagonkonzentration im Blut nach der Aufnahme von Glucose stark ab und steigt erst wieder mit dem allmähli-chen Rückgang der Blutglucosekonzentration. Sinkt diese durch mangelnde Glucosezufuhr, beispielsweise beim Fasten, wird dies von den Glucoserezeptoren registriert, sodass weniger Insulin freigesetzt und dafür die Gluka-gonfreisetzung stimuliert wird. Dadurch wird vermehrt Glykogen beispielsweise in den Leberzellen zu Glucose abgebaut und diese ins Blut abgegeben. Daher sinkt der Blutglucosespiegel trotz fehlender Nahrungsaufnahme auch über mehrere Tage nur geringfügig ab.

Material C – Adrenalin

1 Beschreiben Sie den Prozess von der Bindung des Adrenalins an den Rezeptor bis zum Glykogenabbau.
Wenn Adrenalin extrazellulär an den β-adrenergen Rezep-tor einer Leberzelle bindet, wird das gekoppelte G-Protein aktiviert, indem es ein Molekül GTP bindet. Eine Un-tereinheit des G-Proteins mit dem gebundenen GTP ver-lässt den Rezeptor und stimuliert die Adenylatcyclase. Diese wandelt ATP zu cAMP um, wodurch über eine Zwi-schenstufe letztlich das Enzym Phosphorylase aktiviert wird. Die Phosphorylase katalysiert den Abbau des Gly-kogens zu Glucose.

2 Erläutern Sie die Funktion des Second-Messenger-Systems mit G-Protein und cAMP.
Über das Second-Messenger-System erfolgt eine enorme Verstärkung des Signals, da nach der Bindung eines Mo-leküls Adrenalin an den Rezeptor der Hormon-Rezeptor-Komplex ungefähr zehnmal mit einem G-Protein intera-gieren kann und jede stimulierte Adenylatcyclase mehrere Hundert Moleküle cAMP herstellen kann.

3.17 Wirkung von Hormonen

Seite 284–286

1 Erklären Sie die Funktionsweise der Empfängnis-verhütung durch Gabe von Östradiol.
Östradiol hemmt die Freisetzung der gonadotropen Hor-mone. Es kann sich kein weiterer Follikel bilden und damit kommt es nicht zu einem Eisprung.

2 Beschreiben Sie die Wirkung des Testosterons.
Testosteron bindet zum Transport über das Blutgefäßsys-tem an ein globuläres Transportprotein. Nach der Abkopp-lung vom Transporter gelangt es leicht durch die Lipid-doppelschicht in die Zielzelle und aktiviert dort einen Transkriptionsfaktor. Zusammen mit Testosteron bindet der Transkriptionsfaktor an die DNA und initiiert die Syn-these eines bestimmten Proteins. Wenn auch in verschie-denen Geweben unterschiedliche Wirkungen erzielt wer-den, wirkt Testosteron grundsätzlich androgen und induziert den Aufbau körpereigener Stoffe.

3 Beschreiben Sie das Regulationsprinzip bei der Thyroxinherstellung.
Wenn die Thyroxinkonzentration im Blut hoch ist, wird die Wirkung des TRH auf die Hypophysenzellen gehemmt und auch die Herstellung und Abgabe des TRH im Hypo-thalamus herabgesetzt. Befindet sich also viel Thyroxin im Blut, wird weniger TSH produziert, sodass die Thyroxin-produktion verringert wird. Dieses Prinzip nennt man ne-gative Rückkopplung.

Seite 287 (Material)

Material A – Regulation des Wasserhaushalts

1 Beschreiben Sie die Regulation des Wasserhaushalts.

Befindet sich viel Wasser im Blut, ist der Blutdruck hoch und die Blutosmolarität gering. Bei hohem Blutdruck registrieren die Dehnungsrezeptoren in der Aorta und der Halsschlagader eine starke Dehnung der Gefäße. Gleichzeitig registrieren die sensorischen Zellen des Hypothalamus die geringe Blutosmolarität. Beides bewirkt eine Hemmung der ADH-Ausschüttung. Ohne ADH ist die Wasserresorption in der Niere gering und es wird viel Wasser ausgeschieden.

Kommt es zu einem Wassermangel, sinkt der Blutdruck und die Blutosmolarität steigt. Die Dehnungsrezeptoren sind weniger aktiv, sodass die Hemmung der ADH-Ausschüttung verringert wird. Zugleich registrieren die sensorischen Zellen im Hypothalamus die geringe Blutosmolarität. Der Hypothalamus wird zur Ausschüttung von ADH stimuliert und der Durst wird anregt. Durch erhöhte ADH-Werte kommt es zu einer verstärkten Wasserresorption in den Nieren.

Material B – Männliches Fortpflanzungssystem

1 Beschreiben Sie die Regulation des Testosteronspiegels.

Das Gonadotropin-Releasing-Hormon, kurz GnRH, wird vom Hypothalamus freigesetzt und regt Drüsenzellen der Adenohypophyse dazu an, mehr Luteinisierendes Hormon, kurz LH, und mehr Follikelstimulierendes Hormon, kurz FSH, zu produzieren. Durch LH werden die Leydig-Zellen in den Hoden stimuliert, Testosteron herzustellen. Dies bewirkt die Ausbildung der sekundären männlichen Geschlechtsmerkmale. Zusammen mit dem FSH regt Testosteron die Sertoli-Zellen in den Hoden dazu an, Spermienzellen zu produzieren. Zudem sezernieren die Sertoli-Zellen das Hormon Inhibin, das die Ausschüttung von GnRH durch den Hypothalamus und von FSH durch die Hypophyse hemmt. Ebenso hemmt in negativer Rückkopplung ein hoher Testosteronspiegel im Blut die Freisetzung von GnRH durch den Hypothalamus und von LH durch die Adenohypophyse.

2 Erklären Sie, welche Auswirkungen es hat, dass der Hypothalamus in der Pubertät weniger empfindlich gegenüber Testosteron ist.

Dadurch, dass in der Pubertät die Empfindlichkeit des Hypothalamus für eine hohe Testosteronkonzentration im Blut sinkt, wird die Wirkung der negativen Rückkopplung des Testosterons verringert, sodass ein höherer Testosteronspiegel zur Ausbildung der sekundären Geschlechtsmerkmale und zur Spermienzellproduktion führt.

Material C – Rennechsen

1 Erklären Sie den Einfluss des Hormonspiegels auf das Sexualverhalten der Sechsstreifen-Rennechse.

Das Paarungsverhalten der Rennechsen wird durch den Hormonspiegel gesteuert. Bei einem hohen Östrogenspiegel verhält die Echse sich wie ein Weibchen, bei einem hohen Progesteronspiegel agiert sie wie ein Männchen.

2 Stellen Sie eine Hypothese auf, wie das Verhalten evolutionsbiologisch zu erklären ist.

Obwohl die Rennechsen sich parthenogenetisch fortpflanzen und bei dem Paarungsverhalten Spermienzellen weder übertragen noch produziert werden, ist die sexuelle Stimulation für den Eisprung notwendig. Deshalb hat sich dieses Verhalten im Laufe der Evolution erhalten. Zu vermuten ist, dass das Verhalten aus einer Zeit stammt, als sich die Vorfahren der Rennechsen noch nicht parthenogenetisch fortpflanzten, sondern beide Geschlechter für die sexuelle Fortpflanzung notwendig waren.

3.18 Steuerung der Organe

Seite 288–289

1 Fassen Sie tabellarisch die leistungs- und erholungsfördernden Wirkungen des Sympathikus und des Parasympathikus zusammen.

Organ	Sympathikus	Parasympathikus
Auge	Pupillen weiten sich	Pupillen verengen sich
Speicheldrüsen	Speichelfluss wird gehemmt	Speichelfluss wird gefördert
Blutgefäße	Verengung: Blutdruck steigt	–
Lunge	Entspannung: Bronchien erweitern sich	Kontraktion: Bronchien verengen sich
Herz	Herzfrequenz steigt	Herzfrequenz sinkt
Leber	Stimulation der Glucoseproduktion und -freisetzung	–
Magen/Darm	Verdauung wird gehemmt	Verdauung wird gefördert
Nebennierenmark	Stimulation der Adrenalinausschüttung	–
Bauchspeicheldrüse	–	Stimulation der Freisetzung von Insulin und Verdauungsenzymen
Harnblase	Entspannung: verminderte Harnausscheidung	Stimulation: vermehrte Harnausscheidung
Geschlechtsorgane	Hemmung der sexuellen Erregung	Stimulation der sexuellen Erregung

1 Beschreiben Sie am Beispiel des Sprints zum Bus, wie das vegetative Nervensystem Phasen der Leistung und der Erholung steuert.

Wenn die Kinder zum Bus sprinten, lässt sich beobachten, dass die Atmung beschleunigt ist und die Herzschlagfrequenz zunimmt. An diesen Vorgängen ist der Sympathikus beteiligt. Der Sympathikus verbessert die Versorgung der Muskeln mit Nährstoffen und Sauerstoff, indem er die Steigerung der Schlagfrequenz des Herzens bewirkt; die Bronchien werden geweitet und die Atmung wird vertieft. Die Verengung der Blutgefäße steigert den Blutdruck. Dadurch kommt es zu einer Beschleunigung des Blutflusses. Der Abbau von Fetten und Glykogen aus der Leber wird durch den Einfluss des Sympathikus gesteigert, die Energiereserven im Blut in Form von Glukose nehmen zu. Alle regenerierenden Prozesse werden reduziert, wie zum Beispiel die Magen- und Darmtätigkeit. Nach dem Sprint zum Bus reduziert sich die Aktivität der Herz- und Kreislauftätigkeit. Der Parasympathikus bewirkt die Einleitung einer Erholungsphase. Die Darmtätigkeit wird erhöht, die Bronchien werden verengt.

2 Erklären Sie die Zusammenarbeit von Nervensystem und Hormonsystem an einem selbst gewählten Beispiel einer Stresssituation.

Individuelle Lösungen.

Selbst gewählte Beispiele könnten sein: plötzliche Gefahr, Referat, Verschlafen, Bungee-Sprung.

Der Sympathikus wird über den Hypothalamus und das Stammhirn aktiviert. Die Aktivierung über diese neuronale Stressachse erfolgt rasch und bewirkt eine sehr schnelle Zunahme aller Prozesse, die eine Leistungssteigerung des Körpers bewirken. Durch die Stimulierung des Nebennierenmarks wird gleichzeitig Adrenalin ausgeschüttet. Es unterstützt hormonell die Aktivierung aller leistungssteigernden Systeme des Körpers.

Durch Ausschüttung von Peptidhormonen aktiviert parallel dazu der Hypothalamus die Hypophyse, die wiederum auf hormonellem Weg die Nebennierenrinde zur Ausschüttung von Cortisol stimuliert. Cortisol unterstützt längerfristig die Energiebereitstellung. Blutvolumen und Blutdruck werden gesteigert, das Immunsystem wird zum Teil unterdrückt. Diese hormonelle Stressachse unterstützt die Bereitstellung von Energie auf hormonellem Weg.

Beide Systeme, Nerven- und Hormonsystem, arbeiten hier eng zusammen und bewirken einerseits eine sehr rasche, unspezifische Alarmreaktion und andererseits eine etwas verzögerte Anpassung an eine längerfristige Belastung auf hormonellem Weg.

3 Vergleichen Sie die Informationsübertragung im Nervensystem und im Hormonsystem. Berücksichtigen Sie folgende Aspekte: Vorgang und Geschwindigkeit der Informationsübertragung sowie Wirkungsdauer an den Zielzellen.

	Nervensystem	Hormonsystem
Vorgang der Informationsübertragung	Erregungsleitung über Neuronen	Transport von Hormonen über das Blut
Geschwindigkeit der Informationsübertragung	schnell	langsam
Wirkungsdauer an den Zielzellen	kurz	länger anhaltend

4 Erläutern Sie, weshalb das Stresshormon Cortisol bei Gesunden auch als Stressbremse bezeichnet werden kann.

Cortisol wirkt auch im Gehirn, und da insbesondere auf Membranrezeptoren des Hypothalamus und der Hypophyse. Diese geben, wenn viel Cortisol im Blut ist, weniger CRH und ACTH ab, wodurch die Stimulierung der Nebennierenrinde, weiteres Cortisol auszuschütten, unterbleibt oder geringer wird. Hier wirkt eine negative Rückkopplung. Es handelt sich um einen Regelkreis.

Seite 292–293 (Material)

Material A – Adrenalin

1 Beschreiben Sie die Wirkung von Adrenalin an den verschiedenen Zielorganen.

Dargestellt sind eine Leberzelle und ein Blutgefäß, die mit ß-adrenergen Rezeptoren ausgestattet sind. Bindet Adrenalin an einen solchen Rezeptor, so werden aufgrund unterschiedlicher intrazellulärer Prozesse unterschiedliche Wirkungen ausgelöst. Bei der Leberzelle bewirkt die Bindung von Adrenalin den Abbau von Glykogen, die Zelle gibt Glucose ins Blut ab. Bei einem Blutgefäß bewirkt die Bindung von Adrenalin die Erweiterung des Blutgefäßes. Der Skelettmuskel wird stärker durchblutet.

Einige Blutgefäße besitzen allerdings auch α-adrenerge Rezeptoren. Das ist zum Beispiel bei den Blutgefäßen im Verdauungssystem der Fall. Dort bewirkt die Bindung von Adrenalin eine Verengung des Blutgefäßes. Die Verdauungsorgane werden weniger stark durchblutet.

2 Erläutern Sie, weshalb die Ausschüttung von Adrenalin durch das Nebennierenmark bei Stress die Wirkung des Sympathikus unterstützt.

Die Ausschüttung von Adrenalin ins Blut bewirkt auf hormonellem Weg spezifische Effekte an Zielorganen. Zielorgane des Hormons Adrenalin sind das Herz (Herzfrequenzsteigerung), die Blutgefäße der Muskeln (Gefäßerweiterung), die Blutgefäße der Haut und der Verdauungsorgane (Gefäßverengung) und die Leberzellen (Glukosefreisetzung). Vergleicht man diese Wirkung mit der Wirkung des Sympathikus, so kann man die Übereinstimmungen feststellen.

Seite 292–293 (Material)

Material B – Blutdruck- und Pulsregulation

1 Beschreiben Sie die Wirkung des Stressors auf Blutdruck und Herzfrequenz anhand der Abbildung.

Stressoren, also belastende bzw. als belastend bewertete Reize, wirken auf die höheren Hirnzentren und werden dort verarbeitet. Über neuronale Verbindungen zum verlängerten Mark, das das Blutdruck-Kontrollzentrum im Hirnstamm bildet, wird der Sympathikus aktiviert. Die Aktivierung des Sympathikus hat über neuronale Verbindungen die Aktivierung des Herzschlags und die Steigerung der Herzschlagfrequenz zur Folge. Durch den Sympathikus wird die Nebenniere angeregt, Adrenalin auszuschütten. Dadurch wird der Puls zusätzlich gesteigert. Adrenalin bewirkt zudem die Kontraktion peripherer Gefäße in der Haut, sodass der Blutdruck steigt.

2 Erläutern Sie die Selbstregulation des Blutdrucks und der Herzfrequenz nach einer kurzen Belastung als ein Beispiel der Zusammenarbeit von Hormonsystem und Nervensystem.

Kommt es zu einer Belastung durch Bewegung oder Stressoren, so regelt das Blutdruck-Kontrollzentrum den Blutdruck passend zur Belastung. Durch die Belastung nimmt der Blutdruck zu. Daran sind sowohl die neuronale als auch die hormonelle Stressachse beteiligt. Ist die Belastung kurzzeitig, so sinken Herzschlagfrequenz und Blutdruck bald wieder. Dehnungsrezeptoren in der Aorta und den Carotis-Arterien registrieren die Druckzunahme in den Blutgefäßen. Diese Information wird über Neuronen zum Blutdruck-Kontrollzentrum im verlängerten Mark geleitet, das die Grundaktivität des vegetativen Nervensystems steuert. Dort wird eine hemmende neuronale Verbindung aktiviert, die Kontakt zum Sympathikus hat. In der Folge wird die Sympathikusaktivität reduziert, der Herzschlag wird geringer, der Blutdruck sinkt. Es handelt sich um eine negative Rückkopplung.

3 Stellen Sie Hypothesen über die Wirkung von Stressoren auf den Parasympathikus auf.

Der Parasympathikus schüttet Acetylcholin aus, das die Herzfrequenz senkt. Wirkt ein Stressor ein, so wird (über Zwischenschritte) die Ausschüttung von Acetylcholin gehemmt. Dadurch kann Adrenalin herzfrequenzsteigernd wirken. Der Verbindungspfeil vom verlängerten Mark zum Parasympathikus muss eine hemmende Wirkung symbolisieren.

Material C – Stressreaktion

1 Vergleichen Sie die Kurvenverläufe von Stressempfindlichen und Stressunempfindlichen.

Gezeigt werden die Ergebnisse einer Untersuchung an Versuchsteilnehmenden, die einer Prüfungssituation ausgesetzt wurden. Gemessen wurde die Konzentration von ACTH, von Cortisol und von Adrenalin im Blut jeweils in relativen Einheiten über einen Zeitraum von 120 Minuten. Das Forschungsteam konnte zwei Reaktionstypen unterscheiden: Stressempfindliche und Stressunempfindliche.
Gemeinsamkeiten: Bei beiden Reaktionstypen ist der grundsätzliche Verlauf der Kurven ähnlich. Durch die Stresssituation steigen die Mengen an Stresshormonen im Blut innerhalb von 15 bis 25 Minuten an. Danach fallen sie innerhalb von 10 bis 25 Minuten stark ab und erreichen nach weiteren 20 bis 45 Minuten den Ursprungswert vor der Prüfungssituation. Die Konzentration von Adrenalin liegt bei beiden Reaktionstypen während der Prüfungssituation ähnlich hoch.
Unterschiede: Die Kurven für Cortisol und ATCH verlaufen zwar ähnlich, allerdings weisen die beiden Reaktionstypen hier deutliche Konzentrationsunterschiede auf. Bei dem stressempfindlichen Reaktionstyp liegt der Cortisolspiegel von Anfang an höher, steigt auf nicht ganz die doppelte Menge im Blut an und fällt innerhalb von 80 Minuten auf den Anfangswert. Bei den weniger Stressempfindlichen verläuft die Kurve prinzipiell genauso, allerdings steigt der Cortisolwert weniger stark an. Auch nach der Prüfungssituation bleibt die Konzentration von Cortisol bei den Stressempfindlichen deutlich höher als bei den Stressunempfindlichen. Die ACTH-Menge ist bei Stressempfindlichen während der Prüfungssituation doppelt so hoch wie bei den Stressunempfindlichen.

2 Erklären Sie die Konzentrationsveränderungen von ACTH, Cortisol und Adrenalin im Blut während des Versuchs mithilfe der Wirkung der beiden Stressachsen.

Betrachtet man die beiden Stressachsen, so lässt sich der Verlauf der Adrenalinwerte mit der Aktivierung des Sympathikus erklären. Diese bewirkt die Ausschüttung von Adrenalin aus dem Nebennierenmark. Die Reaktion erfolgt schon in den ersten 10 Minuten und somit schnell, da sie neuronal vermittelt wird. Nach Beendigung der Stresssituation wird Adrenalin abgebaut. Zwischen den beiden Reaktionstypen ist hier kein wesentlicher Unterschied zu erkennen.
Anders bei der zweiten Stressachse: Durch die als Stressor erlebte Prüfungssituation wird der Hypothalamus aktiviert. Er sezerniert das Hormon CRH und aktiviert dadurch die Hypophyse zur Abgabe von ACTH. Dieses Hormon bewirkt in der Nebennierenrinde die Ausschüttung von Cortisol. Bei Stressempfindlichen wird sowohl mehr ACTH als auch mehr Cortisol ausgeschüttet.

3 Stellen Sie Hypothesen zu möglichen Ursachen unterschiedlicher Stressempfindlichkeit auf.

Die Stressempfindlichkeit kann zum einen auf einer angeborenen stärkeren Aktivierung der Hypophysen-Nebennieren-Achse beruhen. Zum anderen können Lernvorgänge und Bewältigungsstrategien eine Ursache für die Unterschiede sein. Wenn eine Person häufiger unangenehme Erfahrungen in Prüfungssituationen gemacht hat oder seine Bewältigungsstrategien als wenig wirksam einschätzt, wird die Intensität der Stressreaktion höher sein. Auch verschiedene Selbstberuhigungsstrategien können hier eine Ursache für Unterschiede sein.

Material D – Chronischer Stress

1 Beschreiben Sie die Wirkung von Cytokinen und Cortisol.

Die Abbildung zeigt, dass Cytokine an einen Membranrezeptor von Leukocyten binden können. Diese Bindung löst den Abbau eines Inhibitorproteins aus, das den Transkriptionsfaktor 1 besetzt. Dadurch wird dieser freigesetzt. Er bewirkt die Gentranskription von entzündungsfördernden Proteinen, zum Beispiel Interleukin. Ist Cortisol im Blut vorhanden, kann das fettlösliche Cortisol durch die Membran wandern und bindet an ein Rezeptorprotein im Cytoplasma. Dieses ändert seine Konformation und kann nun den Transkriptionsfaktor 1 abfangen und dadurch inaktivieren. Die Bildung von entzündungsfördernden, immunreaktionssteigernden Proteinen unterbleibt. Gleichzeitig bewirkt die Bindung an das Protein, dass dieses als Transkriptionsfaktor auf andere Gene wirkt. Entzündungshemmende Proteine werden gebildet. Außerdem wird das Inhibitorprotein gebildet, das den Transkriptionsfaktor 1 inaktiviert. So wird die Gentranskription von entzündungsfördernden Interleukinen reduziert.

2 Stellen Sie Hypothesen über den Zusammenhang zwischen Stress, Cortisol und Infektionskrankheiten auf.

Die Befunde der Statistik zeigen, dass bei der Einwirkung eines Stressors auf Personen mit chronischem Stress die Anzahl der Erkältungskrankheiten höher war als bei Versuchspersonen, die keinem länger anhaltenden Stressor ausgesetzt waren – egal wie lang der neuerliche Stressor einwirkte. Durch chronischen Stress ist die hormonelle Stressachse aktiviert, die dazu führt, dass vermehrt Cortisol ins Blut ausgeschüttet wird. Dauert der Stress an, so wird Cortisol längerfristig ausgeschüttet; der Cortisolspiegel im Blut bleibt hoch. Dies führt auf zellulärer Ebene dazu, dass die entzündungshemmende Wirkung gesteigert wird, die immunsystemfördernde Wirkung der Interleukine jedoch reduziert ist.

3 Diskutieren Sie die Aussage, dass chronischer Stress Infektionskrankheiten verursacht.

Chronischer Stress verursacht die Infektionskrankheiten nicht. Infektionskrankheiten werden durch Erreger wie Bakterien und Viren verursacht. Der Ausbruch einer Infektionskrankheit aber wird durch die Reaktion des Immunsystems beeinflusst. Cortisol reduziert die Immunreaktion, dadurch lässt sich ein indirekter Einfluss von Cortisol auf das Erkrankungsrisiko vermuten.

Klausurtraining

Seite 298–299

Training A – Toxine der Kegelschnecke

1 Erläutern Sie die Wirkung des Delta- und des Kappa-Conotoxins am Axon.

Delta-Conotoxin verhindert das Schließen der spannungsgesteuerten Natriumionenkanäle am Axon. Es beeinflusst hierdurch den Verlauf der Aktionspotenziale.

Am Axon wird nach Überschreiten des Schwellenwerts ein Aktionspotenzial ausgelöst und es öffnen sich zunächst die spannungsgesteuerten Natriumionenkanäle. Sie bewirken aufgrund des Natriumioneneinstroms in das Axon eine Depolarisation der Axonmembran. Hierdurch öffnen sich die spannungsgesteuerten Kaliumionenkanäle und Kaliumionen strömen aus dem Axon heraus, es kommt zur Repolarisation der Axonmembran. Da durch Delta-Conotoxin die Natriumionenkanäle geöffnet bleiben, strömen weiterhin Natriumionen in das Axon.

Kappa-Conotoxin blockiert gleichzeitig die Kaliumionenkanäle, es können keine Kaliumionen aus dem Axon ausströmen. Die beiden Neurotoxine verhindern somit die Repolarisation an der Axonmembran. Sie bleibt dauerhaft depolarisiert.

2 Erläutern Sie die Wirkung der anderen Conotoxine an der Synapse.

Alpha-Conotoxin blockiert die Acetylcholin-Rezeptoren an den motorischen Endplatten. Dies bedeutet, dass Acetylcholin nicht an die Rezeptoren binden kann und die Natriumionenkanäle der postsynaptischen Membran geschlossen bleiben. Ein erregendes postsynaptisches Potenzial bleibt aus. Die gleiche Wirkung hat das My-Conotoxin, das die Öffnung der postsynaptischen Natriumionenkanäle blockiert.

Omega-Conotoxin blockiert die Calciumionenkanäle der präsynaptischen Membran und verhindert damit, dass die mit Acetylcholin beladenen Vesikel mit der präsynaptischen Membran verschmelzen und ihren Inhalt in den synaptischen Spalt entlassen. Somit verhindert Omega-Conotoxin ebenfalls, dass ein erregendes postsynaptisches Potenzial erzeugt wird.

3 Erklären Sie die Auswirkung des Giftcocktails hinsichtlich des Beutefangs der Kegelschnecke.

Der Giftcocktail bewirkt, dass das Beutetier an der Flucht gehindert wird. Durch Delta-Conotoxin und Kappa-Conotoxin erstarrt es in einem Muskelkrampf, der einem elektrischen Schock gleicht und das Beutetier bewegungs-unfähig macht. Die anderen Toxine haben zur Folge, dass die Signalübertragung an der Synapse ausbleibt. Nach dem Muskelkrampf bleibt das Beutetier gelähmt.

Zusatzinformation: Es konnte nachgewiesen werden, dass sich bei jeder Kegelschneckenart im Verlauf der Evolution ein hochspezifischer Giftcocktail aus bis zu 200 verschiedenen Peptiden entwickelt hat. So werden die Neurotoxine unter anderem durch Conopressin-G unterstützt, welches eine gefäßverengende Wirkung hat. Die Neurotoxine werden dadurch schneller im Organismus transportiert.

Seite 298–299 (Klausurtraining)

Training A – Toxine der Kegelschnecke

4 Stellen Sie eine Hypothese auf, weshalb Omega-Conotoxin bei der Schmerztherapie direkt in die Rückenmarkflüssigkeit und nicht intravenös verabreicht wird.

Eine intravenöse Injektion von Omega-Conotoxin hätte zur Folge, dass sich das Neurotoxin im ganzen Organismus verbreitet und Lähmungserscheinungen hervorruft, die auch die Atemmuskulatur betreffen würden.

Im Bereich des Rückenmarks ist seine Wirkung lokal begrenzt und darauf beschränkt, die Signalübertragung der afferenten Neuronen zu verhindern, sodass Schmerzen nicht mehr wahrgenommen werden.

Training B – Verzögerte Reaktion

1 Stellen Sie anhand der Informationsverarbeitungsphasen die neurobiologischen Ursachen einer Reaktionsverzögerung dar.

Die Tabelle zeigt die Dauer der verschiedenen Phasen der Informationsverarbeitung eines Reizes bis zur Reaktion in Millisekunden. Bereits bei der Transduktion, der Umwandlung des Reizes in Erregung an den Rezeptoren, kommt es zu einer zeitlichen Verzögerung. Treffen Photonen auf ein Stäbchen in der Netzhaut, so lösen sie dort durch die Anregung von Rhodopsin verschiedene chemische Reaktionen aus, die letztlich zum Schließen von Natriumionenkanälen führen. Dadurch kommt es zu einer Hyperpolarisation der Stäbchenmembran. Diese Hyperpolarisation hat in den nachgeschalteten Neuronen der Netzhaut eine Erregung zur Folge, die dann über afferente Fasern zum Gehirn geleitet wird. Die Umwandlung des Lichtreizes in einen Nervenimpuls dauert 10 bis 50 Millisekunden. Auch die Weiterleitung von Aktionspotenzialen über längere Strecken in den Axonen der afferenten und efferenten Neuronen braucht Zeit. Dabei lassen sich Unterschiede durch die Länge der Strecke, den Durchmesser der Axone und vor allem den Myelinisierungsgrad erklären. Verzögerungen der Reaktion durch die Informationsverarbeitung im Gehirn sind vor allem auf die Beteiligung verschiedener Interneuronen und Nervennetze in verschiedenen Gehirnarealen zurückzuführen. Auch die Vorgänge von der synaptischen Übertragung an

der motorischen Endplatte bis zur Umsetzung des Signals am Zielorgan Muskel – die Ausschüttung der Transmitter, deren Diffusion durch den synaptischen Spalt, die Erregung der postsynaptischen Membran sowie die Umsetzung der Muskelkontraktion – dauern einige Millisekunden.

2 Erläutern Sie die Abläufe bei der Übertragung der Erregung auf eine Muskelfaser und erklären Sie die Ursachen der verzögerten Kontraktion.

Wird an der neuromuskulären Synapse durch ein Aktionspotenzial ein postsynaptisches Potenzial ausgelöst, kommt es sehr rasch an der Muskelzellmembran zu einem Muskelaktionspotenzial. Dieses wird entlang der Zellmembran und der Einfaltungen, der T-Tubuli, in die Muskelfaserzelle geleitet. Dort löst das Aktionspotenzial die Ausschüttung von Calciumionen aus dem Sarkoplasmatischen Retikulum in das Cytoplasma aus. Die Konzentrationserhöhung von Calciumionen hat die Kontraktion der Sarkomere zur Folge. Zeitliche Verzögerungen der Ausschüttung der Calciumionen lassen sich mit dem Ausbreiten des Muskelaktionspotenzials über die Muskelfasermembran erklären. Die Diffusion der Calciumionen und die Bindung an Myosin sowie die Freilegung der Bindungsstellen der Aktinköpfchen sind ebenfalls Prozesse, die Zeit in Anspruch nehmen.

3 Ermitteln Sie die durchschnittlichen Reaktionszeiten der sechs Versuchspersonen und werten Sie die Daten in Bezug auf mögliches Lernverhalten und die Reaktionszeit von Mädchen und Jungen aus.

Versuchsperson	durchschnittliche Fallstrecke	durchschnittliche Reaktionszeit
1 (männlich)	19,2 cm	200 ms
2 (weiblich)	18,2 cm	190 ms
3 (männlich)	16,2 cm	180 ms
4 (weiblich)	18,0 cm	190 ms
5 (männlich)	12,0 cm	160 ms
6 (weiblich)	13,3 cm	170 ms

Die mittlere Fallstrecke aller Versuchspersonen beträgt etwa 16 cm, die mittlere Reaktionszeit ungefähr 180 ms. Das Versuchsergebnis lässt sich mit der Dauer der Informationsverarbeitungsphasen erklären.

Vergleicht man die Anfangsleistung mit der Halbzeitleistung der sechs Versuchspersonen, so lässt sich bei drei Personen eine deutliche Verbesserung und bei zwei Personen eine leichte Verschlechterung feststellen. Bei einer Person blieben die Daten ungefähr gleich. Vergleicht man Anfangs- und Endleistung, so ergibt sich ein ähnliches Bild: dreimalige Verbesserung, dreimalige Verschlechterung. Durchschnittlich werden die Versuchspersonen nach zehn Versuchen etwas schneller, die durchschnittliche Reaktionszeit liegt aber beim letzten Versuch wieder unter diesem Wert. Es ist nicht auszuschließen, dass Lernprozesse eine Rolle bei diesem Versuch spielen. Sie führen jedoch nur zu einer geringfügigen Veränderung der Reaktionszeit.

Vergleicht man die durchschnittliche Reaktionszeit der drei Mädchen mit der der drei Jungen, ergibt sich kein relevanter Unterschied: Mädchen 183 ms, Jungen 180 ms. Beide Ergebnisse deuten auf anatomische und physiologische Grenzen der Reaktionszeitverbesserung hin.

4 Bewerten Sie die Aussagekraft dieses Reaktionstests.

Der Reaktionstest mit Lineal ist einfach durchzuführen. Führen verschiedene Versuchspersonen und Versuchsleitungen den Versuch durch, so kann man jedoch beobachten, dass zum Beispiel
- das Lineal unterschiedlich gehalten wird;
- die Versuchsleitung manchmal kleine akustische Hinweise gibt;
- die Versuchspersonen versuchen, bereits zuzugreifen, bevor das Lineal fällt;
- die auffangende Hand nicht immer dieselbe Position hat;
- das Ablesen der Messwerte auf dem Lineal unterschiedlich genau erfolgt.

Die Bestimmung von Reaktionszeiten ist also nicht zuverlässig und nicht unabhängig von der Versuchsleitung. Außerdem lassen sich die vorliegenden Daten nicht zuverlässig interpretieren, da die Anzahl der Versuchspersonen niedrig ist.

Aufmerksamkeit und Ablenkung, Beobachten und Lernen der Signale, die auf ein Fallenlassen des Lineals hindeuten, aber auch Ausprobieren und Neugier, Kreativität, Wettbewerb zwischen den Versuchspersonen, wenn der Test in einer Gruppe durchgeführt werden, Schummeln usw. verändern und verfälschen zudem das Ergebnis und die Aussagekraft.

Der Versuch erlaubt keine Aussage darüber, welcher Anteil der Verzögerung der Reaktionszeit auf welche Phasen der Informationsverarbeitung zurückzuführen ist.

Zusatzinformation: An diesem Beispiel lassen sich die Gütekriterien für eine Messung verdeutlichen. Eine gute, aussagekräftige und zuverlässige Erhebung von Daten setzt voraus, dass ein Test valide, reliabel und objektiv ist. Valide bedeutet Genauigkeit: Der Test misst, was er zu messen vorgibt. Hier muss also überlegt werden, ob das Messverfahren geeignet ist, die Reaktionszeit tatsächlich zu messen, und ob es Aussagen über die Zeit der Informationsverarbeitung zulässt. Reliabel bedeutet Zuverlässigkeit: Der Test ist zuverlässig, wenn zum Beispiel die Messdaten immer unter genau denselben Bedingungen erhoben werden und bei gleichen Veränderungen dasselbe Messergebnis entsteht. Objektiv bedeutet Unabhängigkeit vom Beobachtenden: Der Test misst auch dann dasselbe Ergebnis, wenn er zum Beispiel von verschiedenen Versuchsleitungen durchgeführt wird. Dazu muss gewährleistet sein, dass die Bedingungen, unter denen der Versuch durchgeführt wird, stabil und vergleichbar sind.

4 Ökologie

4.1 Tiere und Temperatur

Seite 306–308

1 Erklären Sie, warum kleine Körper grundsätzlich mehr Wärme verlieren als größere.
Bei einer Vergrößerung des Körpers nimmt die Oberfläche weniger stark zu als das Volumen. Ein großer Pinguin hat also im Verhältnis zu seinem Körpervolumen eine geringere Oberfläche als ein kleiner Pinguin und verliert deshalb weniger Wärme. Er kann somit unter kälteren Bedingungen leben als ein kleiner Pinguin, der sehr viel mehr Energie verbrauchen würde, wenn er in oder an kalten Gewässern leben würde. Man kann dies auch anders ausdrücken: Unter warmen Bedingungen lebende Tiere können kleiner sein als solche, die im kalten Klima leben.

2 Begründen Sie, warum die Bergmannsche Regel nicht auf Poikilotherme zutrifft.
Poikilotherme Tiere können keine eigene Wärme erzeugen, sondern nehmen Wärme lediglich passiv über die gesamte Körperoberfläche auf. Auch bei ihnen ist das Verhältnis zwischen Körperoberfläche und -volumen ein Schlüsselfaktor bei der Kontrolle der Körpertemperatur, denn mit zunehmender Körpergröße müssen sie entsprechend auch mehr Wärmeenergie aufnehmen. Außerdem korreliert mit ihrer Körpergröße die Zeitspanne, die sie für das Erreichen einer ausreichenden Erwärmung benötigen. Daraus ergibt sich jedoch für poikilotherme Tiere in Abweichung von der Bergmannschen Regel eine Obergrenze der Körpergröße. Der hohe Energiebedarf zur passiven Erwärmung bei großer Körpermasse ist auch der Grund dafür, dass große poikilotherme Tiere nur in den Tropenregionen mit hoher Sonneneinstrahlung vorkommen.

Seite 309 (Material)

Versuch A – Modellversuch zur Bergmannschen Regel

1 Entwickeln Sie mit den Materialien einen Modellversuch zur Bergmannschen Regel. Begründen Sie Ihre Planung. Überlegen Sie auch, welche Messmethode Sie einsetzen möchten und wie häufig beziehungsweise wie lange Sie messen sollten.
Laut der Bergmannschen Regel verlieren größere Körper im Verhältnis zu ihrer Oberfläche weniger Wärme als kleine Körper. Um diese Abhängigkeit zu überprüfen, werden zwei Rundkolben mit unterschiedlichem Fassungsvermögen ausgewählt, die modellhaft die verschieden großen Tiere darstellen sollen. Die Gefäße werden mit heißem Wasser gleicher Temperatur gefüllt und anschließend mit Alufolie umwickelt. Das heiße Wasser stellt dabei die anfängliche Körpertemperatur dar, die – um einen

Vergleich möglich zu machen – bei beiden Lebewesen gleich sein muss. Die Alufolie hat isolierende Wirkung und entspricht somit den isolierenden Körperschichten der Lebewesen. In jedes Gefäß wird nun ein Thermometer so in den Kolben gehalten oder mit einem entsprechenden Stopfen fixiert, dass sich die Thermometerspitze in der Mitte des Kolbens befindet. Auf diese Weise kann im Verlauf des Versuches die Abnahme der Wassertemperatur gemessen werden.
Die Messungen werden in kurzen Zeitabständen über einen längeren Zeitraum durchgeführt. Dies ist sinnvoll, um den zu erwartenden Temperaturverlust kontinuierlich darzustellen. Die Dauer der Messung ist davon abhängig, wie viel Zeit für den Versuch zur Verfügung steht.

2 Führen Sie den von Ihnen entwickelten Versuch durch und notieren Sie die Messdaten.
Individuelle Lösungen.
Beispiel für gemessene Temperaturwerte:

Zeit t	Gefäß 1 (1000 cm³)	Gefäß 2 (100 cm³)
Beginn	70 °C	70 °C
nach 30 s	69 °C	67 °C
nach 60 s	69 °C	66 °C
nach 90 s	69 °C	65 °C
nach 120 s	69 °C	63 °C
nach 150 s	69 °C	61 °C
nach 180 s	69 °C	60 °C
nach 210 s	69 °C	60 °C
nach 240 s	68 °C	59 °C
nach 270 s	67 °C	59 °C
nach 300 s	67 °C	59 °C

3 Stellen Sie die Messwerte grafisch dar.

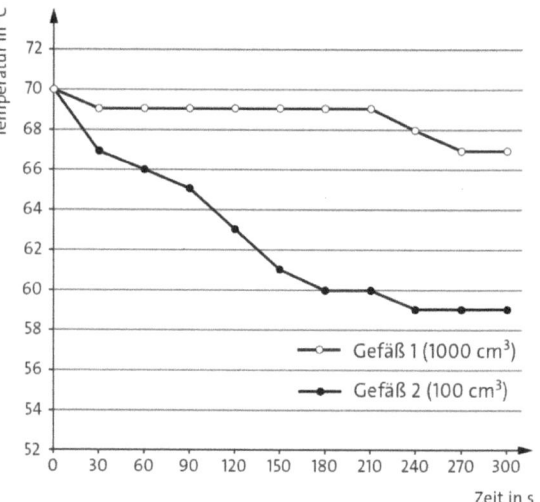

Illustration: Cornelsen/Karin Mall

Biosphäre SII Kursstufe Baden-Württemberg, Lösungen

4 Deuten Sie die Ergebnisse ihres Versuches und stellen Sie Bezüge zu den realen Verhältnissen her.

Der Versuch zeigt, dass die Wassertemperatur im kleineren Gefäß, Gefäß 2 mit 100 cm³ Fassungsvermögen, im Messzeitraum schneller abnimmt als im größeren Gefäß, Gefäß 1 mit 1000 cm³ Fassungsvermögen. Bezogen auf die Beispielmessungen beobachtet man in Gefäß 2 nach 5 Minuten einen Temperaturverlust von 11 Grad, in Gefäß 1 beträgt der Verlust nur 3 Grad. Zurückzuführen ist dieses Ergebnis auf die Wärmeabstrahlung über die Oberfläche der Gefäße. Da das kleinere Gefäß 2 eine größere relative Oberfläche hat, ist hier der Temperaturverlust größer als in Gefäß 1.

Die Messergebnisse stellen die realen Verhältnisse modellhaft dar. Gemäß der Bergmannschen Regel sind Tiere, die in kalten Gebieten leben, in der Regel größer als nah verwandte Arten aus wärmeren Gebieten. Diese Beobachtungen lassen sich ebenfalls dadurch erklären, dass bei einer Vergrößerung des Körpers die Oberfläche im Verhältnis weniger stark zunimmt als das Volumen. Mit einer verringerten relativen Körperoberfläche nimmt somit auch der Wärmeverlust ab. Im Modellversuch entspricht das kleinere Gefäß 2 einem Tier geringerer Körpergröße, zum Beispiel dem Galapagospinguin mit einer Körpergröße von etwa 50 cm. Das große Gefäß 1 entspricht zum Beispiel dem Kaiserpinguin mit einer Körpergröße von 115 cm.

Zusatzinformation: Bei der Auswertung des Versuches ist darauf hinzuweisen, dass die Bergmannsche Regel nur eine Hypothese darstellt, die durch die beobachtbaren Ergebnisse noch nicht bestätigt wird. Im Unterrichtsgespräch sollte deshalb auf die vielen Ausnahmen zur Regel verwiesen und damit die Aussagekraft des Versuches diskutiert werden. Eine solche Ausnahme ist beispielsweise das Mauswiesel. Die Körpergröße der Vertreter dieser Art nimmt von Norden nach Süden zu. Die kleinsten Mauswiesel leben in mitteleuropäischen Hochgebirgen und galten zeitweilig sogar als eigene Art der „Zwergwiesel".

Diese Diskussion bietet Anlass, mit der Lerngruppe exemplarisch den naturwissenschaftlichen Erkenntnisweg nachzuvollziehen.

5 Erklären Sie, weshalb kleine Säuger und Vögel in Polargebieten kaum vertreten sind.

Kleine Tiere benötigen wegen der zum Volumen relativ großen Oberfläche mehr Energie zur Aufrechterhaltung der Körperwärme als größere. Aufgrund des hohen Energiebedarfs müssten sie daher auch sehr große Nahrungsmengen aufnehmen. Polargebiete sind jedoch Lebensräume mit saisonal eingeschränkten Nahrungs- und Trinkwasserressourcen. Kleine Säuger und Vögel könnten daher vor allem in den kalten Monaten ihren hohen Energiebedarf nur bedingt decken.

Versuch B – Modellversuch zur Allenschen Regel

1 Führen Sie den Versuch wie abgebildet durch und notieren Sie die Wassertemperaturen zu Beginn, nach 2, 5, 10 und 15 min.

Individuelle Lösungen.

Beispiel für gemessene Temperaturwerte:

Zeit t	Gefäß mit Löffeln	Gefäß ohne Löffel
Beginn	82 °C	82 °C
nach 2 min	71 °C	75 °C
nach 5 min	63 °C	66 °C
nach 10 min	57 °C	60 °C
nach 15 min	49 °C	54 °C

2 Übertragen Sie die Messwerte in ein Koordinatensystem.

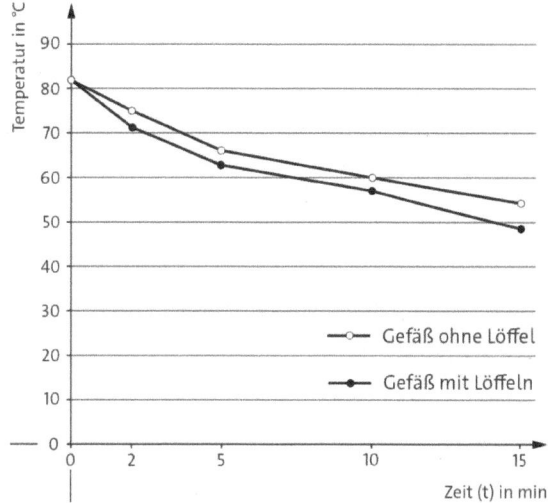

Illustration: Cornelsen/Karin Mall bearbeitet von Andrea Thiele

3 Werten Sie die Ergebnisse aus und erläutern Sie an mindestens einem Beispiel die zugrunde liegenden ökologischen Sachverhalte.

Der Modellversuch stellt die der Allenschen Regel zugrunde liegenden Zusammenhänge dar. Die Löffel stehen in dem Modell für Körperanhänge homoiothermer Tiere. In dem Versuch nimmt die Wassertemperatur in dem Gefäß mit den beiden Löffeln im Messzeitraum schneller ab als im Gefäß ohne Löffel. Zurückzuführen ist dieses Ergebnis auf die Wärmeabstrahlung über die Oberfläche der jeweiligen Gefäße und der Löffel, welche ebenfalls Wärme leiten können.

Die Allensche Regel besagt, dass bei homoiothermen Tieren die relative Länge ihrer Körperanhänge in kalten Klimazonen geringer ist als bei verwandten Arten in wärmeren Gebieten. So nimmt innerhalb der Verwandtschaftsreihe der Arten Polarfuchs (Tundra), Rotfuchs (gemäßigte Breiten) und Fennek (Wüste) die Länge der Ohren und Beine zu. Körperanhänge tragen zu einer Vergrößerung der Körperoberfläche bei, kleine Ohren und Beine führen zu einem geringeren Wärmeverlust und stellen somit eine Angepasstheit der Tiere in kalten Zonen dar.

Tiere heißer Regionen wie der Afrikanische Elefant oder der Eselhase haben besonders große Ohren, die eine Abgabe überschüssiger Wärme ermöglichen.

Zusatzinformation: Im Zusammenhang mit dem genannten Beispiel der Fuchsarten besitzt die Allensche Regel nur eine eingeschränkte Gültigkeit. So belegen weitere ökologische Untersuchungen, dass der Fennek mit seinen großen Ohren ökologisch nur bedingt mit dem Rotfuchs oder Polarfuchs vergleichbar ist. Fenneks sind nachtaktiv, das heißt, sie gehen nur in den kühlen Nachtstunden auf Nahrungssuche. Die Schlussfolgerung, dass große Ohren eine Angepasstheit an die hohen Tagestemperaturen darstellen, ist daher nur begrenzt möglich. Vielmehr ist davon auszugehen, dass es sich auch hier um eine Angepasstheit zur Steigerung der Sinnesleistung der Ohren handelt.

Seite 309 (Material)

Versuch B – Modellversuch zur Allenschen Regel

4 Beurteilen Sie die Übertragbarkeit des Modellversuchs auf die Verhältnisse bei lebenden Tieren.

Im Versuch werden die Körperanhänge modellhaft durch die Löffel dargestellt. Dies lässt jedoch noch keine Aussage über den Einfluss unterschiedlich langer Körperanhänge zu. Es wäre daher sinnvoll, den Versuch zu erweitern, indem man die Länge der Löffel in verschiedenen Ansätzen variiert. Der Kontrollversuch ohne Löffel kann dabei bestehen bleiben.

Material C – Embryonalentwicklung der Schildwanze

1 Beschreiben Sie die Versuchsergebnisse zur Embryonalentwicklung der Schildwanze.

Dargestellt ist die Dauer der Embryonalentwicklung der Schildwanze bei verschiedenen Temperaturen. Auf der y-Achse ist die Entwicklungsdauer in Tagen und auf der x-Achse die Temperatur in °C angegeben. Es ergibt sich eine Kurve mit fallendem exponentiellem Verlauf.

Bei einer Temperatur von 16 °C beträgt die Entwicklungsdauer etwa 15 Tage. Mit zunehmender Temperatur verringert sich die Entwicklungsdauer auf einen Wert von etwa 10 Tagen bei einer Temperatur von 20 °C. Bei weiterer Temperaturzunahme nimmt die Entwicklungsdauer stetig ab bis auf einen Wert von etwa 2,5 Tagen bei einer Temperatur von circa 36,5 °C.

2 Erklären Sie den Kurvenverlauf unter Einbezug der zugrunde liegenden Stoffwechselprozesse.

Die Untersuchung zeigt die Abhängigkeit der Dauer der Embryonalentwicklung von der Umgebungstemperatur. Dabei wird deutlich, dass mit steigenden Temperaturen die Anzahl der für die Entwicklung benötigten Tage immer weiter abnimmt.

Alle Lebensvorgänge und Wachstumsprozesse sind temperaturabhängig. Eine Temperaturerhöhung wirkt sich dabei positiv auf den Stoffwechsel aus. Gemäß der artspezifischen Toleranzspanne ergeben sich jedoch Maximal- und Minimalwerte, die zum einen durch den Gefrierpunkt des Wassers und zum anderen durch die Denaturierung der Proteine festgelegt ist. Daher ist anzunehmen, dass die Temperaturen in der vorliegenden Untersuchung einen Maximalwert erreichen werden, ab dem aufgrund der Denaturierung der Proteine und somit auch dem Zusammenbruch des Stoffwechsels die Entwicklungsprozesse zum Erliegen kommen. Dieser Wert wird zwischen 40 und 50 °C liegen. Die Kurve würde dann gegen null laufen.

3 Entscheiden Sie begründet, ob die RGT-Regel auf die vorliegende Untersuchung angewendet werden kann.

Nach der RGT-Regel steigert eine Temperaturerhöhung um 10 Grad die Reaktionsgeschwindigkeit auf das Zwei- bis Dreifache. Die vorliegende Untersuchung zeigt, dass die Entwicklungsdauer ebenfalls mit steigender Umgebungstemperatur zunimmt. Dabei stellt man fest, dass die Embryonalentwicklung bei einer Temperatur von 20 °C etwa 10 Tage dauert. Eine Erhöhung der Temperatur auf 30 °C bewirkt eine Verkürzung auf etwa 4 Tage. Dies entspricht einer Erhöhung der Stoffwechselaktivität auf ungefähr das 2,5-fache. Die RGT-Regel ist demnach auf die vorliegende Untersuchung anwendbar.

Zusatzinformation: Es ist sinnvoll, die Verkürzung der Embryonalentwicklung und damit die Anwendbarkeit der RGT-Regel auch grafisch darzustellen.

4.2 Pflanzen und Temperatur

Seite 310–311

1 Beschreiben Sie jeweils zwei physiologische Angepasstheiten von Pflanzen an sehr hohe und sehr niedrige Temperaturen.

Beispiellösung:

Angepasstheiten von Pflanzen an sehr hohe Temperaturen:

a) Fixierung von Kohlenstoffdioxid über besondere Enzyme und ein Akzeptormolekül mit 4 C-Atomen: Solche C_4-Pflanzen können auf diese Weise die starke Sonneneinstrahlung auch bei heißen Temperaturen für eine sehr hohe Nettofotosyntheseleistung nutzen, obwohl sie – wie viele andere Pflanzen – bei Hitze ihre Spaltöffnungen als Verdunstungsschutz schließen und damit die Kohlenstoffdioxid-Aufnahme unterbrechen müssen.

b) Als Angepasstheit an Buschfeuer keimen die Samen mancher Pflanzen erst, nachdem sie einem Buschfeuer ausgesetzt waren. (Als morphologische Angepasstheit weisen diese Pflanzen zudem eine feuerresistente, dicke Borke auf.)

c) Transpiration: Landpflanzen können mithilfe der Verdunstung von Wasser über die Blätter ihre Temperatur senken. Allerdings ist dieser Mechanismus der Verdunstungskälte bei hitzetypisch geringem Wasserangebot begrenzt.

Angepasstheiten von Pflanzen an sehr niedrige Temperaturen:

a) Einlagerung von Saccharose, Glucose oder Glycerin. Da diese Verbindungen den Gefrierpunkt von Wasser herabsetzen, wirken sie in den Geweben als Frostschutzmittel, indem sie die Bildung zellschädigender Eiskristalle verhindern.

b) Vernalisation: Bei vielen Pflanzen sehr kühler Gebiete setzen Wachstum und Blütenbildung im Frühling erst nach längeren Frost- oder Kälteperioden ein, sodass Schäden durch starke Spätfröste nur selten vorkommen können.

Seite 312

1 Erläutern Sie die Gemeinsamkeiten und Unterschiede der Vegetation in den Höhenstufen der Alpen, Anden und des Himalayas.

Hinweis: Als Recherchequelle eignen sich hier entweder ein klassischer Atlas oder Online-Atlanten wie zum Beispiel über FreeWorldMaps oder Atlas VPN.

Gemeinsamkeiten: In den Alpen, Anden und im Himalaya sinkt die Durchschnittstemperatur pro 100 m Höhe um etwa 0,5 °C, sodass die Vegetationsdauer und damit auch die Pflanzengröße grundsätzlich mit zunehmender Höhenstufe abnimmt. In allen drei Gebirgen haben sich daher höhenspezifische Pflanzengesellschaften herausgebildet. Von unten nach oben findet man zunächst vor allem Bäume, dann überwiegend Büsche und Sträucher, darüber nur noch Gräser und Polsterpflanzen und in den Felsregionen der höchsten Vegetationszone schließlich Flechten und Algen. Darüber folgen in allen drei Gebirgen in den jeweils höchsten Lagen noch vegetationsfreie Eisregionen.

Unterschiede: Die Alpen, Anden und der Himalaya unterscheiden sich durch ihre durchschnittliche und maximale Meereshöhe, ihre Gesamtfläche und ihre geografische Lage. Im Vergleich zu den Alpen sind die Fläche der Anden und die des Himalayas wesentlich größer. Dies führt dazu, dass sich ihre klimatischen Verhältnisse und damit auch die Vegetationsformen regional stark unterscheiden. Die jahreszeitlichen Temperaturunterschiede sind in den äquatorfernen Alpen deutlich größer als in den äquatornahen Bereichen der Anden und des Himalayas. Das mittlere Temperaturniveau ist auf gleicher Meereshöhe in den äquatornahen Bereichen der Anden und des Himalayas am höchsten und in den Alpen am niedrigsten. Durch ihre unterschiedliche Nähe zu den Meeren und die Ausrichtung ihrer jeweiligen Gebirgsketten in großräumigen Windströmungssystemen kommt es zu unterschiedlichen Niederschlagsmengen. Der unterschiedliche Einfluss der jahreszeitlichen Temperaturentwicklung und Niederschlags-

verteilung und die unterschiedlichen Durchschnittstemperaturen und -niederschlagsmengen führen zu jeweils verschiedenen Höhenlagen der Vegetationsstufen mit eigenen Pflanzengesellschaften, die für jedes der drei Gebirge charakteristisch sind.

2 Diskutieren Sie die Prognose, dass sich die Vegetationszonen im Gebirge durch den aktuellen Klimawandel proportional zur ansteigenden Temperatur in höhere Regionen verschieben werden.

Da die Pflanzengesellschaften der verschiedenen Höhenstufen vor allem durch die mit zunehmender Höhenstufe abnehmende Temperatur geprägt werden, ist ihre parallele Verschiebung in höhere Lagen bei steigenden Durchschnittstemperaturen grundsätzlich naheliegend. Tatsächlich ist diese Verschiebung allerdings nicht für alle Vegetationsstufen in gleicher Form zu erwarten. Bäume, Büsche, Sträucher und krautige Pflanzen der submontanen, montanen und subalpinen Stufe würden zumindest in Gebieten mit ausreichend hohen Bergen auch einige hundert Höhenmeter oberhalb ihrer heutigen Verbreitung noch geeignete humushaltige und für sie nicht zu steile Hänge vorfinden. Die höchsten Pflanzengesellschaften der alpinen und subnivalen Stufe könnten jedoch in den meisten Alpenregionen kaum weiter nach oben ausweichen, weil sie schon wenige hundert Meter höher als heute auf steile und deshalb humusfreie felsige Untergründe treffen würden. Auch das Abschmelzen der Gletscher legt solche humusfreien, zum Teil sehr steilen und instabilen Felsbereiche frei, die kaum neue potenzielle Vegetationsflächen für die Pflanzen der alpinen und subnivalen Stufe entstehen lassen. Bei fehlenden vertikalen Ausweichmöglichkeiten werden die Pflanzen der höchsten Vegetationsstufen deshalb wahrscheinlich aussterben, da sie sich gegen die nachrückenden Arten aus tieferen Regionen als Kältespezialisten nicht behaupten können.

Zusatzinformation: Die Höhenmigration zahlreicher krautiger Alpenpflanzen und die Höhenverschiebung der natürlichen Baum- und Waldgrenze wird bereits als alpenweites Phänomen beobachtet.

Seite 313 (Material)

Versuch A – Wachstum von Weizensprossen

1 Entwickeln Sie mit diesen Materialien einen Versuch zur Untersuchung der Temperaturabhängigkeit der Keimung. Begründen Sie Ihre Planung.

Zur Untersuchung der Temperaturabhängigkeit der Keimung von Samenkörnern werden zunächst Petrischalen oder vergleichbare Gefäße mit Watte oder Zellstoff ausgelegt und angefeuchtet. Anschließend werden auf allen Platten gleichmäßig die Samen verteilt. Die Gefäße werden dann an verschiedene Orte gestellt, die sich nur durch die dort vorherrschenden Temperaturen unterscheiden, zum Beispiel Fensterbank, Kühlschrank oder Wärmeschrank. Anschließend wird der Keimungsprozess beobachtet und protokolliert.

Um vergleichbare Werte zu erhalten, ist es notwendig, dass während der Untersuchung nur die Temperatur als Testvariable verändert wird, während alle anderen Faktoren wie Licht oder Wasser konstant bleiben. Ein Kontrollansatz ist hier nicht nötig. Es ist darauf zu achten, dass im Kühl- oder Wärmeschrank eine zusätzliche Beleuchtung installiert wird, damit der Faktor Licht das Versuchsergebnis nicht verfälscht. Auch die Gefäße können vor Versuchsbeginn abgedunkelt werden, sodass stets die gleichen Lichtbedingungen herrschen.

Zusatzinformation: Es bietet sich an, diesen Versuch mit Samen verschiedener Arten wie Weizen, Radieschen, Sonnenblumen oder Gartenbohnen parallel durchzuführen.

Denkbar wäre auch ein Vergleich von Winter- und Sommergetreide. Entsprechendes Saatgut erhält man in landwirtschaftlichen Betrieben.

Seite 313 (Material)

Versuch A – Wachstum von Weizensprossen

2 Führen Sie den von Ihnen entwickelten Versuch durch und notieren Sie die Messdaten.
Individuelle Lösungen.
Siehe Beispiel für ein Ergebnis (Weizen) in der Tabelle unten.

Tabelle zu Seite 313 (Material A) Aufgabe 2

	Schale 1 (5 °C)	Schale 2 (10 °C)	Schale 3 (20 °C)	Schale 4 (30 °C)	Schale 5 (40 °C)
	3,2	5	6,5	9,5	5,4
	2,8	4,1	6,5	9,3	8,3
	1,7	2,9	6,5	8,9	4,9
	2	2,1	5,2	5,1	5
	2	0,6	5,9	1,7	7,6
	1,5	3,1	4	3,3	7,2
	1,2	1,9	3,4	10,9	7,1
	1,6	5	6,2	5,8	6,7
	1,3	1,6	2,8	8,9	7,4
	1	0,3	5,6	9,3	8,1
	0,4	0,3	4,4	9,1	2,8
Sprosslänge der Keimlinge (in cm)	0,9	0,2	4,5	9,6	5,8
	0,8	0,2	4,3	8,6	4,6
	0,2	0,1	5,4	10,4	6,8
	0,5	0,3	4,8	3,6	0,5
	3	1,5	4,7	8,7	0,8
	2,3	0,2	5,1	8,8	6,9
	1,5	2,9	5	9,5	8,4
	1,1	0,4	5,7	5,6	4,8
	1,7	2,7	5,5	8,6	7,8
	0,2	0,4	3,7	6,1	8,5
	0,4	2,2	4,6	8,6	4,3
	2,3	1	3,6	8,1	9
	2,2	3,5	5,3	10,1	2,4
	1,7	0,4	6,2	8,9	6,3
	1,2	2,5	3	8,3	6,5
	1,2	0,7	5,1	7,2	2,5
	2	3,5	4,1	6,8	8
	2,1	2,7	1,4	10,7	2,3
Mittelwert (in cm)	**1,46**	**1,57**	**4,63**	**7,66**	**5,55**

3 Erstellen Sie ein vollständiges Versuchsprotokoll einschließlich einer grafischen Darstellung der Messwerte.

Versuchsmaterial: Weizenkörner, Kunststoffschalen, Küchenpapier, Thermometer, Schere, Lineal
Durchführung: Man gibt Samenkörner über Nacht zum Quellen in Wasser. Die fünf Kunststoffschalen werden mit angefeuchtetem Küchenpapier ausgelegt und die Weizenkörner werden gleichmäßig darauf verteilt. In jedem Gefäß sollte sich die gleiche Anzahl Samen befinden. Die Kunststoffschalen werden sieben Tage bei unterschiedlichen Temperaturen aufgestellt: Schale 1 bei 5 °C (Kühlschrank), Schale 2 bei 10 °C (Kellerraum), Schale 3 bei 20 °C (Raumtemperatur), Schale 4 bei 30 °C (Wärmeschrank) und Schale 5 bei 40 °C (Wärmeschrank). Am Versuchsende wird die Sprosslänge aller Keimlinge gemessen und der Mittelwert ermittelt.

Diagramm zu Seite 113 (Material A) Aufgabe 3

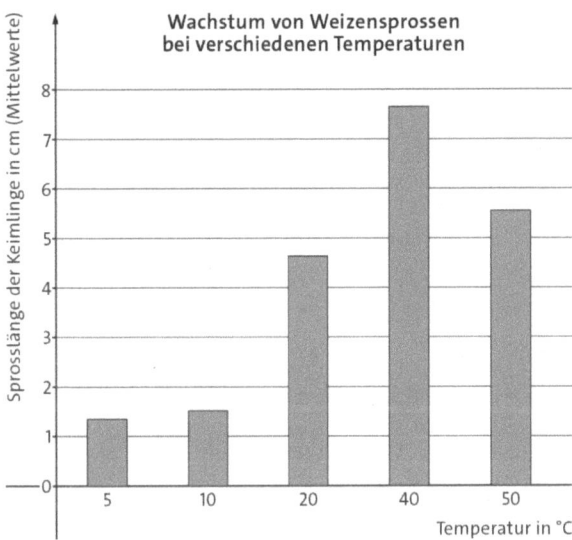

Illustration: Cornelsen/Tom Menzel, bearbeitet von Bernhard A. Peter, newVision! GmbH

4 Interpretieren Sie Ihre Ergebnisse.
Die Versuchsergebnisse zeigen eine Temperaturabhängigkeit der Keimung von Weizensamen. (Bei Radieschen- und anderen Pflanzensamen ist diese ebenfalls zu beobachten.)
Das Wachstum der Sprosse weist bei unterschiedlichen Temperaturen systematische Unterschiede auf. So steigert eine Erhöhung der Temperatur bis 40 °C das Sprosswachstum pro Zeiteinheit, eine weitere Erhöhung führt jedoch wieder zu geringerem Wachstum. Die Ursache dieser Temperaturabhängigkeit liegt darin, dass Keimungs- und Wachstumsprozesse wie alle Stoffwechselvorgänge über Enzyme gesteuert werden. Deren Aktivität ist temperaturabhängig. Zum einen hängen die Wechselwirkungen zwischen Enzymen und ihrem jeweiligen Substrat von der Wahrscheinlichkeit ihres Zusammentreffens ab. Zum anderen ist die Aktivität von Enzymen von ihrer passgenauen Raumstruktur abhängig, die nur in einem bestimmten Temperaturbereich besteht und bei höheren Temperaturen durch Hitzedenaturierung irreversibel beschädigt wird. Durch das Zusammenwirken aller Aspekte kommt es zur Ausbildung und Lage des beobachteten Temperaturoptimums der Keimungsprozesse, die im Detail je nach Art variieren können.

Material B – Zellatmungstätigkeit von Kartoffelblättern

1 Beschreiben Sie die Versuchsergebnisse.
Am Beispiel von Kartoffelblättern wird die Abhängigkeit der Zellatmungstätigkeit von der Temperatur dargestellt. Zum Nachweis der Atmungstätigkeit wurde dabei die Kohlenstoffdioxidabgabe in mg gemessen.
Bei einer Temperatur von 0 °C beträgt die Kohlenstoffdioxidabgabe etwa 0,1 mg. Mit steigender Temperatur erhöht sich die Abgabe mit zunehmender Intensität bis auf einen Maximalwert von circa 4,3 mg bei 45 °C. Ein weiterer Temperaturanstieg führt nun zu einem raschen Absinken der Kohlenstoffdioxidabgabe bis auf einen Wert von etwa 2,5 mg bei 60 °C. Es ist zu erwarten, dass mit zunehmender Temperatur die Atmungsaktivität weiter sinkt und schließlich vollständig eingestellt wird.

2 Deuten Sie die dargestellten Ergebnisse mithilfe der zugrunde liegenden Stoffwechselprozesse.
Bei dieser Messung gilt die Kohlenstoffdioxidabgabe als Maß für die Zellatmungsaktivität der Kartoffelblätter. Kohlenstoffdioxid entsteht als „Abfallprodukt" der Zellatmung. Dieser Prozess ist – wie alle anderen biochemischen Reaktionen auch – stark temperaturabhängig. Eine Temperaturerhöhung um 10 °C verdoppelt dabei die Reaktionsgeschwindigkeit (RGT-Regel). Zurückzuführen ist dies auf die zunehmenden Molekülbewegungen der beteiligten Enzyme und Substrate, die mit steigenden Temperaturen immer häufiger aufeinandertreffen. Die beteiligten Enzyme haben zudem spezielle Temperaturoptima, die zwischen 20 und 50 °C liegen. In der vorliegenden Untersuchung liegt dieses Optimum bei einer Temperatur von etwa 45 °C, das heißt, die beteiligten Enzyme haben hier ihre höchste Aktivität. Eine weitere Temperaturerhöhung verändert die räumliche Struktur der Enzyme, sie denaturieren. Als Folge können nun die jeweiligen Substrate nur noch bedingt oder überhaupt nicht im aktiven Zentrum binden und die Enzymaktivität sinkt. Die Zellatmung kommt zum Erliegen. Die Kohlenstoffdioxidabgabe sinkt und wird schließlich vollständig eingestellt.

Material B – Zellatmungstätigkeit von Kartoffelblättern

3 Stellen Sie eine Hypothese dazu auf, was geschehen würde, wenn man anstelle der Blätter belichtete Knollen der Kartoffel verwenden würde.

Bei den Knollen der Kartoffelpflanze, umgangssprachlich als Kartoffeln bezeichnet, handelt es sich um Sprossknollen. Wenn sie dem Licht ausgesetzt sind, bilden sie Sprosse aus und werden infolge der darin enthaltenen Chloroplasten grün. Grundsätzlich wird sich also ein ähnliches Ergebnis zeigen, wenn in dem Versuch anstelle der Blätter belichtete Knollen verwendet werden. Es kann sich lediglich die Größenordnung der Kohlenstoffdioxidabgabe verändern.

Zusatzinformation: Das Kartoffeln grün werden, ist unerwünscht, denn grüne Pflanzenteile der Kartoffelpflanze enthalten giftiges Solanin. Deswegen häufelt man Kartoffelpflanzen mit Erde an, um das Grünwerden der Kartoffelknollen zu verhindern.

Material C – Apfelblüte als Umweltindikator

1 Beschreiben Sie das Diagramm.

Das Diagramm zeigt den landesweit gemittelten Beginn der Apfelblüte in Deutschland von 1960 bis 2021. Die Messwerte weisen keinen linearen Verlauf auf, sondern variieren jährlich um bis zu zwei Wochen. Die späteste Apfelblüte fand 1970 mit Beginn am 21. Mai statt, die früheste 2014 mit Beginn bereits Mitte April. Der Blühbeginn lag in den ersten Jahren der Untersuchung oft in den ersten Maiwochen, ab 1988 setzte die Apfelblüte jedoch sehr häufig bereits in der zweiten Aprilhälfte ein. Ab dem Jahr 2000 begann die Apfelblüte immer spätestens in der ersten Maiwoche, zudem zunehmend häufig und zunehmend früh im April. Der über den Messzeitraum gemittelte lineare Trend zeigt dementsprechend eine Entwicklung zum immer früher einsetzenden Beginn der Apfelblüte.

2 Werten Sie das Diagramm aus.

Die Messwerte des Diagramms veranschaulichen einen konstanten Trend zu durchschnittlich immer früher beginnenden Apfelblüten in Deutschland innerhalb des Beobachtungszeitraumes. Der Beginn der Apfelblüte wird vor allem durch die Lufttemperatur im April und Mai beeinflusst, da die Blütenbildung als Wachstumsvorgang wie alle Stoffwechselprozesse durch eine Temperaturerhöhung beschleunigt wird. Der Zeitpunkt des Blühbeginns in einem konkreten Jahr steht also im Zusammenhang mit den jeweils herrschenden Außentemperaturen in den Monaten April und Mai.

Der Trend zu immer früher einsetzenden Apfelblüten könnte als Ursache also eine tendenziell ansteigende Temperatur in diesen Monaten während des Beobachtungszeitraumes haben. Das Diagramm lässt sich daher als Hinweis auf eine anhaltende Temperaturerhöhung in Deutschland während des Beobachtungszeitraumes interpretieren.

Aussagen über das genaue Ausmaß (z. B. in Grad Celsius) und die Entwicklungsdynamik (z. B. linear oder zunehmend exponentiell) dieser Temperaturerhöhung können anhand dieses Diagramms jedoch nicht gemacht werden, da die genaue Auswirkung einer Temperaturerhöhung um ein Grad Celsius auf die Vorverlegung des Blühbeginns in Tagen nicht ersichtlich ist. Außerdem sind weitere Einflussfaktoren auf den Blühbeginn (z. B. Sonneneinstrahlung über die Tageslänge und Bewölkung, Wasserangebot) zu beachten, die den dargestellten Trend limitieren und dadurch verzerren können.

3 Diskutieren Sie, inwieweit Wissenschaftler die Apfelblüte als „Fingerabdruck" für den fortschreitenden Klimawandel nutzen könnten.

Der erkennbare Trend zur immer früher einsetzenden Apfelblüte in Deutschland deutet auf einen Klimawandel in Form einer fortschreitenden Temperaturerhöhung in dieser Region hin. Aussagen über klimatische Veränderungen außerhalb Deutschlands lassen sich damit jedoch nicht ableiten, dazu werden entsprechende internationale Daten benötigt. Um die Apfelblüte-Temperatur-Korrelation weiter zu konkretisieren, wäre die Verknüpfung des Diagramms mit einer Darstellung der im Beobachtungszeitraum in den Monaten April und Mai jeweils gemessenen Durchschnittstemperatur sinnvoll. Eine kausale Verbindung könnte plausibel gemacht werden, wenn weitere Daten für diese jährlichen Zeiträume über die jeweilige tägliche Sonnenscheindauer und Niederschlagsmengen hinzugezogen würden, um diese als Ursachen ausschließen zu können.

4 Erklären Sie, weshalb Beobachtungen von Phänomenen an lebenden Organismen trotz modernster Methoden weiterhin wichtig für die Klimaforschung sind.

Modernste Methoden der Klimaforschung zeichnen sich durch ihre hohe Messgenauigkeit, eine große Menge an Messdaten zu vielen einzelnen Parametern, eine großräumige Erfassung und eine rasche digitale Auswertung dieser Daten aus. Aufgrund sehr komplexer Wechselwirkungen zwischen den verschiedenen Parametern sowie zwischen Organismen und den einzelnen Parametern kann die ökologische Relevanz der gemessenen Veränderungen allein aus diesen Daten jedoch nicht direkt abgeleitet werden; so sind zum Beispiel entsprechende Risikofolgenabschätzungen und ähnliche Prognosen nur auf Basis der Daten kaum möglich. Erst durch zusätzliche parallele Beobachtung an lebenden Organismen können die konkreten biologischen Auswirkungen der klimatischen Veränderungen qualitativ und quantitativ erfasst werden. Dabei ist die eindeutige Klärung der Ursache-Wirkungsbeziehungen zwischen klimatischen Einflüssen und Reaktionen der Organismen für die Qualität der Einschätzungen und Prognosen entscheidend.

Zusatzinformation: Phänologische Beobachtungen finden deshalb heute immer mehr Akzeptanz in der allgemeinen Klimaforschung. Sie werden zum Beispiel in den Internationalen Phänologischen Gärten Europas (IPG) und im Global Phenological Monitoring (GPM) durchgeführt. Interes-

sante Informationen dazu findet man auch auf der Internetseite des Deutschen Wetterdienstes.

4.3 Einfluss von Licht auf Tiere und Pflanzen

Seite 314–315

1 Erklären Sie den Einfluss verschiedener Lichtintensitäten auf die Fotosyntheseleistung von Licht- und Schattenpflanzen anhand Abbildung 3.

Lichtpflanzen erreichen ihren Lichtkompensationspunkt erst bei stärkerer Sonneneinstrahlung als Schattenpflanzen. Sie benötigen also eine vergleichsweise hohe Lichtintensität, um so viel CO_2 aufnehmen zu können, wie sie durch ihre Zellatmung abgeben, Schattenpflanzen benötigen im Vergleich dazu dementsprechend eine geringere Lichtintensität.

Lichtpflanzen erreichen ihre maximale CO_2-Aufnahmerate erst bei sehr hoher Lichtintensität, sodass ihr fotosynthetischer Lichtsättigungspunkt ebenfalls erst bei relativ starker Sonneneinstrahlung erreicht wird. Sie können also von sehr hoher Lichteinstrahlung besonders profitieren und wachsen daher vor allem an sonnigen Standorten.

Schattenpflanzen erreichen ihren Lichtkompensationspunkt schon bei relativ schwacher Sonneneinstrahlung. Die Schattenpflanzen erreichen ihre maximale CO_2-Aufnahmerate schon bei relativ geringer Lichtintensität, sodass ihr fotosynthetischer Lichtsättigungspunkt ebenfalls schon bei relativ schwacher Sonneneinstrahlung erreicht wird. Sie können also auch von relativ geringer Lichteinstrahlung profitieren und wachsen daher vor allem an sonnenarmen Standorten.

Im Vergleich erreichen Lichtpflanzen bei starker bis sehr starker Sonneneinstrahlung eine deutlich höhere CO_2-Aufnahme und damit Fotosyntheserate als Schattenpflanzen, die wiederum bei sehr schwacher Sonneneinstrahlung zu etwas höheren Fotosyntheseraten in der Lage sind. Die absolut höchste CO_2-Aufnahme beider Gruppen erreichen Lichtpflanzen bei sehr hoher Lichteinstrahlung.

2 Beschreiben und erklären Sie den unterschiedlichen Aufbau von Licht- und Schattenblättern am Beispiel der Rotbuche.

Die Lichtblätter der Rotbuche besitzen eine vergleichsweise kleine Oberfläche. Da sie ein mehrschichtiges Palisadengewebe und umfangreiches Schwammgewebe besitzen, sind sie relativ dick. Die zahlreichen Chloroplasten im dichten Palisadengewebe führen zu ihrer kräftigen Grünfärbung. Da sich die Lichtblätter im stark besonnten Außenbereich der Baumkrone befinden – im Wald vor allem an den oberen Ästen –, dringt das Licht bis in tiefe Blattschichten ein, sodass die Pflanzen hier sogar in mehreren Gewebe- und Chloroplastenschichten ertragreich Fotosynthese betreiben können. Daher genügt in diesen Baumbereichen schon eine relativ geringe Blattoberfläche für einen hohen Fotosyntheseertrag pro Blatt.

Die Schattenblätter der Rotbuche besitzen eine relativ große Oberfläche. Da sie nur ein einschichtiges Palisadengewebe und ein reduziertes Schwammgewebe besitzen, sind sie verhältnismäßig dünn. Die wenigen Chloroplasten im Palisadengewebe führen zur blassen Grünfärbung der Blätter. Da diese sich im stark beschatteten Innenbereich und im Wald vor allem an den unteren Ästen des Baumes befinden, dringt nur wenig Licht zu ihnen vor, sodass die Pflanzen hier nur in wenigen Gewebeschichten und nur in wenigen übereinander liegenden Chloroplasten gleichzeitig effektiv Fotosynthese betreiben können. Daher benötigen Blätter in diesen Baumbereichen eine relativ große Oberfläche für einen ausreichenden Fotosyntheseertrag.

Zusatzinformation: Als weitere morphologische Angepasstheit weisen Lichtblätter eine dicke Cuticula und eingesenkte Spaltöffnungen auf. Beide Eigenschaften dienen dem Verdunstungsschutz an Standorten, die aufgrund der hohen Evaporation und Transpiration oftmals auch durch zeitweiligen Wassermangel gekennzeichnet sind.

Seite 316

1 Erläutern Sie die Rolle des Hormons Melatonin für die Regelung der inneren Uhr.

Die innere Uhr regelt den täglichen Rhythmus der Körpertemperatur, der Ausschüttung einiger Hormone und des Schlaf-Wach-Rhythmus. Sie erzeugt einen regelmäßigen rund vierundzwanzigstündigen, also circadianen Rhythmus. Taktgeber ist die Tageslänge durch ihren regelmäßigen Wechsel von Hell- und Dunkelphasen. Sie beeinflusst über das Sonnenlicht die Produktion des Hormons Melatonin in der Zirbeldrüse (Epiphyse). Bei Helligkeit wird die Melatoninproduktion verringert, bei Dunkelheit erhöht. Entsprechend ist die Melatoninausschüttung nachts wesentlich höher als tagsüber. Da Melatonin beim Menschen zu einsetzender Müdigkeit führt, löst seine vermehrte Ausschüttung am Abend als Folge des fehlenden Tageslichts eine Schlafphase aus. Auch bei nachtaktiven Tieren führt fehlendes Tageslicht zu einer erhöhten Melatoninausschüttung. Das Hormon hat hier aber eine stimulierende Wirkung. Somit stimmt die lichtabhängige Produktion von Melatonin die Aktivitätsphasen durch die innere Uhr je nach Lebensweise sinnvoll auf den Tag-Nacht-Wechsel ab.

2 Erklären Sie, warum der Wechsel von Tag- und Nachtarbeit oftmals mit körperlichen und psychischen Beschwerden verbunden ist.

Die mit der Arbeitszeitverschiebung verbundene Verschiebung der Aktivitäts- und Schlafzeiten tritt sofort ein, während sich die Melatoninproduktion nur sehr langsam oder bei starkem Kunstlicht während der Nachtarbeit und fehlender Ruhe und Dunkelheit am Tage kaum verschiebt. Dadurch stimmen die erzwungenen Aktivitäts- und Schlafphasen anfangs oder sogar längerfristig nicht mit den durch die innere Uhr vorgegebenen körperlichen Voraussetzungen überein, wie es auch beim Jetlag der Fall ist. Während jedoch beim Jetlag durch die dauerhafte Zeitverschiebung eine allmähliche Anpassung der inneren Uhr stattfinden kann, ist das bei permanent wechselnder Schichtarbeit nicht möglich. Man muss in Phasen großer Müdigkeit konzentriert und aktiv sein, während man in hormonell bedingten Wachphasen versuchen muss zu schlafen. Beide Phasen werden deshalb als sehr belastend und unbefriedigend empfunden.

Zusatzinformation: Da neben dem Schlaf auch viele Stoffwechselvorgänge, zum Beispiel Verdauung und Exkretion, Wachstum, Aktivitäten des Immunsystems und besondere Prozesse des Gehirns durch die innere Uhr reguliert werden, kommt es bei wechselnder Schichtarbeit oft zu vielfältigen körperlichen und psychischen Beeinträchtigungen.

Seite 317 (Material)

Material A – Fotoperiodismus bei Pflanzen

1 Beschreiben Sie anhand der Versuche 1 und 2 die Wirkung von Hell- und Dunkelphasen auf Lang- und Kurztagpflanzen.

Aus den Versuchsbeobachtungen lässt sich schlussfolgern, dass bei Kurztagpflanzen eine Lichtphase von 8 Stunden für die Blütenbildung ausreicht. Verlängert man die Lichtphase jedoch auf 10 Stunden, so bleiben die Pflanzen blütenlos. Langtagpflanzen hingegen benötigen eine Lichtphase von etwa 12 Stunden für die Ausbildung von Blüten. Eine Lichtphase von 8 Stunden führt nicht zur Blütenbildung.

Zusatzinformation: Kurztagpflanzen benötigen für die Blühinduktion mindestens 10 bis 14 Stunden Dunkelheit. Wird dieser Wert unterschritten, so bleiben die Pflanzen vegetativ. Umgekehrt benötigen Langtagpflanzen mindestens 10 bis 14 Stunden Tageslicht zur Ausbildung von Blüten.

2 Bewerten Sie auf der Basis der Versuche die Aussage: „Die Blütenbildung wird bei Pflanzen mit Fotoperiodismus durch die Länge der Dunkelperiode gesteuert.".

Die Versuche lassen erkennen, dass Kurztagpflanzen nur blühen, wenn sie 16 Stunden abgedunkelt werden. Wird die Dunkelphase hingegen durch einen kurzen Lichtimpuls unterbrochen, so werden keine Blüten ausgebildet, auch wenn sie nach dem Lichtimpuls für weitere 8 Stunden abgedunkelt werden. Umgekehrt führt diese Unterbrechung bei Langtagpflanzen zur Ausbildung von Blüten. So wird deutlich, dass die Länge der ununterbrochenen Dunkelphase ausschlaggebend für die Blütenbildung ist und nicht die Gesamtlänge der Dunkelperiode.

Zusatzinformation: In verschiedenen Publikationen werden Kurztagpflanzen auch als Langnachtpflanzen bezeichnet. Hier reicht bereits ein Lichtimpuls ab 1 Minute aus, um die Blütenbildung zu unterbinden. Bei Langtagpflanzen muss der Lichtimpuls einige Stunden überschreiten, bis es zur Blütenbildung kommt.

3 Erklären Sie, weshalb Gärtner Langtagpflanzen, die im Winter blühen sollen, kurzzeitig einen Lichtimpuls geben, statt sie durchgehend zu beleuchten.

Langtagpflanzen blühen nur, wenn man sie etwa 12 Stunden belichtet. Versuch 3 zeigt jedoch, dass auch bereits ein kurzer Lichtimpuls in einer längeren Dunkelphase die Blütenbildung begünstigt. Diese Form der Kultivierung ist deutlich kostengünstiger und hat sich daher in der gärtnerischen Praxis bewährt.

4 Erläutern Sie die Steuerung der Blütenbildung durch das Pigment Phytochrom, wenn der Lichtimpuls nur hellrot oder nur dunkelrot ist.

Die fotoperiodische Steuerung der Blütenbildung erfolgt über das Pigment Phytochrom, das leicht zwischen zwei ineinander überführbare Strukturformen P_{660} (inaktiv) und P_{730} (aktiv) wechselt. Die Qualität des Lichtes bestimmt dabei, welche Form gerade vorliegt. So bewirkt hellrotes Licht mit einer Wellenlänge von etwa $\lambda = 660$ nm die Umwandlung des inaktiven P_{660} in das aktive P_{730}. In dieser Strukturform kann das Phytochrom Gene aktivieren, die wiederum die Blütenbildung steuern. Dunkelrotes Licht mit einer Wellenlänge von etwa $\lambda = 730$ nm hemmt hingegen die Blütenbildung, indem das aktive P_{730} wieder in seine inaktive Form überführt wird.

Versuch B – Orientierung durch Licht bei Daphnien

1 Schätzen Sie die Anzahl der Daphnien in den Bereichen unterschiedlicher Lichtintensität und stellen Sie die Ergebnisse grafisch dar.

Individuelle Lösungen.
Lösungsbeispiel:

Anzahl Pergamentlagen	Anzahl Daphnien (gesamt 30)
0	1
2	1
4	3
6	4
8	14
10	7

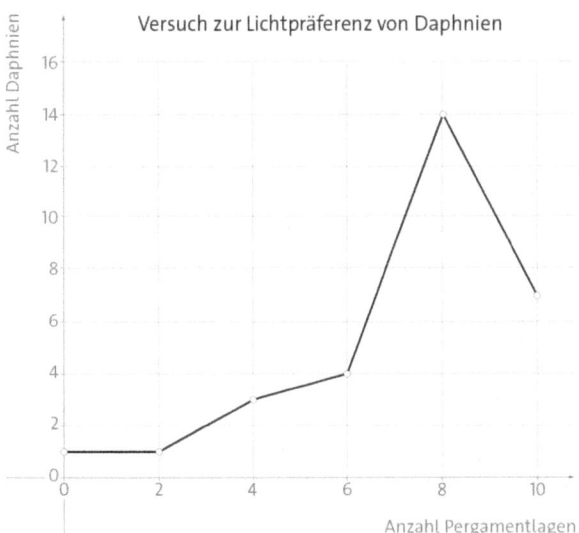

Versuch zur Lichtpräferenz von Daphnien

Anzahl Daphnien (y-Achse)
Anzahl Pergamentlagen (x-Achse)

Illustration: Cornelsen/Tom Menzel, bearbeitet von Andrea Thiele

Hinweis: Falls kein Overhead-Projektor zur Verfügung steht, kann das Aquarium auch von oben mit einer starken Lichtquelle bestrahlt werden. Die Pergamentpapiere müssen dann direkt auf den oberen Rand des Aquariums in entsprechender Abstufung gelegt werden.
Es ist sinnvoll, mehrere Versuchsreihen durchzuführen und die erhaltenen Werte zu mitteln. Die Lichtintensität, die durch die verschiedenen Pergamentschichten erzeugt wird, lässt sich mit einem Luxmeter messen. Dazu muss der Einfluss der Lagen jedoch einzeln gemessen werden.

2 Deuten Sie die Reaktion der Daphnien im Lichtgradienten und ziehen Sie Schlüsse daraus hinsichtlich der biologischen Bedeutung der Reaktion.
Die Anzahl der Daphnien in den Bereichen des Aquariums nimmt mit der Anzahl aufgelegter Pergamentschichten zunächst zu. Daphnien bevorzugen offenbar eine Lichtintensität, die durch eine Anzahl von 8 Pergamentblättern erzeugt wird. Die Stufe der geringsten Lichtintensität (hier: 10 Lagen Papier) wird seltener aufgesucht. Gleiches gilt für höhere Helligkeitsstufen, die durch keine oder wenige Lagen Pergamentpapier erzeugt werden.
Die Versuchsbeobachtungen lassen verschiedene Schlüsse hinsichtlich ihrer biologischen Bedeutung zu. So lässt sich einerseits vermuten, dass Daphnien auch in ihrem natürlichen Lebensraum Starklicht meiden, um von potenziellen Fressfeinden wie Fischen nicht entdeckt zu werden. Die meisten Fische sind optisch orientierte Jäger, die bevorzugt in Wasserschichten mit ausreichenden Sichtverhältnissen jagen. Das beobachtete Verhalten stellt somit eine Ausweichstrategie dar. Andererseits können die bevorzugten Lichtverhältnisse auch in Regionen herrschen, in denen Daphnien in ihrem natürlichen Umfeld ein optimales Nahrungsangebot finden. Dann würde das Verhalten eine gezielte Suchstrategie darstellen.

Zusatzinformation: Daphnien zeigen im natürlichen Lebensraum eine vertikale Wanderbewegung, die der Tagesperiodik folgt. Tagsüber halten sich die Einzeller meist im dunklen Tiefenwasser auf, erst nachts kommen sie wieder ins Oberflächenwasser. Tiefere Wasserschichten sind je nach Jahreszeit gekennzeichnet durch niedrigere Temperaturen und Sauerstoffmangel, was zu einem Absenken vieler Lebensfunktionen führt. So hemmen die niedrigen Temperaturen unter anderem die Entwicklung der Eier und damit auch die Reproduktionsrate der Daphnien.
Die zielgerichtete Bewegung eines Lebewesens, die durch einen Lichtreiz ausgelöst wird, bezeichnet man als Fototaxis. Eine Bewegung zur Lichtquelle hin wird als positive Fototaxis, die Bewegung von der Lichtquelle weg entsprechend als negative Fototaxis bezeichnet. Lebewesen können auf verschiedene Lichtintensitäten unterschiedlich reagieren. So zeigen manche Einzeller bei niedrigen Lichtintensitäten zunächst eine positive Fototaxis. Erhöht man jedoch die Intensität, so bewegen sich die Einzeller von der Lichtquelle weg.

3 Planen Sie ein Experiment zur Untersuchung des Einflusses verschiedener Lichtqualitäten auf das Verhalten der Daphnien. Führen Sie das Experiment durch und werten Sie es aus.
Der Einfluss verschiedener Lichtqualitäten lässt sich mit einem ähnlichen Versuchsaufbau untersuchen. Die Lichtquellen unterscheiden sich nun nicht in ihrer Intensität, sondern in ihrer jeweiligen Wellenlänge. Dazu werden anstelle des Pergamentpapiers verschiedenfarbige Folien unter das Wassergefäß auf den Overheadprojektor bzw. bei Bestrahlung von oben auf das Aquarium gelegt. Dabei ist jedoch darauf zu achten, dass die Lichtintensität bei allen Folien gleich ist, um ausschließlich den Einfluss der Wellenlänge beobachten zu können. Um Störungen durch Raumlicht auszuschließen, sollte das Becken außerhalb der Farbfolien mit schwarzer Pappe abgedunkelt werden. Nach wenigen Minuten wird die Anzahl der Tiere in den unterschiedlichen Farbbereichen gezählt. Es lässt sich zum Beispiel beobachten, dass sich die Daphnien von blau beleuchteten Bereichen weg und zu rot beleuchteten Bereichen hin bewegen.

4.4 Tiere und Wasser

Seite 318–320

1 Stellen Sie Vermutungen an, weshalb in Trockengebieten lebende Schnecken oftmals helle Gehäuse mit verringerten Gehäuseöffnungen haben.
Je größer die Gehäuseöffnung ist, desto größer ist auch die Oberfläche, über die Wasser aus dem Schneckenkörper verdunsten kann. Der Wasserverlust wird somit mit Verringerung der Gehäuseöffnung ebenfalls verringert.
Die Färbung des Schneckengehäuses beeinflusst die Temperatur im Schneckenhaus und damit auch die Aktivität der Schnecke. Dunkle Farben absorbieren die Sonnenstrahlen stärker als helle Farben. Die Absorption von

Strahlung ist auch immer mit einem Anstieg der Temperatur verbunden: Je heller also das Schneckenhaus ist, desto „kühler" ist es im Gehäuse. Die helle Farbe der Schneckengehäuse in Trockengebieten ist somit eine Angepasstheit an die abiotischen Bedingungen.

Die Färbung des Gehäuses stellt weiterhin eine Tarnung gegenüber Fressfeinden dar. Da in trockenen Gebieten der Untergrund meist hell ist, sind Schnecken mit helleren Gehäusen besser getarnt als dunklere Individuen.

Zusatzinformation: Bei hoher Trockenheit ziehen sich Schnecken in das Gehäuse zurück und beginnen, ihre Schalenmündung mit Schleim abzudecken, der an der Luft bald zu einer dünnen Membran (Diaphragma) austrocknet. Anschließend reduziert die Schnecke alle Lebensfunktionen bis auf das Notwendigste und wartet in dieser Trockenruhe ab, bis die Luft wieder feucht genug ist. Im Sommer verbringen Schnecken die heißen Stunden des Tages oftmals vollständig in Trockenruhe und kommen erst abends aus ihrem Versteck, um Nahrung zu suchen. Besonders bei lang anhaltender Trockenheit erweist sich die dünne Membran nur als ungenügender Verdunstungsschutz. In kalkreichen Gebieten findet man daher in heißen Sommern Schnecken, die ihre Schale mit einem Kalkdeckel verschlossen haben, um die trockene Zeit zu überdauern.

Seite 318–320

2 Erstellen Sie eine Übersicht zu Wassersparttechniken der genannten Wüstentiere und setzen Sie diese in Beziehung zum Basiskonzept Entwicklung.

Wüstentiere zeigen verschiedene Angepasstheiten:

Tierart(en)	Angepasstheiten	
Wüsten bewohnende Säugetiere (z. B. Fennek)	– reduzierte oder fehlende Schweißdrüsen	anatomische Angepasstheiten
Trampeltier	– Rückkondensation von Wasser aus der Atemluft – Nutzung des Oxidationswassers aus dem Abbau von Fettgewebe aus den Höckern – Reduktion der Wasserabgabe durch Ausscheidung von extrem trockenem Kot und konzentriertem Urin	physiologische Angepasstheiten
Kängururatte	– Rückkondensation von Wasser aus der Atemluft – Nutzung des Oxidationswassers aus dem Abbau trockener Nahrung	
Huftiere (z. B. Antilope, Zebra)	– Tierwanderungen	verhaltensgesteuerte Angepasstheiten
Kleinsäuger (z. B. Kängururatte)	– Nachtaktivität	

Lebewesen sind bezüglich Baus, Entwicklung, Physiologie und Verhalten an ihre Umwelt angepasst. Angepasstheit wird durch Variabilität ermöglicht. Grundlage dieser Variabilität sind Mutation, Rekombination und Modifikation. Die verschiedenen Angepasstheiten stellen das Ergebnis eines Anpassungsprozesses im Laufe der evolutionären Entwicklung dar.

3 Erläutern Sie das Vorkommen poikiloosmotischer Tiere in Brackwasser und Gezeitenzonen.

Im Bereich von Flussmündungen im Meer entsteht durch die Durchmischung des süßen Flusswassers mit dem salzigen Meerwasser die Brackwasserzone. Diese ist gekennzeichnet durch einen permanent wechselnden Salzgehalt. Ähnliches gilt für die Gezeitenzonen, das heißt den Bereich einer Küste, in dem die Grenze zwischen Land und Wasser infolge von Ebbe und Flut hin und her wandert. Tierarten, die diese Lebensräume besiedeln, sind enormem Stress ausgesetzt, da der Salzgehalt in der Umgebung schwankt. Man findet in diesen Lebensräumen vor allem poikiloosmotische Tierarten. Sie kontrollieren den osmotischen Zustand ihrer Körperflüssigkeiten nicht aktiv, vielmehr stimmt dieser weitgehend mit dem des umgebenden Milieus überein. Eine aktive Aufrechthaltung eines konstanten osmotischen Zustandes der Körperflüssigkeiten wäre unter diesen Bedingungen für Lebewesen zu „kostspielig".

Zusatzinformation: Bei Tieren, die zum Beispiel im Brackwasser leben oder vom Meer in die Flüsse einwandern, ist der Salztoleranzbereich der Zellen wesentlich größer, sie sind euryhalin. Typische Vertreter dieses Lebensraumes sind die Wollhandkrabbe und verschiedene Stachelhäuter. Die meisten Meerestiere sind jedoch stenohalin, das heißt, sie ertragen nur geringfügige Schwankungen des Salzgehaltes im umgebenden Milieu. Die sich stetig ändernden Salzkonzentrationen in der Umgebung sind mit Stress verbunden und können bei zu extremen Schwankungen aufgrund der Zelldeformation zum Tod führen. Muscheln zum Beispiel schützen sich davor durch das Schließen ihrer Schalen. Viele Algen schützen sich durch Schleim auf der Oberfläche. Dieser dient einerseits als Wasserreserve, andererseits vermischt er sich kaum mit Regenwasser, sodass die Schwankungen im Salzgehalt abgeschwächt werden. Im Süßwasser und im Brackwasser unter etwa sieben Promille Salzgehalt ist eine poikiloosmotische Lebensweise nicht mehr möglich, da mit einem so stark verdünnten Innenmilieu die Lebensprozesse nicht mehr aufrechterhalten werden können.

Material A – Kängururatte

1 Werten Sie die Angaben in der Tabelle vergleichend aus. Erklären Sie, wie die Kängururatte ihre Wasserverluste ohne zusätzliche Flüssigkeitsaufnahme ausgleichen kann.

Eine Kängururatte verliert Waser vor allem infolge von Verdunstungsprozessen (73 %) und der Exkretion von Harn und Kot (27 %). Menschen verlieren hingegen bis zu 66 % ihres Wassers über die Exkretion von Harn und Kot, weitere 34 % über Verdunstungsprozesse. Während der Wasserverlust über die Körperoberfläche bei Kängururatten also deutlich höher ist als beim Menschen, ist der Verlust über die Exkretionsprozesse im Vergleich zu diesem weitaus geringer.

Kängururatten gleichen ihren Wasserverlust über die Nahrung (10 %) und dem aus dem Stoffwechsel gewonnenen Oxidationswasser aus. Ihre Nahrung besteht in erster Linie aus fettreichen Samen. Durch das Oxidationswasser, das beim Abbau der in den Samen enthaltenen Fette und Kohlenhydrate entsteht, erreicht die Kängururatte eine Kompensation von 90 % ihres Wasserverlustes. Dies erklärt, wie das Tier im Gegensatz zum Menschen, der freies Wasser vor allem über Getränke und Nahrung (88 %) nachliefert, ohne zu trinken auskommt.

Zusatzinformation: Auch reine Fleischfressser wie der Fennek können als „Nichttrinker" ihren gesamten Wasserbedarf über den Stoffwechsel decken. Dies belegen Experimente, bei denen den Wüstenfüchsen nur Mäuse als Nahrung gestellt wurden. Die Messungen zeigten, dass die Tiere den täglichen Wasserverlust über Urin (25 g), Kot (4,5 g) und Verdunstung (26,6 g) über den Gesamtwassergewinn aus den täglichen Fleischrationen ausgleichen konnten (vgl. Smith & Smith: Ökologie. München 2009, S. 205).

2 Erläutern Sie unter Einbezug der bisherigen Arbeitsergebnisse den in der Abbildung dargestellten Wasserhaushalt der Kängururatte bei unterschiedlicher Luftfeuchtigkeit.

Bei einer relativen Luftfeuchtigkeit von 3 % verliert die Kängururatte große Wassermengen infolge passiver Verdunstung zum Beispiel über die Atmung und über die Ausscheidung von Kot und Urin. Mehr als 90 % des Wasserverlustes kann sie jedoch metabolisch als sogenanntes Oxidationswasser zurückgewinnen. Steigt die relative Luftfeuchtigkeit auf 50 %, so bleibt der Wasserverlust über die Exkretion gleich, der Verlust über Verdunstungsprozesse fällt jedoch um etwa ein Drittel. Dies hängt mit dem nun deutlich höheren Wasserdampfgehalt der Luft zusammen, das heißt, je mehr Wasserdampf die Luft bereits enthält, desto weniger kann sie noch aufnehmen. Bei 50 % relativer Luftfeuchtigkeit absorbieren aber auch die Samen, die von der Kängururatte gefressen werden, Was-

ser. Der Wassergewinn über die Nahrung erhöht sich damit bei einer relativen Luftfeuchtigkeit von 50 % etwa um ein Fünftel.

3 Erklären Sie mit Bezug auf den Wasserhaushalt, weshalb in trockenwarmen Regionen kleinere Tiere größeren überlegen sind. Stellen Sie auch einen Zusammenhang zu den bekannten tiergeografischen Regeln her.

Die Bergmannsche Regel besagt, dass bei homoiothermen Tieren die Individuen in den kälteren Regionen ihres Verbreitungsgebietes größer sind als die verwandten Arten oder Unterarten in den wärmeren Regionen. Im Verhältnis zu ihrem Volumen haben kleine Tiere eine größere relative Oberfläche, über die sie Wärme verlieren können. Hat sich ihre Körpertemperatur zum Beispiel in direkter Sonneneinstrahlung zu stark erhöht, können sie sie beim Aufsuchen kühlerer Orte wieder rasch absenken. Die Kängururatte als kleines homoiothermes Tier, das in einem warmen Gebiet lebt, würde demnach die Regel bestätigen. Allerdings ist in trockenwarmen Regionen durch die im Verhältnis zum Körpervolumen große Oberfläche auch die Gefahr der Austrocknung durch die temperaturbedingt vermehrte Schweißverdunstung über die Haut erhöht. Wenn also klimatisch bedingt Wassermangel herrscht, könnte die dauerhafte Kühlung der Körpertemperatur gerade für kleine homoiotherme Tiere beeinträchtigt werden, sodass es schnell zur Überhitzung und damit zu irreversiblen Schädigungen des Stoffwechsels kommen würde. Kleinere Tiere sind in trockenwarmen Regionen dennoch größeren Tieren überlegen, weil sie einen geringeren absoluten Nahrungs- und Wasserbedarf haben. Sie nehmen aufgrund ihrer geringen Körpermasse nur wenig oder, wie die Kängururatte, gar kein Wasser durch Trinken auf. Das ist möglich, weil sie ihren Wasserbedarf aus der Nahrung und besonderen Stoffwechselwegen in Form von Oxidationswasser decken und ihren Wasserverlust bei der Atmung durch Rückgewinnung als Kondensationswasser stark minimieren können. So können sie ihren Bedarf auch noch bei sehr geringem Wasserangebot decken.

Material B – Ionenregulation bei in der Wüste lebenden Heuschrecken

1 Werten Sie das tabellarisch dargestellte Versuchsergebnis aus.

Nach dem Trinken des Salzwassers stiegen die Ionenkonzentrationen von Na^+, K^+ und Cl^- in der Hämolymphe der Heuschrecken an, aber nicht auf die Werte des Salzwassers. Die Ionenkonzentrationen der Ausscheidungsflüssigkeit überstiegen hingegen die Werte des Salzwassers. Dabei waren die Ionenkonzentrationen in der Ausscheidungsflüssigkeit nach dem Trinken von Salzwasser in Bezug auf Na^+ und Cl^- einige hundertmal höher als nach dem Trinken von reinem Wasser, während die Konzentrationen aller untersuchten Ionen in der Hämolymphe nach dem Trinken von Salzwasser nur um etwa 50 % anstiegen.

Diese Untersuchungsergebnisse zeigen, dass die Heuschrecken bei der Aufnahme von reinem Wasser die lebenswichtigen Ionen wie Na^+ oder Cl^- aus der Ausscheidungsflüssigkeit rückresorbieren können, um ihren Stoffwechsel aufrecht erhalten zu können. Weiterhin lässt sich erkennen, dass die Insekten bei einem Überschuss von Ionen im aufgenommenen Salzwasser diese über die Ausscheidungsflüssigkeit und damit auch über die Stoffwechselendprodukte eliminieren.

Zusatzinformation: Bis zu welchem Grad die Ionen resorbiert oder ausgeschieden werden, hängt dabei von dem osmotischen Zustand des Insektes ab.

Seite 321 (Material)

Material B – Ionenregulation bei in der Wüste lebenden Heuschrecken

2 Nehmen Sie kritisch Stellung zu der Aussage, dass Insekten die effektivsten Wassersparer bei der Exkretion sind.

Die Versuchsergebnisse legen nicht direkt dar, wie viel Wasser Insekten, in diesem Beispiel Heuschrecken, im Vergleich zu anderen Tieren bei der Exkretion prozentual einsparen. Die verglichen mit dem Salzwasser deutlich höheren Ionenkonzentrationen in der Ausscheidungsflüssigkeit lassen jedoch darauf schließen, dass den Exkrementen vor der Ausscheidung das meiste Wasser entzogen und

dieses in die Hämolymphe transportiert wurde. Auf diese Weise geht also nur sehr wenig Wasser mit den Exkrementen verloren und die Insekten können in der Tat als effektive Wassersparer bezeichnet werden. Die Aussage, dass Insekten die effektivsten Wassersparer bei der Exkretion seien, kann also mit diesen Ergebnissen noch nicht belegt werden. Dazu müssten konkrete Vergleichswerte von anderen Tiergruppen vorliegen.

4.5 Pflanzen und Wasser
Seite 322–324

1 Vergleichen Sie die drei Gestalttypen miteinander und erklären Sie die jeweiligen Auswirkungen auf den Wasserhaushalt und den Gasaustausch.
Siehe Tabelle unten.

Zusatzinformation: Die Interzellularen der Hydrophyten enthalten teilweise auch lebende Haarzellen. Zusätzlich zu den anhand der Abbildungen im Schulbuch erkennbaren Merkmalen lässt sich auch das Wurzelsystem der drei Gestalttypen vergleichen: Während das Wurzelsystem der Hydrophyten oftmals zurückgebildet ist, ist es bei den Xerophyten reich verzweigt. Das Wurzelsystem der Hygrophyten ist schwach ausgebildet.

Tabelle zu Seite 322–324 Aufgabe 1

	Hydrophyten	Hygrophyten	Xerophyten
Standort	stehende oder fließende Gewässer	Krautschicht feuchter Wälder, Sümpfe, Uferzonen	Standorte mit starker Sonneneinstrahlung und hohem Wassermangel
Blattaufbau	2 Blatttypen: *Schwimmblätter* entsprechen im Bau normalen Laubblättern; *Tauchblätter* besitzen nur eine einschichtige Epidermis mit zarter Cuticula. Beide Blatttypen besitzen ein mehrschichtiges Palisadenparenchym und große Interzellularen, die mit dem Aerenchym in Verbindung stehen.	Dünne, große Blätter mit lebenden Haaren, einem einschichtiges Palisadenparenchym bzw. Schwammparenchym mit großen Interzellularen. In den Blattflächen gibt es Hydathoden (Guttation).	Kleine Blätter mit mehrschichtiger Epidermis, dicker Cuticula und einem umfangreichen Schwammgewebe. Teilweise sind die Laubblätter umgewandelt zu Wasserspeicherorganen (Blattsukkulenz).
Stomata	Wenige Stomata, befinden sich nur an der Oberseite der Schwimmblätter.	Viele hervorgehobene Stomata, befinden sich auf der Blattunterseite.	Viele, eingesenkt liegende Stomata auf der Blattunterseite, Einsenkungen enthalten zudem tote Haare.
Auswirkungen auf den Gasaustausch bzw. den Wasserhaushalt	*Tauchblätter* nehmen Kohlenstoffdioxid, Sauerstoff und Mineralstoffe über die Blattoberfläche direkt aus dem Wasser auf. Besondere Verdunstungseinrichtungen sind nicht notwendig. *Schwimmblätter* vollziehen den Gasaustausch über Stomata an der Blattoberseite.	Aufgrund der hohen Luftfeuchtigkeit wird die Transpiration erschwert. Wasser wird daher aktiv durch Hydathoden nach außen transportiert, sodass der Transpirationssog erhalten bleibt und fortlaufend Wasser aus dem Boden aufgenommen werden kann. *(Zusatz: Wurzeldruck)*	Die Verringerung der Blattoberfläche, die gut ausgeprägte Cuticula bzw. die Einrichtung von Luftstillräumen, in denen sich die Stomata befinden, beugen dem Wasserverlust vor. Sie behindern aber auch den Gasaustausch und damit die Fotosynthese.

Biosphäre SII Kursstufe Baden-Württemberg, Lösungen

2 Erläutern Sie die Aussage: „Xerophyten sind Pflanzen zwischen Hunger und Durst.".

Diese Aussage bezieht sich auf das stoffwechselphysiologische Dilemma, das sich durch die Bedingungen am Standort ergibt. Xerophyten wachsen an Standorten mit hoher Sonneneinstrahlung und hohem Wassermangel. Auf der einen Seite mindern die Cuticula und andere Einrichtungen zum Verdunstungsschutz die Gefahr der Austrocknung. Auf der anderen Seite schränken sie aber auch den Gastransport und damit den Ablauf der Fotosynthese ein. Gelöst wird dieses Problem durch die Entwicklung von Stomata, deren Öffnungszustand reguliert werden kann. Somit wird auch die Aufnahme des Kohlenstoffdioxids und die Wasserdampfabgabe reguliert.

Zusatzinformation: An dieser Stelle bietet sich eine Wiederholung der Fotosynthese bei CAM- bzw. C_4-Pflanzen an.

Seite 325 (Material)

Material A – Halophyten

1 Erläutern Sie das stoffwechselphysiologische Problem der Halophyten, das sich aus dem Salzgehalt ihres Standorts ergibt.

Die Standorte der Halophyten sind gekennzeichnet durch hohe Salzkonzentrationen im Bodenwasser. Die Aufnahme von Wasser aus dem Boden erfolgt passiv durch Diffusion. Dies ist nur möglich, wenn der der Wassergehalt in den Zellen geringer ist als in den angrenzenden Bodenschichten. Dann diffundiert das Wasser entsprechend dem Konzentrationsgradienten von außen über die Zellwände und das Zellplasma bis zur Endodermis der Wurzeln. Bei Pflanzen an Standorten mit hoher Salzkonzentration im Bodenwasser muss also die Konzentration des Zellsaftes durch Anreicherung von Ionen über den Wert des Bodenwassers gehoben werden, um einen für die Wasseraufnahme geeigneten Konzentrationsgradienten herzustellen.

Über die Aufnahme des salzhaltigen Bodenwassers gelangen zudem permanent erhebliche Mengen an Ionen, vor allem Chloridionen, über den Transpirationsstrom in die Pflanze. Dies kann zu Ungleichgewichten und dadurch zu Störungen im Zellstoffwechsel führen. Um dies zu vermeiden, müssen Halophyten Mechanismen zur Ausscheidung überschüssiger Ionen besitzen.

2 Beschreiben Sie, wie Halophyten überschüssige Chloridionen aus dem Stoffwechsel entfernen.

Die Strandnelke besitzt auf der Epidermis bläschenförmige Salzhaare, in die überschüssige Chloridionen transportiert werden. Der Ionentransport erfolgt dabei über die Zwischenzellräume und durch die Zellwände über die Epidermiszellen in die Stielzellen und schließlich in die eigentlichen Blasenzellen.

In einem Versuch wurden Blattstreifen der Strandnelke für längere Zeit bei unterschiedlichen Lichtintensitäten in eine Lösung mit radioaktiv markierten Chloridionen gegeben.

Anschließend wurde die Intensität der Radioaktivität in den Salzhaaren gemessen. Dabei wurden nach etwa 60 Stunden Versuchsdauer in belichteten Blattstreifen etwa die vierfache Aufnahme von radioaktiv markierten Chloridionen in Blasenzellen im Vergleich zu unbelichteten Blattstreifen festgestellt. Daraus lässt sich ableiten, dass der Chloridionentransport bei Licht etwa viermal stärker als bei Dunkelheit abläuft. Er findet daher wahrscheinlich vor allem tagsüber statt. Da die Chloridionen gegen ihren Konzentrationsgradienten transportiert werden müssen, kann von einem aktiven Transportmechanismus ausgegangen werden, der die Zufuhr von Energie benötigt. Die bei Licht ablaufenden Prozesse der Fotosynthese, die Lichtenergie in nutzbare chemische Energie überführen, könnten diese Vorgänge entsprechend steigern.

Zusatzinformation: Die Blasenzellen sterben nach ihrer „Beladung" mit Chloridionen rasch ab. Somit werden die überschüssigen Ionen ausgeschieden und eine Schädigung des Organismus wird vermieden.

3 Stellen Sie eine Hypothese auf, weshalb Halophyten als Gartenpflanzen überraschenderweise auch auf Böden mit geringer Salzkonzentration oft gut gedeihen.

Im Vergleich zu anderen Pflanzen können Halophyten infolge ihrer Angepasstheit hohe Natrium- und Chloridionenkonzentrationen im Bodenwasser besser tolerieren. An solchen Standorten sind sie demnach gegenüber vielen anderen Pflanzen besonders im Vorteil.

Die Tatsache, dass Halophyten auch auf salzarmen Böden gedeihen können, weist darauf hin, dass sie auf höhere Salzkonzentrationen im Boden jedoch nicht angewiesen sind. An natürlichen nicht salinen Standorten können sie sich nicht gegenüber konkurrierenden Pflanzenarten behaupten. In Gärten wird im Gegensatz zur freien Natur die Zusammensetzung der Vegetation jedoch durch menschliche Eingriffe, wie etwa Jäten, beeinflusst. Hier herrscht also keine natürliche Konkurrenzsituation zwischen den Pflanzen, sodass auch haline Pflanzen dauerhaft existieren können.

Material B – Transpiration und Wasseraufnahme bei der Sonnenblume

1 Beschreiben Sie den Tagesverlauf der Transpiration und der Wasseraufnahme.

Gezeigt werden die Ergebnisse einer Messung der Transpiration und der Wasseraufnahme bei der Sonnenblume in g pro Stunde im Tages- und Nachtverlauf. Sowohl die Intensität der Wasseraufnahme als auch die der Transpiration nehmen ab 6 Uhr bis zur Mittagszeit rapide zu. Dabei erreicht die Transpiration bereits um 11 Uhr ihren Höchstwert von ca. 22 g pro h, der bis 16 Uhr nahezu konstant bleibt. Der Maximalwert der Wasseraufnahme hingegen wird erst gegen 16 Uhr erreicht. Anschließend verringert sich die Intensität beider Prozesse bis 22 Uhr wieder. In der Nacht finden beide Prozesse verlangsamt statt. Zwischen 22 und 6 Uhr liegen die Wasseraufnahmewerte bei ungefähr 2,5 bis 3 g pro h, die Transpirationswerte zwischen ca. 1 und 2 g geringfügig darunter. Insgesamt fällt auf, dass bei Tag die Abgabe von Wasser überwiegt und in der Nacht die Aufnahme.

Material B – Transpiration und Wasseraufnahme bei der Sonnenblume

2 Erklären Sie die Beobachtungen unter Einbezug möglicher Regelungsvorgänge.
Folgende abiotische Faktoren haben Einfluss auf den Tagesverlauf der Transpiration: Lichtintensität, Temperatur und relative Luftfeuchtigkeit. Nimmt die Lichtintensität mit Beginn des Tages zu, so steigt auch die Lufttemperatur, was ein Absinken der relativen Luftfeuchtigkeit zur Folge hat. Ist genügend Wasser verfügbar, steigt somit die Intensität der Transpiration und über den Transpirationssog auch etwas verzögert die Wasseraufnahme. Ab dem Mittag steigt die Transpiration nicht weiter an, obwohl die Temperatur normalerweise noch 3 bis 4 Stunden weiter ansteigt. Dies ist auf das aktive Schließen der Spaltöffnungen zurückzuführen, sodass die Pflanze einen zu hohen Wasserverlust verhindert. Mit zeitlicher Verzögerung wird aufgrund des dadurch verminderten Transpirationssogs auch die Wasseraufnahme schwächer. Mit abnehmender Lichtintensität am Nachmittag nehmen bis zum Abend beide Prozesse ab. Es fällt auf, dass die Kurve der Wasseraufnahme stets mit einer kleinen zeitlichen Verzögerung auf die Bewegungen der Kurve der Transpiration ansteigt und abfällt. Da der Transpirationssog die Wasseraufnahme direkt physikalisch beeinflusst, muss es sich dabei aber um keine besonders gesteuerten Regelungsmechanismen handeln. Vielmehr sind direkte einfache Wechselwirkungen wahrscheinlich. Insgesamt liegt die Transpiration tagsüber immer höher als die Wasseraufnahme, während nachts die Wasseraufnahme in etwa gleichem Ausmaß über der Transpiration liegt. Hier sind nun auch aktive Regelungsvorgänge der Wasseraufnahme während der Nacht denkbar, da der Transpirationssog zu dieser Zeit schwächer als am Tag ist. Diese Nachregulierung führt zu einer über den gesamten Tag gesehen ausgeglichenen Wasserbilanz der Sonnenblume.
Zusatzinformation: Auch Luftbewegungen haben Einfluss auf die Transpiration. So herrscht bei Windstille dicht über einer unspezialisierten Spaltöffnung eine weitgehend mit Wasserdampf gesättigte Zone. Daher gibt die Spaltöffnung relativ wenig Wasser ab. Wird die Luft jedoch bewegt, so ist die Feuchtigkeit in nächster Nähe der Spaltöffnung niedrig und es wird mehr Wasser transpiriert.

3 Stellen Sie begründend dar, wie sich der Tagesverlauf der Transpiration verändern müsste, wenn die Sonnenblume unter Wassermangel leidet.
Bedingung für die Transpiration ist immer eine ausreichende Wasserversorgung. Gerät die Pflanze unter Wassermangel, ist also davon auszugehen, dass auch die Transpirationsrate deutlich abnimmt. Steht die Pflanze unter Trockenstress, werden die Stomata tagsüber geschlossen,

sodass ein weiterer Wasserverlust vermieden wird. Die Intensität des Wassertransportes nimmt also im Tagesverlauf ab.

4.6 Wirkungsgefüge der Umweltfaktoren

Seite 326–327

1 Erläutern Sie das Wirkungsgesetz der Umweltfaktoren mithilfe der Minimumtonne.
Das Wirkungsgesetz der Umweltfaktoren besagt, dass das Überleben und die Häufigkeit einer Art in einem Lebensraum von den Faktoren limitiert wird, die am weitesten von ihrem Optimum für diese Art abweichen. Im Modell der Minimumtonne entspricht jede senkrechte Daube einem überlebensrelevanten Umweltfaktor. Die Höhe der Dauben variiert; sie ist umso niedriger, je weiter der jeweilige Umweltfaktor von seinem artspezifischen Optimum entfernt ist. Befindet sich der Umweltfaktor im Optimum, reichen die Dauben bis zum oberen Rand der Tonne. Die Überlebenschancen der Art werden durch das Wasser im Fass dargestellt. Eine verkürzte Daube führt zu einem Herauslaufen des Wassers aus der Tonne.
Mit diesem Modell wird deutlich, dass der Wasserstand jeweils durch die niedrigste Daube limitiert wird, entsprechend den Überlebenschancen einer Art, die durch den optimumsfernsten Umweltfaktor limitiert werden.
Zusatzinformation: Die Grundaussage des Minimumgesetzes geht auf Carl Phillip Sprengel (1787–1859) zurück, der diese 1828 veröffentlichte. Liebig griff es auf und machte es zusammen mit seinen umfassenden Untersuchungen zur Ertragssteigerung in der Landwirtschaft sowie zur Entwicklung erster Düngemittel bekannt.

2 Erläutern Sie anhand von Abbildung 4 die optimalen Vermehrungsbedingungen des Luzerneblattnagers.
Die Qualität der Vermehrungsbedingungen des Luzerneblattnagers in Abhängigkeit von der relativen Luftfeuchtigkeit in Prozent sowie der Temperatur in °C ist in diesem Diagramm am Ausmaß der Mortalität der Eier in Prozent und der Embryonalentwicklungsdauer in Tagen abzulesen. Die Mortalität der Eier limitiert die Nachkommenzahl absolut, die Entwicklungsdauer relativ. Im erkennbaren beigen Optimumsbereich der Mortalität der Eier beträgt diese zwischen 0 und 20. (Diese Angabe ist relativ ungenau, da sie einen Bereich von keiner Mortalität bis zu 20 % umfasst.) Die optimale Embryonalentwicklungsdauer beträgt 5 Tage, der Optimumsbereich der Entwicklungsdauer befindet sich im rechten oberen Bereich des Diagramms. Da sowohl die Mortalität der Eier als auch die Entwicklungsdauer ein Maß für die Vermehrungsbedingungen darstellen, müssen beide Optima kombiniert werden. Daher liegen die optimalen Bedingungen in Bezug auf die relative Luftfeuchtigkeit und die Temperatur an der

rechten Spitze des beigen Feldes bei einer möglichst geringen Entwicklungsdauer von etwa 6 Tagen und einer möglichst geringen Mortalität der Eier von 0 bis 20 %. Diese Bedingungen zeichnen sich durch eine Temperatur von etwa 31 °C und etwa 90 % Luftfeuchtigkeit aus.

Seite 328

1 Erklären Sie den Einfluss der Temperatur auf Organismen und leiten Sie ab, über welche physiologischen Angepasstheiten der Pompeji-Wurm verfügen muss.

Die Umgebungstemperatur beeinflusst Organismen auf unterschiedliche Art und Weise. Im Wasser bestimmt sie mitunter den maximalen Sauerstoffgehalt und damit die Überlebensmöglichkeiten für Lebewesen mit Kiemen wie zum Beispiel im Wasser lebende Insektenlarven, Krebse, Schnecken, Muscheln, Fische und Amphibienlarven sowie von Tieren mit ausschließlicher Hautatmung, wie zum Beispiel Platt- und Saugwürmern.

Die Wassertemperatur bestimmt dadurch auch das Vorkommen von Nahrung in Form von Kleintieren für größere, fleischfressende Tiere. Da sie auch das Vorkommen von Pflanzen beeinflusst, bestimmt sie ebenfalls die Überlebensmöglichkeiten von pflanzenfressenden Tieren.

Generell wirkt die Umgebungstemperatur insbesondere auf die Stoffwechselprozesse von poikilothermen Lebewesen ein, indem sie die Geschwindigkeit der beteiligten Reaktionen nach der RGT-Regel beeinflusst: Niedrige Temperaturen verlangsamen deren Stoffwechsel, während ihn höhere Temperaturen beschleunigen. Der Einfluss der Außentemperatur ist auf homoiotherme Tiere grundsätzlich wesentlich geringer, soweit ihnen die Regulierung der Körpertemperatur durch Abkühlung oder Wärmeerzeugung gelingt. Temperaturen oberhalb von etwa 42 bis 45 °C führen bei den meisten Lebewesen zu irreversiblen Schäden an proteinhaltigen Zellbestandteilen durch Zerstörung ihrer Raumstruktur, also Denaturierung, zum Beispiel von Enzymen und Strukturen des Cytoskeletts. Gefrieren bei sehr niedrigen Temperaturen die Flüssigkeiten in Pflanzenvakuolen und im Cytoplasma, kommt es zur Bildung von Eiskristallen, die die Zellen irreversibel schädigen und dadurch abtöten.

Der Pompeji-Wurm benötigt, um bei Wassertemperaturen von etwa 80 °C überleben zu können, also Enzyme, die bei diesen hohen Temperaturen noch nicht denaturieren und seinen Stoffwechsel normal aufrechterhalten können, sowie Proteine des Cytoskeletts, die ebenfalls bei Hitze formstabil sind und damit funktionsfähig bleiben. Effektive Kühlmechanismen des Körperinneren, wie zum Beispiel durch große, flächige Körperanhänge, sind aufgrund des Lebensraumes nicht möglich, da hier keine Wärme abgeführt werden kann, sondern permanent zugeführt wird. *Zusatzinformation: Das Überleben bei hohen Temperaturen ist zum Beispiel durch einen hohen Anteil der schwefelhaltigen Aminosäure Cystein möglich, da die hierdurch* entstehenden Disulfidbrücken die Raumstruktur von Proteinen stabilisieren. Pompeji-Würmer besitzen eine Art „Schutzpanzer" aus mehr als 30 unterschiedlichen Bakterienarten. Diese versorgen die Würmer mit hitzestabilen Proteinen und entgiften Sulfide und Schwermetalle. Untersuchungen in der Tiefsee ergaben weiterhin, dass die Wohnröhren der Tiere hauptsächlich Meerwasser enthalten, das ein Verbrennen der Tiere verhindert. Dabei verhält sich der Wurm wie ein Kolben, der beim Zurückziehen in die Wohnröhre Frischwasser hineinzieht. Dieses stößt der Wurm wieder aus, wenn er aus der Röhre herauskommt.*

Seite 329 (Material)

Material A – Wirkungsgefüge zweier Laufkäferarten

1 Erstellen Sie zu jeder Tabelle ein Säulendiagramm.

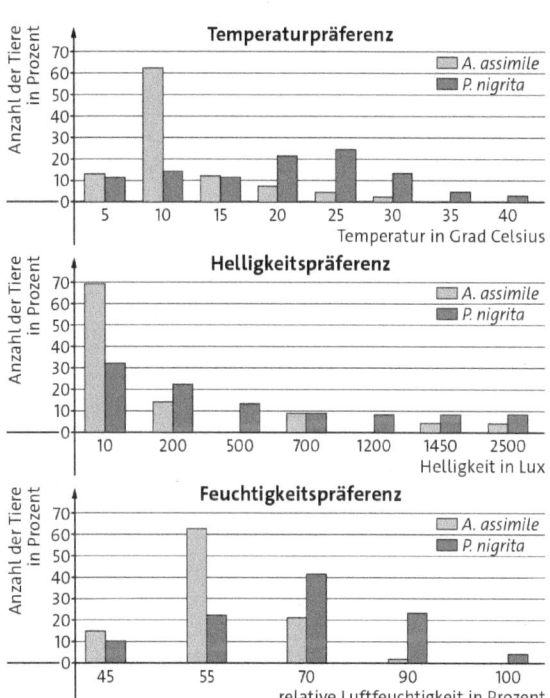

Illustration: Cornelsen/Tom Menzel

2 Werten Sie die Diagramme aus.

Der Putzkäfer *(Agonum assimile)* bevorzugt im Labor Bereiche mit geringer Helligkeit (10 Lux), niedrigen Umgebungstemperaturen (10 °C) und mit einer relativen Luftfeuchtigkeit von 55 %. Betrachtet man alle Messdaten, so stellt man fest, dass der Putzkäfer stenök in Hinblick auf die drei abiotischen Faktoren ist. Der Grabkäfer *(Pterostichus nigrita)* zeigt im Vergleich zum Putzkäfer weniger stark ausgeprägte Präferenzen in Bezug auf Temperatur, Helligkeit und Luftfeuchtigkeit und ist somit im Gegensatz zu *Agonum assimile* eher als euryök einzustufen. In den Laborversuchen bevorzugt er Temperaturen zwischen 20 und 25 °C, mit 10 Lux eine ebenso niedrige Helligkeit wie der Putzkäfer, im Vergleich zu diesem aber eine höhere relative Luftfeuchtigkeit von etwa 70 %.

Seite 329 (Material)

Material A – Wirkungsgefüge zweier Laufkäferarten

3 Vergleichen Sie die Laborergebnisse mit den Angaben zur Verbreitung der beiden Arten im natürlichen Lebensraum.
Die Freilandbeobachtungen zeigen, dass nicht jeder Faktor gleichbedeutend für die Lebensraumbesiedlung durch die beiden Käferarten ist. Beispielsweise bevorzugen Putzkäfer im Laborversuch eine geringe Luftfeuchtigkeit, besiedeln jedoch im Freiland feuchte, kühle und dunkle Laubwälder. Es lässt sich daher vermuten, dass im Freiland der optimale Temperatur- und Helligkeitsbereich für die Verbreitung des Putzkäfers bestimmend ist. Ein Überleben in den feuchten Wäldern ist möglich, da Putzkäfer – wie die Messwerte belegen – auch eine höhere Luftfeuchtigkeit tolerieren können.
Grabkäfer kommen trotz ihrer breiten Toleranz gegenüber allen Faktoren nicht in allen Lebensräumen vor. Vielmehr bevorzugen sie feuchte, kühle und dunkle Laubwälder, sind aber auch auf feuchten Wiesen, die nicht beschattet sind, verbreitet. Trockene Standorte werden hingegen gemieden. Es lässt sich daher vermuten, dass im Freiland vor allem die relative Luftfeuchtigkeit für die Verbreitung der Grabkäfer bestimmend ist.
Die Labormesswerte zeigen weiterhin, dass beide Arten bezogen auf einzelne Faktoren auch in Bereichen weit außerhalb ihres Optimums vorkommen können. Im natürlichen Lebensraum muss es also noch andere Faktoren, beispielsweise Konkurrenten oder Feinde, geben, die die Arten aus ihren Optimalbereichen verdrängen. Es ist aber auch möglich, dass die Arten sich vor allem in den Bereichen außerhalb ihres Optimums besonders gut gegen die dort vorkommenden Konkurrenten durchsetzen können.

4 Erläutern Sie am vorliegenden Beispiel die Vorgehensweise der Wissenschaftler zur Darstellung von Wirkungsgefügen.
Ökologische Studien beruhen zunächst auf der sorgfältigen Beobachtung der Populationen verschiedener Arten in ihrem natürlichen Lebensraum. Dabei werden das Zusammenspiel der verschiedenen Umweltfaktoren und sein Einfluss auf die Reaktionen der Lebewesen untersucht. Das Wirkungsgefüge im Freiland ist jedoch zu komplex, um den Einfluss eines Einzelfaktors bestimmen zu können, weshalb – wie im vorliegenden Beispiel – auch kontrollierte Laborversuche durchgeführt werden. Der Vergleich der Laborergebnisse mit den Freilanddaten lässt dann Rückschlüsse bezüglich weiterer wirksamer Faktoren zu.

Material B – Extrembiotop Gezeitentümpel

1 Beschreiben Sie die Abbildung.
Die Parameter Wassertemperatur, Salinität und Sauerstoffgehalt fluktuieren im Tagesverlauf und mit den Gezeiten. Auffällig ist dabei, dass vor allem die Wassertemperatur im Tagesverlauf von Höchstwerten von 5,5 relativen Einheiten am frühen Nachmittag nicht langsam bis zu den Ausgangswerten abnimmt. Vielmehr fällt sie bei vollständiger Überflutung sprunghaft auf 2,5 relative Einheiten ab. In der Nacht bleibt die Wassertemperatur dann konstant niedrig.
Der Sauerstoffgehalt des Wassers nimmt zeitgleich mit der Wassertemperatur von 2 auf 4,3 relative Einheiten zu, beginnt sich mit einsetzender Flut zu verringern und nimmt im Verlauf der Nacht und der Ebbe noch weiter bis auf Werte um 1,5 relative Einheiten ab. In den frühen Morgenstunden steigt mit erneut einsetzender Flut auch der Sauerstoffgehalt wieder langsam.
Ähnliche Fluktuationen im Tagesgang, nur zeitlich verzögert, lassen sich bei der Salinität des Wassers feststellen. In den Morgenstunden wird im Wasser ein Salzgehalt um 1,5 relative Einheiten gemessen. Nach Einsetzen der Flut verdoppelt sich der Wert auf fast 3 relative Einheiten, fällt jedoch bei vollständiger Überflutung ebenfalls sprunghaft auf 1,5 relative Einheiten. Über Nacht und bis zur nächsten vollständigen Überflutung bleibt die Salinität konstant niedrig.

2 Erklären Sie die Kurvenverläufe.
Der Anstieg der Wassertemperatur bis zur Mittagszeit kann mit der zunehmenden Sonneneinstrahlung erklärt werden. Die höheren Temperaturen bedingen auch einen Anstieg der Verdunstung an der Wasseroberfläche, was sich wiederrum auf den Salzgehalt im Tümpel auswirkt. Dementsprechend steigt auch der Salzgehalt von 8 bis 18 Uhr an. Mit dem Einsetzen der Flut strömt kühles Meerwasser in den Gezeitentümpel, bis dieser vollständig überflutet ist. Dies erklärt den sprunghaften Abfall der Wassertemperaturen und der Salinität.
Der Sauerstoffgehalt des Wassers steigt tagsüber durch Fotosynthese der Produzenten im Gezeitentümpel. Das einströmende Wasser verringert den Sauerstoffgehalt. Dieser sinkt im Verlauf der Nacht weiter, da die Produzenten nun mehr Sauerstoff verbrauchen, als tagsüber produziert wurde. Mit dem Anstieg der Lichtintensität erhöht sich die Fotosyntheseleistung wieder und der Sauerstoffgehalt steigt bis zur nächsten vollständigen Überflutung.

3 Stellen Sie begründet dar, welchen Einfluss heftige Regengüsse während des Niedrigwassers auf die Lebensbedingungen der Lebensgemeinschaft hätten.
Heftige Regengüsse führen zu einem starken Eintrag von Süßwasser. Dadurch würde sich besonders bei Niedrigwasser die Salinität im Gezeitentümpel deutlich verringern. Je nach Regenmenge könnte sie unter die Werte sinken, die direkt nach Überflutungen nachts erreicht werden. Eine Veränderung der Salinität wirkt sich

auf die Osmoregulation der Bewohner der Gezeitentümpel aus. Sinkt der Salzgehalt in einen Bereich, den die Organismen physiologisch nicht mehr tolerieren können, kann es zu Stoffwechselstörungen kommen, da die Mechanismen zur Aufrechterhaltung eines normalen Ionenmilieus im Körper gestört werden. Dadurch würden heftige Regengüsse während Niedrigwasser die Lebensbedingungen der Lebensgemeinschaft verschlechtern.

Zusatzinformation: Die meisten Kleinstlebewesen im Meer sind poikiloosmotisch, das heißt, der osmotische Zustand ihrer Körperflüssigkeiten stimmt mit dem umgebenden Wasser überein. Sinkt der Salzgehalt im Wasser aufgrund der Einleitung von Regenwasser, so kommt es zu einem Nettoeinstrom von Wassermolekülen in die Zellen der Lebewesen. Der osmotische Druck ihrer Körperflüssigkeiten nimmt ab, ihr Körpergewicht steigt. (Ein Anstieg der Salinität führt hingegen zu einem Nettoausstrom von Wassermolekülen. Die Ionenkonzentration in den Körperflüssigkeiten steigt an, bis sie wieder isotonisch mit der Umgebung ist.)

4.7 Größe von Populationen

Seite 330–331

1 Vergleichen Sie die beiden Fortpflanzungsstrategien und setzen Sie sie in Beziehung zu dem Begriff „Angepasstheit".

r-Strategen zeichnen sich grundsätzlich durch eine hohe Dynamik ihres Vermehrungsverhaltens aus, während K-Strategen sich stets mit geringer Dynamik vermehren.
r-Strategen besitzen hohe Reproduktionsraten durch eine hohe Anzahl an Nachkommen pro Generation, kurze Geburtenabstände und schnelle Individualentwicklungen bei gleichzeitig kurzen Lebensspannen. Die Sterblichkeit ihrer Nachkommen ist jedoch in der Regel hoch. K-Strategen besitzen hingegen geringe Reproduktionsraten durch eine geringe Anzahl von Nachkommen pro Generation, lange Abstände zwischen den Geburten und langsame Individualentwicklungen bei langen Lebensspannen. Die Sterblichkeit ihrer Nachkommen ist meist nur gering.
Durch die hohe Reproduktionsrate können r-Strategen nur sehr wenig in ihre Nachkommen investieren (z. B. in deren Körpergröße und die Brutpflege), während K-Strategen durch die geringe Anzahl ihrer Nachkommen ein hohes individuelles Investment betreiben.
Das sehr dynamische Vermehrungsverhalten von r-Strategen ermöglicht es ihnen, sehr schnell freie Lebensräume vollständig neu zu besiedeln und plötzlich auftretende Verbesserungen der Lebensbedingungen sofort für ihr Populationswachstum zu nutzen. Sie zeichnen sich also durch eine opportunistische Habitatnutzung aus. Durch die starke Dynamik können sie dabei sogar die artspezifische Kapazitätsgrenze eines Habitats überschreiten, sodass es wieder zu Einbrüchen und so zu deutlichen Schwankungen ihrer Populationsdichte kommen kann.

Die geringe Dynamik des Vermehrungsverhaltens von K-Strategen führt dazu, dass sie sich in ihren Habitaten mit typischerweise konstanten Umweltbedingungen langsam bis an die artspezifische Kapazitätsgrenze vermehren und die so erreichte Populationsdichte dann aber auch langfristig relativ konstant beibehalten. Sie zeichnen sich also durch eine konsistente Habitatnutzung aus. K-Strategen können sich nur schwer in neue Lebensräume ausbreiten oder plötzlich auftretende Verbesserungen der Lebensbedingungen für ihre Vermehrung nutzen.
Für beide Fortpflanzungsstrategien gibt es extreme Artbeispiele, aber auch Zwischenformen in allen Ausprägungen. Beide Fortpflanzungsstrategien stellen evolutive Angepasstheiten an die Dynamik und Herausforderungen unterschiedlicher Lebensräume dar. Extreme r-Strategen können sehr labile und dynamische Habitattypen erfolgreich besiedeln und schwankende Lebensbedingungen rasch nutzen (z. B. neu entstandene Inseln, Gewässer, Waldbrand- und Windbruchflächen oder plötzliche Nahrungsüberangebote). Typische K-Strategien können hingegen langfristig stabile Lebensräume sehr konkurrenzstark besiedeln und konstante Lebensbedingungen optimal nutzen. Durch das Auftreten von vielfältigen Mischformen beider Strategien kommt es letztendlich in allen Lebensräumen zu einer maximal möglichen Artenvielfalt.

Seite 332

1 Stellen Sie Vermutungen darüber an, wie eine Überpopulation von Kaiserpinguinen in der Antarktis durch biologische Regulationsmechanismen verhindert werden kann.

Kaiserpinguine sind K-Strategen mit einer langsamen Individualentwicklung und einer langen Lebensdauer. Sie werden normalerweise etwa 20, in Einzelfällen auch bis zu 50 Jahre alt. Ihre Vermehrungsrate ist gering, denn sie legen nur ein einziges Ei pro Jahr. Die Populationsgröße liegt nahe der Umweltkapazität, sodass eine Überpopulation durch die Umweltbedingungen verhindert wird.
Die Größe der Populationen gilt als konstant. Zu einer großen Gefahr kann allerdings das Abschmelzen von Packeis der Antarktis werden, weil sich dann die Lebensbedingungen der Tiere verschlechtern: Ihr Lebensraum wird kleiner und die Umweltkapazität sinkt.

Seite 333 (Material)

Material A – Wachstum und Zusammenbruch einer Rentierpopulation

1 Erläutern Sie, weshalb sich die Rentierpopulation wie beschrieben entwickelte.

Die St.-Matthew-Insel ist etwa 360 km² groß und liegt zwischen Ostsibirien und Alaska. Der Pflanzenbewuchs entspricht der Tundra und ist gekennzeichnet durch eine kurze Vegetationsperiode. Er besteht aus Gräsern sowie aus Moosen und Flechten.

Bis 1944 lebten keine größeren Pflanzenfresser auf der Insel. Als die Rentiere dorthin gebracht wurden, war zunächst genügend Nahrung für die kleine Population vorhanden, die überdies auch von den Menschen klein gehalten werden konnte. Mit zunehmender Dauer und mit dem Abzug der Soldaten änderte sich Folgendes: Aufgrund fehlender natürlicher Feinde wuchs die Population stetig und benötigte immer mehr Nahrung, die aber infolge des jahreszeitlich begrenzten beziehungsweise langsamen Wachstums der Pflanzen nicht ausreichend regeneriert werden konnte. So blieb die Fortpflanzungsrate zunächst hoch, die Nahrung wurde aber immer knapper. Ergebnis war eine Überbevölkerung mit einer Population hungriger und geschwächter Tiere. Als dann ein kalter und schneereicher Winter eintrat, konnten die meisten Tiere diese extremen Umweltbedingungen nicht überstehen und starben. Da auch danach das Nahrungsangebot gering blieb und die überlebenden Tiere schwach waren, blieben sie unterernährt und hatten keine Junge.

Seite 333 (Material)

Material A – Wachstum und Zusammenbruch einer Rentierpopulation

2 Erklären Sie die Ursache für diese „katastrophale" Entwicklung und stellen Sie Maßnahmen vor, die einen solchen Zusammenbruch verhindern könnten.

Ursache für diesen Populationseinbruch war letztlich die Überbevölkerung der Rentierpopulation, die zu einer Störung des Gesamtsystems aus Gräsern sowie langsam wachsenden Flechten und Moosen und einer daraus resultierenden sehr geringen Umweltkapazität für pflanzenfressende Großsäuger führte. Da auf dieser kleinen Insel vorher keine Rentiere lebten und es auch keine natürlichen Feinde gab, fand zunächst keine Regulation der Populationsdichte statt.

Ob eine Regeneration der nach dem kalten Winter vorhandenen kleinen, geschwächten Population möglich ist, hängt davon ab, ob es wieder Nachwuchs geben wird und ob diese jungen Rentiere gesund sind. Wenn dies der Fall ist, muss der Mensch, der für die Anwesenheit der Rentiere auf der Insel verantwortlich ist, regulierend eingreifen. Nur so ist es möglich, ein annähernd ausgeglichenes System herzustellen.

Allerdings ist es fraglich, ob es überhaupt ökologisch vertretbar ist, Rentiere auf der St.-Matthew-Insel dauerhaft leben zu lassen, oder ob es nicht doch besser wäre, den ursprünglichen Zustand ohne Rentiere wiederherzustellen und die Tiere von der Insel zu entfernen, da die Pflanzendecke sich wahrscheinlich nur so regenerieren kann.

Zusatzinformation: Inzwischen ist die Rentierpopulation auf der St.-Matthew-Insel ausgestorben.

Material B – Intraspezifische Konkurrenz bei der Prachtwinde (*Ipomoea tricolor*)

1 Erläutern Sie den Versuchsaufbau und geben Sie an, unter welcher konkreten Fragestellung die Versuche durchgeführt wurden.

Die Versuche sind so angelegt, dass die Prachtwinden in Konkurrenz um Licht bzw. um das Mineralstoffangebot wachsen müssen (Versuch b und c). Nach einer hinreichend langen Zeit wird die Länge der Pflanzen gemessen und ihr jeweiliges Trockengewicht bestimmt. Die erhaltenen Werte werden mit Pflanzen verglichen, die konkurrenzlos wachsen konnten (Versuch a, Kontrollversuch). Beides sind Einfaktorenanalysen, bei denen der Einfluss eines Parameters auf das Wachstum der Pflanzen überprüft wird. Alle anderen Faktoren sind bei den Versuchen konstant, um so eine Ursachenzuschreibung vornehmen zu können. In Versuch d wird die gleichzeitige Konkurrenz um Licht und Mineralstoffangebot getestet. Damit soll festgestellt werden, ob sich die beiden Konkurrenzbedingungen gegenseitig verstärken oder ob eine der Mangelbedingungen die andere überwiegt.

Hinweis: Die alleinige Auswertung der Wachstumslängen ist nicht ausreichend, weil Pflanzen unter schlechten Lichtbedingungen etiolieren können und dann ein unangemessenes Ergebnis liefern können. Daher ist die Messung des Trockengewichts ein eindeutiges Maß für den Fotosyntheseerfolg und das Wachstum der Pflanzen.

Mögliche Fragestellungen:
– Welche Folgen hat die Konkurrenz um die Faktoren Licht und Mineralstoffangebot für das Wachstum (Trockengewicht und Größe) der Prachtwinde?
– Wie wirken sich die Faktoren Licht und Mineralstoffangebot auf das Wachstum (Trockengewicht und Größe) von Prachtwinden aus?

2 Deuten Sie die erhaltenen Ergebnisse. Stellen Sie Vermutungen an, weshalb die Pflanzen bei B unterschiedlich groß waren, während sie bei C ähnlich klein blieben.

Die Ergebnisse zeigen, dass bei Konkurrenz um Licht unter den konkreten Bedingungen etwa ein Viertel weniger Trockenmasse produziert wird als bei konkurrenzlosem Wachstum. Bei Konkurrenz um Mineralstoffe im Boden ist der Unterschied jedoch viel deutlicher: Nur noch etwa ein Fünftel der Trockenmasse wird im Vergleich zur Kontrolle gebildet. Das könnte auch an den konkreten Versuchsbedingungen liegen; so könnte der eine oder andere Mineralstoff schnell ins Minimum geraten sein. Es zeigt aber, dass der Einfluss der Mineralstoffe auf das Wachstum von entscheidender Bedeutung ist.

Auffällig ist das Ergebnis von Versuch d: Es zeigt, dass zumindest unter diesen Bedingungen die Konkurrenz um Mineralstoffe für das Wachstum der Prachtwinde wichtiger ist als die Konkurrenz um Licht, denn die Konkurrenz um Licht verschlechtert das Ergebnis nicht zusätzlich, wenn Konkurrenz um Mineralstoffe herrscht. Das Wachstum wird also hier fast ausschließlich durch den Faktor beeinflusst, von dem die größte Konkurrenz ausgeht und der sich daher „besonders im Minimum" befindet.

Die unterschiedliche Größe der Pflanzen kann darauf zurückzuführen sein, dass die Pflanzen bevorzugt an bestimmten Seiten der Stange wuchsen und somit unterschiedlichen Lichtbedingungen ausgesetzt waren. Außerdem kann es zu unterschiedlicher Beschattung einzelner Pflanzen durch die Blätter anderer Pflanzen gekommen sein.

4.8 Interspezifische Konkurrenz und Koexistenz

Seite 334–335

1 Erklären Sie, weshalb das Vorkommen der Stieleiche nicht mit ihrem physiologischen Optimum übereinstimmt.

Das physiologische Optimum der Stieleiche bezüglich des Wassergehalts des Bodens befindet sich bei mittlerer Feuchtigkeit. Hier besitzt sie ihr stärkstes Wachstum und damit ihre höchste physiologische Potenz. Auch in Böden mit etwas erniedrigtem oder erhöhtem Feuchtigkeitsgehalt kann sie gedeihen, zeigt jedoch in Richtung der beiden Extreme ein zunehmend schwächeres Wachstum, also eine abnehmende physiologische Potenz. Bei sehr niedriger oder sehr hoher Bodenfeuchtigkeit kann die Stieleiche nicht wachsen, dort besitzt sie also keine physiologische Potenz.

Die Stieleiche kann ihre physiologische Potenz bezüglich des Wassergehalts jedoch nur bei völlig fehlender Konkurrenz durch andere Baumarten voll ausschöpfen. In Mischbeständen mit Waldkiefern, Schwarzerlen und Rotbuchen kann sie sich lediglich im Bereich ihrer ökologischen Potenz ansiedeln. Da sie bei sehr niedriger oder sehr hoher Bodenfeuchtigkeit nicht gedeihen kann, ist sie dort auch in Mischbeständen nicht zu finden. Obwohl sie ihr physiologisches Optimum im Bereich mittlerer Bodenfeuchtigkeit besitzt, zeigt sie jedoch auch auf diesen Böden in Mischbeständen nur ein geringes Vorkommen. Hier setzt sich die Rotbuche durch, die ihr physiologisches Optimum ebenfalls bei mittlerer Bodenfeuchtigkeit besitzt, dort jedoch durch ihre höhere Wachstumsgeschwindigkeit über eine größere ökologische Potenz verfügt, also durchsetzungsstärker ist. Die ökologischen Optima der Stieleiche befinden sich in Mischbeständen bei niedriger und hoher Bodenfeuchtigkeit, da die Baumart hier im Vergleich zu den anderen Baumarten das stärkste Wachstum realisieren kann und deshalb am durchsetzungsstärksten ist.

1 Beschreiben Sie die Entstehung der ökologischen Nische einer Art.

Die ökologische Nische einer Art beschreibt die Gesamtheit ihrer spezifischen Wechselwirkungen mit der Umwelt. Sie wird durch die ökologischen Bedürfnisse bestimmt, zum Beispiel in Bezug auf das Nahrungsspektrum, die Aufenthaltsorte oder die Aktivitätszeiten. (Bei Pflanzen spielen deren Ansprüche an das Wasser-, Licht und Mineralstoffangebot eine besonders große Rolle.) Die Erfüllung dieser Bedürfnisse in Form eines konkreten ökologischen Profils hängt von den Lebensbedingungen in einem Habitat ab. Sie bestimmen die Überlebensfähigkeit einer Art an diesem Ort. Gelangt eine Art in ein Habitat mit für sie optimalen Lebensbedingungen, kann sie ihre optimale ökologische Fundamentalnische gemäß ihrer physiologischen Potenz entwickeln, sich also optimal ernähren, bewegen und vermehren. Dies ist jedoch nur möglich, wenn dort keine weiteren Arten mit ähnlichen Bedürfnissen Konkurrenzdruck ausüben. Ist dies der Fall, kann die Art lediglich ihre ökologische Realnische gemäß ihrer ökologischen Potenz ausbilden und muss in Konkurrenz mit durchsetzungsstärkeren Arten von ihren Optima entsprechend abweichen, zum Beispiel auf eine andere Nahrung ausweichen, ungünstigere Aufenthaltsorte aufsuchen oder weniger bevorzugte Aktivitätszeiten nutzen.

Zusatzinformation: Verändern sich artspezifische Merkmale, zum Beispiel durch Mutationen (oder veränderte Selektionsbedingungen), kann das Auswirkungen auf die ökologischen Bedürfnisse der Art und somit auf ihre ökologische Nische haben. So können zum Beispiel Mutationen, die den Verdauungsstoffwechsel betreffen, die Ernährung und Mutationen, die die Sehfähigkeit betreffen, die Aktivitätszeiten beeinflussen. Auch durch sich ändernde Umweltbedingungen eines Habitats und neu hinzukommende oder verschwundene konkurrierende Arten kann sich die ökologische Nische einer Art (durch veränderte Selektionsbedingungen) permanent weiterentwickeln.

Seite 337 (Material)

Material A – Nischen von vier mitteleuropäischen Vogelarten

1 Beschreiben und vergleichen Sie anhand der Angaben die ökologischen Nischen der aufgeführten Vogelarten.

Die etwa 35 cm große und 350 g schwere Schleiereule lebt in halboffenen Kulturlandschaften, brütet in Scheunen, Kirchtürmen oder Ruinen und jagt fast nur in der Nacht vorwiegend Feld- und Wühlmäuse.

Der mit etwa 23 cm und 250 g kleinere und leichtere Steinkauz lebt in offenen Kulturlandschaften, nistet in kleineren Baumhöhlen oder in Gebäuden und jagt in der Dämmerung sowie in der Nacht bevorzugt Mäuse und Insekten.

Der mit etwa 54 cm im Vergleich zu beiden vorher genannten Arten wesentlich größere und mit 900 g deutlich schwerere Mäusebussard bevorzugt wie der Steinkauz offene Kulturlandschaften, brütet jedoch in den Kronen hoher Bäume und jagt tagsüber vorwiegend Feldmäuse, Ratten und Kaninchen.

Auch die mit etwa 36 cm und 370 g in Größe und Gewicht der Schleiereule ähnliche Waldohreule lebt in offenen Kulturlandschaften, nistet allerdings in verlassenen Greifvogelhorsten und jagt bevorzugt Feld- und Wühlmäuse in der Dämmerung und Nacht.

Die ökologischen Nischen der vier Vogelarten besitzen in manchen Bereichen völlige, in anderen nur teilweise oder sogar gar keine Überschneidungen. So bevorzugen alle Arten mehr oder weniger offene Kulturlandschaften als Lebensraum und Mäuse als wichtigen Bestandteil ihrer Nahrung. Die teilweise festzustellenden Nahrungsunterschiede stehen im Zusammenhang mit der unterschiedlichen Körpergröße. So ernährt sich nur die leichteste und kleinste Art, der Steinkauz, von Insekten, während die schwerste und größte Art, der Mäusebussard, als einziger Kaninchen jagt. Die Nistplätze sind bei allen vier Arten weitestgehend unterschiedlich. Der Mäusebussard jagt, anders als die anderen drei Arten, nachts, die Jagdzeiten von Steinkauz und Waldohreule (nachts und in der Dämmerung) sind gleich und überschneiden sich mit denen der Schleiereule (vorwiegend nachts).

Seite 337 (Material

Material A – Nischen von vier mitteleuropäischen Vogelarten

2 Zeichnen Sie für die vier Arten ein zweidimensionales Nischendiagramm für Lebensraum (Ordinate) und Jagdzeit (Abszisse) und erläutern Sie die daraus hervorgehenden Zusammenhänge. Beziehen Sie in Ihre Überlegungen die anderen Daten der Tabelle mit ein.

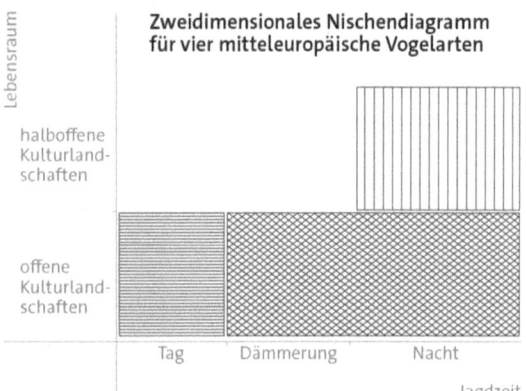

■Mäusebussard □Schleiereule ⊠Waldohreule ⊘Steinkauz

Illustration: Cornelsen/Tom Menzel, bearbeitet von Andrea Thiele

Die grafische Darstellung veranschaulicht, dass sich die Nischendimensionen Lebensraum und Jagdzeit von Wal-

dohreule und Steinkauz völlig überschneiden. Dies bedeutet, dass zwischen diesen beiden Arten bei gleichzeitigem Vorkommen bezüglich dieser ökologischen Ansprüche Konkurrenz herrschen sollte. Die Nischendimension Nistplatz zeigt bei ihnen hingegen keine Überschneidungen, sodass hier keine Konkurrenz zu erwarten ist. Da sich bei ihnen die Dimension Hauptnahrung teilweise unterscheidet, ist diesbezüglich mit entsprechend begrenzter Konkurrenz zu rechnen.

Dagegen zeigt die Nischendimension Lebensraum zwischen der Schleiereule einerseits und allen drei anderen Vogelarten andererseits keine Übereinstimmungen. Das bedeutet, das in diesem Aspekt zwischen der Schleiereule und den anderen drei Arten bei gleichzeitigem Vorkommen keinerlei Konkurrenz zu erwarten ist.

Der Mäusebussard besitzt in der Dimension Jagdzeit keine Überschneidungen mit Steinkauz und Waldohreule, mit denen er deshalb diesbezüglich nicht konkurrieren sollte. Mit der Schleiereule besteht ohnehin, wie oben beschrieben, keine Überschneidung des Lebensraumes und somit des Jagdgebietes, falls beide nur ihren optimalen Lebensraum besiedeln. Da es in der Realität jedoch zu fließenden Übergangsbereichen zwischen halboffenen und offenen Kulturlandschaften kommen kann, ist eine teilweise Konkurrenz durchaus möglich.

In der Dimension Lebensraum überschneidet sich der Mäusebussard sowohl mit dem Steinkauz als auch mit der Waldohreule, sodass er mit diesen beiden Arten bei gleichzeitigem Vorkommen für dieses ökologische Bedürfnis in vollständige Konkurrenz treten würde.

Im Bereich der Dimension Nistplatz zeigen alle vier Arten etwas unterschiedliche ökologische Bedürfnisse, sodass bei gleichzeitigem Vorkommen nur teilweise oder geringe Konkurrenz zu erwarten ist.

Da alle vier Arten Mäuse als wichtigen Nahrungsbestandteil bevorzugen, ist bezüglich der Nischendimension Hauptnahrung bei gleichzeitigem Vorkommen zwischen Steinkauz, Mäusebussard und Waldohreule Konkurrenz zu erwarten. Leben alle Arten in ihrem optimalen Lebensraum, sollte zwischen Schleiereule und den anderen Arten in Bezug auf die Nahrung keinerlei Konkurrenz bestehen. Kommt es jedoch zu Überschneidungen der Habitate in Übergangsbereichen, kann durchaus eine Konkurrenzsituation in Bezug auf die Nahrung entstehen.

3 Stellen Sie eine Hypothese auf, welche der vier Arten in einem gemeinsamen Lebensraum auf Dauer koexistieren können.

Aufgrund der geringen Anzahl der berücksichtigten Nischendimensionen und der fehlenden Angaben zu konkreten Umweltbedingungen im gemeinsamen Lebensraum ist eine belastbare Aussage über eine mögliche Koexistenz nur sehr eingeschränkt möglich. Geht man allein von den dargestellten Bereichen aus, könnten innerhalb desselben Lebensraumes Steinkauz und Mäusebussard in begrenztem Ausmaß koexistieren, da sich ihre Bedürfnisse nur in einem Teil der Nahrung überschneiden. Entscheidend wäre hier auch die Gesamtgröße des gemeinsamen Lebensraumes und dadurch die Gesamtzahl der dort lebenden Mäuse. Eine dauerhafte Koexistenz von Steinkauz und Waldohreule im selben Lebensraum wäre durch Konkurrenz in mehreren Dimensionen wesentlich unwahrscheinlicher. Obwohl Mäusebussard und Waldohreule unterschiedliche Jagdzeiten bevorzugen, würden sie über ihr ähnliches Beutespektrum in Konkurrenz stehen, sodass eine Koexistenz auf ein für beide ausreichendes Nahrungsangebot angewiesen ist. Da die Schleiereule offene Kulturlandschaften besiedelt, ist theoretisch davon auszugehen, dass ihr Vorkommen von dem der anderen drei Arten, die halb offene Kulturlandschaften bevorzugen, unbeeinflusst bleibt. Dies gilt in der Realität jedoch nur eingeschränkt, weil fließende Übergänge zwischen den beiden Bereichen zu Überschneidungen der Lebensräume und somit zu Konkurrenzsituationen führen können.

Zusatzinformation: Grundsätzlich ist die Arealgröße, die als gemeinsamer Lebensraum zur Verfügung steht, von großer Bedeutung, da diese nicht nur das Nahrungsangebot, sondern auch die Anzahl der zu besetzenden Jagd- und Brutreviere limitiert.

Treffen zwei Arten mit starken Nischenüberschneidungen aufeinander, ist ihre artspezifische Durchsetzungsfähigkeit gemäß ihrer ökologischen Potenz in diesem Lebensraum entscheidend. Sind beide Arten etwa gleich durchsetzungsstark, kann es zu einer zahlenmäßig durch die Ressourcen entsprechend begrenzten Koexistenz kommen. Ist eine Art deutlich durchsetzungsstärker, kann sie jedoch auch in beliebig großen Arealen die konkurrierende Art vollständig im Sinne des Konkurrenzausschlusses verdrängen.

4 Erklären Sie, weshalb in diesem Fall die Betrachtung einer einzigen Nischendimension für die Charakterisierung einer Art nicht reicht.

Die vier Arten zeigen in Bezug auf die hier betrachteten Nischendimensionen zwar Überschneidungen oder teilweise Überschneidungen, aber immer auch mindestens eine Abweichung. So ernähren sich beispielsweise Schleiereule und Waldohreule von Feld- und Wühlmäusen, sie weisen jedoch Unterschiede in Bezug auf Lebensraum, Nistplatz und Jagdzeit auf. Würde man nur die Hauptnahrung als einzige Nischendimension betrachten, wären keine artspezifischen Unterschiede feststellbar. Keine der aufgeführten Nischendimensionen genügt also, um eine der Vogelarten ökologisch individuell zu charakterisieren. Eine Charakterisierung ist um so genauer möglich, je mehr Nischendimensionen untersucht werden. Neben den in vorliegendem Beispiel gewählten Dimensionen könnten das etwa Vermehrungsstrategie, Lebenserwartung, Belastung durch Parasiten und Krankheitserreger oder Empfindlichkeit gegenüber Klimaextremen sein.

Zusatzinformation: Bei den im Schulbuch auf Seite 336 beschriebenen Wattvögeln liegen die Verhältnisse deshalb anders, weil die jeweiligen körperlichen Angepasstheiten bereits deutlich auf die Art und den Ort der Nahrung

schließen lassen. Somit ist die Angabe der Nahrungsnische auch ohne die Benennung anderer Faktoren sehr aussagekräftig.

Material B – Kakteen-, Wolfsmilch- und Schwalbenwurzgewächse

1 Beschreiben Sie auffällige Strukturen der drei Pflanzen.

Die drei abgebildeten Pflanzen weisen Stammsukkulenz auf. Bei *Astrophytum asterias* und *Euphorbia obesa* hat die grün gefärbte Sprossachse eine kugelförmige, bei *Larryleachia cactiformis* eine gestaucht-säulenförmige Gestalt. Die Planzen haben eine gerippte oder geschuppte Oberfläche ohne ausgeprägte Blätter und ihr Oberflächen-Volumen-Verhältnis ist sehr klein. Bei *Euphorbia obesa* sind oben an der kugelförmigen Pflanze Blüten zu erkennen und *Astrophytum asterias* weist entlang abwärts verlaufender Rippen weiße, kreisförmige Flecken auf der Oberfläche auf.

2 Stellen Sie Hypothesen über die Funktionen dieser Strukturen auf.

Die gestauchte Gestalt der Sprossachse und die Reduktion der Blätter verkleinern die Gesamtoberfläche der Pflanzen. Die Fotosynthese findet statt an den Blättern an der Sprossachse statt, worauf deren grüne Färbung hinweist. Durch diese Besonderheiten wird der Wasserverlust reduziert. Zudem verhindert die Verkleinerung der Oberfläche ein zu starkes Aufheizen bei starker Sonneneinstrahlung und schützt vor Hitzeschäden. Die Stammsukkulenz beruht auf der Ausbildung von stark wasserhaltigen Geweben. Diese könnten als Flüssigkeitsspeicher das Überdauern von längeren Trockenheitsphasen erleichtern.

3 Erklären Sie die Ähnlichkeiten im Erscheinungsbild trotz Zugehörigkeit zu verschiedenen Pflanzenfamilien.

Die Ähnlichkeiten im Erscheinungsbild der drei Pflanzenarten, die als Sukkulenz bezeichnet wird, beruht auf der Angepasstheit an ähnliche Umweltbedingungen. Im vorliegenden Fall sind es vor allem Wassermangel sowie hohe bis sehr hohe Lufttemperaturen. Die Pflanzen gehören unterschiedlichen Familien an, bilden jedoch ähnliche ökologische Nischen in unterschiedlichen Regionen aus.

Zusatzinformation: Dieser Sachverhalt wird auch als Stellenäquivalenz bezeichnet.

4 Recherchieren Sie weitere Beispiele für das beschriebene Phänomen.

Individuelle Lösungen.

Die Ausbildung ähnlicher ökologischer Nischen durch nicht eng verwandte Arten ist zum Beispiel der Fall bei den sehr ähnlich lebenden kleinen Prädatoren Rotfuchs (Europa), Schakal (Asien), Kojote (Nord-Amerika) und dem ausgestorbenen Beutelwolf (Australien) oder bei den

Nektar trinkenden Vögeln Nektarvogel (Afrika), Honigfresser (Australien) und Kolibri (Amerika).

4.9 Energiefluss in Ökosystemen

Seite 338–340

1 Berechnen Sie, wie viel Prozent der Lichtenergie, die auf die Produzenten trifft, bei den Konsumenten 3. Ordnung als chemische Energie ankommt.

Die gesamte Lichtenergie, die auf die Produzenten trifft, wird als 100 % gesetzt. Davon können nur etwa 5 % absorbiert, für die Assimilation durch Fotosynthese genutzt, dabei in chemische Energie umgewandelt und anschließend gespeichert werden. Von diesen 5 % wird nur 1 % als chemische Energie an die Konsumenten 1. Ordnung weitergegeben, also 0,05 % der ursprünglichen Lichtenergie. Die restlichen 95 % werden von den Produzenten für eigene Lebensvorgänge benötigt und letztendlich als Wärmeenergie abgegeben oder sind als unverdauliche Pflanzenreste und Falllaub für die Konsumenten 1. Ordnung energetisch nicht nutzbar.

Bei den Konsumenten 2. Ordnung kommen wiederum nur 10 % der chemischen Energie der Konsumenten 1. Ordnung an, also 0,005 % der ursprünglichen Lichtenergie. Die übrigen 90 % werden von diesen selbst ebenfalls für eigene Lebensvorgänge benötigt und schließlich als Wärmeenergie abgegeben oder sind als Ausscheidungen und abgestorbene Körperteile (z. B. Häute, Horn, Fell, Federn) für die Konsumenten 3. Ordnung energetisch nicht nutzbar.

Bei den Konsumenten 3. Ordnung kommen schließlich wiederum nur 10 % der chemischen Energie der Konsumenten 2. Ordnung an, also 0,0005 % der ursprünglichen Lichtenergie.

2 Erstellen Sie für die Organismen in Abbildung 2 der vorherigen Seite ein Nahrungsnetz.

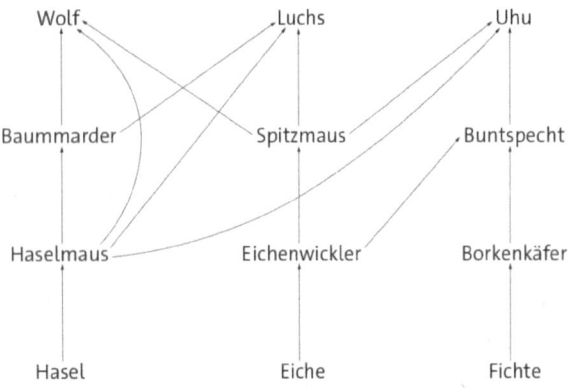

Illustration: Cornelsen/Andrea Thiele

3 Begründen Sie, weshalb in den meisten Ökosystemen maximal vier Trophieebenen ausgebildet sind.

Der Energieeintrag in ein Ökosystem durch die Sonnenstrahlung und damit auch die Umwandlung von Strahlungsenergie in chemische Energie beim Aufbau von Biomasse ist durch die Strahlungsintensität und Strahlungsdauer pro Tag begrenzt. Der Energietransfer zwischen den einzelnen Trophieebenen eines Ökosystems findet über die Weitergabe der Biomasse durch die Nahrungsaufnahme und deren energetische Verwertung statt. Da beim Übergang von einer Trophieebene auf die nächste mindestens 90 % der chemischen Energie der Biomasse aber nicht genutzt werden können und daher für Lebensvorgänge verloren gehen, haben bereits Konsumenten 3. Ordnung nur noch einen sehr geringen Zugriff auf chemische Energie in Form der zur Verfügung stehenden Nahrungsorganismen. Sie kommen daher meist in wesentlich kleinerer Individuenzahl als Organismen der vorangehenden Trophieebenen vor. Aufgrund ihrer geringen Populationsdichte könnten sie in der Regel keine weitere Trophieebene ausreichend mit Nahrung versorgen.

Zusatzinformation: Das beschriebene Phänomen der begrenzten Trophieebenen hat sich mittlerweile nicht für alle Ökosysteme bestätigen lassen. Die gegebenen Begründungen sind zwar prinzipiell plausibel, treffen aber nicht auf alle Ökosysteme zu.

4 Erklären Sie die Pyramidenform der Trophieebenen eines Ökosystems.

Da Produzenten, also fotosynthetisch aktive Pflanzen, die aufgenommene Strahlungsenergie der Sonne in chemische Energie umwandeln und dabei Biomasse aufbauen können, bilden sie die Basis aller trophischen Ebenen eines Ökosystems. Als autotrophe Lebewesen können sie durch den hohen Energieeintrag aus der Sonneneinstrahlung und aufgrund ihrer oft kaum limitierten Stoffaufnahme in Form von CO_2, Wasser und Mineralstoffe in einem Ökosystem eine enorme Biomasse (und Populationsdichte) ausbilden. Dadurch entsteht eine sehr breite Basisebene der Pyramide.

Die Konsumenten 1. Ordnung können aus ihrer pflanzlichen Nahrung nur etwa 1 % der dort gebundenen chemischen Energie nutzen. Deshalb erreichen sie in der Regel eine geringere Biomasse als die Produzenten. Die Konsumenten 2. Ordnung können wiederum nur etwa 10 % der in ihrer fleischlichen Nahrung, den Pflanzenfressern, gebundenen chemischen Energie nutzen. Daher ist ihre Biomasse in einem Ökosystem meist wieder deutlich geringer. Durch den weiteren hohen Verlust an chemischer Energie beim Übergang zu den Konsumenten 3. Ordnung können diese in einem begrenzten Lebensraum in der Regel nur die geringste Biomasse erreichen. Diese Verringerung der Biomasse aufgrund der Energieentwertung im Verlaufe der Trophiestufenübergänge führt zur typischen Pyramidenform.

Seite 341 (Material)

Material A – Bioakkumulation

1 Ordnen Sie Heringe, Kieselalgen, Zooplankton, Sardinen, Große Tümmler, Meerforellen und Krill den verschiedenen Trophieebenen des Ökosystems zu.

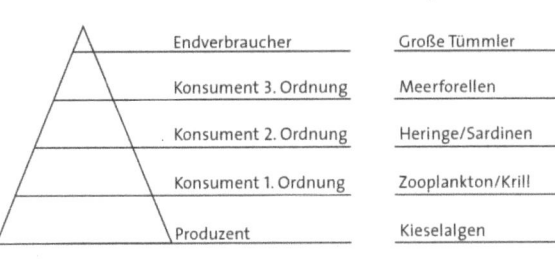

Illustration: Cornelsen/Karin Mall, Berlin

2 Stellen Sie die Nahrungsbeziehungen dieser Lebewesen in Form eines Nahrungsnetzes als Pfeildiagramm dar.

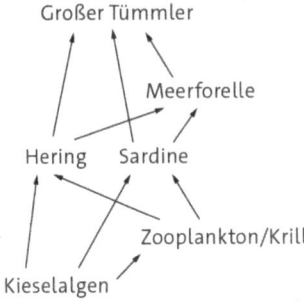

Illustration: Cornelsen/Karin Mall, bearbeitet von Andrea Thiele

3 Erklären Sie, wie es zu einer Bedrohung des Großen Tümmlers kommen konnte.

Gewisse Stoffe, wie die hier genannten Schadstoffe PCB, verteilen sich im Wasser nicht, sondern lagern sich an Partikeln oder kleinen Organismen an. Ihre Konzentration ist im Wasser so gering, dass kleine Organismen, die sie aufnehmen, dadurch keinen Schaden erfahren.

Die kleinen Lebewesen, mit denen sich die bioakkumulierenden Chemikalien wie PCB im Meer verbinden, gehören in der Regel der ersten Trophiestufe der Nahrungskette an. Aufgenommen von Lebewesen der nächsten Trophieebene durchlaufen die Fremdstoffe die gesamte Nahrungskette bis zu den Endverbrauchern.

Am Beispiel der vereinfachten Nahrungskette des Großen Tümmlers kann man sich die Bioakkumulation folgendermaßen vorstellen: Für Plankton und Krill ist die Konzentration an PCB im Meerwasser in der Regel noch so gering, dass sie sich kaum direkt auf die Gesundheit der Lebewesen auswirkt. Heringe ernähren sich von diesen, wobei sich im Fettgewebe der Fische PCB aufgrund der lipophilen Eigenschaften der Verbindung anreichern und nicht mehr ausgeschieden werden. Von Heringen ernähren sich wiederum Meerforellen, sodass auf diese Weise die Konzentration an PCB mit jedem Schritt der Nahrungskette ansteigt. Ernährt sich letztendlich der Große Tümmler von den Meerforellen mit dem im Fettgewebe angereicherten PCB, erreicht deren Konzentration einen so hohen Wert, dass dies negative Auswirkungen auf die Überlebensrate und die Entwicklung des Nachwuchses haben kann.

Material B – Landnutzung und Getreideproduktion

1 Beschreiben Sie die Diagramme und setzen Sie sie miteinander in Beziehung.

Aus dem linken Diagramm wird ersichtlich, dass die Getreideproduktion in den letzten 60 Jahren in den Entwicklungsländern rapide zunahm. In den Industrieländern stieg die Produktion mit erkennbaren Schwankungen und insgesamt wesentlich schwächer an. In den Schwellenländern stieg sie, mit großen Schwankungen, ebenfalls nur geringfügig.

Das rechte Diagramm zeigt, dass die Waldflächen weltweit betrachtet von 1000 n. Chr. bis 2000 abgenommen und die Bevölkerung, ebenso wie die Ackerflächen, gegenläufig zugenommen haben. Von 2000 bis 2010 hat die Weltbevölkerung weiter deutlich zugenommen, während die Acker- und Waldfläche nahezu gleich geblieben sind. Anhand der Diagramme lässt sich folgern, dass sich im Laufe der Zeit ein Bevölkerungswachstum einstellt, das weltweit mit einer Zunahme der Ackerflächen einhergeht. Um Ackerflächen zu gewinnen, werden Wälder abgeholzt und die Waldflächen nehmen daher ab. In der Regel sind Entwicklungsländer wirtschaftlich stärker von traditionellen Anbauweisen abhängig als Industrie- oder Schwellenländer. Aufgrund dieser wirtschaftlichen Abhängigkeit wurde die Produktion weiter gesteigert, was global betrachtet vielfach auf Kosten der Waldflächen geschah. In den letzten Jahren wurde, unter anderem aus umweltpolitischen Bedenken, die Umwandlung von Wald in Ackerflächen reduziert, sodass seit 2000 die Flächennutzung stabil blieb.

2 Erläutern Sie die ökologischen Folgen aus der Getreideproduktion für Entwicklungs-, Industrie- und Schwellenländer.

Durch die wachsende Bevölkerungszahl steigt der Bedarf an Ackerflächen und Getreide an. Obwohl die Bevölkerungszahl aber weiter kontinuierlich steigt, können produktive Ackerflächen nur noch im geringen Umfang hinzugewonnen werden. Der Bedarf an Ackerflächen nimmt dabei nicht allein durch den weltweiten Bedarf an Getreide zu, sondern zusätzlich durch eine erhöhte Fleischproduktion, wobei die Tiere wieder von Getreide ernährt werden, sowie durch die Umwandlung von Getreide zu „Bio"-Kraftstoffen. Für die Gewinnung von Anbauflächen werden wiederum Landflächen benötigt, die vielfach erst durch die Rodung von ökologisch wertvollen Waldflächen gewonnen werden können. Mit der Vernichtung dieser Waldflächen werden wertvolle Lebensräume zerstört, was häufig mit Bodenerosionen verbunden ist. Hierdurch werden seltene Tier- und Pflanzenarten ausgerottet und die Biodiversität nimmt ab. Zudem erfüllen Wälder wichtige Funktionen für das weltweite Klima und binden in ihrer Biomasse Kohlenstoffdioxid, das für den Treibhauseffekt maßgeblich verantwortlich ist.

Zusatzinformation: Maßgeblicher Grund für die enorme Getreideproduktion zur Futtermittelherstellung ist der höhere Fleischverbrauch in den Industrieländern und den expandierenden Schwellenländern wie China und Indien. Etwa ein Drittel der weltweiten Getreideernte wird für die Fütterung von Nutztieren verbraucht. Da lediglich etwa 10 % des verfütterten Getreides in Fleischmasse umgewandelt wird, sind die restlichen 90 % für die menschliche Ernährung verloren. Durch Züchtung ist es gelungen, dass Rinder einen hohen Getreideanteil im Futter nicht nur ertragen, sondern auch effektiv zur Produktion von Körpereiweiß nutzen können. Diese Stoffwechselleistung ist den Tieren mit artgemäßem Raufutter nicht möglich. Daher benötigt man zur Rinderzucht heute viel Getreide, was vor einigen Jahrzehnten noch weder möglich noch nötig war.

Zudem wird die Mehrproduktion von Getreide immer mehr für die Industrieverarbeitung zu Stärke und neuerdings Ethanol genutzt. Durch diese Faktoren müssen Lebensmittel für den Eigenbedarf von vielen Schwellen- und Entwicklungsländern zunehmend teurer importiert werden – eine katastrophale Entwicklung für die Ökologie, Ökonomie und die soziale Entfaltung vieler Schwellen- und Entwicklungsländer.

4.10 Räuber-Beute-Beziehungen

Seite 342–343

1 Erläutern Sie, inwiefern die Trapper Einfluss auf die Beziehung zwischen Luchs und Schneeschuhhasen hatten.

Trapper sind „Räuber" sowohl von Schneeschuhhasen als auch von Luchsen. Durch sie wird einerseits die Hasenpopulation verringert, was negative Folgen für die Luchspopulation hat. Andererseits werden aber auch Luchse gefangen, was die Hasenpopulation begünstigt. Beide Effekte sind besonders groß, wenn die jeweiligen Populationen ein Optimum erreichen, was dazu führt, dass die Kurvenverläufe jeweils – auf insgesamt niedrigerem Niveau – geringere Ausschläge aufweisen.

Insgesamt muss aber darauf hingewiesen werden, dass die Entwicklung der Hasenpopulation auch dann zyklisch verläuft, wenn keine Luchse oder anderen Räuber vorhanden sind. Außerdem liegt kein Ein-Räuber-eine-Beute-System mehr vor, wenn ein zusätzlicher Räuber auftritt. Somit sind die Regeln nach Lotka und Volterra nicht unmittelbar anwendbar.

Seite 344

1 Recherchieren Sie Lebensweise, Vermehrung und Vorkommen von Daphnien.

Daphnien zählen zu den Blattfußkrebsen, die in Mitteleuropa mit etwa 90 Arten in Seen, Teichen und Tümpeln vertreten sind. Sie sind 1 bis 6 Millimeter groß. Der Körper ist von einem Panzer geschützt. Am Kopf besitzen sie zwei große Komplexaugen. Die langen zweiten Antennen sind zu Ruderorganen umgebildet, die zu einer ruckartigen Fortbewegung führen, was Daphnien auch den Namen „Wasserflöhe" eingebracht hat. Die fünf Beinpaare dienen nicht der Fortbewegung, sondern vielmehr der Nahrungsaufnahme. Durch rhythmisches Schlagen werden mit ihrer Hilfe planktonische Nahrungspartikel zur Mundöffnung gestrudelt.

Im Sommer und bei guten Nahrungsbedingungen vermehren sich Daphnien ungeschlechtlich (parthenogenetisch) und vermögen so Lebensräume schnell zu besiedeln. Mehr als 95 % der Individuen sind weiblich. Gegen Winter und bei schlechten Nahrungsbedingungen schlüpfen auch Männchen und es kommt zu Befruchtungen. Die befruchteten Eier, auch Wintereier genannt, sind Dauerstadien, die den Winter, Nahrungsmangel oder auch Trockenheit überdauern können. Bei besseren Bedingungen können dann wieder Daphnien schlüpfen.

2 Erklären Sie den Einfluss, den die Larven des Tiger-Querzahnmolchs auf das Verhältnis der beiden Daphnienarten ausüben.

Indem die Larven des Tiger-Querzahnmolchs vorwiegend *Daphnia pulex* fressen, dezimieren sie deren Bestand. Das führt dazu, dass die kleinere Art *Daphnia rosea* auch in einem gemeinsamen Lebensraum mit der eigentlich deutlich konkurrenzstärkeren Art *Daphnia pulex* existieren kann. Sind jedoch keine Larven des Tiger-Querzahnmolches vorhanden, fehlt der Fressfeind von *Daphnia pulex*, woraufhin sich die Art weitgehend ungehindert ausbreiten kann. Unter diesen Bedingungen ist sie gegenüber *Daphnia rosea* deutlich konkurrenzstärker, sodass Letztere dann ausstirbt. Die Larven des Tiger-Querzahnmolchs beeinflussen also die Konkurrenzsituation zwischen den beiden Daphnienarten, indem sie die eigentlich konkurrenzstärkere Art dezimieren und so eine Koexistenz ermöglichen.

Material A – Räuber-Beute-Beziehung zwischen Marienkäfer und Blattlaus

1 Zeichnen Sie ein Diagramm zur Populationsentwicklung für beide Arten über 20 Jahre und begründen Sie die Kurvenverläufe.

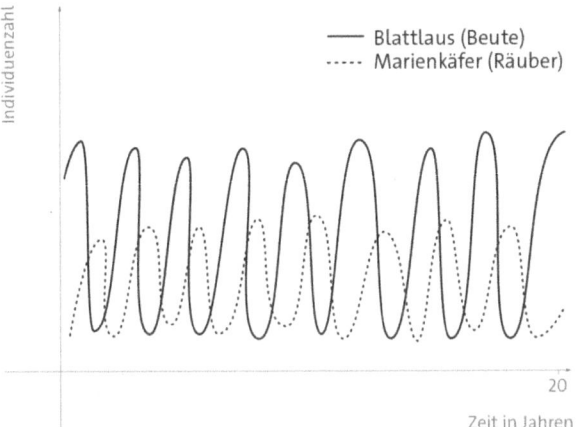

Illustration: Cornelsen/Tom Menzel, Scharbeutz, Klingberg, bearbeitet von Andrea Thiele

Die Parthenogenese erlaubt es den Blattläusen, sich so stark zu vermehren, dass die Marienkäfer keine weitere Beute suchen müssen. Daher kann man ein Ein-Räuber-eine-Beute System annehmen und die Lotka-Volterra-Regeln anwenden: Viel Beute lässt die Anzahl der Räuber ansteigen, was zur Verminderung der Beuteanzahl führt. Dies hat eine Verringerung der Anzahl der Räuber zur Folge, was wiederum die Beutepopulation anwachsen lässt. Das Diagramm zeigt den typischen Kurvenverlauf einer Räuber-Beute-Beziehung entsprechend den beiden ersten Lotka-Volterra-Regeln mit phasenverschobenen Zyklen und durchschnittlich geringeren Räuberzahlen.

2 Erklären Sie mit einer zweiten Skizze, welche Folgen ein Insektizideinsatz für die nächsten 5 Jahre hätte, der sowohl Räuber als auch Beute zu je 95 % eliminieren würde.

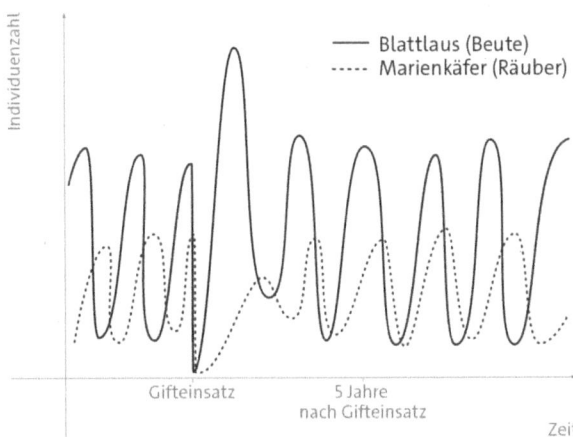

Illustration: Cornelsen/Andrea Thiele

Aus dem Diagramm geht hervor, dass ein Insektizideinsatz, bei dem Räuber und Beute gleichermaßen zu 95 % dezimiert werden, zunächst das Wachstum der Beute begünstigt. Dies entspricht der dritten Lotka-Volterra-Regel. Infolge der Tatsache, dass jetzt nur noch sehr wenige Räuber vorhanden sind, hat die Beute besonders gute Wachstums- und Entwicklungsbedingungen. Mit der größer werdenden Beutepopulation steigt zeitlich versetzt aber auch wieder die Räuberpopulation an, sodass dann wieder die typischen Kurvenverläufe zu erwarten sind.

3 Beurteilen Sie den Insektizideinsatz.

Ein Insektizideinsatz hat das Ziel, Schädlinge zu vernichten oder zumindest ihre Anzahl zu vermindern. Wenn jedoch eine intakte Räuber-Beute-Beziehung besteht, muss man davon ausgehen, dass auch Nützlinge, in diesem Fall die Marienkäfer, vernichtet oder vermindert werden. Entsprechend der dritten Lotka-Volterra-Regel erholt sich die Population der Beute, hier also der Blattläuse, schneller als die der Räuber. in diesem Falle also der Marienkäfer. Eine dauerhafte Senkung der Blattlauspopulation wäre nur unter wiederholtem Insektizideinsatz möglich, was sowohl die Kosten als auch die Schadstoffbelastung der betreffenden Pflanzen erhöhen würde. Insektizideinsatz ist also kein geeignetes Mittel, die Blattlauspopulation nachhaltig zu vermindern.

4 Beurteilen Sie, ob der Einsatz von Marienkäfern in einem Gewächshaus zur Bekämpfung von Blattläusen empfehlenswert ist.

Ein Gewächshaus ist ein von der übrigen Umwelt künstlich isoliertes System, in dem die Umweltbedingungen relativ konstant gehalten und kontrolliert werden können. Daher sind in diesem Ökosystem die Bedingungen für ein Räuber-Beute-System zwischen Marienkäfer und Blattlaus besonders günstig. Sofern der Gewächshausbetreiber mit den periodischen Zyklen leben kann und dafür sorgt, dass während der Erntezeit der Blattlausbefall gering ist, ist der Einsatz von Marienkäfern oder anderen Blattlausfeinden durchaus eine sinnvolle und im Vergleich zu einem Pestizideinsatz ökologischere Methode der Schädlingsbekämpfung.

Material B – Eicheln, Wildschweine und Eichhörnchen

1 Vergleichen Sie die Beziehung zwischen Wildschweinen und Eicheln mit einer klassischen Räuber-Beute-Beziehung.

Auf den ersten Blick deutet die Grafik auf eine typische Räuber-Beute-Beziehung hin, weil sowohl phasenverschobene periodische Zyklen zu sehen sind als auch kleinere Durchschnittszahlen bei den Wildschweinen diese als „Räuber" ausweisen. Dennoch handelt es sich nicht um eine Räuber-Beute-Beziehung im klassischen Sinn. Wildschweine verkleinern zwar die Anzahl der Eicheln, wenige Wildschweine führen aber nicht zu einer Erhöhung der Eichelmenge. Entscheidend für die Eichelmenge ist im

Herbst das Fruchten der Eichen. Außerdem sind Wildschweine Allesfresser, deren Populationsverlauf von der Anwesenheit einer einzigen Beute entkoppelt ist. Ein weiterer Aspekt liegt in den großen jahreszeitlichen Unterschieden, denn nur im Herbst gibt es viele Eicheln oder höchstens noch im Frühjahr, wenn infolge eines frühen Wintereinbruchs mit viel Schnee viele Eicheln übrig geblieben sind. Darüber hinaus ist es grundsätzlich fraglich, ob hier eine Räuber-Beute-Beziehung auftritt, weil Wildschweine zumindest in Bezug auf Eicheln keine echten Räuber sind.

Insgesamt ähnelt der Kurvenverlauf also dem einer klassischen Räuber-Beute-Beziehung. Tatsächlich sind die Verhältnisse jedoch andere: die zwischen pflanzlichen Ressourcen und Pflanzenfressern.

Seite 345 (Material)

Material B – Eicheln, Wildschweine und Eichhörnchen

2 Erklären Sie das Verhältnis zwischen Wildschweinen und Eichhörnchen sowie den Einfluss eines Mastjahres auf ihre Populationen.

Wildschweine und Eichhörnchen sind in Bezug auf die Eicheln Nahrungskonkurrenten. Mastjahre führen für beide Arten zu einem großen Nahrungsangebot, das zwar zeitlich begrenzt ist, die Überlebenswahrscheinlichkeit für die Individuen beider Arten im folgenden Winter aber erhöht. Das hat zur Folge, dass im folgenden Jahr die jeweilige Populationsdichte erhöht ist und daher auch mehr Nachkommen geboren werden. Deren Überlebensrate wird sich jedoch im Jahr darauf wahrscheinlich verringern, wenn die Eichelproduktion klein ist.

Zusatzinformation: Beide Arten, sowohl der Allesfresser Wildschwein als auch der Pflanzenfresser Eichhörnchen, haben ein breites Nahrungsspektrum: Sie sind Nahrungsgeneralisten. Auch wenn Eicheln vor allem im Herbst ein wesentlicher gemeinsamer Nahrungsbestandteil sind, so unterscheiden sich die meisten anderen Umweltansprüche der beiden Säugetierarten voneinander. Selbst im Bereich der Nahrung gibt es große Unterschiede. Darüber hinaus sind Wildschweine winteraktive Tiere, die in zum Teil großen Rotten den Lebensraum durchstreifen und somit Wälder mit hohem Eichenbestand aktiv aufsuchen können. Demgegenüber sind Eichhörnchen Winterruher, die Reviere ausbilden und im Herbst pflanzliche Nahrung, auch Eicheln, sammeln und verstecken. Daher besteht zusätzlich eine räumliche und zeitliche Konkurrenzvermeidung.

Material C – *Pisaster* und die Artenvielfalt

1 Erläutern Sie die Beziehungen der verschiedenen Wirbellosenarten einerseits in Anwesenheit und andererseits in Abwesenheit des Seesterns *Pisaster*.

Zwischen den verschiedenen Arten der Wirbellosen gibt es Konkurrenzbeziehungen und Räuber-Beute-Beziehungen. Der Seestern *Pisaster* ist ein Nahrungsgeneralist und ernährt sich von vielen anderen Wirbellosenarten. Seine Nahrung richtet sich nach dem jeweiligen Angebot, wenngleich seine Hauptnahrung aus Muscheln besteht. Auf diese Weise bewirkt *Pisaster*, dass keine der Arten überhandnehmen kann. Fehlt *Pisaster* als Fressfeind in dieser Lebensgemeinschaft, so können sich einige Arten mehr oder weniger ungehindert vermehren. Das führt dazu, dass sich Konkurrenzbeziehungen so weit verschieben können, dass eine Art dort nicht mehr lebensfähig ist. Außerdem werden räuberisch lebende Arten nun nicht mehr hinreichend dezimiert, sodass ihre Populationen anwachsen und deren Beute stärker verringert wird als in Anwesenheit der „Schlüsselart" *Pisaster*, die auch die Räuberpopulationen frisst.

2 Erstellen Sie Hypothesen dazu, weshalb in Abwesenheit von *Pisaster* die Miesmuschel im Lebensraum dominiert.

Aufgrund der bereits erwähnten Beziehungen gibt es zwei Möglichkeiten:

Wenn *Pisaster* nicht in der Lebensgemeinschaft vorhanden ist, werden Miesmuscheln nicht mehr in ihrem Bestand verringert, sodass sie

- anderen Arten gegenüber konkurrenzüberlegen werden und diese aus dem Lebensraum verdrängen

oder

- selbst als Räuber auftreten, andere Arten in ihrem Bestand vermindern und selbst zur „Schlüsselart" werden.

4.11 Symbiose und Parasitismus

Seite 346–347

1 Vergleichen Sie den Querschnitt einer Flechte mit dem Querschnitt durch das Laubblatt einer Buche. Nehmen Sie dazu Abbildung 4 auf Seite 315 zu Hilfe.

Ein Buchenblatt besteht aus einer oberen Epidermis, die von einer meistens dünnen Cuticula bedeckt ist, einem ein- bis mehrschichtigen Palisadengewebe, einem Schwammgewebe und einer unteren Epidermis, die über Schließzellen regulierbare Stomata enthält und ebenfalls von einer Cuticula überzogen ist.

Der Querschnitt einer Flechte weist große strukturelle Ähnlichkeiten auf: Die obere, aus Pilzzellen bestehende Rindenschicht ähnelt in ihrer Gestalt der oberen Epidermis. Sie ist jedoch noch dicker als die obere Epidermis im Buchenblatt. Eine Cuticula fehlt. Die darunter liegenden Zellen der Algenschicht sind zwar nicht parallel angeordnet wie die Palisadenzellen im Buchenblatt, liegen aber an der gleichen Stelle in der Flechte wie die Palisadenzellen im Buchenblatt. Das darunter liegende, lockere Pilzhyphengeflecht entspricht dem Schwammgewebe im Buchenblatt. Es enthält jedoch keine Zellen mit Chloroplasten. Die untere Rindenschicht, ebenfalls aus Pilzzellen bestehend, ist analog zu der unteren Epidermis im Buchenblatt. Allerdings gibt es auch auf der Unterseite der

Flechte keine Cuticula. Anders als beim Buchenblatt fehlen bei der Flechte zudem Spaltöffnungen. Stattdessen finden sich bei vielen Flechten wurzelähnliche Auswüchse, sogenannte Rhizinen.

2 Erläutern Sie, welche Eigenschaften der Mykorrhizapilze der Pflanze nützen.

Die Hyphen der Mykorrhizapilze umschließen die Wurzeln der Bäume in einem feinen Geflecht und dringen in sie ein. Die äußeren Hyphen können über den Bereich der Wurzeln hinausgehen. Dies führt zu einer deutlichen Oberflächenvergrößerung und damit zu einer verbesserten Wasser- und Mineralstoffaufnahme.

Zusatzinformation: Zwischen den Zellen der Pilzhyphen gibt es keine (vollständigen) Zwischenwände. Dies erleichtert den Stofftransport innerhalb des Pilzes, der im mikroskopischen Bild fast wie ein Schlauch aussieht.

Seite 349 (Material)

Material A – Steinkorallen brauchen Zooxanthellen

1 Erklären Sie das Wechselspiel zwischen Polyp und Symbiont und erläutern Sie, wie die Zooxanthellen die Kalkbildung fördern.

Die Zooxanthellen leben in den Zellen der Innenhaut der Korallenpolypen. Sie betreiben Fotosynthese und wandeln dabei Kohlenstoffdioxid, Wasser und Mineralstoffe in Zucker und andere organische Stoffe um. Dabei entsteht auch Sauerstoff. Die Polypen nutzen die Nährstoffe und den Sauerstoff für den eigenen Stoffwechsel. Die Zooxanthellen haben „Wohnraum" und genießen Schutz durch die Korallenpolypen. Gleichzeitig verwenden sie das Atmungsprodukt der Polypen, das Kohlenstoffdioxid, erneut für die Fotosynthese.

Außerdem wird das Kalkgleichgewicht beeinflusst: Bei der Fotosynthese verbrauchen die Zooxanthellen das Kohlenstoffdioxid, sodass dessen Konzentration gering gehalten wird. Dadurch wird die Gleichgewichtsreaktion beeinflusst: Calciumionen und Hydrogencarbonat können leichter miteinander reagieren, wobei festes Calciumcarbonat entsteht.

Zusatzinformation:
Die Konzentrationen der Stoffe aus der Reaktionsgleichung

$$Ca^{2+} + 2\,HCO_3^- \rightleftharpoons CaCO_3 + CO_2 + H_2O$$

werden mathematisch durch das Massenwirkungsgesetz beschrieben, welches in diesem Fall vereinfacht folgendermaßen wiedergegeben werden kann:

$$K_c = \frac{c(CO_2)}{c(Ca^{2+}) \cdot c^2(HCO_3^-)}$$

Dabei bedeutet c die Konzentration des jeweiligen Stoffes und Kc ist die reaktionstypische Konstante. Die Konzentration des Reaktionswassers ist in der Konstanten berücksichtigt, der Feststoff Calciumcarbonat geht nicht in die Gleichung ein. Es ist unmittelbar erkennbar, dass eine

Verkleinerung der Kohlenstoffdioxidkonzentration im Zähler zu einer Verkleinerung der Stoffkonzentrationen im Nenner führt. Das bedeutet, dass die Reaktion in Richtung auf die Kalkbildung abläuft.

Werden die Zooxanthellen abgestoßen, erhöht sich wegen des fehlenden Verbrauchs in der Fotosynthese die Konzentration des gelösten Kohlenstoffdioxids und das Gleichgewicht verändert sich zugunsten von Hydrogencarbonat, welches gut wasserlöslich ist. Damit löst sich das Kalkskelett allmählich auf.

2 Erklären Sie die Bedeutung der Korallen für das Ökosystem Riff.

Die Korallen liefern durch die Bildung des Kalkskeletts die materielle Grundlage für das Ökosystem Riff. Außerdem ernähren sich Korallenpolypen einerseits von Plankton und nutzen andererseits die Fotosyntheseprodukte, die von den Zooxanthellen produziert werden. Damit dienen sie auch als Nahrungsgrundlage für andere Riffbewohner, die ihrerseits wieder Nahrung weiterer Glieder im Nahrungsnetz sind. Korallen haben also gleichermaßen abiotische und biotische Bedeutung für das Riff.

3 Diskutieren Sie die Folgen der Korallenbleiche für den Lebensraum Riff.

Die Korallenbleiche ist das äußerlich sichtbare Zeichen für die abgestorbenen Polypen der Riffkorallen. Damit ist dem Riff die Grundlage entzogen: Das chemische Gleichgewicht der Kalkausfällung ist zuungunsten der Kalkabscheidung verschoben, das Riff wächst also nicht mehr. Im Gegenteil, das Kalkskelett wird mit der Zeit abgetragen, sodass die gesamte Struktur des Riffes zerfällt. Verbunden damit sind massive Veränderungen des Lebensraumes mit der Folge, dass schließlich das gesamte Ökosystem zugrunde geht.

Zusatzinformation: Nach einem Gutachten australischer Forschern ist inzwischen die Hälfte des Great Barrier Reefs vor Australien zerstört. Ursache dafür sind mit großer Wahrscheinlichkeit eine Erhöhung der Wassertemperatur sowie eine Erhöhung des Säuregehalts des Wassers infolge der erhöhten Kohlenstoffdioxidkonzentration. Eine wesentliche Rolle spielt dabei die dramatische Zunahme der Population der Dornenkronenseesterne, die sich ausschließlich von Steinkorallen ernähren. Als Ursache dafür wird angenommen, dass Mineralstoffe, die durch Regen in die Flüsse und von dort ins Meer getragen werden, ein immer stärkeres Wachstum von Algen verursachen, die Nahrung der Larven der Dornenkronenseesterne sind. Außerdem haben die Dornenkronenseesterne nur wenig Fressfeinde und auch die Fressfeinde der Larven sind infolge der Überfischung der Meere erheblich zurückgegangen.

Material B – Parasiten des Menschen

1 Recherchieren Sie, zu welchen Stämmen und Klassen die abgebildeten Parasiten gehören.

	Stamm	Klasse
Bettwanze	Gliederfüßer	Insekten
Holzbock	Gliederfüßer	Spinnentiere
Krätzmilbe	Gliederfüßer	Spinnentiere
Filzlaus	Gliederfüßer	Insekten
Menschenfloh	Gliederfüßer	Insekten
Rinderbandwurm	Plattwürmer	Bandwürmer
Hundebandwurm	Plattwürmer	Bandwürmer
Stechmücke	Gliederfüßer	Insekten
Kopflaus	Gliederfüßer	Insekten
Haarbalgmilbe	Gliederfüßer	Spinnentiere

2 Teilen Sie die Tiere in Endoparasiten und Ektoparasiten, temporäre und permanente Parasiten ein.
Rinder- und Hundebandwürmer sind Endoparasiten, alle anderen Ektoparasiten. Bandwürmer, Milben und Tierläuse, zu denen die Filzlaus und die Kopflaus gehören, sind permanente Parasiten. Holzbock, Menschenfloh und Stechmücke sind temporäre Parasiten, die den Wirt nur zur Nahrungsaufnahme befallen.

3 Informieren Sie sich über die Krankheiten, die von den Parasiten ausgelöst werden, und gehen Sie auf Möglichkeiten ein, diese Parasiten zu bekämpfen.
Bettwanzen lösen Juckreiz aus, kommen aber eher nicht als Überträger von Krankheiten infrage. Man bekämpft sie durch Absammeln und durch Behandlung der Wäsche bei Temperaturen über 40 °C.
Der Holzbock kann die für den Menschen gefährlichen Krankheiten Lyme-Borreliose und Frühsommer-Meningoenzephalitis (FSME) übertragen. Nach einem Aufenthalt im Freien (nicht nur im Wald, sondern auch beispielsweise im hohen Gras) ist es wichtig, den Körper gründlich nach Holzböcken (Zecken) abzusuchen. Bereits festsitzende Holzböcke sollte man mit den Fingern oder einer Zeckenzange herausdrehen. Nach einem Befall sollte man den Ort des Befalls bis zu sechs Wochen lang beobachten und bei Auftreten einer Hautrötung einen Arzt aufsuchen. Menschen, die sich in Risikogebieten häufig im Freien aufhalten, wird eine FSME-Impfung empfohlen.
Krätzmilben legen in der Haut ihre Eier ab. Das löst einen starken Juckreiz („Krätze") aus. Die Tiere und Eier lassen sich durch Medikamente vernichten.
Filzläuse stechen die Haut an und saugen Blut. Der Stich löst einen starken Juckreiz aus. Spezielle Salben töten Filzläuse ab.
Stiche des Menschenflohs lösen einen Juckreiz aus. Der Menschenfloh kann diverse Krankheitserreger übertragen, darunter diejenigen von Fleckfieber und der Beulenpest. Er kann mit Kontaktinsektiziden bekämpft werden.
Ein Befall mit dem Rinderbandwurm kann beim Menschen Kopf- oder Bauchschmerzen auslösen, auch eine Abnahme des Körpergewichts. Er kommt vor allem südlich des Äquators vor und wird mit rohem Rindfleisch aufgenommen. Zur Vorbeugung wird Rindfleisch vor dem Verzehr erhitzt. Ein Befall wird medikamentös behandelt.
Der Hundebandwurm löst die zystische Echinokokkose aus, eine hierzulande sehr seltene, aber lebensbedrohende Erkrankung. In vielen Fällen heilt die Erkrankung von selbst aus, in manchen Fällen kann aber eine operative Entfernung der Hundebandwürmer notwendig werden.
Stechmücken lösen nach einem Stich, bei dem sie Blut saugen, einen Juckreiz aus. Sie können selten Krankheitserreger übertragen, darunter diejenigen von Malaria, Denguefieber und Gelbfieber, vor allem in warmen Regionen der Erde. Zur Vorbeugung von Stichen muss man vor allem verhindern, dass sich Mückenlarven in flachen, warmen Gewässern vermehren. Solche Wasseransammlungen bilden sich selbst in Blumentöpfen auf dem Balkon, die im Regen stehen.
Kopfläuse saugen Blut und werden sehr leicht von Mensch zu Mensch übertragen. Sie kommen in allen sozialen Schichten vor. Sehr selten übertragen sie Krankheiten, beispielsweise Fleckfieber. Kopfläuse werden durch Auskämmen und medikamentös bekämpft.
Haarbalgmilben fressen Talgausscheidungen und sind meist harmlos, sodass sie nicht bekämpft werden müssen.

4.12 Ökosystem Wald

Seite 350–351

1 Beschreiben Sie die Wechselwirkungen der Waldpflanzen mit dem Boden.
Die Pflanzen geben über ihre Wurzeln Wasserstoffionen ab. Dadurch senken sie den pH-Wert des Bodens und es kommt zur Bildung von Säuren. Die tiefer liegenden Gesteine werden dadurch angegriffen, sodass in ihnen enthaltene Mineralstoffe als Ionen freigesetzt werden. In dieser Form können sie wiederum von den Wurzeln aufgenommen werden, sodass die Pflanzen an wichtige Nährstoffe gelangen. Sehr tief reichende Pflanzenwurzeln können die Gesteine auch mechanisch aufbrechen.
Die Kleinlebewesen des Edaphons bauen abgestorbene Pflanzenreste und tote Tiere ab. Dabei werden Mineralstoffe freigesetzt. Diese werden ebenfalls von den Pflanzen über ihre Wurzeln aufgenommen.
Bei diesen Abbauprozessen entsteht Huminsäure, die zur Entstehung des dunklen Humus des Oberbodens führt. Somit bewirken die Pflanzen selbst die Entstehung einer besonders fruchtbaren, also keimungs- und wachstumsfreundlichen Bodenschicht im Bereich ihrer Wurzeln.

2 Erläutern Sie das Zustandekommen der unterschiedlichen Pflanzenschichten im Laub- und Nadelwald.

Laubwälder besitzen mehrere, stockwerkartig ausgeprägte Pflanzenschichten. Die Moosschicht bedeckt direkt den Boden, darüber folgt die Krautschicht. Über ihr dominieren kleinere verholzte buschartige Pflanzen, sie bilden die Strauchschicht. Die folgende 2. Baumschicht besteht aus niedrigen jungen Bäumen, während die hohen ausgewachsenen Bäume die 1. Baumschicht bilden. Die Ausbildung einer ausgeprägten Krautschicht ist vor allem die Folge des Laubabwurfs der Bäume im Winterhalbjahr. So gelangt im Frühling für eine ausreichend lange Zeitdauer genügend Licht auf den Waldboden, um dort Kräuter gedeihen zu lassen. Diese Frühjahrsgeophyten beziehen ihre Energie aus unterirdischen Speicherorganen, sodass sie bei steigenden Temperaturen sofort austreiben können.

Nadelwälder besitzen hingegen weniger Pflanzenschichten. Sie zeichnen sich durch eine ganzjährige Belaubung aus, sodass das Sonnenlicht kaum bis auf den Waldboden gelangt. Eine Krautschicht wie im Laubwald kann sich deshalb nicht entwickeln, und auch für die Ausbildung einer Strauchschicht sind die Lichtverhältnisse zu ungünstig. Da bei der Zersetzung abgeworfener Nadeln große Mengen an Huminsäure entstehen und die Nadelbäume über ihre Wurzeln Gerbsäuren abgeben, besitzt der Boden von Nadelwäldern einen sehr niedrigen pH, sodass die Samen vieler Kräuter und Sträucher nicht auskeimen können. An etwas helleren Bereichen des Waldbodens sind deshalb lediglich Moose und schattenliebende Farne zu finden, voll beschattete Bereiche sind oft völlig unbewachsen und nur von abgeworfenen Nadeln bedeckt.

Seite 352

1 Beschreiben Sie die Auswirkungen, die das Fehlen von Uhus und Luchsen auf die Biozönose im Wald hätte.

Laut den in Abb. 1 dargestellten Nahrungsbeziehungen im Wald ernährt sich der Uhu von Edelmardern, Eichhörnchen, Buntspechten, Schwarzspechten und Füchsen. Sein Fehlen in dieser Biozönose würde also primär deren Bestände wachsen lassen, sofern die ökologische Kapazität ihres Lebensraumes eine höhere Populationsdichte dieser Arten zulassen würde. Daher müssten für größere Bestände der Beutetiere des Uhus zum Beispiel auch ausreichend Nahrung, Jagdreviere und Fortpflanzungsgelegenheiten für sie vorhanden sein.

Als sekundäre Effekte durch den möglichen Zuwachs dieser Arten würden die Arten, von denen sich diese Primär- und Sekundärkonsumenten ernähren, dezimiert: Die Zunahme der Edelmarder würde die Eichhörnchen dezimieren, die jedoch durch die fehlende Bejagung durch den Uhu zunehmen würden, sodass bei den Eichhörnchen zunächst keine wesentliche Bestandsänderung zu erwarten wäre. Da jedoch auch die Fuchspopulation infolge eines besseren Nahrungangebotes anwachsen könnte, wäre

letztlich eher mit einer Abnahme der Eichhörnchen zu rechnen. Die Zunahme der Bunt- und Schwarzspechte würde die Anzahl der Buchdrucker dezimieren, was wiederum zu einer Zunahme der Fichten führen könnte. Die Zunahme der Schwarzspechte würde den Bestand der Rossameisen dezimieren. Die Zunahme der Füchse würde schließlich auch deren Beutetiere dezimieren: Eichhörnchen, Buntspechte, Schwarzspechte, Heckenbraunellen und Rehe. Dadurch würde die Zunahme der Bunt- und Schwarzspechte durch die fehlende Bejagung durch den Uhu wieder kompensiert, sodass deren Bestände vermutlich weitgehend stabil bleiben würden. Die Dezimierung der Heckenbraunelle würde zu einer Zunahme der Kleinen Fichtengespinstblattwespe führen, sodass eine Abnahme der Fichten zu erwarten wäre. Dies würde durch die Dezimierung der Rehe infolge einer vergrößerten Fuchspopulation und die Abnahme der Eichhörnchen infolge einer vergrößerten Edelmarderpopulation jedoch mehr oder weniger kompensiert. Die Dezimierung der Rehe hätte wiederum eine Zunahme an Waldmeister-Pflanzen zur Folge. Insgesamt sind die einzelnen primären Effekte qualitativ relativ gut vorhersagbar. Die sekundären Effekte können aufgrund der unbekannten ökologischen Kapazität des Lebensraumes nur spekulativ und keinesfalls quantitativ vorausgesagt werden.

2 Erläutern Sie an einem Beispiel, wie einzelne Arten das Ökosystem Wald beeinflussen.

Borkenkäfer können Fichten so stark schädigen, dass diese absterben. Vermehren sich die Käfer zum Beispiel nach langen Dürreperioden aufgrund der geschwächten Abwehrfähigkeit der Fichten massiv, beeinflussen sie deren Populationsdichte und besonders in mehr oder weniger reinen Fichtenwäldern somit auch die Biomasse der Produzenten in diesem Ökosystem zumindest kurz- und mittelfristig erheblich.

Durch den Wegfall der Beschattung durch die ganzjährig benadelten Fichten können sich am Boden nun Pflanzen der Kraut- und Strauchschicht besser ausbreiten, während die in Fichtenwäldern sonst vorherrschenden schattenliebenden Moose und Farne nun schlechtere Lebensbedingungen vorfinden. So kommt es dort zu einer Veränderung des Artenspektrums dieser Pflanzengruppen im betroffenen Wald. Das durch den Borkenkäferbefall massenhaft anfallende Totholz der Fichten führt außerdem zur Zunahme von holzzersetzenden Pilzen, zum Beispiel Fichtenporlingen.

Schließlich bedeutet der Wegfall der Fichten auch einen Verlust der Nahrungsgrundlage des Fichtenkreuzschnabels und von Insekten wie Fichtenzapfenwickler, Fichtengespinstblattwespe und Kleiner Fichtenblattwespe. Damit verlieren wiederum Vogelarten wie Tannenmeise, Bunt- und Schwarzspecht sowie die Heckenbraunelle indirekt ebenfalls einen wichtigen Teil ihrer Nahrung und teilweise auch ihre Brutgelegenheiten. Auf diese Weise beeinflusst der Borkenkäfer das Artenspektrum der Insekten und Vögel im Ökosystem Wald. Da die Vögel teilweise wiederum

Beutetiere von räuberischen Säugetieren sind, können auch weitere indirekte Effekte auf diese Arten eintreten. Kommt es in reinen Fichtenwäldern zum großflächigen Absterben der Bäume durch Borkenkäferbefall, verlieren deren Wurzelstöcke ihre stabilisierende Funktion für den Oberboden. Bei Starkregen kann es dann zu massiver Erosion und damit zur Vernichtung der Lebensgrundlage von vielen Pflanzenarten in diesem Ökosystem kommen.

Seite 353 (Material)

Material A – Bodenfunktionen

1 Erläutern Sie die Bedeutung der dargestellten Vorgänge für das Pflanzenwachstum.

Alle Vorgänge sind in der Grafik in Abhängigkeit vom pH-Wert des Bodens quantitativ als Flächen veranschaulicht.

In der ersten Zeile ist die biologische Aktivität dargestellt. Sie umfasst die Häufigkeit des Vorkommens und die Lebensvorgänge wie zum Beispiel das Wachstum und die Vermehrung von Bodenlebewesen. Ihr Maximum liegt etwa bei pH 7,3. Die Aktivität von Bodenorganismen verbessert das Pflanzenwachstum, da größere Bodenorganismen den Humus durchlüften und so die Keimungsbedingungen für viele Pflanzensamen und die Wasserspeicherkapazität des Bodens verbessern. Außerdem erhöht die Zersetzungstätigkeit der Organismen des Edaphons die Verfügbarkeit von Nährstoffen für die Pflanzen.

In der zweiten Zeile ist die Humifizierung, also das Ausmaß der Humusbildung abgebildet. Ihr Maximum liegt im Bereich von pH 5 bis pH 7. Da der Humus besonders fruchtbar, also reich an Nährstoffen, und durch seine Lockerheit leicht zu durchwurzeln ist, fördert eine starke Humifizierung ebenfalls das Pflanzenwachstum.

In der dritten Zeile ist die chemische Verwitterung aufgetragen. Ihr Maximum liegt hier bei pH 2 (Skalenende). Durch chemische Verwitterung werden Mineralstoffe freigesetzt, die das Pflanzenwachstum ebenfalls fördern.

In der vierten Zeile ist die Verlagerung von Aluminium- und Eisenverbindungen dargestellt. Dieser Vorgang führt zur Freisetzung von Aluminium- und Eisenionen. Sein Maximum liegt hier bei pH 2 (Skalenende). Beide Verbindungen sind in geringer Konzentration wichtige Spurenelemente für Pflanzen und fördern deshalb das Pflanzenwachstum. Allerdings wirken Aluminiumionen in hoher Konzentration für Pflanzen toxisch und können dann das Pflanzenwachstum hemmen.

In der fünften Zeile ist die Freisetzung von Kalium-, Calcium-, Magnesium- und Phosphationen abgebildet. Ihr Maximum liegt bei pH 7. Auch alle diese Stoffe, davon besonders Phosphationen, sind für das Pflanzenwachstum förderlich. (Dies wird zum Beispiel durch den verbreiteten Einsatz von Phosphatdüngern deutlich.)

In der sechsten Zeile ist die Freisetzung von Stickstoff- und Schwefelverbindungen dargestellt. Ihr Maximum liegt im Bereich von pH 5 bis pH 8. Auch Nitrat und Sulfat fördern das Pflanzenwachstum. (Dies wird zum Beispiel beim Einsatz von Nitratdüngern genutzt).

2 Begründen Sie, welcher pH-Bereich des Bodens für das Pflanzenwachstum optimal ist.

Einerseits muss der Boden-pH so niedrig wie möglich sein, damit es zu starken Zersetzungsprozessen der Gesteine kommt, um möglichst viele Mineralstoffe freizusetzen. Andererseits darf er nicht zu niedrig liegen, um die Organismen des Edaphons nicht zu schädigen und damit deren Zersetzungsprozesse zu stören. Schließlich ist die Freisetzung von Kalium-, Calcium-, Magnesium- und Phosphationen um pH 7 am stärksten, während Stickstoff- und Schwefelverbindungen zwischen pH 5 und pH 8 am stärksten freigesetzt werden. Berücksichtigt man alle dargestellten Vorgänge, ist ein leicht saurer pH des Bodens für das Pflanzenwachstum optimal. Daher kann das Optimum für das Pflanzenwachstum etwa zwischen pH 5 und pH 6 angenommen werden.

3 Erläutern Sie Nutzen und Risiken der Kalkung von Wäldern.

Durch die Kalkung wird der pH-Wert des Waldbodens erhöht. In zuvor stark sauren Böden verbessern sich dadurch die Lebensbedingungen für die Organismen des Edaphons und damit intensivieren sich auch die biologischen Zersetzungsprozesse. Je nach Ausgangswert des pH-Wertes kann auch die Humusbildung verstärkt werden. Dadurch stehen den Bäumen und allen anderen Pflanzen mehr Mineralstoffe zur Verfügung. In wirtschaftlich genutzten Wäldern ist daher mit einem stärkeren Holzzuwachs und dadurch mit einer Ertragssteigerung zu rechnen.

Allerdings kann eine Überdosierung zu einem zu starken Anstieg des pH-Wertes führen. Die chemischen Verwitterungsprozesse der Gesteine und die Humusbildung werden dann so stark verlangsamt, dass es zu einer Abnahme des Pflanzenwachstums, also gegebenenfalls auch zu einer Ertragsminderung beim Holzzuwachs kommt.

Zusatzinformation: Obwohl eine Kalkung die chemische Gesteinsverwitterung reduzieren kann, nimmt durch sie die Bioverfügbarkeit zahlreicher Mineralstoffe zu, zum Beispiel von Stickstoff- und Schwefelverbindungen, Phosphat, Calcium, Magnesium und Kalium.

Material B – Fotosyntheseraten

1 Beschreiben Sie die in den Diagrammen dargestellten Messergebnisse.

Im oberen Diagramm sind über den Zeitraum von April bis November eines Jahres die gemessene Temperatur in Grad Celsius, der Verlauf des gemessenen Niederschlags und das langjährige Mittel der Niederschlagsmenge jeweils in mm dargestellt.

Der Temperaturverlauf beginnt im April mit ca. 11 °C und steigt bis ins erste Maidrittel auf ca. 14 °C. Dieser Wert bleibt bis Mitte Juni konstant, danach steigt die Temperatur auf ihr Maximum von 20 °C, das sie kurz vor Mitte Juli erreicht. Bis in die zweite Augusthälfte fällt sie leicht auf etwa 19 °C, danach steiler bis Ende September auf etwa 13° C und anschließend wieder etwas flacher bis ins letzte Oktoberdrittel auf etwa 12 °C. Bis Ende November fällt die Temperatur dann sehr steil auf ihr Minimum von ca. 3 °C. Die Kurve des Temperaturverlaufs besitzt daher einen asymmetrischen und annähernd parabelförmigen Verlauf.

Der gemessene Niederschlag liegt im April bei etwa 20 mm und sinkt bis in die zweite Maihälfte auf ca. 15 mm. Danach steigt er sehr steil auf sein Maximum von etwa 140 mm, das er kurz vor Mitte Juni erreicht. Bis ins letzte Julidrittel fällt der Niederschlag stark auf etwa 40 mm. Danach folgt ein ebenso deutlicher Anstieg auf etwa 100 mm in der zweiten Augusthälfte. Bis zur letzten Septemberwoche fällt er stark bis auf etwa 15 mm und bis Ende Oktober auf sein Minimum von circa 10 mm. Bis Ende November steigt der Niederschlag wieder auf etwa 60 mm. Die Kurve des gemessenen Niederschlags besitzt also einen unregelmäßigen und doppelgipfligen Verlauf.

Der Niederschlagsverlauf im langjährigen Mittel für diesen Jahresabschnitt beginnt mit etwa 30 mm Mitte April und steigt danach kontinuierlich bis Mitte Juni auf sein Maximum von etwa 75 mm. Bis in die zweite Julihälfte fällt er auf ca. 70 mm und steigt bis Ende August nochmals um wenige mm an. Danach sinkt er bis Ende September auf etwa 60 mm und bis Ende Oktober auf 50 mm. Dieser Wert bleibt bis Ende November konstant. Die Kurve des durchschnittlichen Niederschlags verläuft daher in Form einer sehr flachen Parabel.

Im unteren Diagramm sind die Nettofotosyntheseraten der drei Baumarten Rotbuche, Hängebirke und Douglasie in relativen Einheiten über den Zeitraum von Mai bis November des gleichen Jahres wie in der oberen Grafik dargestellt.

Die Nettofotosyntheserate der Rotbuche steigt von etwa Mitte Mai bis Anfang Juli deutlich an und bleibt dann bis Mitte August konstant hoch auf einem Maximum-Plateau. Ab der zweiten Augusthälfte sinkt sie bis Ende Oktober und fällt schließlich sehr steil bis Mitte November auf 0 relative Einheiten ab. Damit zeigt ihre Kurve eine leicht asymmetrische Parabelform.

Die Nettofotosyntheserate der Hängebirke beginnt in der ersten Maihälfte mit einem deutlich höheren Wert als die Rotbuche und steigt bis in die erste Junihälfte an, wobei sie in diesem ersten Maximum den gleichen Wert wie die Rotbuche zu dieser Jahreszeit erreicht. Danach fällt ihr Wert bis etwa Mitte Juli, steigt danach jedoch nochmals stark bis Mitte August auf ihr Maximum, das geringfügig über dem Maximum der Rotbuche liegt. Danach fällt die Nettofotosyntheserate der Hängebirke gleichmäßig bis Mitte November noch unter den Anfangswert ab.

Die Nettofotosyntheserate der Douglasie zeigt einen Verlauf mit zwei Maxima, der dem der Hängebirke grundsätzlich stark ähnelt. Allerdings liegen ihre Werte stets deutlich unter denen der Hängebirke und beginnen in der zweiten Maihälfte bei 0 relativen Einheiten.

2 Begründen Sie, welche der Baumarten hinsichtlich ihrer Fotosyntheseleistung eher von der Temperatur beziehungsweise vom Niederschlagsangebot abhängig sind.

Der gemessene Temperaturverlauf von April bis November zeigt den Verlauf einer flachen Parabel. Die Kurve der Nettofotosyntheserate der Rotbuche zeigt über diesen Zeitraum einen ebenfalls deutlich parabelförmigen Verlauf. Dies deutet darauf hin, dass ihre Fotosyntheseleistung vor allem von der Umgebungstemperatur abhängig ist und auf die starken Schwankungen des Niederschlagsangebots zwischen Mai und September kaum reagiert.

Der gemessene Niederschlag von April bis November zeigt einen unregelmäßigen und doppelgipfligen Verlauf. Die Kurven der Nettofotosyntheseraten von Hängebirke und Douglasie zeigen über diesen Zeitraum einen sehr ähnlichen unregelmäßigen Verlauf mit zwei Maxima. Dies deutet darauf hin, dass ihre Fotosyntheseleistung eher vom Niederschlagsangebot abhängig ist und deshalb auf die Trockenheit im Juli unmittelbar mit einer Verminderung der Nettofotosyntheseraten reagiert.

3 Erläutern sie, weshalb unter diesen Temperatur- und Niederschlagsverhältnissen Laubbäume Nadelbäumen gegenüber langfristig überlegen sind.

Die beiden Laubbaumarten Rotbuche und Hängebirke erbringen über den gesamten Messzeitraum deutlich höhere Nettofotosyntheseleistungen als die Nadelbaumart Douglasie. Somit ist bei ihnen mit einem entsprechend stärkeren Wachstum zu rechnen. Ihre ökologische Überlegenheit ergibt sich durch das raschere Höhenwachstum und die damit verbundene Beschattung konkurrierender Douglasien und vergleichbarer Nadelbäume.

Zusatzinformation: Auch aus forstwirtschaftlichen Gesichtspunkten ergibt sich eine Überlegenheit aus dem größeren Holzzuwachs in der gleichen Zeit, der einen höheren finanziellen Ertrag bei der Holzernte verspricht. Bei der forstwirtschaftlichen Bewertung ist jedoch auch der Holzpreis für die jeweilige Baumart zu berücksichtigen, der bei der Rotbuche höher als bei der Douglasie, bei der Hängebirke jedoch niedriger liegt.

4.13 Wald im Wandel

Seite 354–355

1 Beschreiben Sie Gemeinsamkeiten und Unterschiede der Waldentstehung durch eine kurzfristige Sukzession und die langfristige Klimaerwärmung nach der letzten Eiszeit.

Bei der Waldentstehung durch eine kurzfristige Sukzession sowie während der Klimaerwärmung nach der letzten Eiszeit ist die Abfolge charakteristischer Pflanzentypen identisch: Zunächst treten schnellwüchsige Gräser und Kräuter auf. Danach erscheinen mehrjährige Stauden, später Büsche und Sträucher. Nach und nach sind auch vereinzelte Bäume zu finden, die im weiteren Verlauf geschlossene Bestände und schließlich einen Wald bilden.

Wenn durch eine Störung, wie zum Beispiel durch einen Sturm oder ein anderes Ereignis, eine waldfreie Fläche entstanden ist, entwickelt sich natürlicherweise innerhalb weniger Jahrzehnte bei stabilen abiotischen Voraussetzungen wieder ein Wald als Ergebnis einer kurzfristigen Sukzession. Die Waldentstehung nach der letzten Eiszeit vollzog sich während einer andauernden Klimaerwärmung, also bei sich ständig verändernden abiotischen Bedingungen über viele Jahrtausende. Aufgrund dieser unterschiedlichen Bedingungen sind jeweils unterschiedliche Pflanzenarten beteiligt.

Seite 356

1 Beschreiben Sie, wie die Nutzungseingriffe die mitteleuropäischen Wälder in den letzten 5000 Jahren verändert haben.

In der Jungsteinzeit rodeten die Menschen zunächst nur isolierte kleine Flächen. Ab dem Mittelalter wurden zunehmend größere Gebiete entwaldet, sodass die zuvor riesigen zusammenhängenden Waldgebiete teilweise voneinander getrennt wurden. Ein Teil der verbliebenen Wälder wurde durch den Verbiss junger Triebe und den Fraß von Baumsamen durch Weidetiere geschädigt und in seiner Verjüngung behindert. Die weiter intensivierte forstwirtschaftliche Nutzung führte zur Veränderung der Altersstruktur und des Artenspektrums der Bäume, da nach großflächigen Kahlschlägen und den darauffolgenden Neuanpflanzungen gleichaltrige Bestände nur einer oder weniger Arten entstanden. Im Rahmen der forstwirtschaftlichen Optimierung wurden permanent minderwertige Stämme frühzeitig entnommen, sodass die genutzten Bestände nun wesentlich lichter als im ursprünglichen Urwald wurden. Da im heutigen Wald regional unterschiedliche Nutzungsansprüche priorisiert werden, haben sich unterschiedliche Waldformen herausgebildet: Forstwirtschaftlich intensiv genutzte Monokulturen stehen zum Beispiel unberührten Nationalpark-Wäldern oder mit umfangreicher touristischer Infrastruktur gestalteten Wäldern gegenüber.

2 Erläutern Sie, welche Kriterien eine ökonomisch, ökologisch und sozial nachhaltige Nutzung erfüllen muss.

Eine ökonomisch, ökologisch und sozial nachhaltige Nutzung des Waldes bedeutet, dass trotz einer Bewirtschaftung die biologische Vielfalt, Verjüngungsfähigkeit und Gesundheit des Ökosystems Wald langfristig erhalten bzw. gefördert wird. Dadurch wird der Wald in seiner vielfältigen regionalen und überregionalen ökologischen Funktion geschützt. Auch in seiner wirtschaftlichen Funktion – etwa als Holzlieferant, für den Tourismus oder die Jagd – wird er auf diese Weise erhalten. Eine sozial nachhaltige Nutzung stellt sicher, dass die Menschen unterschiedlicher Interessengruppen gleichermaßen berücksichtigt werden.

Seite 357 (Material)

Material A – Pollenanalyse

1 Beschreiben Sie mithilfe der nebenstehenden Pollenanalyse eines Bohrkerns aus einem Moor den Wandel der dortigen Pflanzengesellschaften.

Im dargestellten Pollendiagramm ist die langfristige Entwicklung der Vegetation eines Lebensraumes indirekt durch das Vorkommen verschiedener Pollentypen in den Sedimentschichten ablesbar. Die zeitliche Abfolge ergibt sich durch Ablesen der Pollenanteile von der tiefsten bis zur höchsten Sedimentschicht.

Zu Beginn des durch die Sedimentschichten repräsentierten Zeitraums war die Vegetation zunächst von Kräutern, Gräsern und Sträuchern geprägt. Es folgte ein Wandel hin zu einer von Birke und Waldkiefer dominierten Phase, in der Kräuter und Gräser eine untergeordnete Rolle spielten. Anschließend änderte sich die Vegetation offenbar erneut: Waldkiefer und Birke wichen anderen Baumarten, insbesondere der Hasel und der Eiche, sowie einer starken Strauchvegetation. Im weiteren Verlauf nahm die Dominanz von Hasel und Sträuchern wieder ab, während die Erle neu und die Birke wieder vermehrt in Erscheinung trat. Aus dieser Phase sind zudem für eine relativ kurze Zeit erste Getreidepollen nachweisbar. Sie tauchen in jüngeren Sedimentschichten erneut auf, in den jüngsten Schichten kommt Roggen hinzu.

Insgesamt erfolgte bis in die jüngsten Schichten eine Stabilisierung der Vegetation: Die genannten Baumarten sowie die Sträucher und Gräser hielten sich mit einzelnen Schwankungen auf relativ gleich bleibenden Anteilen.

Die Zeiträume, über die sich die jeweiligen Phasen und Wandel erstreckt haben, lassen sich aus dem Diagramm nicht direkt ablesen, denn die Ablagerung der Sedimente hängt von verschiedenen Faktoren ab und muss nicht gleichmäßig erfolgt sein.

Zusatzinformation: Der Pollen entspricht der Gesamtheit aller Pollen- oder Blütenstaubkörner. Er wird von Blütenpflanzen produziert und anschließend von Insekten oder mit dem Wind verbreitet. Vor allem vom Wind verbreitete Pollenkörner werden auch in Feuchtgebieten abgelagert, zum Beispiel auf der Wasseroberfläche von Seen oder auf Landoberflächen von Mooren. Pollenkörner, deren Schalen unter Sauerstoffabschluss nicht zersetzt werden, können sich in den Ablagerungen von Feuchtgebieten zum Beispiel Ton am Boden von Seen oder Torf in Mooren schier endlos lange halten. Sie unterscheiden sich je nach Pflanzenart. Unter dem Mikroskop kann man sie daher bestimmen.

Die Sedimente oder Ablagerungen von Seen und Mooren werden alljährlich etwas mächtiger. Die Pollenkörner werden daher stratifiziert abgelagert: In den unteren Schichten der Ablagerungen findet man die ältesten, in den oberen die jüngsten Pollenablagerungen. Man kann die organischen Sedimente, in die die Pollenkörner eingebettet sind, mit der Radiokarbonmethode datieren. Auf diese Weise bringt man in Erfahrung, wie alt die Ablagerungen sind.

In einem Pollendiagramm sind die prozentualen Anteile bestimmter Pollentypen am Blütenstaubniederschlag dargestellt. In keinem dieser Diagramme ist angezeigt, dass über lange Zeit immer wieder die gleichen Pollenkörner abgelagert wurden. Vielmehr veränderte sich die Zusammensetzung des Blütenstaubniederschlags und der Pollenablagerungen im Lauf der Zeit. Die wechselnden Anteile bestimmter Pollentypen in einem Pollendiagramm sind ein wichtiges Indiz dafür, dass Ökosysteme niemals stabil waren. Stets wandelten sich nämlich nicht nur die Anteile der Pollenkörner verschiedener Pflanzenarten, sondern auch die Ökosysteme, in denen die Blütenstaubkörner hervorgebracht wurden.

Die im Pollendiagramm erkennbare Dynamik von Ökosystemen kann zahlreiche Ursachen gehabt haben. Immer wieder neue Pflanzenarten breiteten sich in einem Gebiet aus: An der Basis des Pollendiagrammes waren sie nicht nachweisbar, ihre Pollenkörner zeigen dann aber später, weiter oben im Diagramm, an, dass die Pflanzen große Bedeutung in der Vegetation bekamen. Andere Pflanzenarten wurden, von unten nach oben im Diagramm betrachtet, mit der Zeit seltener.

Die Dynamik der Ökosysteme wurde von Menschen beeinflusst. Man kann Blütenstaubkörner von Getreide nachweisen, die stets zeigen, dass Menschen Kulturpflanzen anbauten und dafür die Landschaft erheblich veränderten, etwa dadurch, dass sie Wald rodeten.

Auch die Klimaentwicklung nahm Einfluss auf die Zusammensetzung der Pollenspektren im Diagramm. Kältere Phasen, an der Basis des Pollendiagrammes, begünstigten andere Pflanzenarten als wärmere Perioden, die durch Pollenablagerungen in den oberen Teilen des Diagramms repräsentiert sind. Früher interpretierte man Pollendiagramme so, als seien die schwankenden Anteile einzelner Vegetationskomponenten vor allem auf klimatische Einflüsse zurückzuführen. Diese Ansicht ist heute allerdings überholt. Man weiß heute, dass auch die natürliche Ausbreitung von Pflanzenarten, die Entwicklung der Böden und der menschliche Einfluss zum Beispiel durch Ackerbau und Holznutzung erheblichen Einfluss auf die Vegetationsentwicklung hatten, die in einem Pollendiagramm dargestellt ist.

2 Stellen Sie eine Hypothese auf, wie sich das Pollenspektrum durch den aktuellen Klimawandel in Zukunft verändern könnte.
Der aktuelle Klimawandel führt zu einer permanenten Erhöhung der Durchschnitts- und der Extremtemperaturen. Es sollten daher mehr Pollen wärmetoleranter Pflanzen zu finden sein.
Zusatzinformation: Bei den Bäumen wären dies hier vor allem die Waldkiefer und (bei zumindest gleichbleibendem oder sogar ansteigendem Niederschlagsangebot) die Eiche. Die Pollenmenge von wärmeempfindlichen Baumarten wie Erle, Birke und Hasel würde vermutlich zurückgehen.
Führt der Klimawandel auch weiterhin zu einer langfristigen Verringerung oder extremen Ungleichverteilung der Niederschläge, wird vermutlich mehr Pollen trockenheitstoleranter und extremwetterstabiler Arten auftreten.
Zusatzinformation: Unter den Bäumen wären das unter den hier genannten Arten ebenfalls am ehesten die Waldkiefer und in geringerem Ausmaß die Eiche.
Es ist auch zu erwarten, dass sich die Gesamtmenge an Baumpollen aufgrund einer Auslichtung der Waldflächen durch das verbreitete Absterben vertrockneter Bäume verringert und Gräserpollen mit der einsetzenden Versteppung stärker in den Vordergrund treten werden.

Material B – Formen der Waldbewirtschaftung

1 Beschreiben Sie die jeweils zu erkennenden Waldformen nach 30 Jahren Bewirtschaftung.
Die Abbildung A zeigt nach 30 Jahren eine Monokultur aus altersgleichen Nadelbäumen einer einzigen Art.
Die Abbildung B zeigt nach 30 Jahren einen Mischwald aus unterschiedlichen Laub- und Nadelbaumarten unterschiedlichen Alters.

2 Beschreiben Sie jeweils den genauen Ablauf der beiden Methoden.
Beim Kahlschlag werden alle Bäume zur gleichen Zeit gefällt. Das geschieht durch den Einsatz großer und schwerer Holzerntemaschinen. Anschließend wird die gerodete Fläche mit jungen Bäumen einer Art aufgeforstet, die alle etwa gleich groß und damit auch gleich alt sind.
Bei der Plenterung werden im Abstand von wenigen Jahren immer wieder einzelne alte Bäume gefällt und dem Bestand entnommen. Das geschieht durch den Einsatz kleiner und leichter Hilfsmittel, hier zum Beispiel von Pferden. Anschließend füllen sich die entstandenen Baumlücken durch natürliche Aussaat vorhandener Arten.
Zusatzinformation: Regelmäßig werden nach dem Kahlschlag mit den jungen Bäumen konkurrierende Pflanzen, zum Beispiel Stauden und Sträucher, mit der Motorsense entfernt und später auch einzelne, ungünstig wachsende

junge Bäume mit der Motorsäge gefällt. Bei der Plenterung finden keine oder nur sehr wenige derartige Eingriffe statt.

Seite 357 (Material)

Material B – Formen der Waldbewirtschaftung

3 Erläutern Sie, weshalb große Holzkonzerne vor allem den Kahlschlag einsetzen und kleine Waldbauernbetriebe häufig mit der Plenterung arbeiten.

Bei der Kahlschlagmethode kann zu einem planbaren Zeitpunkt eine große Menge Holz geerntet werden. Durch den Einsatz großer Maschinen kann dies besonders schnell und effektiv erfolgen. Da alle Bäume entfernt werden, ist ein rascher Abtransport mit großen Fahrzeugen möglich.

Bei der Plenterung kann ständig eine kleine Menge Holz geerntet werden. Durch den Einsatz kleiner und leichter Transportmittel kann dies besonders waldschonend erfolgen. Der Wald wird als Lebensraum nur wenig beschädigt und bleibt daher weitgehend stabil.

Für große Holzkonzerne ist die Plenterung ungeeignet, da hier mit sehr hohem Arbeits- und Personalaufwand nur geringe Mengen Holz pro Jahr geerntet werden können.

Für kleine Waldbauern ist eine Kahlschlagernte durch den Mangel an geeigneten Maschinen nicht möglich. Diese sind sehr teuer in der Anschaffung und könnten in kleinen Wäldern ohnehin nicht regelmäßig und dadurch wirtschaftlich genutzt werden. Oft haben Waldbauern auch ein langfristigeres Interesse an der Erhaltung eines stabilen Ökosystems, da sie über Generationen von ihrem Wald abhängig sind, während große Holzkonzerne immer wieder neue Waldflächen aufkaufen können.

4 Beurteilen Sie die Anfälligkeit der durch die beiden Methoden jeweils entstehenden Waldform für Sturmschäden und Schädlingsbefall.

Auf Kahlschlägen angepflanzte Monokulturen sind besonders in den ersten Jahren Stürmen schutzlos ausgeliefert und daher für Schäden durch Windbruch besonders anfällig. Plenterwälder besitzen ständig eine ausgeprägte alte Baumschicht, die starke Winde abfangen und somit die jungen Bäume vor Windbruch schützen kann.

Schädlinge sind meist auf bestimmte Wirtspflanzen spezialisiert. Da nach Kahlschlägen häufig Monokulturen angepflanzt werden, ist hier bei einem Schädlingsbefall sofort der gesamte Bestand gefährdet. In artenreichen Plenterwäldern sind nur diejenigen Baumarten in Gefahr, die von einem auftretenden Schädling auch befallen werden können.

5 Stellen Sie eine Hypothese auf, wie sich die in A dargestellte Waldform im Verlauf von 500 Jahren ohne Eingriffe des Menschen weiterentwickeln würde.

Nach etwa 150 oder mehr Jahren werden zahlreiche Fichten absterben und umstürzen. Auf dem nun nicht mehr beschatteten Boden werden sich zunächst lichtbedürftige

Gräser, Kräuter und Stauden ausbreiten. *(Zusatzinformation: Zu ihnen gehören Arten wie zum Beispiel Weidenröschen, Johanniskraut, Springkraut, Fingerhut, Greiskraut, Goldrute, verschiedene Distelarten und Sauergräser.)* Sie werden nach einigen Jahren durch schnellwüchsige und lichtbedürftige Pioniersträucher wieder teilweise verdrängt werden. *(Zusatzinformation: Beispiele für Pioniersträucher: Hasel, Sandbirke oder Salweide.)* Schließlich werden früher oder später eventuell auch Baumsamen auskeimen und zu Bäumen auswachsen, die besser an diesen Standort angepasst sind als die Fichte. Dadurch wird sich die altersgleiche Fichten-Monokultur in einen Mischwald mit verschiedenen Pflanzenschichten und unterschiedlich alten Bäumen umwandeln. Je nach Standort kann dieser Mischwald auch viele verschiedene Baumarten enthalten.

Seite 360–363 (Praktikum: Untersuchung eines Waldgebietes)

Praktikum A – Charakterisierung eines Waldgebietes

1 – Bestimmung von Baumhöhe, Baumumfang und Baumalter
1 bis 4

Das hier vorgestellte Verfahren der Baumhöhenbestimmung wird auch regelmäßig in der Forstwirtschaft angewendet. Bei der Messung entstehen gleichschenklige rechteckige Dreiecke, mit deren Hilfe man eine gemessene horizontale Strecke auf die Baumhöhe übertragen kann: Der von der Hand der messenden Person nach oben gerichtete Stababschnitt ist bei korrekter Haltung genauso lang wie die Entfernung zwischen ihrem Auge und ihrer ausgestreckten Hand. Werden die Stabspitze und der Baumwipfel zur Deckung gebracht, konstruiert man zu diesem kleinen Dreieck eine dazu gedachte Fortsetzung in Form eines kongruenten Dreiecks. Auch die beiden kurzen Schenkel dieses zwischen der Basis des Baumes, seinem Wipfel und der messenden Person konstruierten Dreiecks sind gleich lang. Bei der exakten Ermittlung der Baumhöhe muss beachtet werden, dass man zur Länge des senkrechten Dreiecksschenkels noch die Entfernung der Hand zum Erdboden addieren muss.

Das Messverfahren muss vielleicht zunächst demonstriert und ein wenig geübt werden, funktioniert dann aber relativ genau.

Die Berechnung des Holzvorrates beruht hier auf einer Faustformel. Zum Messen kann man eine große Schieblehre, oder besser eine Messkluppe, verwenden. Dabei wird das Quadrat des Stammdurchmessers wie angegeben mit der Länge des Baumes und dem Wert 0,8 multipliziert. (Würde man nur das Quadrat des Stammdurchmessers mit der Baumlänge multiplizieren, wäre die Rundung des Baumstammes nicht berücksichtigt. Die Holzmenge ist geringer als bei einem zugesägten rechtwinkligen Balken, dessen Volumen man mit der Formel $D^2 \cdot L$ bestimmen würde.)

Durch das Zählen von Jahresringen benachbarter Baumstümpfe kann man das Alter des noch stehenden Baumes grob abschätzen. Es zeigt sich beim Zählen, dass Jahresringe in ihrer Breite stark variieren. Daher ist auf diesem Weg nur eine grobe Schätzung des Baumalters möglich.

2 – Entwicklung des Waldes
1 bis 6
Die relative Häufigkeit der Gehölzpflanzen kann in Form einer Tabelle erfasst werden.

Bei zu kleinen Untersuchungsflächen kann es zu untypischen Verzerrungen, zum Beispiel. durch nicht repräsentative Inselbestände einzelner Arten oder kleinräumige Sonderbedingungen wie etwa Felsen, Gewässer, Abhänge oder Ähnliches kommen. Besonders bei voll entwickelten Wäldern mit vielen Bäumen zwischen 80 und 120 Jahren empfiehlt sich eine Fläche von mindestens 100 × 100 m, bei jungen Wäldern mit vielen Bäumen unter 40 Jahren kann aber auch schon eine Fläche von 50 × 50 m einen repräsentativen Überblick liefern.

Beispiel für eine Fläche von circa 110 × 130 m:

Baumart	Strauchschicht	2. Baum-schicht	1. Baum-schicht
Fichte	12	5	23
Hainbuche	9	1	0
Bergahorn	4	2	7
…	…	…	…

Pflanzen aus Anpflanzungen erkennt man an folgenden Merkmalen: Sie stehen in durchgehenden Reihen mit immer gleichem Abstand und in artenreinen Beständen (Monokulturen), sind altersgleich, kommen auch in der weiteren Umgebung nur in diesem Muster vor und sind in unbewirtschafteten Waldbereichen nicht zu finden.

Pflanzen natürlichen Ursprungs erkennt man an folgenden Merkmalen: Sie stehen in unregelmäßigen Abständen und in mit anderen Arten gemischten Beständen, sind unterschiedlich alt, kommen auch in der weiteren Umgebung und in unbewirtschafteten Waldbereichen in dieser Form vor.

Detaillierte Angaben zu den ökologischen Ansprüchen und Toleranzbereichen der Gehölzarten bieten zum Beispiel die Bayerische Landesanstalt für Wald und Forstwirtschaft (LWF) oder noch wesentlich differenzierter die Forstliche Versuchs- und Forschungsanstalt Baden-Württemberg (FVA) im Internet an.

Eine hohe Sturmanfälligkeit weisen zum Beispiel altersgleiche Monokulturen von flachwurzelnden Bäumen wie etwa Fichten auf, in denen windbrechendes Unterholz und sturmstabile Einzelbäume fehlen.

Eine hohe Schädlingsanfälligkeit haben zum Beispiel relativ alte und altersgleiche Monokulturen aus trockenheitsempfindlichen Baumarten, wie etwa Fichten, in denen schädlingsresistentere Jungbäume und Baumarten fehlen.

Praktikum B – Untersuchung von Pflanzen am Standort

1 – Untersuchung eines Transekts
1 bis 4
Pflanzenarten wie die Brennnessel, der Bärlauch oder auch das Buschwindröschen kommen an einzelnen Orten massenhaft, an anderen nur selten vor. An Waldrändern und am Rand von feuchten Senken beispielsweise lassen sich meistens keine scharfen Grenzen am Rand von Pflanzenbeständen beobachten, sondern vielmehr Gradienten: Sie bilden sich ausgehend vom Zentrum des Massenbestandes einer Pflanzenart bis zu dessen Peripherie. Ein Transekt wird untersucht, um diese Gradientensituation am Rand eines Pflanzenbestandes beschreiben zu können. Der Transekt wird in Abschnitte unterteilt, die beispielsweise jeweils einen Meter lang sind. Es sind auch andere als die im Aufgabentext angegebenen Unterteilungen denkbar, z. B. 50 oder 20 cm. Zunächst sollte geklärt werden, welche dieser Unterteilungen in Abschnitte sinnvoll ist, um die Gradientensituation am Rand eines Pflanzenbestandes zu untersuchen. Dies kann bei der Vorbereitung des Experimentes von der Lehrkraft erwogen werden, oder Lehrkraft und Lernende legen dies gemeinsam fest.

Wichtig ist es, zunächst unabhängig vom Pflanzenbestand zu ermitteln, welche Umweltparameter in jedem Transektabschnitt einwirken (Lichtmengen, Temperatur, Luftfeuchtigkeit). Lichtmessungen mit dem Luxmeter bringen zwar rasch Ergebnisse, sind aber nicht einfach zu beurteilen. Gerade unter dem Blätterdach eines Baumes kommt es zu erheblichen Schwankungen der Lichtmenge, die zudem durch vorbeiziehende Bewölkung, auch Schleierwolken, ausgelöst sein können. Man muss sich fragen, was mit den Lichtmengenmessungen ausgesagt werden kann. Vor allem ist es wichtig, welcher Anteil der vollen Lichtmenge an jedem Ort auf den Boden trifft. Das lässt sich ermitteln, wenn man an einem klaren Strahlungstag ohne Bewölkung zunächst die Lichtmenge an einem voll im Sonnenlicht liegenden Ort bestimmt und anschließend die Lichtmengen in den einzelnen Abschnitten des Transekts. Zu beachten ist dabei allerdings, dass die Lichtmengen an jedem Ort während eines Tages erheblich schwanken können.

Nach der Betrachtung einzelner abiotischer Parameter werden die Individuen der zu untersuchenden Pflanzenart in jedem Transektabschnitt ausgezählt. Man kann auch, wenn man die Untersuchung über längere Zeit durchführen möchte, den täglichen Zuwachs der Individuen in jedem Transektabschnitt bestimmen.

Möglichkeiten, Hypothesen zur Ausbildung der Gradientensituation einer Pflanzenart zu entwickeln, ergeben sich erst aus dem Vergleich der Messergebnisse mit den abiotischen Parametern und den Häufigkeiten der Pflanzenart: Daraus kann abgeleitet werden, welche Umweltbedingungen dafür verantwortlich sein können, dass eine Pflanzenart an einem Ort massenhaft, an einem anderen aber nicht vorkommt oder selten ist.

Die Gradientensituation am Rand eines Pflanzenbestandes geht nicht unbedingt auf abiotische Faktoren zurück.

Sie kann auch dadurch ausgelöst sein, dass sich eine Pflanzenart über Ausläufer ausbreitet, oder sie kann von Eingriffen des Menschen abhängen. Das wird dann deutlich, wenn ein Teil der Transektfläche regelmäßig oder gelegentlich gemäht wird, ein anderer Teil davon aber nicht beeinflusst ist.

Seite 360–363 (Praktikum: Untersuchung eines Waldgebietes)

Praktikum B – Untersuchung von Pflanzen am Standort

2 – Reaktion auf Schwankungen abiotischer Faktoren
1 bis 4

Bestimmte Pflanzen reagieren bei gewissen Witterungsverhältnissen sofort auf kurzfristige Umweltveränderungen. Die hier zu untersuchende Reaktion des Kleinen Springkrauts tritt allerdings nur dann ein, wenn der Untergrund trocken ist. An feuchten Standorten kann die Pflanze noch mit reichlich Wasser versorgt werden, sodass ihre Blätter auch in der vollen Sonne etwa waagerecht von den Sprossen abstehen. Besonders rasch erschlaffen die Blätter des Kleinen Springkrauts auf sandigen, trockenen Böden, wenn es längere Zeit nicht geregnet hat.

Die Blattstellung „waagerecht stehend" korreliert positiv mit minimaler Lichteinstrahlung, die Blattstellung „senkrecht hängend" mit maximaler Lichteinstrahlung. Dazwischen gibt es einen fließenden Übergang.

5 Entwickeln Sie eine Hypothese, inwiefern die veränderte Blattstellung bei voller Sonneneinstrahlung eine vorteilhafte physiologische Anpassungsreaktion der Pflanzen an einen veränderten Umweltfaktor darstellt.

Durch die senkrecht hängende Blattstellung bei hoher Lichteinstrahlung verkleinert sich die Oberfläche der Blätter, die durch die direkte Sonneneinstrahlung erwärmt werden kann. Dadurch sinkt das Risiko von irreversiblen Beschädigungen der Strukturen und Moleküle durch zu hohe Temperaturen und Strahlung. Aufgrund des starken Energieeintrags bei hoher Lichteinstrahlung reicht die verbleibende kleine Fläche jedoch vermutlich noch für eine ausreichende Fotosyntheseaktivität aus.

3 – Vegetationsaufnahme mit Zeigerwerten
1 bis 4

Vegetationsaufnahmen sind kompliziert. Man braucht als Grundlage eine gute Artenkenntnis. Nicht nur blühende Pflanzen müssen richtig bestimmt werden, sondern auch solche, von denen nur die Blätter zu sehen sind. Arten, die man nicht kennt, muss man mithilfe eines Bestimmungsbuches bestimmen. Dennoch gelingt es nicht in jedem Fall, die Pflanzenarten korrekt zu benennen. Dann kann man ein Exemplar der unbekannten Pflanzenart fotografieren, ihr einen vorläufigen Namen geben, zum Beispiel „Pflanze x", und sie einer fachkundigen Person zur Bestimmung

vorlegen. Am besten ist es, mehrere Fotos von der Pflanzenart zu machen, beispielsweise ein Gesamtbild, Nahaufnahmen von Blüten, Blättern und Stängeln, denn viele Pflanzen sind nur an bestimmten Blattmerkmalen eindeutig zu erkennen.

Eigentlich gehört zu einer Vegetationsaufnahme die Abschätzung der Häufigkeiten der Arten nach Deckungsgraden. Vorgeschlagen wird hier, die Deckungsgrade nicht zu vermerken, weil zu ihrer Ermittlung Erfahrung notwendig ist. Die Zeigerwerte sind leicht zu ermitteln, und auch ihre Durchschnitte können ohne Probleme berechnet werden. Allerdings ist es nicht einfach zu erklären, weshalb Pflanzen mit sehr unterschiedlichen Zeigerwerten direkt nebeneinander wachsen können. Dabei können sehr kleinräumige Unterschiede der Standortverhältnisse eine Rolle spielen. Der Sauerklee dringt mit seinen Wurzeln nur in die obersten Bodenschichten ein, in denen ein saures Milieu herrschen kann. Ein daneben stehendes Gewächs, beispielsweise der Waldziest, hat tiefer reichende Wurzeln, die in Bodenbereiche vordringen, in denen ein neutrales Milieu herrscht. Zu beachten ist ferner, dass Zeigerwerte empirisch, das heißt aus Erfahrung, gewonnen wurden und eine Art von Mittelwert angeben. Viele Arten zeigen eine Tendenz, vor allem an einem Standort mit bestimmten Bedingungen vorzukommen, finden sich aber auch an anderen Standorten ein. Weitere Pflanzenarten sind in Bezug auf bestimmte Standortparameter völlig indifferent, sie wachsen beispielsweise an feuchten wie trockenen Orten gleich gut.

Praktikum C – Monitoring von Tieren

1 – Untersuchung der Laubstreu
1 bis 2

Einige der Tierarten können in der Regel sicher als Arten bestimmt werden, bei anderen gelingt vermutlich nur die Bestimmung der zugehörigen Gruppe. Der Regenwurm kann zum Beispiel als Art erkannt werden, Laufkäfer und vor allem Kurzflügelkäfer können aber nur als Gruppen behandelt werden, da die Artenvielfalt sehr groß ist. Sinnvoll ist es aber zum Beispiel, Kurzflügelkäfer von Ohrwürmern zu unterscheiden. Beide haben kurze Flügeldecken, unter denen die Flügel verborgen sind. Ohrwürmer haben jedoch zwei Körperanhänge, die den Käfern fehlen.

Im Internet bieten zum Beispiel der NABU oder Biodiversität im Alltag (BISA) geeignete Bestimmungs-Apps.

Angaben zur Ernährung der Tiere findet man in einschlägigen Bestimmungsbüchern für Wirbellose und in den Bestimmungs-Apps (s. o.). Das Nahrungsnetz, das ermittelt werden soll, kann sich prinzipiell an der Struktur von Abbildung 1 auf Seite 352 im Schulbuch orientieren.

2 – Direkte und indirekte Tierbeobachtung
1 bis 3

Viele Wirbeltiere bekommt man nicht direkt zu sehen, da sie den Menschen scheuen und entsprechende Fluchtdistanzen haben. Kleintiere sind aufgrund ihrer kleinen

Größe schwer zu entdecken und leben oft im Verborgenen (z. B. in der Laubstreu oder unter der Baumrinde). Hinzu kommt, dass viele Tiere nacht- oder dämmerungsaktiv sind. Als indirekter Nachweis eignen sich aber zum Beispiel Tierfährten in weichem Boden oder Schnee, Fraßspuren, Kratz- und Scheuerstellen an Bäumen, Fell- und Gefiederreste, Exuvien von Reptilien und Insekten, Exkremente, aber auch Rufe und Gesänge von Vögeln.

Bei der Zerlegung der Gewölle von Schleiereulen lassen sich Überreste sehr vieler Tierarten finden, die zur Ernährung der Eulen beitragen. Die Bestimmung einzelner Knochen, Federn oder von Insektenteilen ist aber so kompliziert, dass man zunächst nur auf die Möglichkeiten hinweisen sollte, die mit einer Gewölleuntersuchung verbunden sein können.

4.14 Ökosystem See

Seite 364–365

1 Erläutern Sie, weshalb im Sommer eine Sprungschicht entsteht.

Im Frühling und im Sommer wird das Wasser an der Oberfläche eines Sees erwärmt. Der Wind vermischt dieses Wasser mit dem darunterliegenden Wasser bis zu einer bestimmten Tiefe. Dieses vermischte Wasser ist wärmer als das weiter unten befindliche Wasser, weil Letzteres nach der Frühjahrszirkulation lediglich eine Temperatur von 4 °C hatte.

Da das wärmere Wasser eine geringere Dichte hat als das kältere, bildet es oben eine Schicht aus. Je größer der Temperaturunterschied zwischen dem oberen Wasser und darunter befindlichem Wasser ist, desto größer ist auch deren Dichteunterschied und desto weniger können die verschieden warmen Wassermassen vom Wind durchmischt werden. Also bleibt eine warme Wasserschicht über dem kälteren Wasser.

Wenn der See tief genug ist, gibt es keine derart starken Winde, dass sie wärmeres Wasser mit dem kalten Tiefenwasser durchmischen könnten. Also bleibt die Temperatur des Tiefenwassers bei 4 °C. Zwischen dem Tiefenwasser und dem wärmeren Wasser im Epilimnion muss es eine Schicht geben, in der die Temperatur von 4 °C auf höhere Werte ansteigt. Das ist die Sprungschicht. Ihre untere Grenze liegt dort, wo die tiefste Durchmischung wärmeren Wassers mithilfe des Windes stattgefunden hat. Ihre obere Grenze hängt davon ab, wie stark der Wind gerade das wärmere Oberflächenwasser mit darunter befindlichem, nicht ganz so warmem Wasser des Epilimnions vermischen kann. Ist der Wind so stark, dass unterschiedlich warmes Wasser durchmischt wird, wird dieses Wasser insgesamt gleich warm. Weiter unten befindliches Wasser wird nicht mit umgewälzt, bleibt also kälter. Dadurch vergrößert sich der Temperaturunterschied in der Grenzschicht zwischen durchmischtem und nicht mehr durchmischtem Wasser. Das ist der Grund dafür, dass sich in der Sprungschicht die Wassertemperatur auf einer kurzen Strecke stark ändert.

2 Erläutern Sie die Lebensbedingungen für das Phytoplankton im Pelagial, wenn die Kompensationstiefe deutlich oberhalb des Metalimnions liegt.

Das Pelagial besteht aus drei getrennten Bereichen, dem Epi-, dem Meta- und dem Hypolimnion. In diesen ergeben sich unterschiedliche Lebensbedingungen für das Phytoplankton. Die Plankter lassen sich treiben und können nicht aktiv zwischen den drei Bereichen wechseln. Wenn die Kompensationstiefe oberhalb des Metalimnions liegt, ist sowohl im Metalimnion als auch im Hypolimnion kein Lebensraum für das Phytoplankton. Das Epilimnion wird durchmischt, das Plankton wird hier also mitgenommen. Wenn die Kompensationstiefe im Epilimnion liegt, geraten einige Plankter zwar unter die Kompensationstiefe, können aber durch Strömung wieder über sie gelangen und so weiterleben. Es besteht allerdings die Gefahr, dass Phytoplankton bei geringer Windwirkung zu lange unterhalb der Kompensationstiefe bleibt und dann stirbt. Phytoplankton, das in das Metalimnion oder das Hypolimnion absinkt, wird ebenfalls sterben, weil ihm das Licht fehlt.

Seite 366

1 Stellen Sie die sommerlichen Temperatur-, Licht- und Sauerstoffverhältnisse im Pelagial und Litoral tabellarisch gegenüber.

Gewässerteil	Pelagial	Litoral
Temperatur	Im Epilimnion ist das Wasser warm, in der Sprungschicht fällt die Temperatur stark ab, darunter ist das Wasser kälter, bis zu 4 °C.	Wo das Litoral sich oberhalb der Sprungschicht befindet, ist das Wasser im Wesentlichen gleich warm.
Licht	Licht ist lediglich im oberen Pelagial ausreichend vorhanden. Das gesamte untere Pelagial ist dunkel.	Das Litoral ist der Bereich des Seebodens, der oberhalb der Kompensationstiefe liegt. Das Licht reicht also bis zum unteren Ende, wird allerdings von oben nach unten schwächer.
Sauerstoff	Im oberen Pelagial gibt es viel Sauerstoff. Darunter wird er verbraucht, was die Lebensmöglichkeiten einschränkt.	Im Litoral wachsen Pflanzen. Durch die Pflanzen wird Sauerstoff produziert.

Material A – Temperatur im Jahresverlauf

1 Veranschaulichen Sie die Daten in einem drei-dimensionalen Diagramm. Benutzen Sie ein Tabellen-kalkulationsprogramm für die Erstellung.

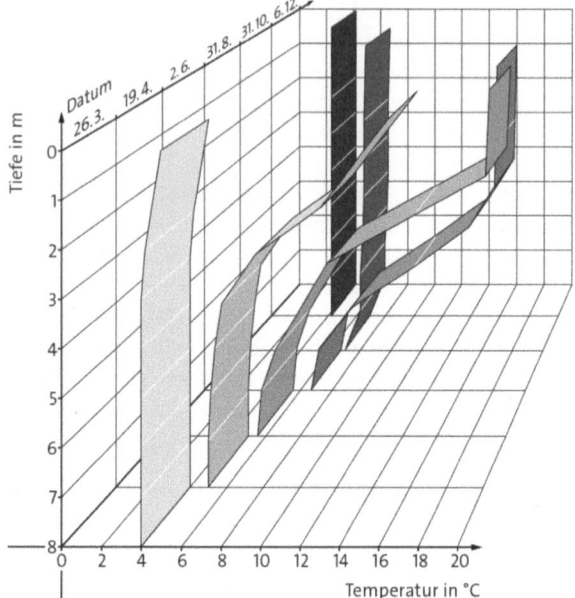

Das Temperaturprofil im Jahresverlauf

Illustration: Cornelsen/Tom Menzel, bearbeitet von Bernhard A. Peter, newVision! GmbH

2 Ermitteln Sie aus der Tabelle für jedes Datum die Tiefen, zwischen denen der größte Temperatursprung stattfindet.

Tiefe	26.3.	19.4.	2.6.	31.8.	31.10.	6.12.
0 m	5,0 °C	14,8 °C	19,0 °C	18,2 °C	8,3 °C	4,2 °C
2 m	4,2 °C	11,0 °C	18,8 °C	18,0 °C	8,2 °C	4,2 °C
3 m	4,0 °C	7,4 °C	14,5 °C	18,0 °C	8,2 °C	4,2 °C
4 m	4,0 °C	5,7 °C	9,6 °C	16,5 °C	8,2 °C	4,2 °C
5 m	4,0 °C	5,3 °C	8,0 °C	13,0 °C	8,1 °C	4,2 °C
6 m	4,0 °C	5,1 °C	6,6 °C	9,2 °C	8,0 °C	4,2 °C
7 m	4,0 °C	5,0 °C	5,8 °C	7,2 °C	8,0 °C	4,2 °C
8 m	4,0 °C	5,0 °C	5,6 °C	6,7 °C	7,0 °C	4,2 °C

26. 3.: 0,8 Grad/m; 2. 6.: 4,9 Grad/m; 31. 10.: 1 Grad/m; 19. 4.: 3,6 Grad/m; 31. 8.: 3,8 Grad/m.

3 Erklären Sie anhand Ihrer Ergebnisse die Entwicklung der Sprungschicht im Jahresverlauf.

Im März setzt eine leichte Erwärmung der oberen Wasserschichten ein, weil sich die Lufttemperatur erhöht und der Wind das Wasser oberflächlich durchmischt.

Ende März bis Mitte April durchmischen stärkere Winde den See noch einmal komplett, sodass am Grund eine Wassertemperatur von 5 °C vorhanden ist. Danach bildet sich allerdings die Sprungschicht zwischen 2 und 3 m

Tiefe aus, weil das Wasser an der Oberfläche stark erwärmt wird und damit der Dichteunterschied zwischen Tiefen- und Oberflächenwasser größer wird. Normale Winde durchmischen den See nicht mehr. Danach schreitet die Erwärmung bis in den August voran. Dadurch nimmt das Epilimnion einen größeren Raum ein. Da die Lufttemperatur und die oberflächliche Wassertemperatur längere Zeit etwa gleich bleiben (von Juni bis August), können Winde die weiter unten liegenden Schichten nach und nach in die Durchmischung einbeziehen und damit erwärmen. Die Sprungschicht verlagert sich dadurch nach unten. Da der See flach ist, gibt es auch im Sommer ab und zu Winde, die auch die untersten Wasserschichten erfassen und so – bei immer tiefer liegender Sprungschicht – zu einer Tiefentemperatur des Wassers von 6,7 °C führen. Wenn sich das Wasser in den oberen Schichten zum Oktober hin wieder abkühlt, werden die Dichteunterschiede dadurch kleiner, dass kälteres Wasser nach unten sinkt und die Winde einen noch größeren Wasserkörper durchmischen können als im August. Die im Oktober erreichte Mischungstemperatur liegt bei etwa 8 °C. Die Sprungschicht existiert nicht mehr.

Zusatzinformation: Weitere Abkühlung des Wassers führt Anfang Dezember zur gleichmäßigen Temperatur von 4,2 °C. Bis zum Frühjahr wird bei weiterer Abkühlung das Tiefenwasser wieder 4 °C erreichen.

Material B – Sauerstoffprofile in drei Seen

1 Beschreiben Sie die drei Temperatur- und Sauerstoffprofile im Vergleich. Beachten Sie die unterschiedlichen Seetiefen.

Die Oberflächentemperatur beträgt in allen drei Seen etwa 24 °C. Im Schmarksee bleibt die Temperatur bis in 2 m Tiefe etwa konstant und sinkt dann fast linear bis auf etwa 10 °C am Seeboden, also in 6 m Tiefe. Dieser Bereich entspricht einem Teil des Metalimnions. Eine untere Begrenzung der Sprungschicht ist nicht erkennbar, da das Hypolimnion fehlt.

Im Krummsee reicht das Epilimnion bis in etwa 3,5 m Tiefe und das anschließende Metalimnion bis in etwa 8 m Tiefe. Am Seegrund bei 11 m Tiefe beträgt die Temperatur etwa 6 °C.

Im Behlendorfer See sinkt die Temperatur im Epilimnion von 25 auf etwa 20 °C. Von ungefähr 4 m bis ungefähr 10 m Tiefe reicht das Metalimnion. Im Hypolimnion sinkt die Temperatur bis auf 7 °C. Der Seegrund wird bei 14 m erreicht.

Nur bei den beiden tieferen Seen wird ein Hypolimnion ausgebildet. Ansonsten bleibt die Form der Temperaturänderung von der Oberfläche bis zum Seegrund bei allen drei Seen gleich.

Im Schmarksee ist im Epilimnion eine Übersättigung mit Sauerstoff festzustellen. Darunter sinkt der Sauerstoffgehalt rapide ab und erreicht bei 4 m Tiefe etwa 0 % Sättigung. Darunter ist der See sauerstofffrei.

Im Krummsee liegt die Sauerstoffsättigung im Epilimnion leicht unter 100 %. Im Metalimnion sinkt der Sauerstoffgehalt stark und bis auf unter 10 % Sättigung ab. Im unteren Metalimnion findet sich dann allerdings noch ein kleines Sauerstoffgehaltsmaximum mit etwa 65 % Sättigung. Darunter sinkt der Sauerstoffgehalt bis auf fast 0 %, sodass das Hypolimnion sauerstofffrei ist.

Im Behlendorfer See ist das Wasser in den oberen 2 m mit Sauerstoff gesättigt oder sogar übersättigt. Darunter sinkt der Sauerstoffgehalt schon im Epilimnion rapide, sodass bereits in etwa 3,5 m Tiefe fast kein Sauerstoff mehr im Wasser vorhanden ist. Meta- und Hypolimnion sind sauerstofffrei.

Alle drei Seen sind im unteren Bereich sauerstofffrei, der Schmarksee und der Behlendorfer See sogar schon im Metalimnion. Der Behlendorfer See ist darüber hinaus im unteren Epilimnion fast sauerstofffrei. Im Krummsee ist als Besonderheit ein metalimnisches Sauerstoffmaximum festzustellen.

2 Erläutern Sie für jeden See, in etwa welcher Seetiefe sich die Kompensationstiefe befinden muss.

Im Schmarksee liegt die Kompensationstiefe kurz oberhalb von 3 m Tiefe, weil in 2 m Tiefe noch Sauerstoffsättigung vorliegt, also Sauerstoff durch Fotosynthese in ausreichender Menge gebildet wird, in 3 m Tiefe der Sauerstoffgehalt dagegen fast bei 0 % Sättigung liegt, der Sauerstoff also hier schon fast verbraucht ist. Selbst eine eventuelle Durchmischung mit sauerstoffreicherem Oberflächenwasser kann hier für keinen höheren Sauerstoffgehalt sorgen.

Im Krummsee liegt die Kompensationstiefe bei etwa 5 m Tiefe, weil sich hier im Metalimnion viele Lebewesen sammeln und insgesamt der Sauerstoffgehalt sehr stark abgenommen hat. Durch die hohe Atemtätigkeit ist auch der durch Wassermischung hier enthaltene Sauerstoff inzwischen stark vermindert.

Im Behlendorfer See ist in den obersten 2,5 m eine sehr hohe Sauerstoffproduktion zu sehen, aber schon in 3,5 m Tiefe ist kaum noch Sauerstoff vorhanden. Da eine Wasserumwälzung Sauerstoff auch in diese Tiefe bringen könnte, muss die Sauerstoffzehrung hier stark sein und die Sauerstoffproduktion gering. Die Kompensationstiefe muss also bei etwa 3 m liegen oder leicht darüber, weil nicht ersichtlich ist, wie stark die Wasserdurchmischung den Sauerstoffgehalt des Wassers in dieser Tiefe beeinflusst.

Material C – Schweben

1 Leiten Sie aus der Beobachtung zur Form der Plankter und der beschriebenen Versuchsdurchführung eine Frage für das Modellexperiment ab.

In dem Experiment wird der Parameter äußere Form variiert, das Material und die Masse bleiben gleich. In der Realsituation findet man bei einem Planktonorganismus eine auffällige Sternform. Im Experiment wird neben anderen Formen auch eine Sternform untersucht. Es soll also folgende Frage beantwortet werden:

Hat die vorgefundene Sternform im Vergleich zu anderen Formen einen besonderen Einfluss auf die Sinkgeschwindigkeit?

2 Werten Sie die Ergebnisse aus und beschreiben Sie, weshalb die Ergebnisse nicht ohne weiteres auf die Realsituation übertragbar sind.

Kugel und Kegel sinken bei gleicher Masse deutlich schneller in der benutzten Flüssigkeit nach unten als Plättchen und Stern. Plättchen und Stern sind also Formen, die ein schnelles Absinken verhindern. Das Ergebnis des Modellexperiments lässt vermuten, dass das Schwebesternchen durch seine Form langsamer sinkt, als dies bei anderem Bau der Fall wäre. Der Körperbau kann damit als Angepasstheit an das Schweben aufgefasst werden.

Das Experiment hat weder bewiesen, dass eine Sternform generell langsamer sinkt als andere denkbare Formen, noch dass die Sternform Ergebnis einer Anpassung ist. Es stützt lediglich entsprechende Vermutungen.

Zwischen Modellsituation und Realsituation gibt es gravierende Unterschiede beim Material und beim Medium. Darüber hinaus zeigt die Sinkstrecke von 58 cm pro Tag im Vergleich mit 9 cm pro h, dass Realsituation und Modellversuch nicht annähernd gleich sind. Ob die Form exakt einem Schwebesternchen nachempfunden worden ist, ist unklar. Die genannten Unterschiede müssten noch auf ihre Bedeutung untersucht werden.

4.15 Wirkungsgefüge im Ökosystem See

Seite 368–369

1 Fassen Sie zusammen, welche Bedingungen in einem See eine Algenblüte begünstigen.

Für eine mögliche Algenblüte ist ein insgesamt hoher Mineralstoffgehalt des Wassers verantwortlich. Mineralstoffe gelangen durch Zuflüsse und Einleitungen in den See. Weiterhin können organische Stoffe, die in den See gelangen oder in ihm schon vorhanden sind, durch Destruenten abgebaut werden, sodass sich der Mineralstoffgehalt des Wassers erhöht. Während einer Vollzirkulation gelangen all diese Mineralstoffe in die trophogene Zone, sodass sie bei genügend Licht und genügend hoher Wassertemperatur die Primärproduktion durch die Algen stark unterstützen.

Wenn in einem See keine höheren Pflanzen wachsen, konkurrieren diese nicht mit den Algen um die Mineralstoffe. Wenn in einem See wenige große Zooplankter vorhanden sind, gibt es kaum Tiere, die die Algen fressen. Auch diese Bedingungen begünstigen Algenblüten.

1 Beschreiben Sie den Stickstoffumsatz im See als einen auf das Jahr bezogenen Stoffkreislauf, der Einträge und Verluste einbezieht. Fertigen Sie dabei zur Veranschaulichung ein Flussdiagramm an.

Folgende Stickstoffumsätze sind in einem See zu finden:

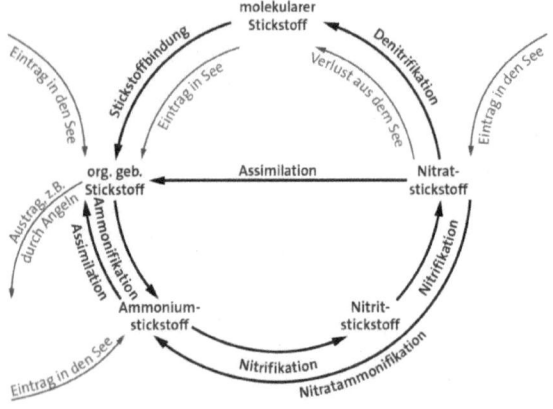

Illustration: Cornelsen/Tom Menzel

Bis auf die Aus- und Einträge bleiben alle Stickstoffatome im See und werden durch die gekennzeichneten Vorgänge in verschiedene Stoffe eingebaut. Der untere Halbkreis beschreibt den Stickstoffkreislauf im See. Obwohl zum Beispiel die Nitrifikation im Sommer lediglich im Epilimnion stattfindet, ergibt sich dennoch ein Kreislauf des Stickstoffs, weil über das Jahr gesehen alle Stickstoffatome an allen Umsetzungen teilnehmen können. Der obere Halbkreis und die weiteren Pfeile kennzeichnen den Austausch von Stickstoffatomen mit der Umgebung des Sees.

Seite 371 (Material)

Material A – Sukzession

1 Beschreiben Sie die natürliche Alterung und Verlandung eines Sees.

Der junge See ist oligotroph, er lagert bestimmte Mengen an Stoffen auf dem Boden ab, hat aber bisher keinen nennenswerten Bodenschlamm. Der Uferbewuchs ist spärlich. Wenn der See in das Stadium eines eutrophen Sees übergegangen ist, wird auch die Menge der am Boden abgelagerten Stoffe größer. Nach weiterer Zeit sind die Uferbereiche verlandet und der Bodenschlamm hat eine mächtige Schicht ausgebildet. Es ist nur noch ein kleiner, flacher Restsee, ein Weiher, vorhanden. In diesem ist die jährliche Ablagerung von Stoffen deutlich geringer als im eu- und oligotrophen See.

Im Verlandungsbereich haben sich viele krautige Pflanzen angesiedelt. Nach vollständiger Verlandung dringen die krautigen Pflanzen weiter vor. Es bildet sich eine Sumpfwiese. Im Randbereich des ehemaligen Sees sind auch einige Bäume zu finden. Schließlich verschwinden die krautigen Pflanzen. Farne und Holzgewächse besiedeln die Fläche des ehemaligen Sees.

Zusatzinformation: Die Verlandung eines Sees ist ein komplexer Vorgang, der bei jedem See anders abläuft. Daher sollte bedacht werden, dass in dieser Aufgabe lediglich ein Beispiel für Verlandung vorgestellt wird.

2 Begründen Sie die unterschiedlichen Ablagerungsmengen in den Stadien A bis C.

Der oligotrophe See hat einen bestimmten Einzugsbereich, aus dem Material eingeschwemmt wird. Da in dem See wenig produziert und auch wenig mineralisiert werden kann, lagert sich nach und nach Material am Boden ab. Dies geschieht mit der durchschnittlichen Menge von 100 kg pro ha und Jahr. Im eutrophen See ist die Produktion im Pelagial deutlich höher. Zu dem von außen eingetragenen Material kommt durch Fotosynthese produzierte Biomasse, die nicht vollständig abgebaut werden kann. Also lagert sich viel mehr Material am Boden ab als im oligotrophen See, etwa 250 kg pro ha und Jahr. Im natürlichen Weiher ist der größte Teil des Seebodens von Wasserpflanzen bewachsen. Diese können die vorhandenen Mineralstoffe binden, das Wasser unter oder zwischen ihnen beschatten und so eine hohe Produktion von Algenbiomasse verhindern. Darüber hinaus kann in einem flachen Weiher überall ein hoher Sauerstoffgehalt vorkommen, sodass Phosphat mit Fe_3^+-Ionen ausfällt, den Algen also nicht als Assimilationsgrundlage zur Verfügung steht. Der Eintrag von außen wird schon in den verlandeten Bereichen des ehemaligen Sees abgelagert. Daher ist im Gewässer selbst die sedimentierte Menge an Material deutlich geringer als in den vorangegangenen Phasen. Sie beträgt jetzt etwa 20 kg pro ha und Jahr.

Zusatzinformation: Viele Weiher sind aufgrund zusätzlichen Nährstoffeintrags durch hohe Algenproduktion trüb und entwickeln keine dichte Vegetation aus höheren Pflanzen. In solchen Weihern sind deutlich mehr Sedimente zu erwarten.

3 Erläutern Sie, wie die Einleitung von Abwässern und Düngern die Seenalterung beschleunigt.

Abwässer und Dünger enthalten Mineralstoffe oder organische Stoffe. Diese fördern die Primärproduktion in einem Gewässer. Wie beim eutrophen See beschrieben wurde, steigert die dadurch gebildete Biomasse die Sedimentmenge im See, führt also schneller zur Alterung und Verlandung, als wenn solche Einträge fehlen würden.

Material B – Zwei Seen zur Zeit der Sommerstagnation im Vergleich

1 Ordnen Sie den Seen begründet oligotroph und eutroph zu.

See A ist ein eutropher See. Seine Tiefenschichten sind im Sommer sauerstofffrei. Folge dieser anaeroben Verhältnisse ist, dass Phosphat gelöst im Wasser vorkommt.
See B ist oligotroph. Im Sommer hat er bis in die tiefsten Schichten sauerstoffreiches Wasser. Auch wegen seiner größeren Tiefe passt er zum oligotrophen Typ. Phosphat kommt kaum gelöst vor, weil es im Seeboden fixiert ist.

2 Begründen Sie die Verteilung des Kohlenstoffdioxids in beiden Seen.

In einem eutrophen See gibt es im Epilimnion eine hohe Primärproduktion. Daher ist dort wenig Kohlenstoffdioxid vorhanden. Dieses wurde von den Algen für die Fotosynthese verwendet. In der Sprungschicht, die im See A um 20 m Tiefe zu vermuten ist, sammeln sich viele Destruenten, sodass dort die Produktion von Kohlenstoffdioxid hoch ist. Im See A ist bei 20 m Tiefe noch ein geringer Sauerstoffgehalt vorhanden, sodass möglicherweise noch etwas Kohlenstoffdioxid für Fotosynthese verbraucht wird, die Bilanz aber schon zugunsten der Produktion von Kohlenstoffdioxid ausfällt. Im Hypolimnion von See A wird viel organisches Material abgebaut, also entsteht viel Kohlenstoffdioxid, was man in der Tabelle sehen kann.
Im See B sind Produktion und Abbau jeweils gering. Daher ist auch im Epilimnion noch nicht sämtliches Kohlenstoffdioxid verbraucht und im Hypolimnion der Gehalt an Kohlenstoffdioxid nur leicht erhöht.

3 Erklären Sie Vorkommen und Verteilung der Mineralstoffe in den Seen.

Im See B herrschen überall aerobe Verhältnisse. Daher kann kein Phosphat in Lösung sein. Ammonium wird unter sauerstoffreichen Bedingungen zu Nitrat oxidiert, ist also auch nicht im Wasser gelöst vorhanden. Das im Wasser gelöste Nitrat kann von den Algen nicht verarbeitet werden. Zum einen sind grundsätzlich nicht genügend Algen dafür vorhanden. Zum anderen ist zu wenig Phosphat im Wasser gelöst. Die vorhandenen Algen könnten theoretisch zumindest einen Teil des Nitrats verwerten, sind dazu aber nicht in der Lage, da ihr Stoffwechsel durch den Phosphatmangel gedrosselt ist. Nitrat bleibt also in Lösung. Durch Mineralisierung ist im Hypolimnion etwas mehr mineralischer Stickstoff zu finden als im Epilimnion. Sollte er durch Ammonifikation entstanden sein, ist er sofort zu Nitrat oxidiert worden.
Im See A ist die Primärproduktion höher als in See B. Hier sind im Sommer durch die Algen im Epilimnion das gesamte verfügbare Phosphat und sämtlicher verwertbarer Stickstoff in die Biomasse eingebaut worden. Wegen der höheren Biomasse der Algen kann mehr Stickstoff als im oligotrophen See verarbeitet werden. Daher ist in diesem See im Epilimnion der Nitratgehalt niedriger als im oligo-

trophen See. Ammonium und Phosphat sind im Epilimnion nicht vorhanden, weil Ammonium oxidiert und Phosphat ausgefällt wurde. In der Sprungschicht bei ca. 20 m ist durch Abbau eine leicht erhöhte Stickstoffkonzentration zu messen. Der hier geringe Sauerstoffgehalt verhindert, dass sämtliches Ammonium in Nitrat umgewandelt werden kann. Im Hypolimnion liegen anaerobe Verhältnisse vor, sodass mineralisierter Stickstoff als Ammonium vorliegt und Phosphat in Lösung bleibt.

Material C – Bakterien im See

1 Ordnen Sie die Bakteriengruppen begründet dem Verteilungsmuster zu.

Beim Bakterientyp 1 handelt es sich um Cyanobakterien, da diese für ihre Fotosyntheseaktivität auf das Sonnenlicht angewiesen sind, das nur im Epilimnion ausreichend vorhanden ist. Sie erzeugen den dort hohen Sauerstoffgehalt des Wassers.
Beim Bakterientyp 3 handelt es sich um saprophytische Bakterien, die als Destruenten organisches Material zersetzen, das im See als tote Schwebeteilchen in tiefere Schichten absinkt. Sie kommen im Bereich der Sprungschicht gehäuft vor, da hier das umfangreiche organische Material aus dem dicht besiedelten Epilimnion ständig absinkt, und außerdem im unteren Bereich des Hypolimnions, da sich dort die abgesunkenen Partikel anreichern, die im Epilimnion noch nicht aufgenommen werden konnten.
Bei Bakterientyp 2 handelt es sich um die grünen Schwefelbakterien, die zur Energiegewinnung aus der Spaltung von Schwefelwasserstoff zumindest auf ein Mindestmaß an Licht angewiesen sind.

Seite 372–375 (Praktikum: Untersuchung eines Fließgewässers)

Praktikum A – Charakterisierung eines Fließgewässers

1 – Kartierung eines Fließgewässers
1 bis 4
Für die Untersuchung eines Fließgewässers ist es zunächst wichtig, vor Beginn der Untersuchung zusammen mit den Schülerinnen und Schülern eine konkrete Fragestellung zu formulieren. Dazu sollte je nach örtlichen Gegebenheiten entweder eine Fragestellung an einem Fließgewässer erarbeitet oder der Vergleich von zwei unterschiedlichen Fließgewässern angestrebt werden. Einerseits können also an einem naturnahen Bach Fragen entwickelt werden wie: Welche Strukturen bieten Lebensraum für welche Tier- oder Pflanzenarten? Ist die Besiedlung in der Strömungsmitte anders als in den beruhigten Wasserzonen? Andererseits können menschliche Eingriffe ins Zentrum der Untersuchung gestellt werden, wenn im Einzelgewässer besonders markante Gegebenheiten vorliegen, beispielsweise eine Randbegradigung oder die Einleitung von Abwässern. Dann kann eine Fragestellung

zum Vergleich beider ökologischer Situationen formuliert werden wie: Welchen Einfluss hat eine Randbegradigung auf die Tier- und Pflanzenarten? Sollen zwei Gewässer miteinander verglichen werden, sollten beide Gewässer, für Schülerinnen und Schüler sichtbare Unterschiede besitzen, etwa durch Bebauung oder Größe.

Für die Charakterisierung des Fließgewässers sind Klemmbretter für die Zeichnungen sowie botanische Bestimmungsliteratur bzw. -Apps hilfreich. Auch durch Fotos der Probestellen können Schülerinnen und Schüler ihr Fließgewässer gut dokumentieren. Ein besonderes Augenmerk ist dabei auf die Art des Bodens zu werfen, da er den Charakter eines Fließgewässers maßgeblich mitbestimmt. Anhand des Vergleichs mit dem vorgegebenen Schema und je nach gewählter Fragestellung sollen die Schülerinnen und Schüler Eigenheiten und Unterschiede des Fließgewässers herausarbeiten.

Seite 372–375 (Praktikum: Untersuchung eines Fließgewässers)

Praktikum A – Charakterisierung eines Fließgewässers

2 – Bestimmung ausgewählter abiotischer Faktoren
1 bis 5

Für die weitere Charakterisierung des Fließgewässers werden von den Lernenden ausgewählte abiotische Parameter ermittelt. Zunächst wird die Fließgeschwindigkeit festgestellt. Das kann wie beschrieben durch Kreide oder aber auch durch einen definierten Schwimmkörper erfolgen. Die Erfassung von Temperaturen, Trübung und Farbe sowie der Lichtintensität sollte an verschiedenen Stellen erfolgen und grafisch dargestellt werden.

Die Auswirkungen dieser Parameter kann, wenn es Langzeitparameter sind, in der Regel durch das Vorkommen der Unterwasservegetation nachvollzogen werden, denn bestimmte Arten sind auf bestimmte Strömungsverhältnisse, Temperaturen und Lichtverhältnisse angewiesen.

Es zeigt sich, dass Lebewesen der Fließgewässer spezielle Angepasstheiten besitzen, die es ihnen erlauben, spezifische ökologische Nischen im Gewässer auszubilden. Das folgende Diagramm zeigt den Zusammenhang zwischen der Fließgeschwindigkeit und dem Vorkommen verschiedener Tierarten:

Fließgeschwindigkeit, bis zu der sich die Tiere noch festhalten können:

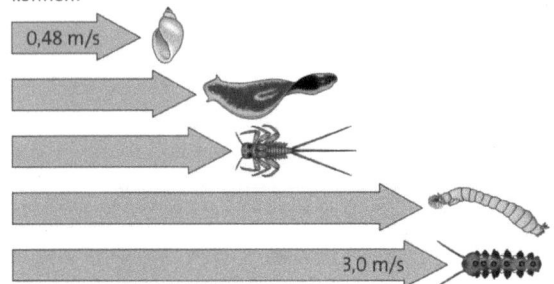

0,48 m/s

3,0 m/s

Illustration: Cornelsen/Tom Menzel

Ähnliche Beziehungen gibt es auch bei der Wasservegetation in Bezug auf ihr Vorkommen und die Fließgeschwindigkeit: So können Wasserlinsenarten (Lemna) praktisch nur in ruhigen Randbereichen vorkommen, wohingegen bestimmte Laichkrautarten (Potamogeton) auch in stärker fließenden Gewässern wachsen können.

3 – Bestimmung des BSB$_5$-Wertes
1 bis 2

Die Messergebnisse des BSB$_5$-Wertes korrelieren stark mit dem Sauerstoffbedarf und der Temperatur des Fließgewässers. Diese beiden Parameter haben eine besondere Bedeutung für das Leben im Gewässer.

Einerseits hat die Temperatur auf viele Lebewesen einen direkten Einfluss. So gibt es Tiere, beispielsweise verschiedene Strudelwurmarten, die nur in bestimmten Bachabschnitten leben können, da ihr Stoffwechsel auf enge Temperaturbereiche angewiesen ist. Die Temperatur hat zudem einen maßgeblichen Einfluss auf die Wachstumsraten von Larven. Beispielsweise bevorzugen Eintagsfliegenlarven Temperaturen zwischen 13 und 18 °C.

Andererseits steht die Temperatur im engen Zusammenhang mit dem Gehalt an gelösten Gasen: Durch eine Temperaturerhöhung nimmt zugleich der Sauerstoffgehalt im Fließgewässer ab. Gerade in Bezug auf den Sauerstoffgehalt ergeben sich große Unterschiede für die Lebewesen der Fließgewässer. Beispielsweise benötigen Forellen viel Sauerstoff, andere Fische wie Karpfen kommen hingegen mit deutlich geringeren Sauerstoffwerten aus. Noch deutlicher wird der Unterschied bei wirbellosen Tieren. So zeigen sich räuberisch lebende Steinfliegenlarven als sehr empfindlich gegenüber Sauerstoffmangel, Schlammröhrenwürmer wie Tubifex können hingegen noch bei minimalen Sauerstoffkonzentrationen Atmung betreiben. An diesen Beispielen wird deutlich, dass die Messung des BSB$_5$-Wertes nicht isoliert, sondern im Zusammenhang mit den anderen gemessenen Faktoren betrachtet werden muss.

Praktikum B – Untersuchung und Beurteilung der Gewässergüte

2 – Chemische Gewässeruntersuchung
1 bis 3

Bei der chemischen Gewässeruntersuchung ist darauf zu achten, dass Schülerinnen und Schüler fragengeleitet vorgehen. Dazu sollte ein Grundwissen der Stoffkreisläufe vorhanden sein und es sollten Vergleichswerte anhand der Tabelle, eines Vergleichsgewässers oder vielleicht auch zu Werten des Vorjahres vorliegen.

Bei der chemischen Gewässeruntersuchung sollten den Schülerinnen und Schülern Hilfestellungen zur fachgerechten Entsorgung der Reagenzien, etwa durch geeignete Abfallbehälter, gegeben werden, da die nicht mehr benötigten Reagenzien nicht in das Fließgewässer gelangen dürfen.

*Sinnvoll ist insbesondere die Erfassung von zusammen-
hängenden Faktoren, also beispielsweise von Stickstoffverbindungen in Form von Ammonium (NH_4^+), Nitrat
(NO_3^-) und Nitrit (NO_2^-). Kritische Faktoren sind dabei oft
Nitritverbindungen, da sie schnell zerfallen und daher unmittelbar am Gewässer zu bestimmen sind. Zudem ist Nitrit für viele Kleistorganismen bereits in kleinen Mengen
toxisch und daher häufig ein Hinweis auf Störungen im
Gewässer.*

*Weitere chemische Faktoren, welche das Tierleben im
Bach stark beeinflussen, sind pH-Wert und Carbonat-
(Kalk-)Gehalt, da beide Werte unmittelbar voneinander
abhängen. Grundsätzlich vermag carbonathaltiges Wasser Säure abzupuffern. Sinkt aber der pH-Wert messbar,
beispielsweise durch menschliche Gülleeinleitungen, sinkt
auch das Vermögen von Mollusken und Crustaceen, im
Gewässer zu leben. Lebewesen wie Schnecken, Muscheln
und Krebse benötigen Kalkverbindungen für den Aufbau
ihrer Schalen beziehungsweise ihres Panzers. Veränderungen des pH-Wertes durch menschlich bedingte Um-
welteinflüsse können daher die Fauna stark beeinträchtigen.*

3 – Biologische Gewässeruntersuchung
1

*Für die Ermittlung des Saprobienindex ist etwas Zeit ein-
zuplanen, da er mit einer Bestandserhebung und Bestimmung der Tierarten einhergeht. Bei der kurzzeitigen Haltung ist darauf zu achten, dass räuberische Arten getrennt
aufbewahrt werden. Zudem ist eine ausreichende Kühlung
sicherzustellen, damit kein Sauerstoffmangel eintritt. Weiterhin ist dafür zu sorgen, dass mit Abschluss der Bestimmung alle Tiere wieder in den Bach zurückgesetzt werden.
Die Tabelle der Indikatororganismen auf Seite 375 im
Schulbuch kann dabei durch geeignete Bestimmungsliteratur ergänzt werden. Bestimmungshilfen gibt es auch im
Internet, zum Beispiel den Bestimmungsschlüssel zum
Ökosystem Bach auf dem Landesbildungsserver Baden-
Württemberg.*

*Falls Lebewesen mit sehr unterschiedlichen Saprobien-
werten gefunden werden, lassen sich Hinweise auf eine
einsetzende oder abklingende Veränderung des ökologischen Zustandes des Gewässers ableiten.*

4.16 Stoffkreisläufe in Ökosystemen

Seite 376–377

**1 Erläutern Sie anhand der Abbildung 3, wie Men-
schen in den globalen Kohlenstoffkreislauf eingreifen.**
Seit Beginn der Industrialisierung hat sich der Kohlen-
stoffdioxidgehalt in der Atmosphäre erhöht, weil der
Mensch fossile Brennstoffe verbrannt und Wälder verstärkt abgeholzt hat. Aufgrund der Komplexität des Koh-
lenstoffdioxidflusses von Bildungsprozessen (Quellen)

und fixierenden Prozessen (Senken) ist eine einfache Zuordnung der menschlichen Handlungen schwierig.
Veränderungen der Kohlenstoffdioxidkreisläufe der Kurz-
zeit- und Langzeitkreislauf müssen getrennt voneinander
betrachtet werden. Insbesondere durch menschliche Eingriffe in den Langzeitkreislauf wird der Gehalt des Kohlenstoffdioxids in der Atmosphäre jährlich um 3 Gt erhöht. Ursächlich hierfür ist insbesondere die
Holzverbrennung mit etwa 2 bis 4 Gt und die Verbren-
nung von fossilen Brennstoffen mit etwa 6 Gt.
*Zusatzinformation: Langzeitdaten zeigen, dass der Koh-
lenstoffdioxidgehalt in den letzten 400 000 Jahren stets
zwischen 180 ppm (Eiszeiten) und 280 ppm (Warmzeiten)
schwankte. Erst Daten ab 1850 zeigen eine Erhöhung des
Kohlenstoffdioxidgehalts bis heute auf 440 ppm. Zurzeit
diffundiert mehr Kohlenstoffdioxid in den Ozean als in
umgekehrter Richtung. Dieser gerichtete Fluss entwickelt
sich so lange, bis sich ein neues „Gleichgewicht" der Partialdrücke von Kohlenstoffdioxid zwischen Atmosphäre
und Ozean eingestellt hat. Im Meerwasser wird dabei ein
Teil des freigesetzten Kohlenstoffdioxids aufgenommen.
Bei einem Vergleich des Beitrags von Land und Meer wird
deutlich, dass pro Jahr 1,7 Gt des anthropogenen Kohlenstoffs ins Meer diffundieren und eine vergleichbare Menge
von 1,4 Gt durch Steigerung der Vegetation an Land aufgenommen wird. In dieser Rechnung verbleiben dann etwa
3,2 Gt pro Jahr in der Atmosphäre und verursachen einen
dauerhaften Anstieg. Für die Ozeane wird dabei als problematisch gesehen, dass mit der Lösung von Kohlenstoffdioxid im Meerwasser eine pH-Wert-Änderung einhergeht, die sich negativ auf viele Lebewesen mit einer Kalk-
schale auswirkt. Auf Grundlage des international
akzeptierten Berichtes des Intergovernmental Parcel of
Climate Change (IPCC) kann berechnet werden, wie stark
insgesamt die biologische Calcifizierung im Meer negativ
beeinträchtigt wird.*

Seite 378

**1 Begründen Sie, weshalb Stickstoff für Pflanzen in
der Regel einen Minimumfaktor darstellt, obwohl er
hinreichend in der Atmosphäre vorhanden ist.**
In der Atmosphäre liegt Stickstoff in großen Mengen in
elementarer Form (N_2) vor. N_2 kann jedoch von Pflanzen
nicht direkt genutzt werden. Die meisten Pflanzen entnehmen Stickstoff als Nitrat- oder Ammoniumionen aus dem
Boden. In der intensiven Landwirtschaft ist Stickstoff wegen des hohen Bedarfs der Kulturpflanzen ein Mangelfak-
tor, sodass ein erhöhtes Angebot zu intensiverem Wachstum führt. Da in vielen Böden Nitratstickstoff die
häufigste anorganische Stickstoffverbindung ist und Nitrat
leicht ausgewaschen wird, verarmen manche Böden an
Stickstoff. Auf solchen Böden wird bei den meisten Pflanzen das Wachstum gefördert, wenn man mineralischen
Stickstoff hinzufügt. Diese Reaktion kennzeichnet den
Stickstoff definitionsgemäß als Minimumfaktor.

Zusatzinformation: Spezialisierte Prokaryoten wie Knöllchenbakterien können zwar elementaren Luftstickstoff mithilfe des Enzyms Nitrogenase fixieren, ihre Anzahl ist aber zu gering, um den biologisch notwendigen Bedarf an Stickstoff zu erzeugen. Frei lebende N_2-Fixierer wie Bakterien können etwa 15 bis 20 kg N_2 pro ha und Jahr binden. Weil diese Form der Aufnahme sehr energieaufwendig ist, gehen Bakterien und Pflanzen oft Symbiosen ein, bei der die N_2-Fixierer Stickstoffverbindungen und die Pflanzen im Gegenzug energiereiche Kohlenstoffverbindungen zur Verfügung stellen.

Seite 379 (Material)

Material A – Leguminosen im Landbau

1 Erklären Sie die Funktion der Leguminosen für die Anreicherung des Bodens mit Stickstoffverbindungen.

In der Agrarwirtschaft wird in der Regel gedüngt, um die bei der Ernte verlorene Menge an Mineralstoffen auszugleichen. Eine alternative Methode, den Boden mit Stickstoff anzureichern, wird durch den Anbau von Leguminosen erreicht. Allerdings sind Leguminosen selbst auch nicht in der Lage, Stickstoff aus der Luft zu fixieren. Die meisten Leguminosen gehen eine Symbiose mit stickstofffixierenden Bakterien (Rhizobien) ein. Sie bilden an ihren Wurzeln Knöllchen aus, in deren Zellen die Rhizobien leben. Diese Knöllchenbakterien besitzen die Fähigkeit, elementaren Stickstoff (N_2) zu binden, indem sie ihn zu Ammoniak (NH_3) bzw. Ammonium (NH_4^+) reduzieren und damit biologisch verfügbar machen. Die Pflanzen werden auf diese Weise mit Stickstoff versorgt und sind vom Nitratgehalt des Bodens unabhängig. Die Rhizobien sind ernährungsphysiologisch von der Pflanze abhängig. Die Pflanze stellt als Partner in der Symbiose für die Stickstofffixierung die organischen Kohlenstoffverbindungen zur Deckung des Energiebedarfes zur Verfügung.

Zusatzinformation: Zum Schutz der Bakterien vor Luftsauerstoff sind Leguminosen in der Lage, das sauerstoffbindende Protein Leghämoglobin zu bilden. Dabei tragen Leguminosen durch ihre Rhizobien zusätzlich zur Fruchtbarkeit des Bodens bei.

2 Informieren Sie sich über Möglichkeiten, Ackerböden Stickstoff zuzuführen. Nennen Sie Vor- und Nachteile der jeweiligen Methode gegenüber dem Anbau von Leguminosen.

Mist ist eine sehr alte Form von Dünger, insbesondere für Stickstoff, da er bei den Landwirten mit Viehhaltung kostenlos anfällt. Problematisch können die Ausbringung und die Verteilung der angemessenen Menge sein. Im Vergleich zu Leguminosen entfällt der langwierige Anbau und der damit einhergehende hohe Kostenfaktor. Mist wird aber verhältnismäßig schnell ausgewaschen.

Kompost ist ein Dünger mit unterschiedlichem Stickstoffgehalt, der insbesondere im privaten Bereich anfällt und genutzt wird. Als organischer Dünger entfaltet er seine Wirkung relativ langfristig. Er wird in der Regel weniger schnell ausgewaschen als mineralischer Dünger und ermöglicht eine Kreislaufwirtschaft. Nachteil im Vergleich zu Leguminosen ist aber, dass die Stickstoffmenge in Kompost verhältnismäßig schwer bestimmbar ist.

Mineraldüngung ist eine sehr einfache und schnelle Form der Düngung mit definierten Stickstoffmengen, die industriell erzeugt wird. Das Ausbringen von Mineraldünger kann maschinell erfolgen und gemäß den angebauten Pflanzen dosiert werden. Im Vergleich zum Anbau von Leguminosen besitzt die Mineraldüngung den Vorteil, dass sie zeitnah und sehr flexibel genutzt werden kann. Der Anbau von Leguminosen setzt hingegen voraus, dass der Acker nicht sofort wieder bewirtschaftet werden muss. Allerdings kann es bei fehlerhaftem Einsatz oder bei starker Feuchtigkeit zur Auswaschung des Mineraldüngers in angrenzende Gewässer kommen. Durch Abfluss des Wassers von den Feldern in die Fließgewässer kann es dort zu einer Mineralstoffanreicherung und Eutrophierung kommen.

Material B – Experiment zur Anreicherung der Kohlenstoffdioxidkonzentration

1 Entwickeln Sie eine Hypothese dazu, ob bei einer erhöhten Kohlenstoffdioxidkonzentration in der Atmosphäre mehr Kohlenstoff ober- und unterirdisch gespeichert wird.
– Bei einer höheren Kohlenstoffdioxidkonzentration kommt es zu einem Anstieg der Kohlenstoffaufnahme und zu einer vermehrten Speicherung von Kohlenstoffdioxid im unterirdischen Kohlenstoffpool.
– Bei einer Verdopplung der Kohlenstoffdioxidkonzentration kommt es zu einem Anstieg der Kohlenstoffaufnahme, die zu einer Verdopplung der Speicherung von Kohlenstoffdioxid im (ober- und unterirdischen) Kohlenstoffpool führt.

Hinweis: Bei dem Experiment wird von einer natürlichen Kohlenstoffdioxidkonzentration an dem untersuchten Standort von 360 ppm ausgegangen.

2 Beschreiben Sie das Experiment und die Ergebnisse.

Im Experiment wurde in einem Graslandökosystem über drei Jahre gezielt mit Kohlenstoffdioxid angereicherte Luft in oben offene Kammern eingeleitet, bis die Konzentration 720 ppm betrug. Diese Kammern wurden mit unbeeinflussten Kontrollkammern verglichen. Am Ende des Experiments wurde die Biomasse der Schösslinge und der Streuschicht gemessen sowie aus einer Bodenprobe der Kohlenstoffgehalt der Wurzeln und des Detritus bestimmt. Aus den Daten des Experiments wird ersichtlich, dass es bei einer Verdopplung der Kohlenstoffdioxidkonzentration sowohl ober- als auch unterirdisch (bei Schösslingen, Detritus und Mikroben) zu einer relativen Zunahme der Kohlenstoffaufnahme kommt. Allerdings steigt der Kohlenstoffgehalt nicht um das Doppelte, sondern lediglich im

Beispiel von Detritus (oberirdisch) von etwa 150 g auf etwa 225 g pro dm².

3 Deuten Sie die Ergebnisse des Experiments und geben Sie an, welche Erklärung sich für die Aufnahme und Speicherung von Kohlenstoffdioxid im Ökosystem finden lässt.

Der Versuch legt folgende Rückschlüsse nahe: Eine erhöhte Produktivität (oberirdische Werte) führt nicht unbedingt zu einer gesteigerten Speicherung von Kohlenstoffverbindungen (unterirdische Werte): In dem untersuchten Ökosystem führte die verdoppelte Kohlenstoffdioxidkonzentration zu einem Anstieg der Fotosyntheserate, was in den erhöhten oberirdischen Kohlenstoffwerten von Schösslingen und Detritus sichtbar wird. Ebenso steigt die fixierte Menge der Kohlenstoffverbindungen im Boden – die Zunahme entspricht jedoch nicht der zugeführten Menge (verdoppelte Kohlenstoffkonzentration) in Bezug auf die Vergleichswerte der unbeeinflussten Proben. Daher lässt sich vermuten, dass der zugeführte Kohlenstoff nicht vollständig fixiert, in Biomasse eingelagert und damit Bestandteil des Langzeitkohlenstoffkreislaufs wurde, sondern sich weiter im Kurzzeitkohlenstoffkreislauf befindet.

4 Beschreiben Sie, welche Rückschlüsse das Experiment auf den globalen Kohlenstoffkreislauf erlaubt.

Anhand der Versuchsergebnisse wird deutlich, dass eine Übertragung eines linearen Zusammenhangs zwischen den Kohlenstoffdioxidkonzentrationen in der Luft und dem Kohlenstoffgehalt der Pflanzen sowie des Bodens nicht möglich ist. Vielmehr müssen die unterschiedlichen Möglichkeiten, Kohlenstoffdioxid zu speichern, und die biologischen Prozesse, die sich auf eine Freisetzung auswirken, mitbedacht werden. Die im Experiment verdoppelten Kohlenstoffdioxidwerte führten also auch nach drei Jahren nicht etwa zu einer Verdoppelung der Kohlenstoffdioxidfixierung in Biomasse oder etwa einer Verdopplung der Kohlenstoffdioxidwerte im Boden als Kohlenstoffdioxidspeicher. Für die Betrachtung des globalen Kohlenstoffhaushalts spielen die verschiedenen Speicherorte und Speicherformen eine große Rolle, also auch die Kurzzeit- und Langzeitspeicher, die getrennt voneinander berücksichtigt werden sollten.

Material C – Phytoplankton bei verschiedenen Kohlenstoffdioxidkonzentrationen

1 Beschreiben Sie Auswirkungen des globalen CO_2-Anstieges für die Atmosphäre und die Ozeane.

Die Zunahme des Kohlenstoffs in der Atmosphäre bewirkt, dass mehr Kohlenstoffdioxid in den Ozean diffundiert als in umgekehrter Richtung (siehe Abb. 3, Seite 377 im Schulbuch). Dieser Prozess hält so lange an, bis sich ein neues Gleichgewicht der Partialdrücke von Kohlenstoffdioxid zwischen Atmosphäre und Ozean eingestellt hat. Ergebnis ist, dass der Ozean einen Teil des durch den Menschen freigesetzten Kohlenstoffdioxids aufnimmt.

Weil das Meer ein großer Kohlenstoffdioxidspeicher ist, wirken sich die Kohlenstoffdioxidzufuhren in der Atmosphäre bislang noch verhältnismäßig schwach auf die tatsächliche Kohlenstoffdioxidkonzentration der Luft aus.

2 Erläutern Sie anhand der Abbildung mögliche Effekte, die sich aus der Erhöhung der CO_2-Konzentration im Ozean ergeben.

Das Experiment zeigt, dass bei erhöhten Kohlenstoffdioxidkonzentrationen im Wasser eine erhebliche Verringerung der Kalkschalenbildung beim Phytoplankton zu erwarten ist. Eine Beeinträchtigung der Organismen ist zu befürchten. Es kann vermutet werden, dass diese Verringerung der Kalkschalenbildung durch den pH-Wert verursacht wird: Löst sich Kohlenstoffdioxid im Meerwasser, entsteht Kohlensäure und der pH-Wert sinkt. Dies kann die Ausfällung von Kalk durch kalkschaliges Phytoplankton oder auch durch Korallen behindern.

4.17 Bevölkerungswachstum und Ressourcen

Seite 380–381

1 Beschreiben Sie den Konflikt zwischen Bevölkerungswachstum und Ressourcenverbrauch.

Der Konflikt zwischen Bevölkerungswachstum und Ressourcenverbrauch besteht darin, dass die steigende Weltbevölkerung einen immer höheren Bedarf an natürlichen Ressourcen hat, der auf Dauer nicht durch die vorhandenen Ressourcen gedeckt werden kann. Durch die industrielle Revolution und das exponentielle Bevölkerungswachstum stiegen Energiebedarf und Ressourcenverbrauch in Industriestaaten innerhalb von 100 Jahren enorm an. Ein ähnlicher Anstieg ist für die Schwellen- und Entwicklungsländer ebenfalls zu erwarten. Neben der Weltbevölkerung wachsen also auch die Industrialisierung, die Ausbeutung der Rohstoffreserven, der Bedarf an Energie und die Emission von Schadstoffen in hohem Maße, hinzu kommt eine Zerstörung von Lebensraum. Verschärft wird der Konflikt dadurch, dass die Versorgungslage weltweit sehr ungerecht verteilt ist. Obwohl die landwirtschaftliche Produktion in den letzten 20 Jahren in allen Regionen der Südhalbkugel extrem ausgeweitet und intensiviert wurde, hat sich die Versorgungslage in vielen Ländern Afrikas sogar noch verschlechtert. Das hängt auch damit zusammen, dass die Industrieländer für ihren steigenden Fleischbedarf immer mehr pflanzliche Futtermittel und Trinkwasser beanspruchen.

Die Weltbevölkerung befand sich zuletzt Anfang der 1970er-Jahre auf einem nachhaltigen Niveau. Seitdem liegt der ökologische Fußabdruck der Menschheit über der Biokapazität der Ökosysteme. Ressourcen werden übernutzt und wir benötigen derzeit die ökologische Tragfähigkeit von etwa 1,7 Erden.

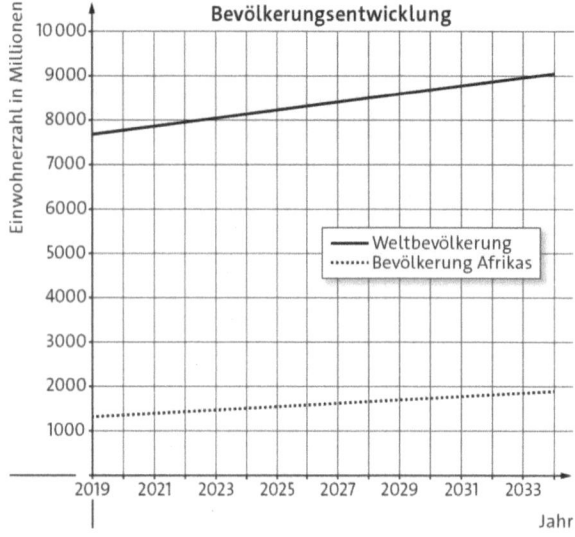

Bevölkerungsentwicklung

Illustration: Cornelsen/Tom Menzel bearbeitet von Bernhard A. Peter, newVision! GmbH

Seite 383 (Material)

Material A – Demografische und soziale Daten zur Weltbevölkerung

4 Erläutern Sie wesentliche Gründe für das in vielen Weltgegenden anhaltende exponentielle Bevölkerungswachstum.

Die Weltbevölkerung hatte 2019 eine Wachstumsrate von 1,1 %. Solange diese konstant bleibt oder gar zunimmt, wächst die Weltbevölkerung exponentiell. Die Wachstumsrate ergibt sich als Differenz zwischen Geburten- und Sterberate. Dabei sind die Geburten- und Sterberaten weltweit sehr unterschiedlich verteilt. Der hauptsächliche Grund für das weltweit anhaltende exponentielle Bevölkerungswachstum, trotz negativer Wachstumsraten in einigen Industrieländern, liegt bei hohen Wachstumsraten der Bevölkerung in Entwicklungs- und Schwellenländern (mit Ausnahme Chinas). Besonders Afrika, wo 2019 die Wachstumsrate bei 2,5 % lag und eine durchschnittliche Geburtenanzahl von 4,5 Kindern pro Frau erreicht wurde, steigert das Wachstum der Weltbevölkerung. Armut, fehlende Familienplanung, fehlende Ausbildungsmöglichkeiten, Benachteiligung von Frauen, fehlende medizinische Grundversorgung und eine fehlende soziale Absicherung sind Gründe für die hohe Anzahl an Kindern im globalen Süden.

Material B – Ökologischer Fußabdruck

1 Ermitteln Sie mithilfe von Internetseiten Ihren persönlichen Fußabdruck.

Unter anderem bieten folgende Institutionen Internetprogramme zur Ermittlung des eigenen ökologischen Fußabdrucks an:
– *Global Footprint Network, USA*

– *Bundesministerium für Land- und Forstwirtschaft, Umwelt und Wasserwirtschaft, Österreich*
– *BUNDjugend, Deutschland*
– *WWF, Schweiz*
– *Technische Universität Graz*
Darüber hinaus ist es möglich, den ökologischen Fußabdruck verschiedener Länder mit deren biologischen Kapazität zu vergleichen. WebGIS Sachsen beispielsweise nutzt hierzu Daten des Global Footprint Network.

2 Vergleichen Sie Ihren ökologischen Fußabdruck mit den Durchschnittswerten in der Tabelle.
Individuelle Lösungen.
Je nach Schülerin oder Schüler wird der ökologische Fußabdruck variieren. Auch die Programme unterscheiden sich in der Differenziertheit der Berechnungen des eigenen ökologischen Fußabdrucks. Es ist aber davon auszugehen, dass allein aufgrund der Infrastruktur, die von Schülerinnen und Schülern (und Lehrerinnen und Lehrern) genutzt wird, der individuelle Fußabdruck über dem nachhaltigen Niveau liegt.

3 Diskutieren Sie, ob die angegebenen Vorschläge sinnvoll sind, um den ökologischen Fußabdruck zu verkleinern.

Die Vorschläge sind teilweise richtig und sinnvoll, denn jede einzelne Person kann alltäglich zum Beispiel an der Kohlendioxideinsparung mitwirken. Andere sind hinsichtlich der Zielsetzung eher schwer zu bewerten. In der Diskussion sollten folgende Aspekte Berücksichtigung finden:

„Iss weniger Fleisch.": Weniger Fleischkonsum mindert den Kohlenstoffdioxidausstoß sowie die Emission anderer Treibhausgase und verkleinert damit den ökologischen Fußabdruck.
Der Fleischesser steht an der Spitze der Nahrungspyramide. Als Endkonsument nutzt er nur ca. 10 % der Energie der vorherigen Trophiestufe. Primärkonsumenten nutzen ebenfalls nur 10 % der Energie der vorherigen Trophiestufe. Daher nutzt der Fleischesser nur etwa 1 % der durch die Produzenten fotosynthetisch gebundenen Energie. Folglich erhöht sich durch häufigen Fleischkonsum die benötigte Anbaufläche für Agrarprodukte erheblich. Die Viehwirtschaft ist bereits global mit großem Abstand der größte Landnutzer.
„Wechsle zu einem Ökostromanbieter.": Der Wechsel zum Ökostromanbieter führt nicht direkt zu „Ökostrom", verändert aber indirekt die Strommarktverhältnisse, da der Anbieter sich verpflichtet, Strom aus „erneuerbaren Energiequellen" (Windkraft, Solar etc.) in das Stromnetz einzuspeisen; dies müsste langfristig zur Verkleinerung des ökologischen Fußabdrucks führen.
„Fahre mit dem Zug statt mit dem Auto.": Erdöl bzw. Mineralöl ist als fossiler Energieträger endlich, somit sind dies auch die klassischen Kraftstoffe für das Auto. Die meisten Züge fahren inzwischen mit Strom, jedoch längst nicht alle. Mittlerweile werden auch mehr und mehr Autos

elektrisch betrieben. Zu beachten ist, dass Strom nicht ausschließlich aus erneuerbaren Quellen stammt, sondern auch aus Kohleanlagen und Atomkraftwerken. Züge sind im Energieverbrauch deutlich effektiver als ein Auto, doch dies auch nur bei einer hohen Auslastung. Somit werden Züge umso klimaneutraler, je mehr Menschen mit ihnen fahren.

„Kaufe saisonale Lebensmittel aus der Region.": Der Konsum bestimmter Produkte wirkt sich aufgrund sehr langer Transportwege, einer hohen Energienutzung zu ihrer Herstellung außerhalb der Saison und eines enormen Wassereinsatzes ungünstig auf den ökologischen Fußabdruck aus. Beispiele hierfür sind Äpfel aus Neuseeland, Erdbeeren zur Weihnachtszeit aus Israel oder im Frühjahr aus Spanien.

Am besten ist es, wenn die Produkte neben saisonalem und regionalem auch aus biologischem Anbau stammen. Fair gehandelte Bioprodukte ohne Pestizide fördern die eigene Gesundheit, verbessern die Lebensbedingungen der Produzenten und fördern umweltgerechtere Anbaumethoden. Beides – der saisonale Verzehr von Obst und Gemüse und die Berücksichtigung der Herkunft der Produkte – verkleinert den ökologischen Fußabdruck.

„Benutze das Flugzeug, aber fordere eine Kerosinsteuer für Flugzeuge.": Flugreisen sollten bis auf ein unbedingt notwendiges Maß reduziert werden. Die Vermeidung von Flugreisen hat durch die Kohlenstoffdioxideinsparung einen positiven Einfluss auf die Verkleinerung des ökologischen Fußabdrucks. Die niedrigen Preise von Billigflügen führen aber nach wie vor dazu, dass viele Menschen häufig das Flugzeug nehmen. Die Preise sind von der sogenannten „ökologischen Wahrheit" (Ernst Ulrich von Weizsäcker) sehr weit entfernt. Eine Kerosinsteuer müsste die externen Kosten, die durch die Belastung der Umwelt unter anderem wegen des Kohlenstoffdioxidausstoßes entstehen, die die Passagiere bisher aber nicht zu bezahlen haben, mit berücksichtigen.

„Iss Fisch aus biologisch zertifizierten Aquakulturen.": Die Überfischung der Meere führt seit längerem zur Bestandsgefährdung vieler Fischarten. Aber Fischfarmen an den Küsten Europas stehen unter anderem wegen der hohen Fütterungsquote von Wildfisch aus dem Meer oder der regionalen Eutrophierung durch Fischmehlfutter, der Parasitenzunahme aufgrund der Enge in den Käfigen und der Medikamentenfreisetzung in das offene Meer in der Kritik. Diese Umweltbelastungen vergrößern den ökologischen Fußabdruck. Besonders die Aquakulturen in Asien und Lateinamerika, in denen Krebstiere gezüchtet werden, sind sehr umweltschädlich. Wegen der Überfischung der Meere und der umweltschädlichen Aquakultur sollte der Fischkonsum insgesamt reduziert werden und auf die Gegebenheiten der jeweiligen Fischart geachtet werden. Eine Alternative bieten biologisch zertifizierte Aquakulturen, die Bestandsdichten regeln und auf pflanzliche Futtermittel aus Bioanbau, Fischmehl und Fischöl aus nachhaltiger Fischerei oder sogar aus Resten der Speisefischverarbei-

tung achten. Da es viele verschiedene Formen von Zertifikaten gibt, lohnt es sich, im Internet zu den Kriterien der Zertifizierung zu recherchieren, denn nicht alle Zertifikate genügen strengen ökologischen Richtlinien.
Hinweis: Viele weitere, schwer und weniger schwer zu bewertende Vorschläge zur Verkleinerung des ökologischen Fußabdrucks sind denk- und diskutierbar.

4.18 Wasser

Seite 384–385

1 Erläutern Sie den Begriff „virtuelles Wasser" an einem selbst gewählten Beispiel.
Der Begriff „virtuelles Wasser" bezeichnet das Wasser, das für die Produktion von Nahrungsmitteln und Konsumgütern benötigt wird.
Zum Beispiel benötigt die Herstellung einer Jeans besonders viel Wasser für die Bewässerung beim Anbau der Baumwolle. Aber auch für die nachfolgenden Prozesse wird weiteres Wasser benötigt. Das Färben, Bleichen, Spülen und anschließende Verarbeiten verschmutzt sehr viel Wasser, was ebenfalls in die Menge des virtuellen Wassers einberechnet wird.
Bei Rindfleisch wird Wasser sowohl für die Herstellung der Futtermittel als auch für die Haltung der Tiere selbst benötigt. Außerdem wird weiteres Wasser für die Prozesse beim Transport und bei der Schlachtung der Tiere sowie bei der Verarbeitung des Fleisches benötigt. Hinzu kommt Wasser, das bei der Herstellung der Verpackungsmaterialien genutzt wird.
Zusatzinformation: Auf der Internetseite der Organisation Water Footprint Network können Schülerinnen und Schüler weitere Informationen zum Thema recherchieren oder aber den eigenen Verbrauch als „Water Footprint" berechnen. Interessante Informationsmaterialien zum Thema findet man auch unter dem Stichwort „virtuelles Wasser" auf der Internetseite der Vereinigung Deutscher Gewässerschutz e. V.

2 Fassen Sie tabellarisch die Formen der Gewässerbelastung und ihre Folgen zusammen.
Siehe Tabelle auf der folgenden Seite.

Formen der Belastung	Folgen
Eintrag von Nitraten und Phosphaten	Verstärkte Biomasseproduktion und schließlich Eutrophierung der Gewässer. Infolge steigenden Sauerstoffmangels kommt es zudem zu Fäulnisprozessen. Der Sauerstoffmangel oder die dabei entstehenden giftigen Nebenprodukte können ein Fischsterben bedingen. Gesundheitsgefährdung durch Überschreiten der Grenzwerte für Nitrat in Grund- und Trinkwasser.
Eintrag von Pestiziden	Mit den Pestiziden gelangen Gifte in das Wasser, die die dort vorkommenden Lebewesen schädigen oder sogar töten.
Eintrag von Schwermetallsalzen	Schwermetallsalze reichern sich über die Nahrungsketten in den Organismen der verschiedenen Trophieebenen an. Sie hemmen die Aktivität von Enzymen und führen – je nach Konzentration – zu schweren Schädigungen des Stoffwechsels der betroffenen Lebewesen. Es kommt zu Lähmungen, Organschädigungen und schließlich zum Tod.
Einleitung von Säuren und Laugen	Die Einleitung von Säuren und Laugen führt zu einer Änderung des pH-Wertes in den Gewässern. Dies hat wiederum Auswirkungen auf die dort vorkommenden Lebewesen wie Verätzungen von Haut und Schleimhäuten oder Auflösung von Panzern und Kalkschalen.
steigende Wasserentnahmen durch die Landwirtschaft	Durch das Absinken des Grundwasserspiegels kann es in der Vegetation zu Dürreschäden und Waldsterben kommen. Andere Organismengruppen werden dadurch ebenfalls beeinträchtigt.

Seite 386

1 Beschreiben Sie den Einfluss des Menschen auf die Meere, dessen Auswirkungen und mögliche Gegenmaßnahmen.

– Die durch den Menschen verursachte Erderwärmung verändert die Zirkulation von Meeresströmungen. Durch die abschmelzende Polarkappe verringert sich in der Arktis der Salzgehalt des Meerwassers und es sinkt langsamer ab, wodurch der Golfstrom und der nordatlantische Strom abgeschwächt werden. Das kann weitere Klimaveränderungen nach sich ziehen.
Gegenmaßnahmen: Verringerung der Erderwärmung vor allem durch den Verzicht auf fossile Brennstoffe und damit im Zusammenhang stehende Maßnahmen.

– Die Nutzung fossiler Brennstoffe verursacht einen erhöhten CO_2-Ausstoß. In der Folge nimmt das Meer mehr CO_2 auf. Die dabei verstärkt entstehende Kohlensäure führt zur Versauerung der Meere. Durch die erschwerte Kalkbildung sind kalkbildende Organismen und Korallenriffe als wichtige Lebensräume gefährdet.
Gegenmaßnahmen: Verringerung des CO_2-Ausstoßes vor allem durch den Verzicht auf fossile Brennstoffe und damit im Zusammenhang stehende Maßnahmen.

– Der industrielle Fischfang, zusätzlich befördert durch zu hohe Fangquoten, gefährdet die Fischbestände und Meeresökosysteme, die sich nicht mehr erholen können.
Gegenmaßnahmen: Schonung der Fischbestände durch verringerte Fangquoten und Fangtechniken, die Beifang und Ökosystemzerstörung minimieren. Außerdem kann die Einrichtung oder Ausdehnung von Meeresschutzgebieten dafür sorgen, dass sich Fischbestände dort erholen und wieder ausbreiten können.

– Menschliche Verschmutzungen belasten die Meere in verschiedener Form: Hohe Nährstoffeinträge führen zu Sauerstoffmangel bis hin zu Todeszonen. Plastikmüll kann als Treibgut eine Gefahr für Meerestiere darstellen. Außerdem werden bei der Zersetzung Giftstoffe und Mikroplastik freigesetzt, beides schädigt Organismen. Die Gewinnung und der Transport von Erdöl führen dazu, dass beständig große oder kleine Mengen Öl freigesetzt werden, die als Ölpest zum Tod von Pflanzen und Tieren führen oder als fortwährende Belastung Einfluss auf die Fortpflanzung und Gesundheit von Meereslebewesen und besonders von Filtrierern haben.
Gegenmaßnahmen: Verringerung der verschiedenen Formen der Wasserverschmutzung. Durch Vermeiden von Überdüngung oder Abwassereinleitung können Nährstoffeinträge reduziert werden. Der Eintrag von Plastik kann vermieden werden. Vor allem der direkte Eintrag kann durch die richtige Entsorgung von Müll verringert werden. Einträge von Mikroplastik zum Beispiel durch Kosmetika oder durch das Waschen von Kunstfasertextilien kann dadurch verringert werden, dass man solche Produkte nicht oder weniger verwendet. Vorhandener Plastikmüll könnte sowohl aus der Umgebung, den Flüssen wie auch aus dem Meer entfernt werden. Maßnahmen, um Ölverschmutzungen zu reduzieren, wären neben strengeren Schutzbestimmungen in der Schifffahrt oder beim Betreiben von Ölplattformen auch eine starke Reduktion der Erdölnutzung und damit die Reduktion von Erdölgewinnung und Transport.

Material A – Das CO₂-Sink-Projekt

1 Beurteilen Sie die Maßnahmen des CO₂-Sink-Projekts im Hinblick auf zeitliche und räumliche Fallen.

Die Lagerung von Kohlenstoffdioxid in flüssigem Zustand auf dem Meeresboden birgt Gefahren: Das Kohlenstoffdioxid löst sich allmählich im Wasser und wird mit der Tiefenströmung über das „Ozeanische Förderband" sehr langsam in weit entfernte Regionen transportiert. Durch diese Verdriftung des Kohlenstoffdioxids entsteht eine räumliche Falle. Weit entfernt von den Orten der Einlagerung kommt es im Indischen und Pazifischen Ozean durch Ablenkungen des Tiefenwassers an Erhebungen des Meeresbodens zur Vermischung des kohlenstoffdioxidreichen Tiefenwassers mit wärmerem Oberflächenwasser. Durch diese Erwärmung nimmt die Löslichkeit des Kohlenstoffdioxids im Wasser ab und die Freisetzung in die Atmosphäre findet verstärkt statt.

Durch die im Vergleich zur Einleitung zeitlich verzögerte starke Freisetzung von Kohlenstoffdioxid des Tiefenwassers kommt es zu einem entsprechend verstärkten Treibhauseffekt. Darin liegt eine zeitliche Falle. Die erhöhte Kohlenstoffdioxidkonzentration in den Aufstiegsbereichen bedingt eine zusätzliche Versauerung der Meere, da das freigesetzte Kohlenstoffdioxid den pH-Wert durch die Reaktion mit Wasser absenkt. Dies hat schwerwiegende Folgen für Organismen mit einem Schutzmantel aus Calciumcarbonat, da ihre Kalkschalen abgebaut werden. Betroffen sind besonders Korallen der Tropen und Subtropen sowie Kleinstlebewesen wie winzige Meeresschnecken und einige Arten von Einzellern, wie zum Beispiel Kieselalgen. Eine Zerstörung von Nahrungsketten im Ozean droht. Diese zeitlichen und räumlichen Fallen stellen Bedenken gegen das CO₂-Sink-Projekt dar.

Hinweis: Darüber hinaus wird als Lösung dieser Aufgabe ein individuelles Abwägen der Fallen bei Durchführung des CO₂-Sink-Projekts im Vergleich zu einem Unterlassen des Projekts und dessen Folgen mit entsprechender Urteilsbildung erwartet.

Zusätzlich zur Aufgabe 1 kann folgende Aufgabe gestellt werden:

Stellen Sie in einem Flussdiagramm die Folgen des Lösens von flüssigem Kohlenstoffdioxid im Meerwasser für die Korallenriffe der Ozeane dar.

Lösung von Kohlenstoffdioxid
im Meerwasser

↓

Reaktion von CO_2 und H_2O
zu HCO_3^-- und H^+-Ionen

↓

Absinken des pH-Werts
durch die H^+-Ionen

↓

Versauerung der Meere

↓

Behinderung der Kalklösung durch sauren pH (fehlende
notwendige basische Umgebung hierfür)

↓

Behinderung der Bildung
des Kalkskeletts der Korallen

↓

Zerstörung der materiellen Grundlage
des Ökosystems Riff

↓

Zerstörung des Lebensraums
vieler Riffbewohner

Material B – Wassernutzung in Industrie- und Entwicklungsländern

1 Beschreiben Sie die Verteilung des Süßwasservorkommens und des Wasserverbrauchs für die Landwirtschaft in den verschiedenen Regionen.

Die Karte zur Verteilung des verfügbaren Süßwassers zeigt, dass die Wasserressourcen in den abgebildeten Regionen ungleich verteilt sind. Dabei fällt vor allem auf, dass im Nahen Osten, in Nordafrika, in der Sahelzone und im südlichen Afrika mit weniger als 1000 m³ pro Kopf die geringsten Wassermengen zur Verfügung stehen. In Europa, Mittel- und Nordasien sowie in weiten Teilen Zentral- und Westafrikas sind mit überwiegend bis zu oder sogar über 5000 m³ pro Kopf die im Kartenausschnitt größten Wassermengen verfügbar.

Der ungleichen Verteilung von Süßwasser steht die unterschiedliche Wasserentnahme für die Landwirtschaft gegenüber. Es wird deutlich, dass – mit Ausnahme von Spanien, Portugal und Italien – in Europa, Russland und weiten Teilen Afrikas mit nur bis zu 5 % im Vergleich am wenigsten für die Landwirtschaft genutzt wird. Nordafrika, die Sahelzone, der Nahe Osten und weite Teile Süd- und Zentralasiens weisen mit 20 bis über 40 % die höchsten Wasserentnahmewerte zur Bewässerung der Flächen auf. Auffällig ist, dass es sich dabei meistens um die Gebiete handelt, die bereits durch deutlichen Wassermangel gekennzeichnet sind.

2 Erläutern Sie den Wasserverbrauch für die Landwirtschaft in Europa und Afrika.

Die klimatischen Bedingungen in den abgebildeten Regionen unterscheiden sich deutlich. Beispielsweise sind die Jahresmitteltemperaturen in Nordafrika und der Sahelzone im Vergleich zu den nord- und mitteleuropäischen Ländern deutlich höher, die jährlichen Niederschlagsmengen geringer. Deshalb müssen auf dem afrikanischen Kontinent viele Flächen zusätzlich künstlich bewässert werden. Dies gilt vor allem für alle Länder der ariden Zone, was – je nach technischem Stand – mehr oder weniger kontrolliert und damit wassersparend erfolgen kann. Oftmals gehen dabei bereits durch Verdunstung oder durch schlechte Anlagen große Mengen des Wassers verloren, bevor es die Felder erreicht. Hinzu kommt, dass das Süßwasservorkommen in den genannten Ländern ebenfalls deutlich geringer ist. Oftmals befindet es sich in tiefen Bodenschichten, die von flachwurzelnden Pflanzen wie Gräsern kaum erreicht werden. Auch aus diesem Grund ist eine Bewässerung der oberen Bodenschichten notwendig.

3 Setzen Sie Vorkommen und Verbrauch von Süßwasser in Beziehung und leiten sie mögliche Entwicklungschancen ab.

Während in Europa und Russland nur etwa 5 % der Wasserentnahme auf die Landwirtschaft entfällt, so sind dies in vielen Ländern Asiens und Afrikas über 40 %. Neben den steigenden Bevölkerungszahlen in den betroffenen Ländern bedingt auch der zunehmende Export von Getreide und anderen Feldfrüchten eine Ausweitung der Landwirtschaft. Aufgrund der klimatischen Bedingungen müssen die landwirtschaftlichen Flächen dieser Länder künstlich bewässert werden. Grenzen ergeben sich dabei jedoch durch den jeweils herrschenden Wassermangel in den verschiedenen Regionen. Es ist daher wichtig, die Bewässerungssysteme zu modernisieren, um beispielsweise den Wasserverlust durch Verdunstung zu minimieren. In den Entwicklungsländern ist dazu eine finanzielle und auch technische Unterstützung notwendig. Aufgrund des Klimawandels ist eine Versteppung und Verwüstung weiterer Landflächen zu erwarten. Diese Prozesse führen zu einer Einschränkung der landwirtschaftlich nutzbaren Flächen. Somit ist nicht auszuschließen, dass in Zukunft politische Auseinandersetzungen um Wasservorkommen entstehen werden.

Zusatzinformation: Die Bewässerung von Landflächen ist in ariden Zonen problematisch. Aufgrund der hohen Lufttemperaturen verdunstet hier das Wasser sehr schnell, wobei die zuvor gelösten Salze im Boden zurückbleiben. Im Laufe der Zeit kommt es so zur Versalzung der Böden, wodurch die Flächen für den landwirtschaftlichen Anbau unbrauchbar werden.

4.19 Luftqualität und Klimawandel

Seite 388–389

1 Erläutern Sie den Treibhauseffekt und die Folgen des menschlichen Einflusses auf ihn.

Der Treibhauseffekt ist ein natürlicher Effekt, der durch Gase wie Kohlenstoffdioxid (CO_2), Wasserdampf, Ozon (O_3), Methan (CH_4) und Lachgas (N_2O) in der Atmosphäre entsteht. Diese Treibhausgase lassen die Sonnenstrahlung größtenteils durch, halten die von der Erde zurückgestrahlte Wärme aber in der Atmosphäre fest. Der natürliche Treibhauseffekt ist dafür verantwortlich, dass die globale Durchschnittstemperatur bei 15 °C statt bei lebensfeindlichen −18 °C liegt.

Der Mensch hat seit der industriellen Revolution die Konzentration von Treibhausgasen in der Atmosphäre stark erhöht und damit einen zusätzlichen anthropogenen Treibhauseffekt verursacht. Sowohl die verstärkte Nutzung fossiler Brennstoffe als auch das Verschwinden großer Waldflächen vor allem durch Brandrodungen steigern den CO_2-Anteil in die Atmosphäre. Methan und Lachgas werden in besonders großen Mengen bei der intensiven Landwirtschaft freigesetzt. Durch den anthropogenen Treibhauseffekt wird die globale Erwärmung vorangetrieben. Verschiedene auf die Erwärmung zurückzuführende Rückkopplungseffekte sind zu erwarten oder bereits feststellbar. Verstärkt wird der Treibhauseffekt durch Folgen wie das Auftauen der Permafrostböden, das Verschwinden von Eisflächen oder die Erwärmung der Ozeane, verringert wird er durch eine verstärkte Wolkenbildung.

2 Beschreiben Sie Möglichkeiten, wie Sie im eigenen Umfeld die Kohlenstoffdioxidbelastung verringern können.

Die wichtigste Möglichkeit, die Kohlenstoffdioxidbelastung im eigenen Umfeld zu verringern, besteht in der Vermeidung fossiler Brennstoffe beim Heizen, bei der Erzeugung von Strom und bei der Mobilität. Der Umstieg auf elektrisch erzeugte Wärme und Elektromobilität hat vor allem dann einen positiven Einfluss auf die Kohlenstoffdioxidbelastung, wenn auch der Strom aus erneuerbaren Energien stammt. Die Installation einer Photovoltaikanlage auf dem Dach oder die Wahl eines von den konventionellen Energieversorgungsunternehmen unabhängigen Ökostromanbieters kann dabei helfen. Darüber hinaus kann man auch im Alltag darauf achten, Energie zu sparen, indem man beispielsweise Geräte ausschaltet, wenn man sie nicht benötigt, oder energiesparende Lampen verwendet. Die Vermeidung unnötiger Flugreisen und der Umstieg auf öffentliche Verkehrsmittel trägt ebenfalls zur Reduktion des CO_2-Ausstoßes bei, und kürzere Wege lassen sich emissionsfrei mit dem Fahrrad oder zu Fuß zurücklegen. Auch der Verzicht auf Fleisch und der Konsum regionaler und saisonaler Lebensmittel kann helfen, die Kohlenstoffdioxidbelastung zu reduzieren. Die Bepflanzung von Gartenanlagen mit Bäumen und die Anlage von

Teichen schafft im Kleinen bereits Kohlenstoffdioxidsenken.

Seite 390

1 Erläutern Sie, welche Auswirkungen die Erderwärmung bereits hat und welche prognostiziert werden.
Das Abschmelzen von Gletschern und Eisschilden sowie das Auftauen von Permafrostböden hat längst begonnen. Auch der Anstieg des Meeresspiegels erfolgt schon und lässt sich über Langzeitmessungen nachweisen. Entsprechende Landverluste, wie der von zwei Inseln des Inselstaats Kiribati, sind daher bereits zu verzeichnen. Ebenfalls messbar sind die häufiger auftretenden Wetterextreme mit Starkniederschlägen und Dürreperioden. Die sich daraus ergebenden Folgen wie Erosion, Waldschäden sowie Ernteverluste sind vielfach zu beobachten.
Die Prognosen knüpfen daran direkt an, da sie eine Verstärkung all dieser Auswirkungen vorhersagen. Als Folge der Gletscherschmelze wird eine Gefährdung der verlässlichen Wasserversorgung prognostiziert. Als Folge der Kombination aus steigendem Meeresspiegel und verringertem Grundwasserspiegel wird die Bedrohung der Grundwasserversorgung und Versalzung der Böden in Küstengebieten prognostiziert. Weitere Vorhersagen betreffen eine Verschiebung der Höhengrenzen für Pflanzen und Tiere.
Sichere Prognosen zu erstellen ist jedoch insgesamt äußerst schwierig, da die vielen Faktoren ineinandergreifen, Rückkopplungseffekte entstehen und die Auswirkungen von Kippelementen unklar sind. Entsprechend der schlecht vorhersagbaren Umsetzung von Klimaschutzzielen werden Prognosen oft mit verschiedenen Modellen berechnet.
Zusatzinformation: Die Website klimafakten.de liefert in Zusammenarbeit mit Forschungseinrichtungen wie Helmholtz-Zentren und Max-Planck-Instituten erstellte, verständlich aufbereitete Zusammenfassungen von Forschungsergebnissen, Info-Grafiken und weiterführende Links zum Thema Klimawandel.

Seite 391 (Material)

Material A – Klimaschutz oder Klimaanpassung?

1 Formulieren Sie mithilfe des Modells für eine nachhaltige Entwicklung Kriterien für die Bewertung der verschiedenen Maßnahmen.
Individuelle Lösungen.
Mögliche Kriterien wären:
- tragbare Kosten
- finanzieller Gewinn für die Gesellschaft (Wohlfahrtseffekte)
- leistbarer Arbeitsaufwand
- Freizeit- und Erholungsnutzen
- Förderung der Gesundheit
- Reduktion von Armut

- Reduktion des Ressourcenverbrauchs
- Anpassungsdauer (Wie schnell greift die Maßnahme?)
- Reduktion der Schadstoffbelastung
- Reduktion des Ausstoßes von Treibhausgasen
- Förderung der Biodiversität
- positive Veränderung des Landschaftsbildes
usw.

2 Wählen Sie aus den Listen jeweils zwei Maßnahmen zum Klimaschutz und zur Klimaanpassung aus und recherchieren Sie Informationen zu deren Umsetzung.
Individuelle Lösungen.
Eine gute Quelle für die Recherche ist die Webseite des Umweltbundesamtes.

3 Bewerten Sie die ausgewählten Maßnahmen unter Einbezug der von Ihnen entwickelten Kriterien.
Individuelle Lösungen.

4 Erläutern Sie folgende Aussage: Klimaschutz und Klimaanpassung sind keine Gegenspieler, sondern die zwei Seiten derselben Medaille.
Beim Klimaschutz handelt es sich um Maßnahmen zur Eindämmung der durch den Menschen verursachten Erderwärmung und deren Folgen. Hierzu zählen zum Beispiel Maßnahmen zur Reduktion des Ausstoßes von Treibhausgasen oder der Ausbau der erneuerbaren Energien. Da jedoch bereits heute die Folgen des Klimawandels deutlich spürbar und nicht mehr abwendbar sind, ist es notwendig, zusätzlich zum Klimaschutz auch Maßnahmen zur Klimaanpassung zu ergreifen. Hierzu zählen etwa ein Wechsel zu klimaresistenten Pflanzen in der Land- und Forstwirtschaft, Hochwasserschutz oder die verstärkte Begrünung von Städten.

4.20 Biodiversität

Seite 392–393

1 Beschreiben Sie die Voraussetzungen für eine hohe Artenvielfalt eines Biotops.
Ein Lebensraum besitzt gute Voraussetzungen für eine hohe Artenvielfalt, wenn er eine große strukturelle Diversität besitzt. Die hohe Komplexität eines Lebensraums ermöglicht es zahlreichen Arten, eine ökologische Nische auszubilden.
Dies trifft zum Beispiel auf naturbelassene Wälder mit einer starken vertikalen Gliederung zu, wie sie vor allem in Mischwäldern vorkommt. In ihren Stockwerken herrschen unterschiedlich ausgeprägte abiotische Umweltfaktoren wie etwa spezielle Licht-, Temperatur-, Feuchtigkeits- und Windverhältnisse, die in ihrer Gesamtheit besondere Lebensbedingungen schaffen.

Es folgt die Wachstumsphase. In den folgenden 10 bis 20 Jahren entsteht eine Gebüschvegetation mit Himbeere, Brombeere und Holunder, die im weiteren Verlauf durch einen Pionierwald mit Birke, Zitterpappel, Vogelbeere und Kiefer abgelöst wird.

Während einer langen Übergangsphase entsteht daraus schließlich nach etwa 100 Jahren ein Klimaxwald. In Mitteleuropa ist dies ein Laubmischwald mit je nach Standort unterschiedlicher Artzusammensetzung.

Die jeweils später erscheinenden Arten sind auf lange Sicht konkurrenzstärker und verdrängen schließlich die vor ihnen siedelnden Arten am jeweiligen Standort. Diese sind zu Beginn der Sukzession konkurrenzstark, werden aber später von Sträuchern und Bäumen überwachsen und können sich dann zum Beispiel aufgrund von Lichtmangel nicht mehr am Standort halten.

Anhand der Biomassekurve kann man erkennen, dass anfangs nur wenig Biomasse pro Flächeneinheit vorhanden ist. Sie beginnt mit dem Übergang von krautiger zu verholzter Vegetation stetig zu steigen und erreicht mit dem Stadium des Klimaxwaldes einen Höchstwert.

Der hier dargestellte Vorgang ist ein Beispiel für eine Sukzession, bei der im Laufe der Zeit verschiedene Lebensgemeinschaften aufeinander folgen. Das Endstadium heißt Klimaxstadium. Es bezeichnet die Lebensgemeinschaft, die unter den gegebenen Bedingungen mittelfristig stabil ist.

Seite 400–401 (Klausurtraining)

Training A – Veränderungen in Ökosystemen

2 Übertragen Sie die Biomassekurve in ein Koordinatensystem und zeichnen Sie eine daraus abgeleitete Kurve für die Nettoprimärproduktion.

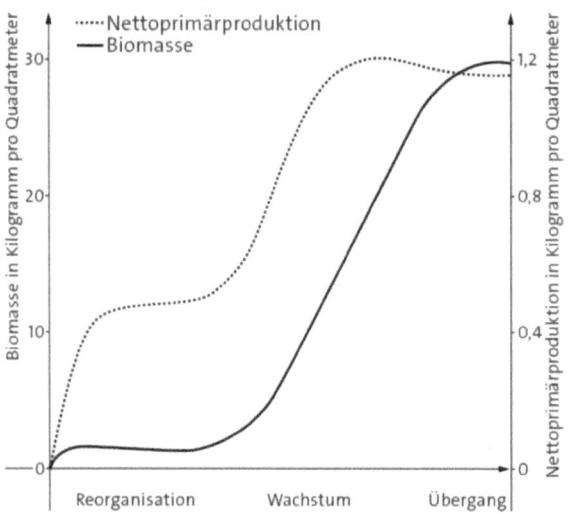

Illustration: Cornelsen/Tom Menzel

Die Nettoprimärproduktion gibt an, wie viel Biomasse pro Flächeneinheit und Jahr von den Pflanzen gebildet wird. Dies ist zunächst ein durchaus beträchtlicher Teil. Da je-

doch der größte Teil der vorhandenen Biomasse der Kräuter den Winter nicht übersteht, bleibt die vorhandene Biomasse auf einem niedrigen Niveau. Erst mit dem Auftreten von winterfesten Sträuchern und jungen Bäumen steigen sowohl Biomassekurve als auch Nettoproduktion, da die vorhandenen Sträucher und Bäume mehr Biomasse produzieren als die Kräuter. Mit zunehmendem Alter der Bäume erreicht der Wald einen Zustand, bei dem Produktion und Bestandsabbau durch Alterung und Tod der Bäume gleich groß sind. Das führt dazu, dass die vorhandene Biomasse im zeitlichen Verlauf etwa gleich groß bleibt.

3 Erläutern Sie die im Diagramm B gezeigten Vorgänge im Heuaufguss und entwickeln Sie Hypothesen zu deren Erklärung.

In einer zeitlichen Abfolge von 80 Tagen treten sechs verschiedene Gruppen von Einzellern nacheinander auf: Innerhalb der ersten 18 Tage leben Geißeltierchen im Heuaufguss, die sich stark vermehren und etwa am siebten Tag die höchste Populationsdichte erreichen, woraufhin ihre Individuenzahl genauso schnell wieder fällt. Sie werden abgelöst von Heutierchen, die vom siebten bis etwa zum 24. Tag, mit einem Maximum am 14. Tag, auftreten. Erst nachdem diese praktisch verschwunden sind, finden sich vom 18. bis etwa zum 73. Tag Pantoffeltierchen im Heuaufguss. Allerdings ist ihre Dichte geringer als die Spitzenwerte von Geißeltierchen und Heutierchen. Sie erreichen auch nicht den Spitzenwert von Borstentierchen, die zwischen dem 34. und 84. Tag auftreten. Amöben leben in relativ geringer Dichte zwischen dem 46. und dem 67. Tag im Heuaufguss und Glockentierchen treten erst ab etwa dem 56. Tag auf.

Folgende Hypothesen sind denkbar:

– Alle sechs Gruppen von Einzellern ernähren sich von Bakterien. Aufgrund unterschiedlicher Entwicklungsdauern, Vermehrungsraten, Lebensdauern und/oder anderer Merkmale sind die einzelnen Arten in jeweils unterschiedlichen Phasen gegenüber anderen Arten besonders konkurrenzstark.

– Es handelt sich hierbei um Räuber-Beute-Beziehungen. Die jeweils folgende Art von Einzellern ist Räuber der vorhergehenden.

– Infolge der Alterung des Heuaufgusses ändern sich die Lebensbedingungen für die verschiedenen Gruppen der Einzeller. Diese sind jeweils an bestimmte Bedingungen, zum Beispiel Temperatur, Sauerstoffgehalt, Abfallstoffe und Ausscheidungsprodukte der vorhergehenden Population, angepasst und können dementsprechend den Heuaufguss als Lebensraum nutzen.

4 Vergleichen Sie die Veränderung nach einem Kahlschlag mit der Veränderung, die im Heuaufguss erfolgen.

In beiden Fällen handelt es sich um eine Sukzession. Diese dauert im Fall des Kahlschlages über 100 Jahre. Im Fall des Heuaufgusses ist sie bereits nach 80 Tagen fast beendet. Das liegt daran, dass ein Heuaufguss kein Ökosystem darstellt: In einem Heuaufguss gibt es keine Produzenten. Alle Lebewesen leben letztendlich von den Bakterien im vermodernden Heu. Insofern ist dieses Ökosystem nur von begrenzter Dauer. Ein Klimaxstadium gibt es im eigentlichen Sinn nicht. Wenn alle Nährstoffe verbraucht sind, ist das Ende erreicht. Theoretisch dürften dann nur noch anorganische Stoffe vorhanden sein.

Training B – Biomassenumsatz in Ökosystemen

1 Nahrungsbeziehungen

1 Ordnen Sie die Angaben aus dem Nahrungsnetz in ein allgemeines Schema zur funktionalen Gliederung von Ökosystemen ein.

Die erste Stufe in einem Nahrungsnetz bilden die Primärproduzenten. Das sind Pflanzen, die im Prozess der Fotosynthese organische Stoffe aufbauen. Diese werden von den Primärkonsumenten gefressen. Im abgebildeten Nahrungsnetz sind das die pflanzenfressenden Käfer sowie Springschwänze, Ohrwürmer und kleine Borstenwürmer. *(Zusatzinformation: Borstenwürmer fressen vorwiegend totes Pflanzenmaterial, sodass man sie auch den Destruenten zuordnen kann.)* Die Primärkonsumenten sind Nahrung der Sekundärkonsumenten wie Laufkäfer und Tausendfüßler. Die Zuordnung der Trichterspinnen ist in einem allgemeinen Schema nicht eindeutig, da sie sowohl Primärkonsumenten als auch Sekundärkonsumenten fressen. Belässt man sie in der Gruppe der Sekundärkonsumenten, so kann die Zwergspitzmaus den Tertiärkonsumenten zugeordnet werden, weil sie sich von Primär- und Sekundärkonsumenten ernährt. Die Zwergspitzmaus schließlich ist Nahrung der Endkonsumenten Habicht, Igel und Eule.

2 Werten Sie die Tabelle aus.

Die Körpermasse eines Menschen ist etwa 14 000-mal und die Kopf-Rumpf-Länge etwa 13-mal größer als die der Zwergspitzmaus. Der Herzschlag ist bei der Zwergspitzmaus etwa 13-mal schneller und der Energieumsatz pro Kilogramm und Stunde etwa 40-mal größer. Insgesamt zeigen die Daten der Tabelle also, dass die kleine homoiotherme Zwergspitzmaus im Vergleich zu dem viel größeren Menschen einen in Bezug auf die Körpermasse erheblich größeren Energieumsatz besitzt.

3 Charakterisieren Sie das Ökosystem, in dem Zwergspitzmäuse leben.

Die Zwergspitzmaus sucht ihre Nahrung am Boden, wahrscheinlich in der Laubstreu, wo sie die angegebene Beute findet. Dazu benötigt sie ein entsprechendes Mikroklima, sodass als Lebensraum feuchte (Laub-) Wälder oder feuchte Wiesen und sumpfartiges Gelände infrage kommen. Gleichzeitig bietet die Laubstreu Deckung vor Beutegreifern. Daraus lässt sich ein vielfältig strukturiertes, artenreiches Wald- oder Parkökosystem ableiten.

2 Biomassenproduktion im Silver-Springs-Ökosystem

1 Erklären Sie unter Einbezug der Abbildung die Konstruktion von Biomassenpyramiden.

Biomassenpyramiden stellen eine Zusammenfassung von Informationen dar, die der Bilanzierung von Stoff- und Energieumsätzen dienen. So wird die (geschätzte) Masse aller Produzenten in einem bestimmten Ökosystem oder Gebiet zusammengefasst und den (ebenfalls geschätzten) Massen von Primär-, Sekundär- und Tertiär- beziehungsweise Endkonsumenten in diesem Ökosystem in Form von Pyramiden gegenübergestellt. Schwierigkeiten der Einordnung ergeben sich bei Allesfressern, die sich sowohl von Produzenten als auch von Konsumenten ernähren. Auch Konsumenten, die sowohl Primär- als auch Sekundärkonsumenten fressen, lassen sich nicht eindeutig zuordnen. Trotzdem ändert dies meistens an der Grundaussage der Pyramide wenig, weil die genannten Ausnahmen in der Summe nicht ins Gewicht fallen.

2 Erläutern Sie die in der Abbildung und der Tabelle dargestellten Ergebnisse.

Das Schema der abgebildeten Biomassenpyramide ist typisch für ein terrestrisches Ökosystem, bei dem die Biomassen der jeweiligen Trophiestufen um ungefähr den Faktor 10 abnehmen.

Die Tabelle zeigt, dass der poikilotherme Feuersalamander nahezu die Hälfte der aufgenommenen Biomasse in eigene Körpermasse einbaut, durch Atmung gut 30 % „verliert" und etwa 20 % als unverdaulich ausscheidet. Die Kurzschwanzspitzmaus hingegen vermag nur 1,5 % der aufgenommenen Biomasse in eigene Körpermasse einzubauen und verliert fast 90 % durch Atmung. Die Ausscheidungen haben mit knapp 10 % einen etwa halb so großen Anteil wie beim Feuersalamander.

Diese Zahlen sind vor allem auf die außerordentlich hohe Stoffwechselaktivität des kleinen homoiothermen Säugetieres zurückzuführen. Demgegenüber veratmet der wechselwarme Lurch nur wenig Biomasse. Stattdessen kann ein viel größerer Anteil in eigene Körpermasse umgewandelt werden. Die gleichwarme Kurzschwanzspitzmaus erreicht ihre aktive Lebensweise durch einen sehr hohen Energieumsatz und muss demnach vergleichsweise sehr viel mehr Nahrung zu sich nehmen als der wechselwarme Feuersalamander.

Training B – Biomassenumsatz in Ökosystemen

2 Biomassenproduktion im Silver-Springs-Ökosystem

3 Entwerfen Sie ausgehend vom Original zwei Biomassepyramiden, bei denen die Sekundärkonsumenten ausschließlich entweder homoiotherme oder poikolotherme Tiere sind.

Biomassepyramide mit homoiothermen Sekundärkonsumenten

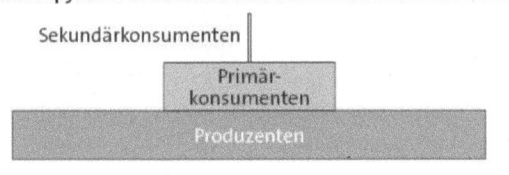

Biomassepyramide mit poikilothermen Sekundärkonsumenten

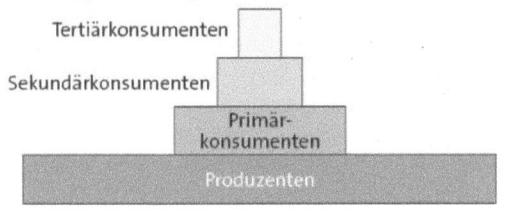

Illustration: Cornelsen/Tom Menzel

Ausgehend von den Überlegungen aus Aufgabe 2 lässt sich Folgendes feststellen:

Sind Sekundärkonsumenten ausschließlich poikilotherme Tiere, zum Beispiel Feuersalamander, so beträgt der Anteil der Biomasse in ihren Körpern knapp 50 % der Biomasse der Primärkonsumenten. Dementsprechend wäre der Balken der Sekundärkonsumenten sehr breit und relativ dazu auch der Balken der Tertiär- oder Endkonsumenten.

Sind die Sekundärkonsumenten jedoch ausschließlich homoiotherme Tiere, so beträgt der Anteil der Biomasse in ihren Körpern nur etwa 1,5 % der Biomasse der Primärkonsumenten. Der Balken, der die Sekundärkonsumenten repräsentiert, wäre also außerordentlich schmal und im Gefolge davon wäre es fraglich, ob es überhaupt noch Tertiärkonsumenten geben könnte, weil die für sie verfügbare Biomasse nur sehr gering wäre.

Wenn es also Biomassenpyramiden mit fünf oder gar mehr Stufen gibt, haben Poikilotherme daran einen großen Anteil, oder aber das Ökosystem ist in hohem Maße produktiv, speziell auf der Ebene der Primärproduzenten.

5 Evolution

5.1 Homologie und Analogie

Seite 408–409

1 Erläutern Sie, weshalb die Vorderextremitäten der Wirbeltiere einen gemeinsamen Grundbauplan aufweisen, sich aber äußerlich stark unterscheiden.

Der gemeinsame Grundbauplan der Vorderextremitäten der Wirbeltiere ist auf eine übereinstimmende genetische Information zurückzuführen. Anders sind die Ähnlichkeiten des Aufbaus in ihrer Komplexität nicht zu erklären. Die Annahme einer übereinstimmenden genetischen Information lässt auf Abstammung von gemeinsamen Vorfahren schließen. Die Abwandlungen des Grundmusters gehen mit Funktionswechseln einher. Arme, Beine, Flügel und Flossen sind als Angepasstheit an unterschiedliche Umweltbedingungen entstanden.

Seite 410

1 Erläutern Sie die Entstehung der analogen Organe bei Maulwurf und Maulwurfsgrille und bei Kakteen und Wolfsmilchgewächsen.

Die große Ähnlichkeit der Gestalt und funktionelle Übereinstimmung der Grabbeine von Maulwurf und Maulwurfsgrille beruhen auf deren Entstehung unter nahezu identischen Umweltbedingungen aufgrund ihrer sehr ähnlichen unterirdischen Lebensweise. Ihre Grabbeine besitzen jedoch völlig unterschiedliche Konstruktionsmerkmale, da beide Arten nicht miteinander verwandt sind und sich die Ähnlichkeiten im Laufe einer voneinander unabhängigen, also konvergenten Entwicklung herausbildeten. Die ähnlichen Selektionsbedingungen führten hierbei zur Entwicklung äußerlich sehr ähnlicher Organe.

Die Ausbildung von wasserspeichernden Geweben bei amerikanischen Kakteen und nicht mit ihnen verwandten sukkulenten Wolfsmilchgewächsen in Afrika erfolgte ebenfalls über eine konvergente Entwicklung aufgrund sehr ähnlicher Umweltbedingungen.

Seite 411 (Material)

Material A – Wale und Pferde

1 Beschreiben Sie die Kiefer und Gebisse der drei Walschädel und den Gliedmaßenbau der Pferdeartigen.

Der Urwal besaß massive und im Gelenkbereich breit ausgeformte Kiefer, die jeweils rund 20 spitze, vor allem im hinteren Drittel zum Teil sehr massive Zähne *(Zusatzinformation: heterodontes Gebiss = für Säugetiere plesiomorphes Merkmal)* trugen. Die Zähne im vorderen Drittel waren länger, weniger massiv und leicht nach hinten gebogen. Delfine besitzen weniger massive und schmalere Kiefer mit etwa doppelt so vielen, nahezu gleichförmigen Zähnen *(Zusatzinformation: homodontes Gebiss = für Säugetiere apomorphes Merkmal)*, die im Vergleich zum Urwal deutlich kürzer, weniger massiv und noch spitzer sind. Bartenwale besitzen relativ dünne, spangenartig gebogene Kiefer, die keine Zähne tragen.

Eohippus besaß einen kurzen Fuß mit vier nebeneinanderliegenden Mittelfußknochen und vier relativ breit auseinanderstehenden Einzelzehen. Die dritte Zehe trug einen etwas verdickten Nagel. Der erste Mittelfußknochen und Zeh waren nicht erkennbar. *Mesohippus* besaß einen etwas länger ausgezogenen Fuß mit drei eng beieinanderliegenden Mittelfußknochen und drei Zehen. Die dritte Zehe war massiver als die beiden anderen und trug einen deutlich verdickten Nagel. Auch hier sind der erste Mittelfußknochen und Zeh nicht erkennbar. Zusätzlich fehlt noch der fünfte Zeh und der fünfte Mittelfußknochen ist deutlich verkürzt. *Merychippus* besaß ebenfalls drei Mittelfußknochen, die teilweise miteinander verwachsen scheinen. Der dritte Mittelfußknochen ist deutlich verdickt, ebenso wie die Knochen und der Nagel der dritten Zehe. Im Vergleich zu *Eo-* und *Mesohippus* liegen etwas weniger Fußwurzelknochen vor. *Pliohippus* besaß einen massiven Mittelfußbereich, der aus weitgehend verwachsenen Knochen bestand. Zusätzlich zur fünften fehlen hier auch die zweite und vierte Zehe. Die Knochen der dritten Zehe sind noch massiver und länger, ihr Nagel ist hufartig verdickt. *Equus* besitzt heute weniger Fußwurzelknochen, einen einzigen massiven, kompakten Mittelfußknochen und nur noch die dritte Zehe mit deutlich verdickten Knochen. Sie besitzt durch ihren stark verdickten und vergrößerten Nagel einen massiven Huf.

2 Erläutern Sie, ob hier jeweils eine Regressions- oder Progressionstendenz zu erkennen ist.

Betrachtet man die dargestellten Wale als Entwicklungsreihe, ist bezüglich der Zähne eine Regressionstendenz zu erkennen, da diese zunächst kleiner und schließlich nicht mehr ausgebildet werden. Bei der dargestellten Entwicklungsreihe der Pferdeartigen ist bezüglich der Mittelfuß- und Zehenknochen ebenfalls insgesamt eine Regressionstendenz zu erkennen, da sie mit Ausnahme des dritten Gliedes zunehmend verkleinert und schließlich nicht mehr ausgebildet werden.

Material B – Ameisen und Termiten als Hauptnahrungsquelle

1 Vergleichen Sie den Körperbau der vier Tiere.

Alle vier Tiere haben starke Krallen und eine röhrenförmige Schnauze mit einer sehr langen, schmalen Zunge. Sie unterscheiden sich in der Körperbedeckung: Ameisenbären tragen ein dichtes Fell, Erdferkel ein eher spärliches, das Schuppentier ist von Hornschuppen bedeckt, der Schnabeligel hat Stacheln. Mit Ausnahme des Ameisenbären sind die Tiere nachtaktiv. Auffallend sind die vergleichsweise großen Ohren des Erdferkels.

Material B – Ameisen und Termiten als Hauptnahrungsquelle

2 Erläutern Sie die Ursachen der Ähnlichkeiten der vier Tiere.
Als Angepasstheit an ähnliche Nahrung, nämlich Ameisen beziehungsweise Termiten, haben sich die vier Tiere unabhängig voneinander auf verschiedenen Kontinenten parallel entwickelt. Sie bilden dort in etwa die gleiche ökologische Nische aus, wenn auch die Körperbedeckungen auf unterschiedliche Lebensumstände hinweisen. Die starken Krallen sind gut geeignet, die Insektenbauten aufzugraben. Die Schnauze mit der langen Zunge dient der Aufnahme der Insekten. Da die Tiere aber unterschiedlichen systematischen Gruppen innerhalb der Säugetiere angehören und sich geografisch isoliert entwickelt haben, sind die Ähnlichkeiten nicht auf Verwandtschaft zurückzuführen, sondern stellen eine Analogie dar.

5.2 Molekulare Verwandtschaft

Seite 414–416

1 Erläutern Sie, inwiefern das Hämoglobin Hinweise auf die Evolution liefert.
Hämoglobin ist ein konservatives Molekül, das aufgrund seiner essenziellen Bedeutung für den Stoffwechsel über Jahrmillionen in seiner Struktur und Funktion erhalten blieb. Daher kann man mithilfe einer molekularen Uhr aus der Veränderung der Aminosäuresequenz der Hämoglobinmoleküle verschiedener Lebewesen Hinweise auf phylogenetische Beziehungen ableiten, wie es z. B. für die Wirbeltiere gemacht wurde. Des Weiteren lassen sich aus der molekularen Struktur der Wirbeltierhämoglobine mit ihren repetitiven Aminosäuresequenzen und aus dem Vergleich zum Myoglobin Hinweise auf die Genduplikation als einen wichtigen Prozess zur Entstehung größerer Genome und damit komplexerer Lebewesen ableiten.

2 Werten Sie die Daten in Abbildung 2 aus.
Die Abbildung zeigt ein Koordinatensystem, dessen Ordinate den prozentualen Anteil der freigesetzten DNA-Einzelstränge in Abhängigkeit von der Temperatur in °C auf der Abszisse angibt. Die zur Kontrolle dienende Kurve zeigt die Verhältnisse bei vollkommener Übereinstimmung der Einzelstränge, da hier die zwei Einzelstränge der Art 1 sich zusammengelagert haben und durch Erhitzen wieder getrennt wurden. Dies ist die Basis, mit der die beiden anderen Kurven verglichen werden, um abschätzen zu können, ob Art 2 oder Art 3 näher mit Art 1 verwandt ist. Die beiden anderen Kurven stehen jeweils für eine Hybrid-DNA aus Art 1 und Art 2 beziehungsweise Art 1 und Art 3. Je ähnlicher die DNA der Arten 2 und 3 der DNA der Art 1 ist, desto mehr Wasserstoffbrücken werden bei der jeweiligen Hybrid-DNA ausgebildet und desto höher muss die Temperatur sein, um die Hybrid-DNA-Stränge zu trennen. Der Kurvenverlauf deutet darauf hin, dass Art 2 näher mit Art 1 als mit Art 3 verwandt ist, da die aufzuwendende Temperatur ähnlich hoch ist wie bei der Kontrollkurve, während die Kurve der Art 3 zeigt, dass 50 % der Einzelstränge bereits bei 67 °C freigesetzt sind. Dies ist bei Art 2 erst bei 75 °C der Fall.

Material A – Evolution der Hypophysenhinterlappenhormone

1 Vergleichen Sie die Aminosäuresequenz der Neurohormone.
Bei den Neurohormonen handelt es sich um Oligopeptide aus neun Aminosäuren. Die Aminosäuren 1 und 6 sind Cystein und bilden über ihre Reste eine Schwefelbrücke aus, sodass eine Ringstruktur entsteht. Die Neurohormone unterscheiden sich nur an den Positionen 3, 4 und 8. Bei den Vasopressinen befindet sich an Position 3 Phenylalanin statt Isoleucin. Bei Isotocin ist an Position 4 Serin statt Glutamin. An Position 8 hat Valitocin Valin statt Arginin, Isotocin und Mesotocin haben dort Isoleucin, Oxytocin hat hier Leucin und Lysin-Vasopressin hat Lysin.

2 Stellen Sie anhand des Oxytocins eine Hypothese auf, weshalb die Cysteinmoleküle bei allen Wirbeltiergruppen unverändert blieben.
Die Seitenkette der Aminosäure Cystein enthält eine hochreaktive Schwefelgruppe, die Sulfhydrylgruppe, über die mit einem weiteren Cystein eine Disulfidgruppe ausgebildet werden kann. Wie beim Oxytocin sind Disulfidbrücken wichtig für die Konformation der Moleküle. Ohne die Disulfidbrücke könnte sich beim Oxytocin keine Ringstruktur ausbilden, welche für die Funktion des Hormons entscheidend ist. Eine Mutation, die eine solche Veränderung der Raumstruktur des Oxytocins zur Folge hätte, könnte sich in der Evolution nicht durchsetzen, weil sie vergleichsweise große Nachteile verursachen würde.

3 Stellen Sie dar, welche Rückschlüsse auf die stammesgeschichtliche Verwandtschaft der Wirbeltiergruppen aus der Aminosäuresequenz abgeleitet werden können.
Eine ähnliche Aminosäuresequenz lässt auf eine gemeinsame genetische Abstammung schließen, da die Aminosäuresequenz Hinweise auf die Nucleotidsequenz der DNA gibt. Veränderungen in der DNA können über die Geschlechtszellen an die Folgegenerationen vererbt werden. Übereinstimmungen in den Mutationen, aus denen eine veränderte Aminosäuresequenz resultieren kann, machen eine gemeinsame Verwandtschaft wahrscheinlich und deuten auf eine Trennung von Entwicklungslinien hin.

4 Erklären Sie die Ursachen der Unterschiede in der Aminosäureabfolge der verschiedenen Neurohormone mithilfe der Codesonne.

Die älteste Wirbeltiergruppe sind die Rundmäuler, bei denen Vasotocin vorkommt. Daher codierte das ursprüngliche Gen wahrscheinlich Vasotocin, das bei allen Wirbeltieren außer den Säugern vorkommt. Bei den Säugetieren entstand aufgrund einer Punktmutation aus dem Isoleucin (mRNA: AUU oder AUC, DNA: TAA oder TAG) an Position 3 Phenylalanin (mRNA: UUU oder UUC, DNA: AAA oder AAG). Das Vasopressin-Gen wurde anschließend dupliziert und in einem der Gene wurde durch einen Basenaustausch statt der Aminosäure Arginin (mRNA: AGA, DNA: TCT) an Position 8 die Aminosäure Lysin (mRNA: AAA, DNA: TTT) codiert.

Da bei den übrigen Wirbeltieren neben Vasotocin ein weiteres ähnliches Neurohormon vorkommt, fand auch schon auf einer früheren phylogenetischen Stufe eine Genduplikation statt. Das eine Gen erfuhr erst auf der Stufe der Säugetiere einen Aminosäureaustausch, aus dem anderen gingen mehrere Hormone hervor. Bei den phylogenetisch frühen Formen der Fische wurde durch eine Punktmutation die an Position 8 vorkommende Aminosäure Arginin (mRNA: AGA, DNA: TCT) zu Isoleucin (mRNA: AUA, DNA: TAT) verändert, sodass Mesotocin entstand. Aus dem Mesotocin entwickelte sich zum einen durch eine weitere Punktmutation das Valitocin der Haie, welches an Position 8 Valin (mRNA: GUA, DNA: CAT) statt Isoleucin hat. Zum anderen entstand wahrscheinlich durch mehrere Mutationen Isotocin bei den Knochenfischen, das an Position 4 statt Glutamin (mRNA: CAG oder CAA; DNA: GTC oder GTT) die Aminosäure Serin (mRNA: AGC oder AGU, DNA: TCG oder TCA) hat. Ein Basenaustausch an Position 8 von Mesotocin führte bei den Reptilien, Vögeln und Säugern zum Oxytocin, da statt Isoleucin (mRNA: AUA, DNA: TAT) die Aminosäure Leucin (mRNA: CUA, DNA: GAT) codiert wird.

5 Stellen Sie eine Hypothese auf zur Evolution der Neurohormone und erläutern Sie sie vor dem Hintergrund des Wirbeltierstammbaums.

Da Vasotocin schon bei den Rundmäulern und allen anderen Wirbeltieren außer den Säugern vorkommt, ist davon auszugehen, dass es die ursprüngliche Form der Neurohormone ist. Daraus entstand durch eine Punktmutation das Mesotocin bei frühen Fischen, aus dem sich Valitocin bei Knorpelfischen, Isotocin bei Knochenfischen und Oxytocin bei Landwirbeltieren entwickelte. Die drei Wirbeltiergruppen bilden also jeweils eigene Entwicklungslinien. Aus den Reptilien gingen schließlich die Säugetiere hervor. Das Oxytocin kommt bei ihnen neben den Vasopressinen vor, die sich vom Vasotocin ableiten lassen.

6 Erläutern Sie am Beispiel der Neurohormone das Basiskonzept Entwicklung.

Die Variabilität in den Aminosäuresequenzen der Neurohormone lässt sich auf einen gemeinsamen Ursprung

zurückführen, Vasotocin. Von dieser Ursprungsform lässt sich das Mesotocin der frühen Fische sowie das Valitocin der Knorpelfische und das Isotocin der Knochenfische ableiten. Oxytocin ist charakteristisch für die Landwirbeltiere. Bei den Säugetieren tritt darüber hinaus Vasopressin in zwei Varianten auf. Diese unterschiedlichen Formen der Neurohormone sind ein Beleg für die Verwandtschaft der Wirbeltiere untereinander und dafür, dass die verschiedenen Wirbeltiergruppen auseinander hervorgegangen sind. Die verschiedenen Formen der Neurohormone sind daher ein Beispiel für das Basiskonzept Entwicklung.

5.3 Variabilität und Genpool

Seite 420–421

1 Beschreiben Sie die Faktoren, die die Allelfrequenzen in Populationen beeinflussen.

Veränderungen der Populationszusammensetzung durch Zu- oder Abwanderung können Einfluss auf die Frequenz einzelner Allele nehmen. Allele können dadurch häufiger oder seltener werden. Erhöht oder erniedrigt ein Allel die Paarungswahrscheinlichkeit, hat das ebenso Auswirkungen auf seine Frequenz im Genpool seiner Population. Auch Rekombinations- und Mutationsereignisse können Allelfrequenzen verändern.

Zusatzinformation: Die Allelfrequenzen werden zudem durch Selektion beeinflusst. Die Frequenz eines Allels steigt, wenn es unter veränderten Umweltbedingungen zu einem Selektionsvorteil führt. Sie sinkt hingegen, wenn es zu einem Selektionsnachteil führt.

Seite 422

1 Erläutern Sie die Wirkung des Gründereffekts und die des Flaschenhalseffekts mithilfe von Abbildung 2.

Der Gründereffekt beschreibt das Entstehen einer neuen Population durch die Besiedlung eines neuen Lebensraums von nur wenigen Lebewesen einer Art. Diese Population weist eine sehr geringe genetische Variabilität auf, da die wenigen Individuen nur einen Bruchteil des Genpools der Ursprungspopulation mitgenommen haben.

Beim Flaschenhalseffekt wird die Anzahl der Lebewesen in einer Population zum Beispiel durch eine Naturkatastrophe so minimiert, dass nur wenige Individuen übrigbleiben. Auch hier ist die Variabilität im Vergleich zur Ursprungspopulation klein.

Bei beiden Effekten wirken sich evolutionäre Prozesse schnell aus. Bei günstigen Umweltbedingungen kann es zu einer rasanten Entwicklung der neuen Population kommen, wobei die Variabilität nur langsam steigt. Die Auswirkung der Gendrift ist jeweils umso größer, je kleiner die betroffene Population ist.

Zusatzinformation: Durch genetische Untersuchungen lassen sich Gründereffekt und Flaschenhalseffekt nachweisen. Auch nach längerer Zeit sind die Allele der anfangs kleinen Population am häufigsten vorhanden. Die sich neu entwickelnden Populationen erreichen über einen größeren Zeitraum nicht die hohe Variabilität von Populationen, in denen keine Gendrift stattfand.

Seite 423 (Material)

Material A – Ausbreitung der Phönizier

1 Beschreiben Sie die Abbildung.
Die Abbildung stellt anhand von Pfeilen die neu erschlossenen Handelswege der Phönizier im Mittelmeerraum dar. Durch unterschiedlich stark gefärbte rote Punkte werden die Orte gezeigt, an denen die phönizische Haplogruppe bei heutigen Menschen nachgewiesen wurde. Je intensiver rot die Punkte gefärbt sind, desto größer ist die Häufigkeit der phöniziertypischen Haplogruppe. Besonders in Hafenstädten findet man auch mehrere Jahrhunderte nach der Besiedlung noch eine hohe Anzahl von Menschen mit dieser Haplogruppe. Mit weiterer Entfernung zur Handelsroute findet man tendenziell weniger Menschen mit der Haplogruppe.

2 Erläutern Sie den Zusammenhang zwischen der Häufigkeit der phönizierspezifischen Haplogruppe, der Veränderung des Genpools und den Handelswegen.
Die Häufigkeitsverteilung der phönizischen Haplogruppe lässt den Schluss zu, dass sich die Phönizier entlang ihrer Handelsrouten niedergelassen haben. Hier wirkt der Gründereffekt. Über Jahrhunderte hinweg hat sich vor allem bei Männern die Haplogruppe erhalten, das heißt, die genetische Variabilität nahm nur langsam zu. Aufgrund der Durchmischung des Genpools der Phönizier mit dem Genpool anderer Populationen im Inland nimmt die Häufigkeit der Haplogruppe mit der Entfernung von den Handelswegen ab.

3 Stellen Sie Hypothesen auf, welche Evolutionsfaktoren hier gewirkt haben könnten.
Rekombination und Mutation sind Grundlage jeder Populationsentwicklung. Die Haplogruppe der Phönizier wird jedoch mit dem Y-Chromosom vererbt, das nur bei Männern und auch bei diesen nur einfach vorkommt. Sie wird also von Männern ohne genetischen Beitrag der Frauen auf ihre Söhne vererbt. Damit ist sie von der Rekombination ausgeschlossen.
Zusatzinformation: Aufgrund einer stabilisierenden Selektion könnte sich das Merkmal so gut erhalten haben. Über den konkreten Selektionsdruck lässt sich jedoch nichts sagen. Auch eine Isolation der Phönizier am Anfang der Besiedlung wäre denkbar.

Material B – Wapitis

1 Werten Sie die Tabelle aus.
Die Tabelle beinhaltet Daten zur genetischen Variabilität verschiedener Hirscharten. Wapitis haben mit einem Anteil von 10 % weniger polymorphe Genloci als der Durchschnitt aller Hirsche. Auch mit durchschnittlich 1,14 verschiedenen Allelen pro Genlocus und weniger als 2 % Heterozygotie liegen sie unter dem Durchschnitt aller Hirsche. Der Weißwedelhirsch hat mit einem Anteil polymorpher Genloci von 40 %, mehr als zwei verschiedenen Allelen pro Genlocus und 9,7 % Heterozygotie deutlich höhere Werte als Hirsche im Allgemeinen. Dies zeigt, dass Wapitis eine geringere genetische Variabilität im Vergleich zum Durchschnitt aller Hirsche aufweisen. Die Weißwedelhirsche zeigen dagegen eine sehr hohe genetische Variabilität.

2 Erklären Sie den Unterschied der genetischen Variabilität von Wapitis im Vergleich zum Durchschnitt aller Hirsche.
Der Wapiti wurde aufgrund unkontrollierter Jagd fast ausgerottet. Die Anzahl der Tiere erreichte um 1900 einen Tiefpunkt. Die wenigen überlebenden Tiere wurden in kleinen Reservaten gehalten und später wieder ausgesiedelt. Diese kleine Population enthält nur noch einen kleinen Teil des Genpools der ursprünglichen Population. Dies ist ein Beispiel für einen Flaschenhalseffekt. Die genetische Variabilität nimmt nur langsam zu. Auch wenn sich heute die Bestände wieder erholt haben, besitzen die Wapitis immer noch eine geringe genetische Variabilität.

3 Stellen Sie eine Hypothese zur Populationsentwicklung von Weißwedelhirschen auf.
Weißwedelhirsche haben eine große genetische Variabilität. Dies lässt darauf schließen, dass es bei diesen Hirschen vermutlich keinen Flaschenhals- oder Gründereffekt gegeben hat. Die Populationen haben sich wahrscheinlich über längere Zeit ohne drastische Veränderungen der Umweltbedingungen entwickelt.

4 Erläutern Sie an diesem Beispiel das Basiskonzept Entwicklung.
Alle Lebewesen pflanzen sich fort, sei es mithilfe von Geschlechtszellen – geschlechtliche Fortpflanzung – oder wie bei Einzellern durch Zweiteilung – ungeschlechtliche Fortpflanzung. Die im Zusammenhang mit der geschlechtlichen Fortpflanzung stattfindende Meiose und Neukombination des Erbmaterials bewirkt, dass Lebewesen unterschiedliche Merkmalsausprägungen tragen können. Diese Variation ist umso größer, je mehr Erbmaterial zur Neukombination in einem Genpool zur Verfügung steht. Aufgrund des aufgetretenen Flaschenhalseffektes ist bei Wapitis die Menge der unterschiedlichen Allele im Genpool gering. Deshalb ist auch die zu beobachtende Variation klein. Es handelt sich damit um ein Beispiel für das Basiskonzept Entwicklung auf der evolutionären Ebene.

5.4 Angepasstheit und Selektion

Seite 424–425

1 Beschreiben Sie die Bedeutung der Mechanismen Variabilität und Selektion zur Erklärung der Phänomene biologischer Diversität und Angepasstheit. Stellen Sie die Zusammenhänge hierzu als Schaubild dar.

Biologische Diversität lässt sich zunächst durch die Mechanismen der ungerichteten Variabilität erklären: Durch sich stets verändernde Genotypen entstehen neue Phänotypen und damit Diversität. Diese Diversität durch ungerichtete Variabilität zeigt aber noch keine Angepasstheit, sodass die meisten so entstehenden Individuen nicht überlebensfähig sind. Dieses Nichtüberleben oder ein zumindest verminderter Fortpflanzungserfolg führt dazu, dass Erbanlagen, die zur Ausprägung wenig angepasster Merkmale führen, mit geringerer Wahrscheinlichkeit an die nächste Generation weitergegeben werden als jene, die für angepasste Merkmale codieren und damit zu einem hohen Fortpflanzungserfolg führen.

Mögliches Schaubild:

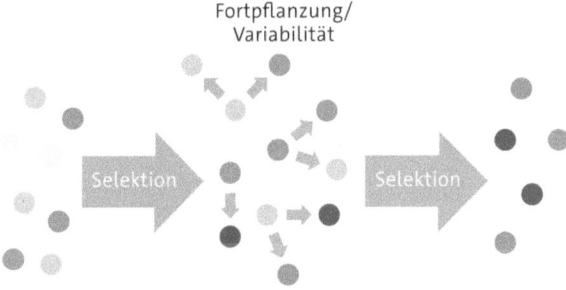

Illustration: Cornelsen/Bernhard A. Peter, newVision. GmbH

Seite 426

1 Erläutern Sie am Beispiel des Granatkolibris und der beiden *Heliconia*-Arten das Prinzip der Koevolution.

Granatkolibris sind die einzigen Bestäuber der beiden Blütenpflanzen der Gattung *Heliconia*. Im Verlauf der Evolution hat sich bei *Heliconia bihai* eine langgezogene, gebogene Blütenröhre entwickelt. Der Schnabel der Kolibriweibchen ist langgezogen und gebogen und somit optimal an die Anatomie der Blüte angepasst. Die Kolibriweibchen, die mehr Nektar aus den Blüten saugen können, haben gegenüber den Tieren, die weniger Nektar saugen können, einen Selektionsvorteil. Unter den Kolibriweibchen hat deshalb eine Selektion zu immer längeren, gebogenen Schnäbeln stattgefunden.

Heliconia caribaea hat eine kurze, gerade Blütenröhre und produziert mehr Nektar als *Heliconia bihai*. Da die Kolibrimännchen größer und schwerer als die Weibchen sind, benötigen sie mehr Energie für ihren Schwirrflug und bevorzugen deshalb *Heliconia caribaea*. Ein kurzer, gerader Schnabel führt bei dieser Pflanze zu einer erhöhten Nahrungsausbeute. Im Verlauf der Evolution hat bei den Kolibrimännchen der Selektionsdruck deshalb zur Entwicklung eines kurzen, geraden Schnabels geführt.

Bei den *Heliconia*-Arten hat ein Selektionsdruck stattgefunden, der zur Entwicklung der jeweiligen Blütenröhren geführt hat. Die Form der Blütenröhre garantiert die Bestäubung und damit die Vermehrung der Pflanze. Die *Heliconia*-Blüte, die besser an die Form des Schnabels angepasst ist, hat gegenüber anderen Blüten einen Vorteil.

Seite 427 (Material)

Material A – Evolution im Labor

1 Stellen Sie die Ergebnisse der Versuche 1–4 in Form einer Tabelle dar.

Versuch	Bedingungen	Versuchsergebnis
1	mit Beutegreifern/ fein gekörnter Kies	→ fein gefleckt
2	mit Beutegreifern/ grob gekörnter Kies	→ grob gefleckt
3	ohne Beutegreifer/ fein gekörnter Kies	→ grob gefleckt
4	ohne Beutegreifer/ grob gekörnter Kies	→ fein gefleckt

2 Deuten Sie die Versuche 1 und 2.

Durch die Beutegreifer besteht ein erhöhter Selektionsdruck auf Individuen, deren Färbung keine gute Tarnung bietet. Jene Individuen mit einer passenden Tarnung werden von den Beutegreifern seltener gefressen und können sich daher erfolgreicher fortpflanzen. Somit erhöhen sich unter Bedingungen fein gekörnten Bodens Individuen mit kleinfleckiger Färbung, während sich über grob gekörntem Kies die Anzahl jener Individuen erhöht, die ein grobes Fleckenmuster aufweisen.

3 Stellen Sie eine begründete Vermutung zur Erklärung der Ergebnisse zu den Versuchen 3 und 4 auf.

Wenn der Selektionsdruck durch Beutegreifer fehlt, überwiegt die sexuelle Selektion, sodass jene Männchen, die sich vom Boden durch abweichende Färbung besser abheben, häufiger als Fortpflanzungspartner gewählt werden.

4 Entwickeln Sie ein Experiment zur Überprüfung Ihrer Hypothese.

Unter den jeweiligen Bedingungen von Versuch 3 und 4 wird die Partnerwahl der Weibchen (Anzahl der Paarungen mit fein und grob gefleckten Männchen) erhoben, um nachzuweisen, dass hierdurch ein Selektionsdruck (sexuelle Selektion) entsteht.

Material B – Disruptive Selektion

1 Beschreiben Sie die Häufigkeit der Schnabelgrößen in der ursprünglichen und der evolvierten Population.
Das Diagramm zeigt die Anzahl der Tiere in Abhängigkeit von ihrer Merkmalsausprägung bezogen auf eine ursprüngliche Population (gestrichelte Kurve) und deren evolvierte Zusammensetzung (durchgezogene Kurve). Die ursprüngliche Population zeigt ein Maximum der Individuenzahl im Bereich der mittleren Merkmalsausprägung und eine sukzessive Abnahme der Individuenzahl bei jeweils extremeren Merkmalsausprägungen. Nach der evolutionären Entwicklung tritt die mittlere Merkmalsausprägung nur mit einer mittleren Häufigkeit auf, während die jeweils extremeren Ausprägungen die beiden häufigsten Formen der Merkmalsausprägung in der Population darstellen.

2 Erläutern Sie die Entwicklung und die möglichen Bedingungen im Lebensraum der Vögel.
Das jeweils gleichstarke Auftreten von Individuen mit kleineren und größeren Schnäbeln im Vergleich zur Ursprungspopulation lässt sich dadurch erklären, dass auf die mittlere Schnabelgröße ein besonders großer Selektionsdruck wirkt, während die stärkere und die schwächere Ausprägung dieses Merkmals evolutionär begünstigt sind. Größerer Selektionsdruck besteht dann wieder auf die jeweils noch stärkere Merkmalsausprägung, sodass die Individuenzahl dieser Phänotypen auch wieder gering ist. Eine mögliche Erklärung für die Entwicklung wäre ein Lebensraum, der Nahrung in Form zwei verschiedener Samentypen zur Verfügung stellt, die entweder mit relativ großen oder mit relativ kleinen Schnäbeln gefressen werden können, während die mittlere Schnabelgröße sich weder die eine noch die andere Samengröße gut erschließen kann. Dadurch reduziert sich die Anzahl der Individuen mit dieser Merkmalsausprägung. Da beide Varianten mit einer extremeren Merkmalsausprägung über ausreichend Nahrung verfügen, ist deren Individuenzahl in gleicher Weise erhöht, sodass zwei Phänotypvarianten mit jeweils hoher Individuenzahl auftreten.

5.5 Artkonzept und Artbildung

Seite 428–429

1 Erklären Sie die drei Artkonzepte am Beispiel des heutigen Menschen und nennen Sie die dabei auftretenden Schwierigkeiten.
Morphologisches Artkonzept: Der Mensch ist ein aufrecht gehender Primat mit großem Gehirn, was ihn deutlich von anderen Lebewesen unterscheidet. Schwierigkeit: Es gibt unzählige Varianten von Menschen, die sich beispielsweise in der Hautfarbe oder in der Körpergröße unterscheiden.

Biologisches Artkonzept: Alle Menschen können untereinander fruchtbare Nachkommen erzeugen. Dieses Konzept ist ohne Schwierigkeiten anwendbar.
Phylogenetisches Artkonzept: Der Mensch bildet eine Abstammungsgemeinschaft. Schwierigkeit: Die Abstammung des Menschen ist nicht vollständig geklärt.

2 Beschreiben Sie die zwei Mechanismen der Artbildung mithilfe von Abbildung 2.
Allopatrische Artbildung: Eine Population wird in zwei Populationen getrennt. Die Genpools der geografisch voneinander isolierten Populationen entwickeln sich auseinander zu verschiedenen Unterarten. Kommen durch Veränderungen im Genpool weitere Isolationsmechanismen hinzu und unterscheiden sich die Populationen noch stärker voneinander, können sie sich zu zwei getrennten Arten entwickeln.
Sympatrische Artbildung: Innerhalb einer Population entwickeln sich ohne geografische Isolation verschiedene Teile der Population unterschiedlich. Sind die Unterschiede zwischen ihnen groß, können im gleichen Gebiet zwei verschiedene Arten entstehen.

Seite 430–431

1 Erläutern Sie die ökologischen Nischen des Roten Riesenkängurus und der Flachkopfbeutelmaus.
Das Rote Riesenkänguru kann 2 m groß werden und lebt in der Savanne. Dort frisst es als Wiederkäuer Gras. Es bewegt sich springend auf den Hinterbeinen fort. Aufgrund der elastischen Sehnen ist dies eine energetisch günstige Fortbewegungsweise.
Die Flachkopfbeutelmaus wird nur einige Zentimeter groß und lebt räuberisch. Manche Arten kommen im offenen Grasland vor und leben in Erdspalten.

2 Beschreiben Sie die adaptive Radiation der Beuteltiere.
Beuteltiere sind in Nordamerika entstanden und gelangten über Landbrücken bis nach Australien. Aufgrund der Kontinentalverschiebung wurde Australien von den übrigen Kontinenten getrennt. Die Beuteltiere vermehrten sich in Australien. Dadurch trat innerartliche Konkurrenz auf, beispielsweise um Nahrung oder um Lagerplätze. Varianten der ursprünglichen Beuteltiere mit verändertem Nahrungsspektrum oder anderweitig veränderten Ansprüchen an die Umweltbedingungen waren bevorteilt und konnten sich erfolgreicher fortpflanzen. So entstanden Unterarten, die neue ökologische Nischen ausbildeten und sich später zu verschiedenen Arten entwickelten.

Seite 432–433 (Material)

Material A – Raben- und Nebelkrähe

1 Beschreiben Sie die Verbreitungsgebiete der beiden Krähenarten.

Das Verbreitungsgebiet der Nebelkrähe umfasst Irland und das nördliche Großbritannien, Skandinavien sowie Mitteleuropa und reicht noch bis in östliche und südöstliche Teile Europas. Die Rabenkrähe findet man im südlichen Großbritannien sowie in Mittel- und Südwesteuropa. In Mitteleuropa, Großbritannien und Irland überschneiden sich beide Verbreitungsgebiete, hier kommt zusätzlich eine Mischform vor.

2 Erläutern Sie, wie die Populationen der Krähen im Verlauf der Evolution zustande gekommen sind.

Eine zunächst jeweils einheitliche Population von Krähen wurde durch das Vordringen des Eises während der Eiszeit in eine westliche und in eine östliche Teilpopulation getrennt. Nach dem Zurückweichen des Eises breiteten sich diese Teilpopulationen wieder aus und bildeten Überschneidungszonen.

3 Begründen Sie, inwieweit es sich bei den beiden Krähen um getrennte Arten handelt.

Nach dem morphologischen Artkonzept handelt es sich möglicherweise um getrennte Arten, nach dem biologischen nicht. Die Grundlagen für die Anwendung des phylogenetischen Artkonzepts sind erfüllt.

4 Erläutern Sie an diesem Beispiel das morphologische, biologische und phylogenetische Artkonzept.

Morphologisches Artkonzept: Nebelkrähe und Rabenkrähe weisen unterschiedliche Merkmale auf, könnten also nach dem morphologischen Artkonzept als getrennte Arten betrachtet werden. Ob man den Färbungsunterschied als deutlichen Unterschied ansieht oder nicht, ist aber unklar.

Biologisches Artkonzept: Die Krähen bilden unterschiedliche Teilpopulationen, die sich fruchtbar miteinander fortpflanzen können. Nach dem biologischen Artkonzept handelt es sich also nicht um getrennte Arten.

Phylogenetisches Artkonzept: Die Krähen sind aus einer Ursprungspopulation hervorgegangen. Es handelt sich also um eine einheitliche Abstammungsgemeinschaft. Eine endgültige Aufspaltung in zwei Arten ist möglich.

5 Erläutern Sie an diesem Beispiel das Basiskonzept Entwicklung.

Die Krähen unterschieden sich äußerlich, ihre Populationen weisen also Variabilität auf. *(Zusatzinformation: Diese Variabilität ist auch genotypisch nachweisbar.)* Sie ermöglicht eine evolutive Entwicklung durch Wirken der Selektion. So könnten sich die Krähen weiter auseinanderentwickeln. Aktuell sind sie nicht nur durch Verpaarungen von Individuen innerhalb einer Population, sondern auch noch durch Verpaarungen von Individuen zweier verschiedener Populationen in der Lage zur Reproduktion.

Material B – Artbildung beim Schwarzen Aronstab

1 Stellen Sie eine Hypothese auf, wie die Aronstab-Population mit dem Geruch nach Pferdedung durch das zufällige Wirken von Evolutionsfaktoren entstanden sein könnte.

Der Entstehung der Population mit dem Geruch nach Pferdedung könnte Gendrift zugrunde liegen. In der Ursprungspopulation entstand durch Mutation ein Schwarzer Aronstab mit abweichendem Duft. Er pflanzte sich fort und hatte Nachkommen, die die Mutation ebenfalls trugen. Die Samen dieser Pflanzen wurden von Tieren an eine Stelle getragen, die von der ursprünglichen Population entfernt lag. Durch Rekombination bei der Fortpflanzung dieser Individuen und deren Nachkommen wurden die Allele neu kombiniert. Es entstanden Nachkommen mit einem immer intensiveren Geruch nach Pferdedung. Durch den Gründereffekt entstand an diesem Ort eine neue Population von Schwarzem Aronstab mit nach Pferdedung riechenden Blüten.

2 Beschreiben Sie die Bedeutung bestäubender Insekten für die Fortpflanzung von Blütenpflanzen.

Viele Blütenpflanzen sind für ihre Fortpflanzung auf Insekten angewiesen. Diese tragen als Bestäuber die Pollenkörner von einer Pflanze zur anderen. Nur in bestäubten Blüten kann eine Befruchtung der Eizelle und anschließend die Samenbildung stattfinden.

3 Erläutern Sie die Vermutung der Wissenschaftler, dass hier eine Artbildung zu beobachten ist.

Da Taufliegen und Schmeißfliegen jeweils nur gleich riechende Blüten anfliegen, werden Individuen des Schwarzen Aronstabs mit Weingeruch ausschließlich mit Pollen von Individuen mit demselben Geruch bestäubt. Dasselbe gilt für Pflanzen mit Geruch nach Pferdedung. Die Fortpflanzung zwischen den beiden Populationen ist also blockiert, sie sind voneinander isoliert. Werden nun in beiden Populationen durch Mutation, Rekombination, Gendrift und Selektion die Genpools in verschiedener Weise verändert, entwickeln sich die Populationen so weit auseinander, dass man bei den Pflanzen mit Geruch nach Pferdedung von einer neuen Art sprechen kann.

4 Begründen Sie, welcher Isolationsmechanismus hier vorliegt.

Es sind verschiedene Zuordnungen denkbar:
Man könnte den Fall als Beispiel für physiologische Isolation betrachten. Die potenziellen Paarungspartner der beiden Populationen begegnen sich, können sich aber durch ihren unterschiedlichen Duft nicht miteinander fortpflanzen. Zwar locken Pflanzen mit ihrem Geruch nicht direkt ihren Paarungspartner an, jedoch beeinflussen sie durch die Insekten indirekt trotzdem, mit welchem Partner sie sich fortpflanzen.

Dadurch, dass die Fliegen als Bestäuber auftreten, könnte man auch von einer ökologischen Isolation ausgehen. Der physiologische Vorgang der Duftstoffbildung durch die Pflanze bildet zwar die Grundlage für die Isolation. Die Bestäubungssymbiose ist als wichtiger ökologischer Faktor für die Fortpflanzung jedoch auch von hoher Relevanz.

Seite 432–433 (Material)

Material C – Buntbarsche in ostafrikanischen Seen

1 Beschreiben Sie an zwei Beispielen die Angepasstheit der Kopfform der dargestellten Buntbarsche an die Form der Nahrungsaufnahme.

Lösungsbeispiel:

Fischjäger *Rhamphochromis macrophthalmus*: Das Maul ist lang gestreckt und mit spitzen Zähnen besetzt. So kann der Fisch seine Beute durch eine schnelle Bewegung packen und mit den Zähnen festhalten.

Aufwuchskratzer *Pseudotropheus zebra*: Das Maul ist gedrungen und mit kleinen, stumpfen Zähnen besetzt. So kann der Fisch auf flachen Oberflächen den Aufwuchs abkratzen, auch wenn er fest angewachsen ist.

2 Erläutern Sie die evolutionäre Entwicklung der Buntbarscharten in einem See und benennen Sie das Phänomen.

Buntbarsch-Stammformen leben in den umliegenden Flüssen eines Sees. Ihre Form der Nahrungsaufnahme ist wenig spezialisiert, es herrscht keine Nahrungsknappheit. Wenige Individuen einer Buntbarsch-Stammform gelangen in den See und vermehren sich dort. Aufgrund der dadurch entstehenden Nahrungsknappheit entsteht innerartliche Konkurrenz. Buntbarsch-Varianten, die aufgrund ihrer Maulform andere als die ursprüngliche Nahrung nutzen können, sind bevorteilt und pflanzen sich erfolgreicher fort als die Ursprungsart. So entstehen Unterarten und schließlich Arten, die separate ökologische Nischen besetzen. Dieser Vorgang heißt adaptive Radiation.

3 Stellen Sie einen Zusammenhang zwischen diesem Beispiel und einem Basiskonzept her.

Alle Buntbarsche eines Sees stammen von einer Ursprungsart ab. Sie sind daher miteinander verwandt und besitzen eine gemeinsame Geschichte: Es handelt sich um das Basiskonzept Entwicklung.

Material D – Gesang bei Zwillingsarten

1 Beschreiben Sie die äußeren Kennzeichen des Waldbaumläufers und des Gartenbaumläufers.

Beide Baumläufer besitzen einen Stützschwanz und lange Krallen an den Zehen, mit denen sie sich an Baumstämmen festhalten können. Der Schnabel ist lang, spitz und gebogen. Das Gefieder ist an der Bauchseite hell. Kopf, Rücken und Flügel sind hellbraun gestreift, die Schwanzfedern sind mittelbraun gefärbt.

2 Ermitteln Sie, weshalb sich die beiden Arten nicht fruchtbar miteinander paaren.

Die Sonogramme des Gesanges zeigen sehr unterschiedliche Gesangsformen. Der Gesang von Vögeln dient häufig der Partnerfindung. Garten- und Waldbaumläufer nehmen sich also gegenseitig nicht als potenzielle Partner wahr und verpaaren sich deshalb nicht miteinander.

3 Ordnen Sie dieses Beispiel einem Isolationsmechanismus zu und begründen Sie Ihre Zuordnung.

Da der Gesang zum Verhaltensrepertoire von Vögeln gehört, handelt es sich hier um einen ethologischen Isolationsmechanismus.

5.6 Entwicklung des Evolutionsgedankens

Seite 434–436

1 Fassen Sie die Aussagen der historischen Evolutionsvorstellungen zusammen.

In der Antike entwickelten sich die ersten Evolutionsvorstellungen. Die Gelehrten gingen davon aus, dass Lebewesen spontan aus unbelebter Materie durch Urzeugung entstehen.

Die Vorstellungen im Mittelalter waren im Wesentlichen von der Schöpfungsgeschichte des Alten Testaments geprägt. Demnach lebten alle Lebewesen von Beginn an auf der Erde und haben sich seitdem nicht verändert.

In der Neuzeit entwickelten sich unterschiedliche Vorstellungen. Fossilienfunde wurden auf ausgestorbene Lebewesen zurückgeführt. Man ging von einer stufenweisen Veränderung der Lebewesen in langen Zeiträumen aufgrund klimatischer Veränderungen aus.

Im frühen 19. Jahrhundert entwickelte Cuvier unter der Annahme der Unveränderlichkeit der Arten eine Katastrophentheorie. Dieser Theorie zufolge führten wiederholt große Katastrophen zum Aussterben von Tieren und Pflanzen, woraufhin die wenigen erhaltenen Arten sich erneut ausbreiten konnten.

Lamarck bestritt Cuviers Vorstellung der Unveränderlichkeit der Arten. Er nahm an, dass Lebewesen ein inneres Bedürfnis haben, sich an die jeweiligen Umweltbedingungen anzupassen, und dass der ständige Gebrauch zu einer stärkeren Ausbildung eines Organs führt. Nach Lamarcks Vorstellung sollten auf diese Weise erworbene Eigenschaften an die Nachkommen vererbt werden können.

Darwin und Wallace entwickelten unabhängig voneinander eine Evolutionstheorie, die in ihren Grundzügen noch heute Gültigkeit hat. Demnach basiert Evolution auf einer gemeinsamen Abstammung aller Lebewesen. Arten entwickeln sich fortlaufend weiter. Sie sind also nicht unveränderlich. Lebewesen produzieren mehr Nachkommen als für das Überleben der Population notwendig. Erbliche Varietäten unter den Nachkommen führen zu einer Konkurrenz untereinander und damit zu einer natürlichen Selektion.

Seite 437 (Material)

Material A – Evolutionstheorien im Vergleich

1 Erläutern Sie anhand der Abbildungen, wie die Evolution der Giraffenhälse nach den Vorstellungen von Lamarck und nach der Theorie von Darwin abgelaufen sein könnte.

Nach der Vorstellung von Lamarck hatten die Giraffen mit kürzeren Hälsen das innere Bedürfnis, Blätter von Bäumen zu fressen, die in größerer Höhe wachsen. Sie reckten ihren Hals häufiger, der Hals wuchs in die Länge. Der längere Giraffenhals wurde an die Nachkommen vererbt.

Auch nach Darwins Vorstellung hatten Giraffen zunächst kürzere Hälse. Aufgrund erblicher Varietäten unterschieden sich die Hälse jedoch geringfügig in ihrer Länge. Die Giraffen mit den etwas längeren Hälsen hatten im Konkurrenzkampf um Nahrung einen kleinen Vorteil, da sie auch die etwas höher hängenden Blätter eines Baumes erreichen konnten. Sie hatten deshalb einen größeren Fortpflanzungserfolg. Im Verlauf der Evolution haben sich immer wieder die Tiere mit den etwas längeren Hälsen durchgesetzt.

2 Bewerten Sie den Einfluss der Rangkämpfe zwischen Giraffenmännchen auf die Entwicklung der Halslänge nach den Theorien von Lamarck und Darwin.

Gewonnene Rangkämpfe bedeuten für ein Giraffenmännchen höhere Paarungschancen mit Giraffenweibchen.

Nach der Theorie Lamarcks haben diese Rangkämpfe das innere Bedürfnis nach Anpassung durch einen längeren Hals verstärkt. Die Giraffenmännchen haben ihre Hälse also genau wie zur besseren Nahrungsaufnahme gereckt, bis der Hals länger wurde.

Nach Darwins Theorie erhöht ein langer Hals durch die besseren Chancen bei Rangkämpfen direkt die reproduktive Fitness. Männchen mit langem Hals hatten mehr Nachkommen als Männchen mit kürzerem Hals, und durch diese sexuelle Selektion nahm über viele Generationen hinweg die Halslänge immer weiter zu. Da ein längerer Hals durch seine hohe Biomasse auch mehr Ressourcen erfordert, ist anzunehmen, dass sowohl die sexuelle Selektion als auch die Selektion durch den Nahrungsvorteil bei der evolutionären Entwicklung des Giraffenhalses von Bedeutung waren.

Material B – Der vorhergesagte Schwärmer

1 Erläutern Sie mithilfe von Darwins Theorie, weshalb diese Vorhersage gemacht werden konnte.

Der Sporn der Orchidee enthält Nektar, den der Schwärmer zur Nahrungsaufnahme nutzt. Dabei findet eine Bestäubung der Orchidee statt, die für die Fortpflanzung der Pflanze unerlässlich ist. Wenn kein Schwärmer den Nektar im langen Sporn erreichen könnte, würde die Pflanze bald nicht mehr von den Insekten besucht werden und aussterben. Da die Pflanze jedoch offensichtlich weiter existiert, muss es auch „passende" Schwärmer geben.

2 Entwickeln Sie eine Hypothese, wie der lange Sporn der Orchideenblüte und der lange Rüssel des Schwärmers in der Evolution entstanden sein könnten.

Je kürzer der Sporn der Orchidee ist, desto eher wird sie von Insekten oder anderen Tieren besucht, die zwar an den Nektar gelangen, aber nicht zur Bestäubung beitragen. Je länger der Sporn der Orchidee ist, desto eher ist sichergestellt, dass sie nur von den langrüsseligen Schwärmern besucht wird, die eine sichere Bestäubung herbeiführen. In einer Population von Orchideen mit langen und kurzen Spornen sind also die Pflanzen mit langem Sporn bevorteilt, weil sie für die Nektarproduktion einen geringeren Aufwand betreiben und sicherer bestäubt werden als ihre Konkurrenten mit kurzem Sporn. Aufseiten der Schwärmer sind diejenigen mit langem Rüssel bevorteilt, weil sie sicher an den Nektar im Sporn gelangen können, den sonst kein anderes Insekt erreichen kann. Nektar ist energiereiche Nahrung. In einer Population von Schwärmern mit kurzem und mit langem Rüssel sind also die Insekten mit langem Rüssel bevorteilt, weil sie weniger Aufwand betreiben müssen, um an Nahrung zu gelangen, und weil sie besser genährt und daher fortpflanzungsfähiger sind als ihre Konkurrenten.

3 Erläutern Sie an diesem Beispiel die Basiskonzepte Reproduktion und Evolution.

In einer Population von Orchideen gibt es einige Individuen mit langem Sporn und einige Individuen mit kurzem Sporn. Ähnlich verhält es sich in der Population der Schwärmer bezüglich der Rüssellänge. An diesen Variationen setzt die Selektion an und bevorteilt Pflanzen mit langem Sporn sowie Insekten mit langem Rüssel. Deshalb sind Orchideen mit langem Sporn und Insekten mit langem Rüssel an die Umweltbedingungen besser angepasst als andere Individuen in ihren Populationen. Sie reproduzieren sich häufiger, und ihre Nachkommen ähneln ihnen in ihren Merkmalen. So findet eine Evolution von Orchideen und Schwärmern statt.

5.7 Synthetische Theorie der Evolution

Seite 438–439

1 Erklären Sie die unterschiedliche Verbreitung von Eisbären und Königspinguinen.

Obwohl in den Polarregionen der Arktis und Antarktis sehr ähnliche klimatische Verhältnisse herrschen, leben Eisbären ausschließlich im nördlichen Polargebiet, während Königspinguine nur am Südpol zu finden sind. Dies ist die Folge von räumlich unabhängigen Besiedlungsprozessen dieser beiden Lebensräume, die durch ihre sehr große Entfernung voneinander geografisch isoliert sind. Während die Arktis nur von Bären, nicht aber von Pinguinen besiedelt wurde, erreichten die Antarktis lediglich Pinguine, aber keine Bären. Auch die nachfolgende Entstehung der für diese Lebensräume typischen Arten, der Eisbären beziehungsweise Königspinguine, fand deshalb unabhängig voneinander statt.

Seite 438–439

2 Erläutern Sie die Bedeutung von Mosaikformen, Rudimenten und Atavismen für das Verständnis der Evolution.

Als Mosaikformen werden Arten mit einer Kombination von Merkmalen bezeichnet, die sonst nur bei unterschiedlichen systematischen Gruppen getrennt voneinander zu finden sind. Diese ungewöhnlichen Merkmalskombinationen können als Modell für evolutionäre Zwischenstufen während der Entstehung einer neuen Form oder Gruppe verstanden werden. Deshalb werden sie als Belege für die bereits von Darwin beschriebenen Übergangsprozesse im Laufe der Evolution herangezogen.

Einige Arten besitzen Organe, die kaum oder nicht mehr funktionsfähig sind. Diese Rudimente werden als im Laufe der Stammesgeschichte zurückgebildete, ursprünglich voll funktionsfähige Organe interpretiert. Durch veränderte Selektionsbedingungen verloren sie jedoch ihren ursprünglichen Überlebensvorteil. Rudimente deuten also ebenfalls auf evolutionäre Entwicklungsvorgänge, in diesem Fall auf Rückbildungsprozesse, hin.

Bei einzelnen Individuen rezenter Arten gelegentlich auftretende Merkmale, die sonst nur bei entfernt verwandten, oft sogar nur fossilen Arten zu finden sind, werden als seltenes Wiederauftauchen von im Laufe der Stammesgeschichte bereits völlig zurückgebildeten Merkmalen interpretiert. Das Auftreten solcher Atavismen wird ebenso als Hinweis auf evolutionäre Rückbildungsprozesse interpretiert.

Seite 440

1 Beschreiben Sie die Abbildung 1.

Die Abbildung stellt die synthetische Theorie im Zusammenhang dar. Die synthetische Theorie ist die heute gültige Evolutionstheorie. Auf molekularer Ebene kommt es durch eine Reihe von Zufallsereignissen zu einer Veränderung des genetischen Materials: Dies können Mutation, Rekombination oder Gentransfer sein. *(Zusatzinformation: Bei der Rekombination handelt es sich um die Neuzusammenstellung homologer Chromosomen im Zuge von Meiose und Befruchtung, die interchromosomale Rekombination, beziehungsweise den Austausch von genetischem Material zwischen homologen Chromosomen, die intrachromosomale Rekombination, bei der Meiose. Bei Bakterien wird häufig genetisches Material zwischen*

unterschiedlichen Bakterienarten ausgetauscht, dies wird als horizontaler Gentransfer bezeichnet.)

Durch die Veränderung des genetischen Materials ist auf der Ebene des Organismus bei Individuen einer Art Variation zu beobachten. Bei der Anzahl der Nachkommen tritt ein Überschuss auf, sodass nur die am besten angepassten Organismen zur Fortpflanzung kommen. *(Zusatzinformation: Diese Selektion findet auch im Inneren eines Organismus statt, indem nicht oder wenig lebensfähige Zellen von Organismen beseitigt werden.)*

Die Lebewesen, die sich fruchtbar fortpflanzen, gehören zu einer Art. Sie leben in Populationen. Das gesamte genetische Material einer Population wird als Genpool bezeichnet. Der Genpool kann durch Migration oder durch Gendrift verändert werden.

Eine Population kann durch Isolationsmechanismen aufgespalten werden, sodass zwei Teilpopulationen entstehen. Die Isolation kann dabei auf unterschiedliche Weise entstehen: geografisch, ökologisch, ethologisch, zeitlich oder genetisch. Die entstandenen Teilpopulationen entwickeln sich getrennt voneinander weiter, sodass zunächst Unterarten und später getrennte Arten mit jeweils eigenem Genpool entstehen.

2 Ordnen Sie die einzelnen Inhalte in Abbildung 1 fünf biologischen Wissenschaftsbereichen zu.

Die Einzelaussagen lassen sich folgenden Wissensgebieten zuordnen:

– Mutation, Rekombination, Gentransfer, Genpool, genetische Isolation: Genetik;
– Migration, Gendrift, geografische Isolation: Biogeografie;
– ökologische und zeitliche Isolation: Ökologie;
– ethologische Isolation: Verhaltensforschung.

3 Nennen Sie weitere Beispiele aus der Biogeografie, Paläontologie, Entwicklungsbiologie, Zellbiologie, Physiologie und Genetik, die die Evolutionstheorie unterstützen.

Individuelle Lösungen.

Folgende Beispiele können genannt werden:

– *Biogeografie:* In Südamerika und in Afrika leben unterschiedliche Großkatzen, die ähnliche ökologische Nischen ausbilden – ein Hinweis darauf, dass sie von einem gemeinsamen Vorfahren abstammen könnten, dessen Population durch die Kontinentaldrift getrennt wurde.
– *Paläontologie:* Es wurden viele Fossilien von Dinosauriern mit Federn gefunden – ein Hinweis darauf, dass Dinosaurier Vorfahren der Vögel waren.
– *Entwicklungsbiologie:* In der Entwicklung des Menschen treten Frühstadien auf, die von den Frühstadien der Entwicklung anderer Wirbeltierklassen kaum zu unterscheiden sind – ein Hinweis auf gemeinsame Vorfahren.

- *Zellbiologie:* Eukaryotische Zellen enthalten Mitochondrien und Chloroplasten, die durch Endosymbioseereignisse in diese Zellen gelangt sind und seither an die Nachkommen weitergegeben werden – ein Hinweis auf den gemeinsamen Ursprung eukaryotischer pflanzlicher und tierischer Zellen.
- *Physiologie:* Grundlegende Stoffwechselprozesse laufen bei unterschiedlichen Lebewesen in vergleichbarer Weise ab – ein Hinweis auf gemeinsame Vorfahren.
- *Genetik:* Die DNA-Abschnitte, die für bestimmte Gene codieren, zeigen deutlich weniger Variationen als DNA-Abschnitte ohne Funktion, beispielsweise Introns – ein Hinweis auf die Wirksamkeit innerer Selektion.

Seite 441 (Material)

Material A – Ein lamarckistisches Experiment?

1 Interpretieren Sie die Ergebnisse Kammerers, jeweils im Sinne der Evolutionstheorie von Lamarck und von Darwin.

Im Sinne der Evolutionstheorie von Lamarck kann das Wiederauftreten der Hochzeitsschwielen bei Männchen als Resultat eines durch veränderte Umweltbedingungen ausgelösten Anpassungsprozesses interpretiert werden. Wenn die Schwielen nun bei der Weiterzucht dieser Männchen über mehrere Generationen (auch bei Fortpflanzungsmöglichkeiten an Land) erhalten bleiben, würde dies als die von Lamarck postulierte Vererbbarkeit von erworbenen Eigenschaften verstanden.

Im Sinne der Evolutionstheorie von Darwin kann das Wiederauftreten der Hochzeitsschwielen bei Männchen als Resultat eines durch veränderte Umweltbedingungen ausgelösten Selektionsprozesses interpretiert werden. Da nun einzelne Männchen mit rudimentären Schwielen eine statistisch höhere Paarungs- und damit auch Fortpflanzungswahrscheinlichkeit besitzen, tauchen demnach ihre Gene in den befruchteten Eizellen und damit auch in den Folgegenerationen häufiger auf. Wenn sich die Schwielen nun bei der Weiterzucht dieser Männchen über mehrere Generationen durch einen Selektionsvorteil stärker ausbilden, wird dies als Beleg für die von Darwin postulierten evolutiven Veränderungen durch Selektionsprozesse verstanden.

2 Begründen Sie, welche Theorie tatsächlich durch Kammerers Ergebnisse unterstützt wird.

Kammerer hat mit einer sehr kleinen Population aus nur wenigen Individuen gearbeitet. Es ist denkbar, dass innerhalb ihrer genetischen Variabilität auch Exemplare mit rudimentären Schwielen vorhanden waren. Diese besaßen in der neuen Umgebung einen Selektionsvorteil, der ihre Fortpflanzungswahrscheinlichkeit erhöhte. Die Selektionstheorie von Darwin kann mit diesem Experiment dennoch nicht bestätigt werden, da zu wenige Generationen gezüchtet wurden. Aus heutiger Sicht ist es wahrscheinlicher, dass epigenetische Faktoren Kammerers Beobachtungen erklären. Kammerer konnte weder Lamarck noch Darwin bestätigen.

Material B – Punktualismus

1 Erläutern Sie die Theorie des Punktualismus anhand der abgebildeten Stammbäume.

Der erste Stammbaum entspricht der traditionellen Sichtweise: Es entwickeln sich zunächst einzelne Vertreter neuer Gruppen, die sich später zu weiteren Arten aufspalten. Die gestrichelte Linie stellt einen bestimmten Zeithorizont dar, in dem Fossilien gefunden werden.

Der zweite Stammbaum entspricht der Vorstellung des Punktualismus: Es entwickeln sich zunächst viele Vertreter neuer Gruppen, von denen die meisten zugrunde gehen, weil sie sich in evolutionären Zeitdimensionen als nicht konkurrenzfähig erweisen. Manche bleiben übrig, und aus ihnen entstehen durch Aufspaltung weitere Arten. Die gestrichelte Linie stellt einen Zeithorizont dar, in dem Fossilien gefunden werden, die diese Sichtweise evolutionärer Prozesse stützen.

2 Übertragen Sie die Theorie auf die Evolution des Menschen. Nehmen Sie dazu die Seite 463 zu Hilfe.

Bei der Untersuchung der Evolution des Menschen sind in den letzten Jahren viele verschiedene Frühformen des Menschen gefunden worden. Die meisten dieser Frühformen sind ausgestorben, lediglich aus wenigen gingen diejenigen Formen hervor, aus denen der heutige Mensch entstanden ist. Deshalb spricht man heute bezüglich dieser Phase nicht mehr von einem Stammbaum des Menschen, sondern von einem Stammbusch. Diese Beobachtungen entsprechen der Sichtweise des Punktualismus.

3 Beurteilen Sie, ob die Theorie des Punktualismus der Synthetischen Theorie widerspricht.

Die Synthetische Theorie geht basierend auf den Erkenntnissen von Darwin von schrittweisen Evolutionsprozessen hin zu einer höheren Angepasstheit durch Selektion aus. Das wird auch als Gradualismus bezeichnet. Geht man dem Punktualismus entsprechend davon aus, dass diese evolutionären Schritte nicht in gleichmäßigen Zeitabständen stattgefunden haben müssen, widerspricht das der Synthetischen Theorie nicht, sondern es stellt eine Ergänzung dar. Deutliche Veränderungen der Umweltbedingungen in geologisch kurzen Zeiträumen hätten demzufolge durch hohen Selektionsdruck schnell viele neue Arten hervorgebracht, in Zeiträumen stabilerer Umweltbedingungen hätte ein niedrigerer Selektionsdruck zu relativem evolutionärem Stillstand geführt.

Seite 442–443 (Blickpunkt: Schöpfungsglaube)

1 Diskutieren Sie die Kernaussagen des Kreationismus auf der Basis wissenschaftlicher Erkenntnisse.

Evolution muss nach wissenschaftlichen Kriterien als Tatsache gelten. Sie hat stattgefunden und findet statt, sie ist eine mehrfach bewiesene Theorie wie die Gravitationstheorie. Die Evolutionstheorie beschäftigt sich mit der Frage nach der Ursache und den Mechanismen der Evolution; sie ist nicht abgeschlossen.

„Intelligent Design" geht von irrationalen Voraussetzungen aus – zum Beispiel in der Behauptung, die Evolution sei durch übernatürliche Antriebe beeinflussbar – und ist deshalb als wissenschaftliche Theorie abzulehnen. Intelligent Design ist daher der Evolutionstheorie nicht gleichwertig.

Es gibt keinen Hinweis darauf, dass geologische Schichten ursprünglich nebeneinanderlagen und erst später in eine vertikale Abfolge gebracht wurden. Die Schlussfolgerungen, die aus der Abfolge geologischer Schichten gezogen werden, sind daher nicht falsch, sondern ein wichtiger Beleg für den Verlauf der Evolution.

Es gibt keinen Beleg dafür, dass heutige Lebewesen bereits von Anbeginn der Erdgeschichte vorhanden waren. Dass ihre Spuren von der Sintflut verwischt worden seien, ist eine Spekulation, die wissenschaftlich nicht überprüfbar ist. Solche Spekulationen können daher nicht Bestandteil einer Wissenschaft sein.

Menschen und Menschenaffen haben gemeinsame affenähnliche Vorfahren. Diese Erkenntnis ist durch Fossilien, zum Beispiel „Lucy", eindeutig belegt.

Neue Arten entstehen durch allmähliche Veränderungen aus älteren Arten. Diese Übergänge sind durch besondere ausgestorbene und lebende Fossilien, die Mosaikformen, eindeutig belegt.

Die Evolution hat kein Ziel; auch der Mensch stellt kein Ziel dar, auf das sich die Evolution hinbewegt haben könnte. Unter dem Gesichtspunkt der Konkurrenz sind alle heute existierenden Lebewesen gleich erfolgreich.

Auch komplexe Strukturen können schrittweise aus einfachen Strukturen hervorgegangen sein. Für diese Entwicklung lassen sich viele Beispiele finden, eines davon ist die Vogelfeder: Alle Stationen der Entwicklung von Vogelfedern, die ontogenetisch beobachtbar sind, lassen sich fossil an ausgestorbenen Dinosauriern nachweisen. Für viele komplexe Strukturen fehlen bezüglich ihrer phylogenetischen Entstehung jedoch noch Nachweise.

Es gibt keinen Hinweis darauf, dass ein Schöpfer oder „Designer" die Evolution beeinflusst hat. Die Vorstellung, die Variation sei nur innerhalb bestimmter Typen möglich, deren Grenzen nicht überschritten werden können, wird durch die Vielzahl von Mosaikformen widerlegt: Mosaikformen weisen Merkmale unterschiedlicher „Typen" auf.

Es gibt keinen Hinweis darauf, dass Aussterbeereignisse als Folge von Katastrophen auftraten. Aussterben vollzieht sich in der Regel in geologischen Zeiträumen, also langsam.

Ein junges Alter der Erde ist nicht belegbar.

Es gibt keine Hinweise darauf, dass die Zerfallsrate radioaktiver Elemente veränderbar ist. Wissenschaftliche Wahrheit ist an die Kriterien der Validität, Reliabilität und Objektivität gebunden. Der Glaube kann die Wissenschaft dabei nicht ersetzen, jedoch aber ergänzen.

5.8 Untersuchung von Verhalten

Seite 444–446

1 Beschreiben Sie am Beispiel eines bellenden Hundes, welche proximaten und ultimaten Ursachen das Verhalten hat.

Die proximaten Ursachen können vielfältig sein. Das Bellen kann durch die Anwesenheit eines fremden Hundes oder des eigenen Besitzers ausgelöst werden, den der Hund sieht oder riecht. Grundlage dafür sind hormonelle, neuronale oder muskuläre Mechanismen. Die anatomische Voraussetzung liegt in einer Kehlkopfmuskulatur, die ein Bellen ermöglicht. Sie entwickelt sich erst in den ersten Lebenswochen eines Hundes.

Die ultimaten Ursachen sind in der Funktion des Bellens und in der Stammesgeschichte der Hunde begründet. Das Bellen erfüllt unterschiedlichste kommunikative Funktionen in der Gruppe, wie beispielsweise das Angst-, Aufmerksamkeits- oder das Verteidigungsbellen.

Zusatzinformation: Bei Wölfen kann man das Bellen vor allem in der Welpenphase beobachten. Adulte Wölfe bellen dagegen nur noch, wenn sich fremde Individuen dem Rudel nähern. Hunde wurden vermutlich darauf selektiert, wie bellfreudig sie waren.

2 Erläutern Sie die verschiedenen Untersuchungsmethoden der Verhaltensbiologen.

Durch Beobachtungen im Freiland oder unter kontrollierten Bedingungen im Labor können bestimmte Verhaltensweisen einer Art untersucht werden. Werden die genauen Abläufe bei einer Handlung, zum Beispiel bei der Nahrungsbeschaffung, beobachtet, fasst man diese in einem Verhaltensprotokoll, einem Ethogramm, zusammen.

Vergleiche zwischen verschiedenen Arten können dazu dienen, etwa Zusammenhänge zwischen ökologischen Faktoren und Verhalten zu untersuchen.

Laboruntersuchungen wie DNA-Analysen oder Hormonmessungen werden ebenfalls in der Verhaltensforschung angewendet. So lassen etwa durch DNA-Sequenzierungen verwandtschaftliche Verhältnisse klären. Durch Messungen des Hormonspiegels können Aussagen zu proximaten Ursachen des Verhaltens getroffen werden.

Mithilfe von Kosten-Nutzen-Analysen und Simulationen am Computermodell lässt sich der evolutionäre Nutzen von Verhaltensmustern aufzeigen.

3 Nennen Sie eine Verhaltensweise, die zur Homöostase beiträgt, und erläutern Sie diese.

Eine Verhaltensweise zur Aufrechterhaltung eines Gleichgewichtszustands ist zum Beispiel die Aufnahme von Nahrung. Sinkt der Blutglucosespiegel, wird dieser Mangelzustand an das Gehirn gemeldet. Daraufhin steigt die Motivation, nach Nahrung zu suchen. Nach der Nahrungsaufnahme steigt der Blutglucosegehalt wieder. Es entsteht ein Sättigungsgefühl.

Das Hecheln der Hunde dient der Thermoregulation. Dabei flacht der Atem ab und die Atemfrequenz erhöht sich. Die wenigen Schweißdrüsen des Hundes würden zur Abkühlung nicht reichen.

Von Eidechsen kennt man das „Sonnenbaden" auf warmen Steinen, um den Körper aufzuwärmen. Als wechselwarme Tiere sind sie auf diese passive Körpererwärmung angewiesen, um anschließend beispielsweise jagen zu können.

Seite 447 (Material)

Material A – Fortpflanzung der Buntbarsche

1 Beschreiben Sie das von den Weibchen gezeigte Verhalten.

Die Weibchen laichen in den von den Männchen angelegten Bodenmulden ab. Kurz darauf werden die orangefarbenen Eier vom Weibchen in das Maul aufgenommen. Das Weibchen versucht auch die orangefarbenen Tupfen von der Afterflosse des Männchens aufzunehmen. Dabei gelangt das Sperma (Fischmilch) des Männchens in das Maul des Weibchens und befruchtet dort die Eier (Rogen).

2 Entwickeln Sie eine Hypothese zur proximaten und zur ultimaten Ursache der orangefarbenen Tupfen auf der Afterflosse der Männchen.

Es traten Mutationen auf, die zur Folge hatten, dass in den Afterflossen der männlichen Buntbarsche Farbpigmente eingelagert wurden, die den weiblichen Eiern ähnlich sehen. Diese Mutationen stellen eine proximate Ursache dar, da sie für die unmittelbare Ausprägung der Tupfen verantwortlich sind.

Die ultimate Ursache für das Überdauern der Merkmalsausprägung ist der erhöhte Fortpflanzungserfolg der Individuen mit Tupfen gegenüber jenen, die keine Tupfen tragen. Durch die Spermaabgabe in der unmittelbaren Nähe des Mauls und somit der Eier wird sichergestellt, dass die Spermienzellen die Eizellen befruchten.

3 Planen Sie ein Kontrollexperiment zur Überprüfung Ihrer Hypothesen.

Mit Präferenzwahlversuchen lässt sich feststellen, ob die Tupfen auf der Afterflosse zu einem veränderten Fortpflanzungs- beziehungsweise Besamungserfolg führen. Dabei werden Weibchen, die gerade abgelaicht haben, Attrappen von Männchen mit und ohne orangefarbene Tupfen auf den Afterflossen präsentiert. Die Reaktion der Weibchen auf verschiedene Attrappen wird beobachtet, also ob sie ihr Maul öffnen oder nicht. Statt der Attrappenversuche sind auch Untersuchungen mit Männchen, deren Tupfen verdeckt wurden, denkbar.

Zusatzinformation: Mithilfe von Knockout-Mutanten oder Silencer-Sequenzen kann man den Fortpflanzungs- beziehungsweise Besamungserfolg mit dem des Wildtyps vergleichen. In einem zweiten Schritt kann man den Knockout-Varianten künstliche Punkte auf die Afterflosse applizieren.

Material B – Rufe von Präriehunden

1 Vergleichen Sie die im Diagramm dargestellten Rufe.

Gemeinsamkeiten: Die Rufe sind mit 0,2 s ungefähr alle gleich lang. Auch der grundsätzliche Verlauf der einzelnen Frequenzbänder ist bei allen Rufen gleich: Nach dem sehr schnellen Anstieg innerhalb von 0,05 s sinkt die Frequenz unmittelbar während der folgenden 0,15 s auf den Ausgangswert.

Unterschiede: Bei den Rufen B, D und E überlagern sich mehr Frequenzbereiche als bei den zwei anderen Rufen.

2 Erläutern Sie die Bedeutung der Rufe A und B für die Präriehundkolonie.

Bei den Rufen handelt es sich um verschiedene Warnrufe. Auf diese Weise können die sozial lebenden Präriehunde auf unterschiedliche Beutegreifertypen unterschiedlich reagieren. Der aus der Luft angreifende Bussard erfordert eine andere Reaktion als ein Kojote, der unter Umständen eine längere Zeit den Präriehunden an ihren Erdhöhlen auflauert.

Zusatzinformation: Die Warnrufe scheinen universelle Signale der Präriehunde zu sein. Aufgenommene Warnrufe, die in anderen Kolonien wieder abgespielt wurden, führten bei den Koloniebewohnern zu sehr ähnlichen Reaktionen. Die Rufe müssen von den Jungtieren allerdings erst erlernt werden. Von adulten Tieren getrennt aufgewachsene Tiere können solche Warnrufe nicht hervorbringen.

3 Interpretieren Sie die Unterschiede und Gemeinsamkeiten in den Rufen C bis E.

Offenbar können Präriehunde in ihren Rufen auch Informationen für ihre Artgenossen codieren, die über „Bodenfeind" und „Luftfeind" hinausgehen. Selbst Objekte, die anscheinend keine Gefahr darstellen, werden von den Tieren mit Rufen „kommentiert". Gelbe und grüne Objekte können von den Tieren offenbar nicht unterschieden werden.

Zusatzinformation: Präriehunde haben in ihrer Netzhaut nur zwei Zapfentypen. Sie verfügen also über ein dichromatisches Farbsystem und können tatsächlich gelb und grün nicht unterscheiden.

5.9 Aggression und Leben in Gruppen

Seite 450–451

1 Beschreiben Sie die Bedeutung von Drohgebärden für die Kosten-Nutzen-Analyse eines Kampfes.

Drohgebärden sollen Größe und Kraft signalisieren. So beeinflussen sie die Kosten-Nutzen-Analyse desjenigen, dem die Gebärde entgegengebracht wird. Ihm erscheinen die Kosten für den Kampf größer, als sie tatsächlich sind, und er entscheidet sich mit höherer Wahrscheinlichkeit gegen einen Kampf. Die Bereitschaft, sich auf den Kampf einzulassen, wird allerdings von weiteren Faktoren – beispielsweise davon, wie groß der Hunger ist – beeinflusst.

Seite 450–451

2 Erklären Sie, welchen Nutzen ein Männchen vom Verjagen anderer Männchen aus seinem Revier hat.
Dieses Verhalten wird beispielsweise bei Löwen beobachtet. Durch das Verjagen anderer Männchen erhöht ein männlicher Löwe seinen Fortpflanzungserfolg. In der Regel führen zwei bis vier männliche Tiere ein Rudel an. Je weniger ausgewachsene Männchen im Rudel sind, desto höher ist die Chance für einen einzelnen Löwen, zu einem der Rudelführer zu werden. Dadurch steigt auch die Wahrscheinlichkeit, sich mit den Weibchen des Rudels zu paaren und viele Nachkommen zu haben.

Seite 452

1 Erläutern Sie Vorteile und Nachteile des Gruppenlebens für Beutegreifer und für Beutetiere.
Verschiedene Beutegreifer haben im Laufe der Evolution Strategien entwickelt, die es ihnen ermöglichen, gemeinsam größere Beutetiere zu erlegen, die sie allein nicht überwältigen könnten.
Für Beutetiere stellt das Leben in der Gruppe einen Schutz dar. Das einzelne Tier wird nur schwer als Ziel des Angriffs ausgemacht. Dadurch steigt die individuelle Überlebenschance. Durch andauernde Bewegungen in der Gruppe kommt es zu einer Desorientierung des Beutegreifers, die den Zugriff erschwert. Gleichzeitig steigt mit der Gruppengröße die Wahrscheinlichkeit, dass ein Beutegreifer früher erkannt wird und die Gruppe sich durch Flucht in Sicherheit bringen kann. Oft können sich Gruppenmitglieder gemeinsam gegen kleinere Beutegreifer wehren und diese vertreiben. Allein würde dies nicht gelingen.

Seite 453 (Material)

Material A – Aggression und Gruppenverhalten

1 Beschreiben Sie die Ergebnisse der in den Abbildungen A2 und A3 dargestellten Beobachtungen zum Verhalten der Brutpaare gegenüber Jungvögeln.
Dargestellt ist das aggressive Verhalten von Brutpaaren gegenüber eigenen Nachkommen, die im Territorium verblieben sind, und das Verhalten gegenüber nicht verwandten Einwanderern. Die Beobachtungen wurden außerhalb der Brutzeit durchgeführt. Gegenüber eigenen Nachkommen ist nur sehr schwach ausgeprägtes Aggressionsverhalten zu beobachten: In über 80 % der Beobachtungen liegt das Aggressionslevel auf einer vierstufigen Skala bei eins. Gegenüber fremden Einwanderern werden dagegen vermehrt aggressive Verhaltensweisen gezeigt: Bei knapp 70 % der Beobachtungen zeigt sich ein Aggressionslevel von drei.

2 Erläutern Sie das unterschiedliche Verhalten der Brutpaare unter evolutionären Gesichtspunkten.
Aggressives Verhalten eines Brutpaares dient vor allem dazu, das eigene Brutrevier gegen Eindringlinge zu verteidigen und zu verhindern, dass dieses von fremden Brutpaaren übernommen wird. Da Unglückshäher sehr standorttreu sind, ist die Investition in eine wirksame Verteidigung evolutionär vorteilhaft. Mit eigenen Nachkommen haben die Elterntiere einen hohen Anteil an Genen gemeinsam. Dies begründet auch das geringe Aggressionslevel der Brutpaare gegenüber ihrem eigenen Nachwuchs. Nicht verwandte Jungvögel dagegen sind Konkurrenten um Nahrung und um Brutreviere. Dies erklärt das starke Aggressionsverhalten der Brutpaare gegenüber nicht verwandten Einwanderern.

3 Erklären Sie das Verhalten der Unglückshäher bei Anwesenheit eines Räubers.
Das Verhalten der Unglückshäher erhöht ihre Überlebenschancen. Bei einem sich passiv verhaltenden Räuber ermöglicht der Warnruf, der die anderen Vögel des Schwarms mobilisiert, mit für den einzelnen Vogel relativ geringen Kosten einen großen Nutzen zu erzielen: Ohne eine viel Energie verbrauchende Flucht ergreifen zu müssen gelingt es, den Räuber zu verjagen. Bei einem sich aktiv verhaltenden Räuber wäre die Gefahr, von diesem angegriffen zu werden, zu hoch. Damit übersteigen die Kosten des Verharrens vor Ort den Nutzen; es ist für den Unglückshäher vorteilhafter zu fliehen.

Material B – Gruppengröße – Beutegreiferrisiko – Fortpflanzungserfolg

1 Beschreiben Sie den Zusammenhang zwischen Größe des Chores quakender Froschmännchen, dem Risiko, von Fledermäusen gefressen zu werden, sowie der Anzahl angelockter Froschweibchen.
Durch das Quaken der Froschmännchen werden laichbereite Froschweibchen angelockt, allerdings auch Fledermäuse, die die Froschmännchen als Beutetiere jagen. Durch die Zunahme der Chorgröße verringert sich das Risiko des einzelnen Männchens, einem Angriff zum Opfer zu fallen. Je größer der Chor ist, umso mehr Weibchen erscheinen.

2 Erklären Sie den evolutionären Vorteil für Froschmännchen und für Froschweibchen, wenn Männchen in Chören gemeinsam quaken.
Für Froschmännchen und auch für Froschweibchen bedeutet ein großer Chor eine höhere Chance auf Überleben und gleichzeitig eine höhere Chance auf eine erfolgreiche Fortpflanzung. Einem laut quakenden Chor werden sich deshalb noch weitere Weibchen und Männchen anschließen.

3 Deuten Sie die in Abbildung B dargestellte Beobachtung.

Die Zunahme der Chorgröße bewirkt eine exponentiell ansteigende Anzahl von angelockten Weibchen. Dieser Effekt verstärkt die Vorteile für beide Geschlechter. Die Wahrscheinlichkeit des Überlebens steigt exponentiell, ebenso wie auch die Chance auf eine Paarung und somit auf eine Fortpflanzung. Deshalb sollten unter geeigneten Bedingungen die Chöre der Froschmännchen groß sein. Die Vorteile für die Frösche in einem großen Chor sind wesentlich größer als die Nachteile, wenn man die Chancen und Risiken einem kleinen Chor gegenüberstellt.

4 Erläutern Sie an diesem Beispiel die Basiskonzepte Reproduktion und Evolution.

In der Paarungszeit treffen sich männliche und weibliche Frösche auf der Suche nach einem Paarungspartner. Während dieser Zeit sind sie einem erhöhten Beutegreiferrisiko ausgesetzt, da sie in großen Gruppen laut quakend verstärkt Beutegreifer anlocken. Der Reproduktionserfolg nimmt aber gleichzeitig mit der Anzahl angelockter Weibchen zu. Außerdem sinkt das Risiko für einen einzelnen Frosch, in einer großen Gruppe von Beutegreifern gefressen zu werden. Die Chöre stellen also einen Selektionsvorteil dar, der den Fortpflanzungserfolg von Männchen und Weibchen erhöht. So hat sich dieses Verhalten in der Evolution durchgesetzt.

5.10 Egoismus und Altruismus

Seite 454–455

1 Erläutern Sie den Unterschied zwischen Egoismus, Altruismus und reziprokem Altruismus.

Egoismus liegt vor, wenn ein Verhalten einem Individuum Nutzen auf Kosten eines anderen bringt. Es ist für den egoistisch Handelnden vorteilhaft, da es dessen Überlebenschancen erhöht.

Altruismus beschreibt ein Verhalten, das auf den ersten Blick Kosten für den Helfer verursacht und nur Vorteile für den Empfänger der Hilfe mit sich bringt. Bei genauerem Hinsehen wird jedoch deutlich, dass Helfer und Empfänger miteinander eng verwandt sind und sie in einem großen Anteil ihrer Erbinformationen übereinstimmen. Damit sorgt der Helfer dafür, dass seine eigenen Gene in die nächste Generation gelangen.

Bei reziprokem Altruismus wechseln sich zwei Tiere, die nicht unbedingt miteinander verwandt sind, in der Rolle des Empfängers beziehungsweise des Spenders der Unterstützungsleistung ab. Beide Partner ziehen somit Vorteile aus diesem Verhalten. Ist der Nutzen im Endeffekt größer als die entstandenen Kosten, ist diese Verhaltensweise evolutionsstabil.

2 Beschreiben Sie den Green-Beard-Effekt.

Reziproker Altruismus kann sich in der Evolution nur dann erfolgreich durchsetzen, wenn beide Lebewesen einen Vorteil aus diesem Verhalten erzielen. Dies setzt voraus, dass keiner der beiden Partner den anderen betrügt und beide Partner sicherstellen können, ebenfalls Unterstützung zu erfahren. Deshalb müssen sich die beiden erkennen können. Daraus lässt sich ableiten, dass Altruismus leichter in stabilen Gruppen evolvieren kann, in denen die Mitglieder sich wiedererkennen. Diese Erkennung kann zum Beispiel, wie bei der Roten Feuerameise, über Geruchsstoffe erfolgen oder, wie bei dem Schleimpilz *Dictyostelium*, über die Ausbildung von speziellen Proteinen, die die Aggregation ermöglichen. Der Green-Beard-Effekt beschreibt also Erkennungssysteme zwischen Altruisten.

Zusatzinformation: „Green Beards" können von Parasiten imitiert werden. Durch Evolutionsprozesse gelang es einigen Arten, die Erkennungssysteme zum Beispiel von Honigbienen zu unterwandern. Der Totenkopfschwärmer ernährt sich als Imago hauptsächlich von Honig, indem er in die Brutnester der Honigbiene eindringt und dort unbehelligt Honigzellen leer saugt. Der Falter gibt einen Geruchsstoff ab, der identisch ist mit dem von den Bienen selbst produzierten Geruchsstoff. Deshalb wird er von den Arbeitsbienen nicht attackiert.

Andere Parasiten, die in Bienenstöcken leben und sich dort von Bienenembryonen ernähren, maskieren sich auf ähnliche Weise und werden von den Arbeiterinnen nicht als Fremde erkannt.

Seite 456

1 Erläutern Sie die entscheidende Rolle des Verwandtschaftskoeffizienten für die Begründung der Verwandtenselektion.

Der Verwandtschaftskoeffizient r gibt den Anteil gemeinsamer, also übereinstimmender Gene an. Daraus ergibt sich, dass diploide Lebewesen, die sehr eng miteinander verwandt sind, einen hohen Verwandtschaftskoeffizienten besitzen. Bei Eltern und ihren Kindern beträgt er 0,5. Geschwister derselben Eltern besitzen einen Verwandtschaftskoeffizienten von ebenfalls 0,5. Daraus ergibt sich, dass es evolutionsbiologisch sinnvoll ist, nahe Verwandte wie Eltern oder Geschwister bei der Aufzucht von Nachkommen zu unterstützen. Es muss dann kein Fitnessnachteil sein, auf die eigene Reproduktion zu verzichten.

Material A – Termiten

1 Beschreiben und erläutern Sie den Erbgang bei Termiten.

Termiten sind in beiden Geschlechtern diploid und bilden bei der Meiose haploide Geschlechtszellen. Durch die Verschmelzung einer männlichen und einer weiblichen Geschlechtszelle sind alle Nachkommen diploid.

2 Erläutern Sie den Unterschied zwischen den Erbgängen bei Ameisen und bei Termiten.

Bei Ameisen sind im Gegensatz zu Termiten die Männchen haploid. Man spricht deshalb auch von einem haplodiploiden Erbgang. Diese genetische Besonderheit hat zur Folge, dass bei Ameisen die weiblichen Nachkommen 100 % der Erbinformationen des Vatertieres erhalten und 50 % der Erbinformationen des Muttertieres. Bei Termiten erhalten die weiblichen Nachkommen jeweils 50 % der Erbinformationen vom Vatertier und vom Muttertier.

3 Ermitteln Sie anhand der Grafik und mithilfe eines Kreuzungsquadrats die Verwandtschaftskoeffizienten für alle Nachkommen untereinander und berechnen Sie den Mittelwert.

Hinweis: Die Buchstaben stehen für die in der Grafik verwendeten Farben: g = grün; r = rot; b = blau; s = schwarz

	g r	g s	b r	b s
g r	1,0	0,5	0,5	0
g s	0,5	1,0	0	0,5
b r	0,5	0	1,0	0,5
b s	0	0,5	0,5	1,0

Stellt man die vier möglichen Nachkommen mit unterschiedlichen Erbinformationen in einem Kreuzungsquadrat dar, so erkennt man, dass sich drei verschiedene Verwandtschaftskoeffizienten ergeben. Vier Lebewesen zeigen keine genetische Übereinstimmung, vier sind zu 100 % genetisch identisch und acht Lebewesen stimmen in 50 % der Erbinformationen überein. Daraus ergibt sich ein Mittelwert für r von 0,5.

4 Erläutern Sie, weshalb die Gesamtfitness von Termitenarbeiterinnen durch Verwandtenselektion maximiert wird.

Termiten verbringen den überwiegenden Teil ihres Lebens in unterirdischen Bauten und kommen fast nie in Kontakt mit Termiten aus anderen Bauten, die genetisch verschieden sind. Diese Lebensweise begünstigt Inzucht. Die Termiten pflanzen sich häufig mit nah verwandten Individuen fort und nur selten mit sehr entfernt verwandten Tieren aus anderen Bauten. Dadurch sind niedrige Verwandtschaftskoeffizienten zwischen zwei Termiten selten und hohe Verwandtschaftskoeffizienten häufiger.

Das führt dazu, dass der Mittelwert des Verwandtschaftskoeffizienten r über 0,5 liegt. Trotz des Verzichts auf eine eigene Fortpflanzung wird die Gesamtfitness maximiert, indem Gruppenmitglieder, also eng verwandte Termiten, unterstützt werden.

Zusatzinformation: Untersuchungen zeigen, dass der Verwandtschaftskoeffizient in Termitenstaaten nahe bei eins liegt, das heißt, alle Bewohner eines Termitenbaues sind nahezu genetisch identisch und homozygot. Stirbt einer der beiden Fortpflanzungspartner, wird er durch ein anderes geschlechtsreifes Lebewesen ersetzt. Die genetische Zusammensetzung der Lebewesen im Termitenbau bleibt also konstant. Inzucht besitzt hier weniger Nachteile als bei anderen Tieren, da Allele, die bei homozygotem Auftreten zu Schädigungen führen könnten, durch die Prozesse der natürlichen Selektion bereits eliminiert wurden und ständig werden. Nach langer Zeit schwärmen geschlechtsreife Weibchen und Männchen aus und paaren sich mit Termiten aus fremden Staaten. Dadurch kommt es zu einem genetischen Austausch und eine neue Inzuchtabfolge beginnt.

Bei Nacktmullen, einer afrikanischen Säugetierart, die unterirdisch in großen Kolonien lebt, ist ein ähnliches Fortpflanzungsverhalten wie bei den Termiten zu beobachten.

Material B – Bienenfresser

1 Erläutern Sie den Zusammenhang zwischen der Anzahl flügger Jungvögel und der Gruppengröße bei der Jungtieraufzucht.

Zieht ein Bienenfresserpaar seine Brut ohne Helfer auf, so gelingt es etwa nur jedem zweiten Paar, ein Jungtier bis zum Flüggewerden zu versorgen. Je mehr Tiere das Elternpaar bei der Brut unterstützen, desto mehr Jungtiere werden flügge. Sind zum Beispiel sechs Tiere in der Gruppe, werden etwa drei Jungvögel flügge.

2 Beschreiben Sie die Abbildung B.

Die Abbildung zeigt die beobachtete und die erwartete Wahrscheinlichkeit des Helfens in Abhängigkeit vom Verwandtschaftskoeffizienten r. Bei einem Wert von 0,5 wurde eine Wahrscheinlichkeit von etwa 16 % und bei einem Wert von 0,25 eine Wahrscheinlichkeit von 30 % erwartet. Die tatsächlich beobachtete Wahrscheinlichkeit lag deutlich höher bei etwa 44 % bzw. 42 %. Bei niedrigen Verwandtschaftskoeffizienten fiel die beobachtete Wahrscheinlichkeit des Helfens niedriger aus als erwartet: Bei einem Verwandtschaftskoeffizienten von 0,125 wurde eine Wahrscheinlichkeit von 12 % erwartet, beobachtet wurden 6 %. Bei einem Verwandtschaftskoeffizienten von 0,06 wurde eine Wahrscheinlichkeit von 5 % erwartet, beobachtet wurden 1 %. Bei einem Verwandtschaftskoeffizienten von 0,0 wurde eine Wahrscheinlichkeit von 38 % erwartet, beobachtet wurden 12 %.

3 Erläutern Sie eine mögliche Ursache für die Unterschiede zwischen den erwarteten und den beobachteten Ergebnissen.

Junge Bienenfresser können sich nicht behaupten und keine eigenen Brutreviere besetzen. Sie haben deshalb nur sehr geringe Chancen auf eine eigene Fortpflanzung. Leisten sie dagegen anderen Brutpaaren Unterstützung, können sie ihre evolutionäre Fitness erhöhen.

Grundsätzlich könnte man denken, dass die Hilfeleistungen umso wahrscheinlicher sind, je höher der Verwandtschaftskoeffizient ist. Durch die geringe Anzahl an Nistlöchern ist jedoch die Anzahl der mit einem potenziellen Helfer eng verwandten Brutpaare geringer als die Anzahl der Brutpaare, die mit diesem weniger eng verwandt sind. So kommen die vom Forschungsteam erwarteten Ergebnisse zustande.

Die beobachteten Ergebnisse weichen davon vor allem bei einem hohen Verwandtschaftskoeffizienten ab. Dazu könnte man vermuten, dass die jungen Bienenfresser in der Lage sind, enge Verwandte zu identifizieren und vor allem diese zu unterstützen. Das würde erklären, weshalb sie den wenigen eng mit ihnen verwandten Brutpaaren mit einer höheren Wahrscheinlichkeit als erwartet helfen.

4 Stellen Sie eine Hypothese auf, weshalb bei $r = 0$ hohe Helferwerte erwartet werden und auch zahlreiche Hilfeleistungen beobachtet werden können.

Die erwarteten hohen Helferwerte sind damit zu erklären, dass die Anzahl der mit einem potenziellen Helfer nicht verwandten Brutpaare sehr hoch ist. Wählt ein Jungtier zufällig ein Brutpaar aus, fällt die Wahl mit hoher Wahrscheinlichkeit auf ein nicht verwandtes Paar.

Dass die beobachteten Werte deutlich niedriger sind, könnte wiederum im Erkennen enger Verwandter begründet sein. Identifiziert ein potenzieller Helfer ein Brutpaar als fremd, könnte er dem Paar seine Hilfe verwehren. Die Unterstützung Fremder würde seine eigene evolutionäre Fitness nicht erhöhen. Das könnte die ultimate Ursache für das beobachtete Verhalten sein.

5.11 Der Mensch ist ein Primat

Seite 458–459

1 Nennen Sie die Kennzeichen der Primaten.

Primaten haben zwei brustständige Milchdrüsen und eine ähnliche Anordnung der oberen Schneidezähne. Das Auge ist ihr wichtigstes Sinnesorgan. Ihre Hände und Füße haben opponierbare Daumen bzw. Großzehen. Primaten haben ein verhältnismäßig großes Gehirn und zeigen ein komplexes Sozialverhalten. Sie haben nur wenige Nachkommen, investieren aber viel Energie in die Aufzucht der Jungtiere.

2 Beschreiben und begründen Sie die systematische Stellung des Menschen.

Der Mensch ist als Art *Homo sapiens* der einzige rezente Vertreter der Gattung *Homo*. Diese Gattung wird in die Unterfamilie der Homininae eingeordnet, zu der auch Gorilla und Schimpanse gehören. Gemeinsam mit dem Orang-Utan bildet diese Unterfamilie die Familie der Hominidae.

Als Hominoidea wird die Überfamilie der Menschenartigen bezeichnet. Sie besteht aus zwei Familien, den Hominidae und den Hylobatidae. Die Hominoidea gehören zur Unterordnung der Trockennasenaffen. Gemeinsam mit den Feuchtnasenaffen bilden sie die Ordnung der Primaten innerhalb der Klasse der Säugetiere.

Die systematische Stellung des Menschen innerhalb der Homininae ergibt sich aus der Untersuchung der letzten gemeinsamen Vorfahren mit den anderen rezenten Arten. Der letzte gemeinsame Vorfahre von Mensch und Schimpanse lebte vor kürzerer Zeit als der letzte gemeinsame Vorfahre von Mensch, Schimpanse und Gorilla. Noch weiter zurück liegen jeweils die letzten gemeinsamen Vorfahren der Homininae mit den anderen Primaten.

Seite 460

1 Erläutern Sie die cytologischen und molekularbiologischen Methoden, die zur Analyse von Verwandtschaftsbeziehungen herangezogen werden.

Zu den cytologischen Methoden zählt der Vergleich von Anzahl und Aufbau der Chromosomen verschiedener Arten. Man geht davon aus, dass der Aufbau der Chromosomen bei enger Verwandtschaft ähnlich ist. Sehr eng verwandte Arten besitzen zudem häufig ähnliche Chromosomenzahlen. Abweichungen können hierbei Hinweise auf den Verwandtschaftsgrad geben.

Außerdem können molekularbiologische Methoden herangezogen werden. Die DNA-Sequenzanalyse erlaubt eine exakte Untersuchung der DNA-Stränge verschiedener Arten, da jeder Basenaustausch bzw. jede Mutation genau bestimmt werden kann. Die Bestimmung der Ähnlichkeiten von Aminosäuresequenzen ähnelt in der Aussagekraft der DNA-Sequenzanalyse, da die Aminosäuresequenzen durch die DNA-Sequenzen codiert werden. Eine geringe Anzahl an Unterschieden deutet auf eine enge Verwandtschaft hin bzw. eine hohe Anzahl an Unterschieden auf eine entfernte Verwandtschaft. Bei der DNA-DNA-Hybridisierung wird die Anzahl der DNA-Sequenzunterschiede indirekt durch den Schmelzpunkt der Hybrid-DNA bestimmt. Hier steht eine geringe Differenz der Schmelzpunkte für wenige Sequenzunterschiede und damit für eine enge Verwandtschaft bzw. eine hohe Differenz der Schmelzpunkte für viele Sequenzunterschiede und damit für eine entfernte Verwandtschaft.

2 Nehmen Sie Stellung zu folgender Klassifizierung:
Überfamilie: Hominoidea
Familien: Pongidae (Orang-Utans, Gorillas, Schimpanse), Hominidae (Mensch).
Nach dieser Klassifizierung werden Mensch, Gorilla, Schimpanse und Orang-Utan einer Überfamilie zugeordnet. Orang-Utan, Gorilla und Schimpanse bilden die Familie der Pongidae und der Mensch ist der einzige Vertreter der Familie der Hominidae.
Diese Darstellung entspricht einer älteren Vorstellung zur systematischen Stellung des Menschen. Nach dieser Vorstellung werden Mensch und Menschenaffen klar voneinander abgegrenzt. Moderne Untersuchungsmethoden haben allerdings zu neuen Erkenntnissen geführt, woraufhin sich diese Ansicht als nicht haltbar erweist. Die genetischen Übereinstimmungen weisen darauf hin, dass Mensch, Schimpanse und Gorilla derselben Unterfamilie zuzuordnen sind.

3 Erläutern Sie am Beispiel des Menschen und der Menschenaffen das Basiskonzept Entwicklung.
Das Basiskonzept Entwicklung beschreibt unter anderem, dass sich lebende Systeme über verschiedene Zeiträume im Zusammenhang mit Umwelteinflüssen verändern. Dies lässt sich am Beispiel Mensch und Menschenaffe gut verdeutlichen. Die verwandtschaftlichen Beziehungen werden durch cytologische und serologische Ähnlichkeiten sowie DNA-Vergleiche bestätigt. So stimmen die Cytochrom-c-Moleküle des Menschen und Menschenaffen exakt überein. Der Aufbau der Chromosomen zeigt große Übereinstimmungen. Auch die Sequenzen der DNA-Moleküle weisen nur geringe Unterschiede auf. Der Sequenzunterschied zwischen Mensch und Schimpanse beträgt nur 1,23 %. Daraus lässt sich der Zeitraum der Aufspaltung der Arten berechnen. Demnach trennte sich die Linie des Orang-Utans vor etwa 12 bis 16 Millionen Jahren von der Linie der anderen großen Menschenaffen. Der Gorilla spaltete sich vor etwa 6,2 bis 8,4 Millionen Jahren ab, die Linien von Schimpanse und Mensch trennten sich vor 4,6 bis 6,2 Millionen Jahren.

Seite 461 (Material)

Material A – Primaten

1 Augenstellung und Greiffähigkeit geben Hinweise auf evolutionäre Entwicklungen. Beschreiben Sie die dargestellten Arten bezüglich der genannten Kriterien.
Augenstellung:
– Feuchtnasenaffen (Vari): seitlich,
– Trockennasenaffen (alle anderen): frontal
Sattelgelenk:
Feuchtnasenaffen und Neuweltaffen (Vari, Lisztäffchen, Klammeraffe) haben kein Sattelgelenk. Der Daumen liegt seitlich, ist aber nicht opponierbar.

Altweltaffen (alle anderen) verfügen über ein Sattelgelenk und damit über die Fähigkeit, den Daumen zu opponieren.

2 Erklären Sie, welche Auswirkungen diese evolutionären Entwicklungen für die dargestellten Arten haben. Recherchieren Sie zur Lösung dieser Aufgabe die Lebensweise der dargestellten Arten.
Die seitliche Augenstellung bedingt ein großes Gesichtsfeld. Die frontale Augenstellung führt zu einem kleineren Gesichtsfeld, ermöglicht aber räumliches Sehen.
Große Gesichtsfelder sind typisch für Fluchttiere, die frühzeitig Beutegreifer orten müssen. Die große Schnauze ist ein zusätzlicher Hinweis darauf, dass das Auge nicht das zentrale Sinnesorgan der Feuchtnasenaffen ist.
Die Fähigkeit des räumlichen Sehens erlaubt eine differenzierte optische Wahrnehmung. Damit entwickelt sich das Auge zum zentralen Sinnesorgan der Trockennasenaffen.
Aufgrund der fehlenden Opponierbarkeit des Daumens sind Feuchtnasenaffen und Neuweltaffen nicht zum Präzisionsgriff befähigt. Altweltaffen können ihre Finger über den Präzisionsgriff gezielter bewegen, wodurch sie greifen können. Außerdem befähigt der Präzisionsgriff zu intensiveren Sozialkontakten, wie zum Beispiel durch das Lausen.

Material B – Hypothetischer Stammbaum der Affen

1 Ordnen Sie den acht Affen des Stammbaums die Begriffe Feuchtnasenaffe, Altweltaffe, Neuweltaffe und Menschenaffe zu.
Der Vari ist der einzige Feuchtnasenaffe im dargestellten Stammbaum. Lisztäffchen, Kapuzineraffe und Klammeraffe gehören zu den Neuweltaffen. Kleideraffe, Mantelpavian, Orang-Utan und Bonobo sind Vertreter der Altweltaffen. Innerhalb der Altweltaffen sind Orang-Utan und Bonobo den Menschenaffen zuzuordnen.

2 Begründen Sie unter Berücksichtigung des hier abgebildeten Stammbaums und des Stammbaums auf Seite 459, in welchen Zeiträumen die Veränderungen der Augenstellung und der Greiffähigkeit stattgefunden haben müssen.
Da die seitliche Augenstellung nur bei den Feuchtnasenaffen zu beobachten ist, kann die Ausbildung der frontalen Augenstellung erst nach Trennung der beiden Linien vor etwa 68 Millionen Jahren erfolgt sein. Außerdem ist es wahrscheinlich, dass sie vor der Trennung von Alt- und Neuweltaffen ausgebildet wurde, also mindestens 45 Millionen Jahre zurückliegt.
Die Ausbildung des Sattelgelenks ist nur bei Altweltaffen beobachtbar, muss also jünger als 45 Millionen Jahre sein.

5.12 Die frühen Hominiden

Seite 462–464

1 Westlich des Afrikanischen Grabens wurden Fossilien der Vorfahren der Menschenaffen gefunden. Erläutern Sie diesen Sachverhalt.

Westlich des afrikanischen Grabens hatten sich die Umweltbedingungen nicht verändert. Die Niederschlagsmenge blieb hoch und der Regenwald damit erhalten. Deshalb änderte sich der Selektionsdruck nicht wie in der östlich entstandenen Savanne.

2 Vergleichen Sie die Eigenschaften von *Homo habilis* und *Homo ergaster*. Erstellen Sie dazu eine Tabelle.

	Homo habilis	*Homo ergaster*
Gehirnvolumen	580–687 cm³	750–850 cm³
Werkzeuggebrauch	einfach	differenziert
Körperbau	grazil, 140 cm groß	schlank, bis 180 cm groß

3 Beschreiben Sie die Kriterien, die für die Beurteilung des Entwicklungsstands der Hominiden herangezogen werden.

Der Entwicklungsstand der Hominiden orientiert sich in erster Linie an der Gehirngröße und an den kognitiven Leistungen. Der Werkzeuggebrauch wird als Indikator für die kognitiven Leistungen angesehen. Weitere Hinweise ergeben sich aus den Strukturen des Gehirns, die anhand von Innenausgüssen des Schädels gewonnen und mit dem Gehirn des heutigen Menschen verglichen werden.

Seite 465 (Material)

Material A – Stammbusch der Hominiden

1 Erklären Sie anhand der Abbildung, weshalb Paläoanthropologen heutzutage im Fall der Hominiden nicht mehr von einem Stammbaum, sondern von einem Stammbusch sprechen.

Die Abbildung zeigt, dass verschiedene Hominidenarten in sich überschneidenden Zeiträumen lebten. Damit wird deutlich, dass eine aussterbende Art nicht nahtlos in eine nachfolgende Art überging. Da viele Funde nur aus Skelettresten bestehen, können die verwandtschaftlichen Beziehungen der jeweiligen Arten nicht konkret aufgeklärt werden. Man kann keine eindeutigen Linien zurückverfolgen.

Das erstmalige Auftreten einer Art ist verwischt dargestellt. Damit wird veranschaulicht, dass die fossilen Belege noch keinen Hinweis darauf geben, wann eine Art tatsächlich entstanden ist. Somit weist der Stammbusch Lücken auf, die eine Zuordnung der jeweiligen Art ebenfalls erschweren.

Material B – *Paranthropus boisei*

1 „Die Schädelmerkmale unserer Vorfahren zeigen im Lauf der Evolution klare Entwicklungstendenzen." Bewerten Sie diese Aussage unter Berücksichtigung von *Paranthropus boisei*.

Der Schädel von *Paranthropus boisei* ist kräftiger als die Schädel der Australopithecinen und seine Backenzähne größer als die aller anderen Hominiden. In der Evolution unserer Vorfahren lässt sich allgemein eine Entwicklungstendenz hin zu grazileren Schädeln mit kleineren Backenzähnen erkennen, von der *Paranthropus boisei* aber eine klare Ausnahme darstellt. Die Besonderheiten seines Schädels sind unabhängig von den Entwicklungstendenzen der meisten Arten als Angepasstheit an seine Ernährung zu betrachten.

2 Begründen Sie, weshalb der Fund mehrerer Fossilien derselben Art die Aussagekraft ihrer Beschreibung beeinflusst.

Je mehr Individuen einer Art gefunden werden, desto sicherer kann man sich sein, sie zutreffend beschreiben zu können. Besondere Merkmalsausprägungen eines Individuums könnten auch auf seltene genetische Besonderheiten zurückzuführen sein. Nur wenn man das Aussehen vieler Individuen kennt, lassen sich auch Aussagen über den durchschnittlichen Phänotyp der Art treffen.

Der Fund mehrerer Fossilien ist auch hilfreich, wenn die Fossilien unvollständig sind. So lassen sich die Informationen der Einzelfunde zu einem Gesamtbild ergänzen.

3 Erklären Sie die Bedeutung der unterschiedlichen Namensgebung der Art.

Als *Australopithecus boisei* wird die Art in die Gattung der Australopithecinen gestellt. Man geht also von einer nahen Verwandtschaft mit ihnen aus. Die Zuordnung zur Gattung *Paranthropus* sagt aus, dass man von einer entfernteren Verwandtschaft zu den Australopithecinen ausgeht und deutliche Unterschiede zwischen den beiden Gattungen sieht.

5.13 *Homo* erobert die Erde

Seite 466–467

1 Beschreiben Sie die Ausbreitung von *Homo erectus*.

Homo ergaster lebte bis vor 1,8 Millionen Jahren an der afrikanischen Ostküste. Er verließ diese Gegend und entwickelte sich in dieser Zeit zu *Homo erectus*. Eine Wanderroute führte über das Rote Meer und die Arabische Halbinsel in Richtung des heutigen Iran. Dort gabelte sich der Ausbreitungsweg. Eine Gruppe breitete sich in Richtung Georgien aus. Die andere Gruppe wanderte durch Indien.

Von Indien aus breitete sich eine Population weiter nach Südostasien aus und erreichte die Inseln des heutigen Indonesien. Eine andere Population wanderte von Indien weiter nach Osten ins heutige China.

Ausgehend von der afrikanischen Ostküste fanden auch Wanderungen über Nordafrika nach Südeuropa statt.

Seite 466–467

2 Ermitteln Sie mithilfe eines Atlas, innerhalb welcher Zeiträume die Frühmenschen die jeweiligen Siedlungsgebiete bei einer Ausbreitungsgeschwindigkeit von 1 km pro Jahr erreicht haben könnten.

Ungefähre Zeiträume, die nach dem Modell von Genetikern und Archäologen ausgehend von Ostafrika benötigt werden, um die jeweiligen Regionen zu erreichen:

– Arabische Halbinsel: 2000 Jahre
– Iran: 3000 Jahre
– Georgien: 6000 Jahre
– Indien: 5000 Jahre
– Sumatra: 10 000 Jahre
– China (Peking):   12 000 Jahre

Zusatzinformation: Aktuelle Überlegungen gehen von einer längeren Wanderungsroute entlang der Küsten aus.

Seite 468–469

1 Beschreiben Sie die multiregionale Hypothese und die Out-of-Africa-Hypothese.

Die multiregionale Hypothese geht von der Annahme aus, dass *Homo-erectus*-Populationen in Europa, Asien und Afrika Angepasstheiten an die klimatischen Besonderheiten der jeweiligen Regionen entwickelten. Da ein kontinuierlicher Genaustausch in den Grenzregionen stattfand, entwickelten sich *Homo-sapiens*-Populationen zu den heutigen Ethnien parallel.

Demgegenüber vertreten die Anhänger der Out-of-Africa-Hypothese die Ansicht, dass *Homo sapiens* bis vor etwa 120 000 Jahren ausschließlich in Afrika lebte und sich erst dann nach Asien und später über in die anderen Kontinente ausbreitete.

2 Begründen Sie, weshalb die Daten des mt-DNA-Vergleichs die Out-of-Africa-Hypothese stützen.

Die genetische Distanz zwischen der afrikanischen Bevölkerung und den ethnischen Gruppen anderer Kontinente ist am größten. Das weist auf eine frühe Trennung der afrikanischen Linie von den anderen Linien hin.

Innerhalb der afrikanischen Gruppe zeigt sich auch eine auffallend hohe Variationsbreite der mt-DNA. Daraus lässt sich schließen, dass die afrikanische Linie die älteste Entwicklungslinie ist.

Bei den anderen Linien zeigt sich, dass die geringsten Abweichungen in den Gebieten vorliegen, die am weitesten von Afrika entfernt liegen. Das bedeutet, dass diese Gebiete zuletzt besiedelt wurden.

Würde die multiregionale Hypothese zutreffen, so müssten die genetischen Abstände aller ethnischen Gruppen etwa gleich groß sein.

Seite 470–471 (Blickpunkt: Neandertaler und Denisova-Mensch)

1 Begründen Sie, weshalb ein Heinrich-Event zu einer erheblichen Abkühlung auf dem europäischen Kontinent führte.

Bei jedem Heinrich-Event trieben riesige Eismassen über den Atlantik in Richtung Osten. Die von Süden kommende warme Meeresströmung wurde durch die Eisberge stark abgekühlt und damit die Wärmeströmung unterbunden. Da die Temperaturverhältnisse in Europa durch den Golfstrom beeinflusst werden, führte die Abkühlung des Meeres zu einer Abkühlung des Kontinents.

Zusatzinformation: Aufgrund der Abkühlung des Atlantiks und der Atmosphäre verdunstete weniger Wasser und damit bildeten sich weniger Wolken. Die Luftmassen vom Atlantik führten daher weniger Regen- beziehungsweise Schneewolken mit. Die Alpen und die Pyrenäen bildeten zudem eine natürliche Barriere für feuchte Luftmassen. Diese Effekte begünstigten die Ausbreitung von Wüsten im Mittelmeerraum.

2 Erläutern Sie, welche Hinweise für und welche gegen eine Durchmischung von *Homo sapiens* und Neandertaler sprechen.

Für eine Durchmischung spricht, dass *Homo sapiens* und Neandertaler über einen längeren Zeitraum denselben Lebensraum bevölkerten. Es ist deshalb wahrscheinlich, dass sie sich begegneten. Die im Jahr 2010 veröffentlichte Analyse der Kern-DNA ist ein eindeutiger Beleg für eine Durchmischung, da Übereinstimmungen der DNA-Sequenzen in einer Größenordnung von 1 bis 4 % nachgewiesen werden konnten. Da zwischen Afrikanern und Neandertalern keine Übereinstimmung festgestellt wurde, geht man davon aus, dass der Genfluss erst im Verlauf der Auswanderung von *Homo sapiens* vor etwa 50 000 bis 80 000 Jahren im Mittleren Osten stattgefunden haben kann.

Gegen eine Durchmischung von *Homo sapiens* und *Homo neanderthalensis* spricht, dass sie über einen langen Zeitraum parallel als getrennte Arten in Europa gelebt haben. Nach dem biologischen Artkonzept können Individuen zweier Arten keine fruchtbaren Nachkommen hervorbringen. Durch die Erkenntnisse aus dem Jahr 2010 zur Ähnlichkeit von Neandertaler-DNA mit der DNA heutiger Menschen wurde allerdings bewiesen, dass *Homo sapiens* und Neandertaler gemeinsame Nachkommen hatten, es müssen also doch Kreuzungen zwischen den beiden Arten möglich gewesen sein.

Material A – Fossilienvergleich Neandertaler – moderner Mensch

1 Nennen Sie die Argumente, die von den Anhängern einer Durchmischung beider Menschengruppen angeführt werden.

Die Befürworter einer Durchmischung begründen ihre Auffassung damit, dass beide Menschenformen über einen langen Zeitraum miteinander lebten. Wenn Sie gemeinsames Werkzeug benutzt haben, bedeutet dies, dass sie friedlich miteinander umgegangen sind.

Das Zungenbein des Neandertalers und des modernen Menschen ist identisch. Auch das Kinderskelett aus Lagar Velho zeigt typische Neandertalermerkmale, obwohl es zu einem Zeitpunkt lebte, als der letzte Neandertaler ausgestorben war. Da anatomische Ähnlichkeiten auf Verwandtschaft hindeuten, sprechen beide Aspekte für eine Durchmischung.

2 Vergleichen Sie die abgebildeten Schädel mit dem Mladeč-Schädel.

Die Konturen des Mladeč-Schädels weichen nur geringfügig von den Konturen des frühen *Homo sapiens* aus Israel und des *Homo sapiens* aus Nordafrika ab. Er hat eine geringfügig steilere Stirn.

Gegenüber dem Neandertaler zeigen sich größere Unterschiede. Die Stirn des Neandertalers ist erheblich flacher als die des Mladeč-Schädels. Außerdem ist die komplette hintere Schädelpartie des Neandertalers weniger stark gewölbt.

Die Ähnlichkeiten des Mladeč-Schädels und der *Homo-sapiens*-Schädel widersprechen der Auffassung, der Mladeč-Schädel sei eine Übergangsform zwischen Neandertaler und *Homo sapiens*. Es ist eher anzunehmen, dass er ausschließlich *Homo sapiens* zuzuordnen ist.

3 Beurteilen Sie anhand der genannten Beispiele, ob die Frage einer Durchmischung mithilfe fossiler Belege eindeutig beantwortet werden kann.

Das gefundene Zungenbein eines Neandertalers lässt zwar die Vermutung zu, dass er diese anatomische Ähnlichkeit von einem *Homo sapiens* geerbt hat. Es könnte sich aber auch um die Folge einer Mutation handeln.

Das Kind von Lagar Velho könnte grundsätzlich eine Übergangsform darstellen. Um diese These zu unterstützen, wären jedoch weitere fossile Funde mit entsprechenden Merkmalen notwendig. Die hier dargestellten fossilen Belege können weder die eine noch die andere Hypothese eindeutig bestätigen.

Material B – Molekulare Uhr

1 Begründen Sie, weshalb es für das Konzept der molekularen Uhr bedeutend ist, dass Mutationen gleichmäßig und nicht schubweise auftreten.

Das Konzept der molekularen Uhr basiert auf der Annahme, dass die Mutationsrate während der Evolution konstant ist. Würden Mutationen schubweise auftreten, so hätte dies zur Folge, dass die Nachfahren einer Linie bezogen auf eine bestimmte Zeitspanne eine im Vergleich zum gemeinsamen Vorfahren größere Abweichung in der Nucleotidsequenz aufweisen als die einer anderen Linie. Damit hätten die ermittelten Distanzwerte keine Aussagekraft hinsichtlich der zeitlichen Abläufe.

2 Begründen Sie, weshalb nur selektionsneutrale DNA-Regionen untersucht werden können.

Wenn sich Mutationen selektiv auswirken, hat dies zur Folge, dass die daraus entstandene Linie einen evolutionären Vorteil oder Nachteil hat. Nachteilige Mutationen würden durch die natürliche Auslese verdrängt werden. Sie sind deshalb in den heutigen Genomen nicht mehr nachweisbar.

3 Beurteilen Sie die hier beschriebenen Ergebnisse im Vergleich zu den Befunden, die auf Seite 468 dargestellt sind.

Das Alter des männlichen Urahnen wird auf Basis der Abweichungen auf dem Y-Chromosom auf 40 000 bis 140 000 Jahre geschätzt. Dieser Wert ist erheblich niedriger als die Schätzung von 200 000 Jahren für den weiblichen Urahn. Die große Differenz zwischen 40 000 und 140 000 Jahren zeigt, dass die Ergebnisse nur sehr ungenaue Schlussfolgerungen über das Alter zulassen. Außerdem müsste *Homo sapiens* jünger sein als bisher angenommen.

Die Wissenschaftler nehmen an, dass *Homo sapiens* Afrika vor ungefähr 60 000 Jahren verlassen hat. Dieser Zeitpunkt widerspricht ebenfalls den bisher ermittelten Daten und den Fossilfunden.

Zusatzinformation: Die Autoren dieser Studie halten es für wahrscheinlich, dass Homo sapiens vor 200 000 Jahren entstand. Vom Y-Chromosom ist demnach jedoch nur eine Linie übriggeblieben, die sich 60 000 Jahre zurückverfolgen lässt.

4 Erläutern Sie an diesem Beispiel das Basiskonzept Entwicklung.

Der Vergleich der Y-Polymorphismen der heute lebenden Bevölkerungsgruppen führte anhand der molekularen Uhr zu dem Ergebnis, dass der männliche Urahn vor 140 000 bis 40 000 Jahren vor unserer Zeit gelebt hat. Dies ist ein Beispiel für das Basiskonzept Entwicklung auf der Ebene der Reproduktion. Die Lebensdauer der Individuen ist begrenzt. Deshalb müssen sie sich fortpflanzen. Veränderungen der DNA aufgrund von Mutationen werden dadurch in der Abfolge der Generationen weitervererbt. Diese Abfolge ermöglicht Abwandlung.

Material C – Stammbaummodelle

1 Beschreiben Sie die drei dargestellten Modelle.

Alle drei Modelle zeigen bis vor 400 000 Jahren denselben Aufbau. Bis dahin lebte nur *Homo erectus*. Nach dem Arche-Noah-Modell entstand *Homo sapiens* ausschließlich in Afrika. Vor 150 000 Jahren lebte der archaische *Homo sapiens*. Verzweigungen nach Asien, dem Nahen Osten und Europa bildeten sich innerhalb der letzten 100 000 Jahre. Der Neandertaler entwickelte sich aus *Homo erectus* und bildet einen ausgestorbenen Seitenzweig. Von *Homo erectus* gehen noch zwei Verzweigungen nach Asien und in den Nahen Osten ab. Beide enden vor etwa 150 000 Jahren.

Das Kandelaber-Modell zeigt von *Homo erectus* ausgehend vier Seitenäste. Demnach entwickelte sich *Homo sapiens* in Afrika, Asien und dem Nahen Osten parallel ohne Durchmischung. In Europa entwickelte sich der Neandertaler. Während sich aus dem Nahen Osten ein Seitenzweig nach Europa bildete, starb der Neandertaler aus.

Beim Netzmodell sind von *Homo erectus* ausgehend ebenfalls vier Zweige in die unterschiedlichen Regionen zu erkennen. Drei dieser Seitenzweige überkreuzen sich jedoch, das heißt, diese Linien durchmischten sich. Der Neandertaler war an der Durchmischung nicht beteiligt. Wie im Kandelaber-Modell entwickelte sich von *Homo sapiens* ein Seitenzweig vom Nahen Osten nach Europa, während der Neandertaler gleichzeitig ausstarb.

2 Vergleichen Sie diese Modelle mit der Out-of-Africa-Hypothese und der multiregionalen Hypothese zur Entstehung des heutigen Menschen.

Das Arche-Noah-Modell entspricht dem Out-of-Africa-Modell, also dem Ursprung des modernen Menschen in Afrika. In beiden Darstellungen sterben alle anderen Menschenformen aus.

Das Netzmodell hat große Ähnlichkeit mit dem multiregionalen Modell. Allerdings ist der Neandertaler an der Vermischung nicht beteiligt.

Das Kandelaber-Modell ähnelt dem multiregionalen Modell, geht aber davon aus, dass sich *Homo sapiens* innerhalb der letzten 400 000 Jahre in den verschiedenen Regionen unabhängig voneinander entwickelte.

3 Beurteilen Sie die drei Modelle anhand der Ihnen bekannten Befunde.

Da das Arche-Noah-Modell dem Out-of-Africa-Modell entspricht, können alle Befunde, die das Out-of-Africa-Modell stützen, auch hier angewendet werden. Sowohl die fossilen Belege als auch die molekulargenetischen Daten sprechen für diese Vorstellung.

Das Netz-Modell ist wie das multiregionale Modell unwahrscheinlich. Die mitochondriale DNA der verschiedenen regionalen Linien müsste geringere Abweichungen aufweisen, um diese Vorstellung zu bestätigen. Außerdem müssten vergleichbar alte *Homo-sapiens*-Fossilien in allen Regionen gefunden werden.

Die fossilen Befunde sprechen gleichermaßen gegen das Kandelaber-Modell. Es ist außerdem unwahrscheinlich, dass sich die Entwicklungslinien vor 400 000 Jahren trennten und keine Artaufspaltung stattgefunden hat. Vor diesem Hintergrund ist es außerdem kaum zu vermuten, dass sich der Neandertaler und *Homo sapiens* nicht durchmischt haben sollen.

Material D – Vergleich der mt-DNA

1 Beschreiben Sie den in der Tabelle dargestellten Sachverhalt.

Die Tabelle zeigt das Ergebnis des mt-DNA-Vergleichs von 510 untersuchten Europäern, 478 Afrikanern, 498 Asiaten, 167 indigenen Amerikanern und 20 Australiern/Ozeaniern gegenüber einem Neandertaler. Dabei zeigt sich eine vergleichbare durchschnittliche Abweichung von etwa 27 bis 28 Basenpaaren. Mit 27,1 Basenpaaren haben die Afrikaner gegenüber dem Neandertaler die geringsten Abweichungen vor den indigenen Amerikanern mit 27,4 und den Asiaten mit 27,7 Unterschieden. Die größten Abweichungen zeigen sich bei den Europäern mit 28,2 und den Australiern/Ozeaniern mit 28,3 Abweichungen.

2 Deuten Sie die Ergebnisse hinsichtlich einer möglichen Durchmischung von Neandertaler und *Homo sapiens* in Europa.

Bei einer Durchmischung müssten die Abweichungen insbesondere der Europäer gegenüber den Neandertalern am geringsten sein, da beide die gleichen Lebensräume bevölkerten. Aber auch die anderen ethnischen Gruppen würden einen geringeren Abstand gegenüber dem Neandertaler aufweisen.

Material D – Hypothesen zum Aussterben des Neandertalers

1 Nennen Sie Argumente, die für beziehungsweise gegen diese Hypothese sprechen.

Für eine Verdrängung des Neandertalers durch den modernen Menschen spricht, dass beide die gleiche ökologische Nische ausbildeten. Beide Arten konkurrierten demnach um Nahrung und Lebensraum. Die besser angepasste Art hatte einen Reproduktionsvorteil gegenüber der weniger gut angepassten Art. Dies führte dazu, dass die besser angepasste Art die weniger gut angepasste Art verdrängte. Gegen eine Verdrängung spricht die geringe Besiedlungsdichte in der damaligen Zeit. Wenn nicht mehr als 200 000 Menschen in Europa lebten, war die Wahrscheinlichkeit, dass sich Gruppen der beiden Arten begegneten, eher gering. Selbst bei einer Begegnung hätte die unterlegene Art ausweichen können.

2 Beurteilen Sie die Hypothese auf der Basis Ihrer Argumente.

Bei einer größeren Besiedlungsdichte und begrenzten Ressourcen wäre dieser Erklärungsansatz gut nachvollziehbar. Aufgrund der geringen Populationsdichte wurden die Ressourcen in der damaligen Zeit jedoch nicht ausgeschöpft. Damit ist diese Hypothese eher unwahrscheinlich.

5.14 Evolution der Sozialsysteme

Seite 474–476

1 Beschreiben Sie die Paarungssysteme der Menschenaffen.

Monogamie (Gibbon): Hierbei handelt es sich um eine beständige Paarbeziehung zwischen einem Weibchen und einem Männchen. Der Sexualdimorphismus ist gering, da keine oder nur eine geringe intrasexuelle Konkurrenz besteht.

Polygynie (Gorilla, Orang-Utan): Ein Männchen monopolisiert mehrere Weibchen. Die intrasexuelle Konkurrenz der Männchen ist groß. Daher wird ein großer Sexualdimorphismus beobachtet.

Polygynandrie (Schimpanse): Mehrere Männchen und Weibchen leben in einer Gruppe. Sexuelle Kontakte der Männchen mit verschiedenen Weibchen und umgekehrt sind üblich. Die intrasexuelle Konkurrenz ist gemäßigt, da auch untergeordnete Männchen zur Kopulation gelangen. Die Folge ist ein weniger stark ausgeprägter Sexualdimorphismus. Als Folge der hohen Spermienkonkurrenz haben sich große Hoden entwickelt.

2 Nennen Sie ultimate Ursachen der verschiedenen Paarungssysteme aus Sicht der Männchen und Weibchen.

Weibliche Hominoiden können in ihrem Leben nur wenige Jungtiere zur Welt bringen. Eine Erhöhung der Fitness ist deshalb nur möglich, wenn sie viel Energie in die Aufzucht der Jungtiere investieren. Bei Monogamie und Polyandrie wird dies unterstützt durch die Hilfe der Männchen bei der Jungenaufzucht. In polygynen oder polygynandrischen Paarungssystemen besteht der Vorteil vor allem darin, dass die Weibchen Zugang zu Ressourcen haben, die die dominanten Männchen kontrollieren.

Männliche Hominoiden können ihre Fitness erhöhen, indem sie wie bei Polygynie oder Polygynandrie mit möglichst vielen Weibchen kopulieren. In monogamen und polyandrischen Paarungssystemen trägt ihre Unterstützung der Weibchen bei der Jungenaufzucht dazu bei, dass möglichst viele Nachkommen überleben. Durch beide Strategien vergrößert sich ihr Fortpflanzungserfolg.

3 Begründen Sie, weshalb Gorillas keiner Spermienkonkurrenz ausgesetzt sind.

Gorillas gehen als gesamte Gruppe auf Nahrungssuche. Infolgedessen kann der Silberrücken seine komplette Gruppe kontrollieren und rangniedere Männchen an der Begattung hindern. Nur der Silberrücken kopuliert mit den Weibchen in seinem Harem. Er unterliegt daher keinem Selektionsdruck hinsichtlich der Menge oder Qualität der Spermienzellen.

4 Stellen Sie anhand der Daten aus Tabelle 1 eine Hypothese zum Sozialsystem von *Australopithecus africanus* auf.

Der Schädel von *Australopithecus africanus* weist mit 119 % bezogen auf das Weibchen einen vergleichbaren Größenunterschied auf wie *Homo erectus* und *Australopithecus afarensis*. Die Masse des Männchens entspricht mit 136 % bezogen auf das Weibchen einer Mittelstellung zwischen *Homo erectus* mit 110 % und *Australopithecus afarensis* mit 155 %. Auch die Werte für den unteren Eckzahn entsprechen dieser Mittelstellung. Somit ist der Sexualdimorphismus geringer ausgeprägt als bei *Australopithecus afarensis*, jedoch größer als bei *Homo erectus*. Er entspricht eher den Verhältnissen bei den Schimpansen. All diese Daten deuten auf eine Polygynandrie hin.

5 Das Paarungssystem von *Homo sapiens* wird nicht als streng monogam, sondern als gemäßigt polygyn bezeichnet. Begründen Sie diese Aussage.

Homo sapiens weist einen Sexualdimorphismus auf, der bezogen auf die Körpermasse mit dem des Schimpansen und bezogen auf die Schädelgröße mit dem des Orang-Utans vergleichbar ist. Dies ist ein Hinweis auf eine vergleichbare intrasexuelle Konkurrenz. Die Hodengröße ist kleiner als beim Schimpansen, aber größer als beim Orang-Utan und beim Gorilla. Dies deutet darauf hin, dass unsere männlichen Vorfahren einer Spermienkonkurrenz ausgesetzt waren, die zwischen der des Gorillas und des Orang-Utans und der des Schimpansen lag. Eine gemäßigt polygyne Paarungsstruktur lässt sich mit den genannten Befunden erklären.

Seite 477 (Material)

Material A – Gibbon und Pavian

1 Vergleichen Sie den Sexualdimorphismus von Gibbon und Pavian.

Beim Gibbon ist in der Abbildung kein Sexualdimorphismus erkennbar. Sowohl bei der Körpergröße als auch bei der Größe des Eckzahns sind keine besonderen Unterschiede zwischen Weibchen und Männchen zu erkennen. Beim Pavian ist ein deutlicher Sexualdimorphismus zu beobachten. Das Pavianmännchen ist erheblich größer als das Weibchen und hat mehr als doppelt so große Eckzähne.

2 Entwickeln Sie aus dem dargestellten Sexualdimorphismus des Pavians eine Hypothese zum Paarungssystem.

Da der Sexualdimorphismus des Pavians anhand der gezeigten Merkmale mit dem des Gorillas vergleichbar ist, kann auf ein polygynes Paarungssystem geschlossen werden. Das würde bedeuten, dass ein Pavianmännchen mit mehreren Weibchen in einer haremähnlichen Gruppe zusammenlebt und andere Männchen an der Begattung seiner Weibchen hindert. Die Körpergröße ist ein Hinweis auf intrasexuelle Konkurrenz. Es ist anzunehmen, dass Pavianmännchen Kämpfe um die Weibchen beziehungsweise die Übernahme eines Harems austragen.

3 Erläutern Sie an diesem Beispiel das Basiskonzept Entwicklung.

Im Basiskonzept Entwicklung wird darauf hingewiesen, dass die individuelle Entwicklung von Lebewesen und die Weitergabe ihrer genetischen Information durch Fortpflanzung Grundlage für die evolutive Entwicklung sind. Der Sexualdimorphismus des Pavians ist demzufolge auf Abwandlung einer Ursprungsform durch intrasexuelle Konkurrenz zurückzuführen. Das Weibchen wählt ein Männchen anhand bestimmter Merkmale aus, um sich mit ihm zu verpaaren und Jungtiere hervorzubringen. Die genetischen Informationen, die zu einer immer stärkeren Ausprägung des Sexualdimorphismus führen, werden an die Nachkommen weitergegeben.

Material B – Entwicklung der Paarungssysteme bei Menschenaffen

1 Beschreiben und erläutern Sie die Entwicklung der Paarungssysteme bei Menschenaffen.

Die dargestellten Paarungssysteme gehen von der Qualität des Futters und dessen Verteilung aus.

Wenn der Anspruch an die Nahrung gering ist, steht ausreichend Nahrung auf engem Raum zur Verfügung. Deshalb bleiben alle Weibchen bei der Nahrungssuche in einer Gruppe. Derartige Bedingungen finden sich im Bodenbereich des Regenwaldes. Da ein Männchen die Weibchen gegenüber Konkurrenten verteidigen kann, resultiert als Paarungssystem die Polygynie wie beim Gorilla.

Hochwertige Nahrung findet sich in der Regel nicht in einem eng begrenzten Lebensraum. Früchte lassen sich nur zu bestimmten Jahreszeiten ernten. Ist der Nahrungsanspruch hoch, gehen Weibchen allein oder in kleinen Gruppen auf Nahrungssuche. Befindet sich der Lebensraum in einer offenen Landschaft oder am Boden, müssen mehrere Männchen kooperieren, um die Weibchen und das Territorium gegen Feinde zu verteidigen. Aus diesen ökologischen Bedingungen resultiert Polygynandrie wie beim Schimpansen. Befindet sich der Lebensraum in den oberen Stockwerken des Regenwaldes, so kann ein Männchen auch bei weiträumiger Verteilung der Nahrung mehrere Weibchen monopolisieren. Es herrscht also ein polygynes Paarungssystem. Dies ist beim Orang-Utan der Fall. Wenn das Männchen an der Aufzucht der Jungtiere beteiligt ist, führt dies zu einer monogamen Struktur wie beim Gibbon.

2 Erklären Sie die besondere Bedeutung des Weibchens bei der Entwicklung der Paarungssysteme.

Da das Weibchen seine Fitness dadurch erhöht, dass es die Jungtiere aufzieht, verfolgt es eine Nahrungsstrategie. Wenn es von anspruchsloser Nahrung lebt, wie dies beim Gorilla der Fall ist, gewährleistet der Silberrücken die Aufzucht der Jungtiere. Wenn das Weibchen auf anspruchsvolle Nahrung angewiesen ist, kann es seine Fitness durch geeignete Partnerwahl maximieren. Das Männchen muss in der Lage sein, das Territorium für die benötigte Nahrung zu sichern oder selbst Nahrung herbeizuschaffen.

3 Die Hypothesen zu den Paarungssystemen der frühen Menschen basieren auf den Beobachtungen bei rezenten Menschenaffen. Bewerten Sie diese Vorgehensweise.

Die beschriebenen Paarungsstrategien werden bei den heute lebenden großen Menschenaffen beobachtet. Da sie die nächsten Verwandten des Menschen sind, sind sie die einzigen Lebewesen, die Hinweise auf die Sozialsysteme der Hominiden geben können. Der Zusammenhang zwischen Nahrungsansprüchen und Reviergröße ist mit großer Sicherheit auf die frühen Hominiden übertragbar. Auch der Zusammenhang zwischen Sexualdimorphismus und Paarungssystem ist aufgrund der zugrunde liegenden evolutionären Mechanismen plausibel.

Zu berücksichtigen ist aber auch, dass es keine Funde gibt, die das Paarungssystem der Hominiden erklären könnten. Die aus den Beobachtungen bei den Menschenaffen abgeleiteten Überlegungen bleiben also Hypothesen und sind nicht konkret überprüfbar.

5.15 Evolution der Kultur

Seite 478–479

1 Beschreiben Sie die wesentlichen Schritte der kulturellen Evolution des Menschen.

Vor etwa 40 000 Jahren fand eine kreative Explosion statt. Die Menschen fertigten erste Höhlenmalereien an, die Tiere und Wanderrouten darstellten. Man nimmt an, dass die Malereien eine mythologische Bedeutung hatten. Bestattungen mit Grabbeigaben sind Hinweise auf erste religiöse Rituale.

Vor ungefähr 10 000 Jahren erfolgte der Übergang von einer nomadischen zur sesshaften Lebensweise mit Ackerbau und Viehzucht. Diese Neolithische Revolution führte zu den ersten Hochkulturen im Vorderen Orient, in Europa, Südostasien und Mittelamerika. Mit der Erfindung der Schrift vor ungefähr 5000 Jahren wurden die Überlieferung und das Speichern von Kulturtechniken möglich.

Seite 480

1 Nennen Sie die Faktoren, die eine Selektion zur Vergrößerung des Gehirnvolumens der Hominiden begünstigten.

Die Beschaffung anspruchsvoller Nahrung in der Savanne ist den frühen Hominiden nur mithilfe einer mentalen Landkarte möglich. Im Rahmen der innerartlichen Konkurrenz um Nahrung ist es von Vorteil, sich Fruchtfolgen und die Lage guter Nahrungsquellen besser merken zu können als Artgenossen.

Tierische Kost ist energiereicher und leichter verdaulich als Pflanzenfasern. Für ihre Aufschließung ist ein kürzerer Darm ausreichend und deshalb weniger Energie notwendig. Damit steht bei gleicher Nahrungsmenge mehr Energie für das Gehirn und dessen Wachstum zur Verfügung.

Das Leben in einer größeren Gruppe stellt höhere Anforderungen an die soziale Kompetenz als in kleineren Gruppen. Ein Gruppenmitglied, das die Verhaltensweisen der anderen Gruppenmitglieder besser einschätzen kann, hat einen Selektionsvorteil.

2 Erläutern Sie die der kulturellen Evolution zugrunde liegenden genetischen Veränderungen.

Die Gene HAR1 und ASPM sind verantwortlich für die Entwicklung der Großhirnrinde beziehungsweise die Gehirngröße. Mutationen in diesen Genen ermöglichten die Vergrößerung des Gehirns und sind damit Grundlage für die kulturelle Evolution des Menschen.

Viele Kulturtechniken wie Malerei und Werkzeugherstellung erfordern feinmotorische Fähigkeiten. Hierfür verantwortlich ist das Gen HAR2. Erst eine Mutation in dieser Sequenz führte zu der notwendigen Geschicklichkeit der Hände.

Das Gen FOXP2 steuert die Ausbildung der Gesichtsmuskulatur, die für eine differenzierte Lautbildung notwendig ist. Die Entwicklung der Sprache ist deshalb nur möglich, wenn dieses Gen vorhanden ist und zwei bestimmte Mutationen aufweist. Diese Mutationen sind mehr als 500 000 Jahre alt. Mithilfe der Sprache können Kulturtechniken leichter an andere Gruppenmitglieder weitergegeben werden.

Seite 481 (Material)

Material A – Kulturtechniken von Menschenaffen

1 Erläutern Sie anhand der dargestellten Beispiele den biologischen Kulturbegriff.

Ausgefranste Stöcke sowie Steine zum Aufschlagen von Nüssen sind Werkzeuge, die von verschiedenen Schimpansengruppen verwendet werden. Schimpansen anderer Gruppen verfügen nicht über das Wissen zum Gebrauch der Werkzeuge. Es handelt sich also um Erkenntnisse und

Verhaltensweisen, die nicht genetisch festgelegt sind, sondern durch Nachahmung weitergegeben werden. Damit entsprechen sie dem Kulturbegriff der modernen Biologie. Das Verhalten des Gorillaweibchens, den Stock zur Prüfung der Wassertiefe einzusetzen, ist ebenfalls ein Beispiel für Werkzeuggebrauch. Der biologische Kulturbegriff kann aber erst angewendet werden, wenn dieses Verhalten von anderen Tieren innerhalb der Gruppe übernommen wird.

2 Erklären Sie, weshalb die unterschiedlichen Gebräuche verschiedener Menschenaffenpopulationen lokal begrenzt sind.

Die Weitergabe von Erkenntnissen und Informationen beruht bei den Menschenaffen auf Nachahmung. Deshalb werden spezifische Gebräuche nur von Tieren innerhalb des sozialen Verbandes übernommen, die im direkten Kontakt miteinander stehen. Andere Gruppen der gleichen Art haben keinen Zugang zu den Informationen und sind deshalb nicht in der Lage, diese Gebräuche zu übernehmen.

3 Bewerten Sie die Auffassung, dass der Kulturbegriff nur auf den Menschen anzuwenden sei.

Nach der bisherigen Auffassung ist Kultur ein komplexes Phänomen von Sitte, Moral, Kunst und Recht. Nur Menschen sind in der Lage, ihre Vorstellungen von Moral und ihre Gesetze schriftlich festzuhalten und allgemeingültige Normen zu bestimmen. Aus dieser Sicht ist der Kulturbegriff nur dem Menschen vorbehalten.

Die moderne Biologie definiert Kultur als Weitergabe von Erkenntnissen und Verhaltensweisen, die nicht genetisch festgelegt sind. Diese Auffassung ist nicht auf den Menschen beschränkt, sondern bezieht tierische Verhaltensweisen ein. Außerdem erlaubt sie es, die frühe evolutionäre Entwicklung der Kultur des Menschen nachzuvollziehen. Nach der alten Auffassung kann der Kulturbegriff erst bei den frühen Hochkulturen zur Anwendung kommen.

Material B – Mem-Theorie

1 Nennen Sie weitere Beispiele für symbiotische, schwierige und parasitäre Meme.

Individuelle Lösungen.

Beispiele für symbiotische Meme sind der Gebrauch von Uhren, die Nutzung öffentlicher Verkehrsmittel und Höflichkeitsfloskeln.

Beispiele für schwierige Meme sind das Erlernen von Musikinstrumenten, komplexe Bewegungsabläufe bei technischen Sportarten wie Tennis oder Hochsprung und das Führen eines Segelbootes oder eines Flugzeugs.

Beispiele für parasitäre Meme sind das Hören gehörschädigend lauter Musik, die ausschließliche Ernährung durch Fast Food und das Rauchen von Zigaretten.

Material B – Mem-Theorie

2 Vergleichen Sie die kulturelle Evolution mit der biologischen Evolution.

Gemeinsamkeiten: Bei beiden treten Veränderungen in den Folgegenerationen auf.

Unterschiede: Die biologische Evolution verläuft langsam. Veränderungen lassen sich nur über viele Generationen beobachten. Sie basieren auf Veränderungen im Erbmaterial.

Die kulturelle Evolution verläuft viel schneller als die biologische Evolution. Neue Erkenntnisse können horizontal in einer Gruppe weitergegeben werden und verbreiten sich somit in sehr kurzer Zeit innerhalb einer Generation. Es treten keine Veränderungen im Erbmaterial auf.

3 Nehmen Sie Stellung zu der Aussage: „Die Fortpflanzungsinteressen der Gene geraten in Konflikt mit denen der Meme".

Verschiedene Verhaltensweisen, die von den Anhängern der Mem-Theorie als parasitäre Meme bezeichnet werden, haben schädliche Nebenwirkungen für den betreffenden Menschen. So erhöhen intensives Sonnen sowie die Nutzung von Solarien das Hautkrebsrisiko und beschleunigen den Alterungsprozess der Haut. Rauchen fördert unter anderem die Entstehung verschiedener Krebsarten. Dennoch verbreiten sich derartige Meme innerhalb einer Gesellschaft mit einer sehr hohen Geschwindigkeit. Sie vermehren sich wahrscheinlich gerade deshalb wie Viren explosionsartig in großen Menschengruppen, weil sie die psychischen Bedürfnisse der Menschen oder bereits vorhandene andere Meme besonders befriedigen.

Die Fitness der Betroffenen kann sich gegebenenfalls erhöhen. Auf das Beispiel des intensiven Sonnens bezogen könnte dabei etwa eine Rolle spielen, dass die braune Hautfarbe in unserer Kultur als besonders attraktiv wahrgenommen wird. Eventuelle gesundheitliche Beeinträchtigungen widersprechen jedoch den Fortpflanzungsinteressen. Wenn die Geschlechtszellen durch Mutationen betroffen sind, beeinflusst dies die Fortpflanzung und damit die Interessen der Gene negativ.

Eventuelle gesundheitliche Beeinträchtigungen der Eltern aufgrund der schädlichen Nebenwirkungen bestimmter Verhaltensweisen können dazu führen, dass sie weniger Energie in die Aufzucht der Nachkommen investieren können.

Seite 482–483 (Blickpunkt: Der Rassebegriff beim Menschen)

1 Beurteilen Sie die Formulierung des Artikels 3 im Grundgesetz der Bundesrepublik Deutschland aus damaliger und aus heutiger Sicht.

Der in Artikel drei des Grundgesetzes der Bundesrepublik Deutschland verwendete Rassebegriff beruht auf der Auffassung, die in der UNESCO-Erklärung von 1950 wiedergegeben ist. Menschenrassen werden anhand physischer und physiologischer Unterschiede definiert. Geistige Unterschiede oder Intelligenzunterschiede gibt es nicht.

Aus heutiger Sicht müssen die molekulargenetischen Befunde berücksichtigt werden. Innerhalb einer Population sind die genetischen Unterschiede teilweise größer als zwischen verschiedenen Populationen. Die Analyse von SNPs verschiedener menschlicher Genome weist lediglich geografische genetische Gradienten nach. Der Rassebegriff ist nicht mehr haltbar. Diese Auffassung wird von der UNESCO seit 1995 vertreten.

2 Erklären Sie, weshalb die geringe Pigmentierung in Europa einen evolutionären Vorteil bedeutete.

Die starke Pigmentierung der Haut bietet in geografischen Regionen mit hoher UV-Strahlung einen Vorteil. Sie reduziert das Hautkrebsrisiko und verhindert den Abbau der für die Zellteilung wichtigen Folsäure.

Für die Menschen in Europa ist die Schutzwirkung vor der UV-Strahlung mit zunehmendem Abstand vom Äquator weniger bedeutend. Die Pigmentierung hat jedoch eine verminderte Vitamin-D-Synthese zur Folge. Eine geringere Pigmentierung hat in diesen Regionen den Nutzen, dass die Vitamin-D-Synthese auch bei einer geringen Strahlungsintensität noch möglich ist. Die helle Hautfarbe ist deshalb für die Calcium-Einlagerung und damit für die Knochenbildung bei geringer Sonneneinstrahlung von Vorteil.

Klausurtraining

Seite 488–489

Training A – Artbildung

1 Beschreiben Sie den Stammbaum und stellen Sie dar, auf welcher Grundlage er erstellt wurde.

Der Stammbaum zeigt die wahrscheinliche Entwicklung verschiedener *Tarentola*-Arten auf den kanarischen Inseln und Madeira ausgehend von einer afrikanischen Ursprungsart. Grundlage für diesen Stammbaum sind Vergleiche von Nucleotidsequenzen rezenter Geckos. Wenn man annimmt, dass Mutationen, die zu Veränderungen der Nucleotide führen, in einer konstanten Rate ablaufen, lässt sich daraus der Zeitpunkt einer Artaufspaltung ermitteln. Aus der Darstellung lässt sich entnehmen, dass die Arten der Inseln Teneriffa, La Gomera und Gran Canaria sowie die Arten auf Fuerteventura, Lanzarote und Madeira von jeweils einer Ursprungsart abstammen.

Bei den Arten auf den westlichen Inseln kam es zu einer frühen Abspaltung von *T. boettgeri* und der Ursprungsart der auf Teneriffa und La Gomera lebenden Tiere. Daraus entwickelten sich später *T. delalandii* und *T. gomerensis*. Die Vorfahren der Art *T. mauritanica* auf Madeira spalteten sich schon früh von der Art *T. angustimentalis* ab. Diese Art lebt sowohl auf Fuerteventura als auch auf

Lanzarote. Man kann hier aber von zwei unterschiedlichen Formen sprechen, da es bereits zu Nucleotidsubstitutionen gekommen ist.

2 Stellen Sie mithilfe der Landkarte eine Hypothese zur Besiedlung der Inseln auf.

Vermutlich sind einige Exemplare der Ursprungsart auf die Inseln verdriftet worden, da sich die Inseln nicht sehr weit vom afrikanischen Festland entfernt befinden. Die Verdriftung kann zum Beispiel auf Holzstämmen erfolgt sein. Auf den Inseln entstanden Gründerpopulationen. Einzelne Tiere wurden wieder auf andere Inseln verdriftet, sodass auch hier neue Populationen entstanden. Dem Stammbaum zufolge wurden die Inseln Teneriffa, La Gomera und Gran Canaria zuerst besiedelt. Etwas später folgten Fuerteventura und Lanzarote sowie Madeira.

3 Erläutern Sie die Artbildung bei der Gattung *Tarentola*.

Die Entwicklung der *Tarentola*-Arten auf den kanarischen Inseln und Madeira ist ein Beispiel für eine allopatrische Artbildung. Durch die Verdriftung auf die Inseln kam es zur geografischen Isolation. Es entstanden Gründerpopulationen. Durch Mutation und Rekombination veränderten sich die ursprünglichen Genpools immer weiter. Unterschiedliche Selektionsfaktoren wirkten auf die Geckopopulationen der Inseln ein. Insgesamt veränderten sich die Genpools der Teilpopulationen auf den einzelnen Inseln so stark, dass Tiere unterschiedlicher Inseln sich nicht mehr untereinander fortpflanzen konnten. Es waren neue Arten entstanden. Im Stammbaum wird dies durch eine große Anzahl von Nucleotidsubstitutionen erkennbar.

4 Erläutern Sie mithilfe der dargestellten Nucleotid- und Aminosäuresequenzen die Wirkung von Nucleotidsubstitutionen und ihre evolutionäre Bedeutung.

Die Darstellung oben links zeigt eine Punktmutation an der zweiten Stelle eines Basentripletts der DNA. Diese Mutation wird nach der Proteinbiosynthese dadurch sichtbar, dass statt der Aminosäure Serin Phenylalanin eingebaut wird. Eine solche Mutation führt zur Veränderung der Eigenschaften von Enzym- oder Strukturproteinen und besitzt eine entsprechende evolutionäre Bedeutung, da neue Ausprägungen von Merkmalen entstehen können.

Die Darstellung unten links zeigt auch eine Punktmutation, jedoch an der dritten Stelle des Basentripletts. Solche Mutationen sind häufig, wie auch in diesem Fall, stumm. Das bedeutet, bei der Proteinbiosynthese wird dieselbe Aminosäure eingebaut. Phänotypisch wirkt sich diese Mutation also nicht aus. Evolutionär haben diese Mutationen demnach keine Bedeutung.

5 Beschreiben Sie die Entstehung der Haftfüße der Geckos mithilfe natürlicher Selektion.

In einer Population mit Vorfahren der heutigen Geckos tauchten Individuen auf, die aufgrund von Mutationen Zehen mit kleinen Hausausstülpungen hatten. Sie konnten sich etwas besser als die anderen Geckos an Oberflächen festhalten und dadurch andere Nahrungsquellen nutzen. Das verbesserte ihre Überlebenschancen und erhöhte ihren Fortpflanzungserfolg. Durch diese natürliche Selektion gab es in den darauffolgenden Generationen mehr Individuen mit Ausstülpungen an den Zehen. Im Laufe weiterer Generationen entwickelten sich durch weitere Mutationen und Rekombinationsvorgänge Individuen mit immer größerer Zehenoberfläche, also mit Haftfüßen.

6 Begründen Sie, ob es sich bei den Haftfüßen der Geckos und der Insekten um homologe oder analoge Strukturen handelt.

Die Haftfüße der Geckos werden durch Ausstülpungen der Haut ihrer Zehen gebildet. Insekten besitzen keine Haut, sondern einen Chitinpanzer, dessen Oberfläche zu Haftorganen ausgestülpt ist. Es liegt demnach eine konvergente Entwicklung vor, bei der in beiden Tiergruppen unabhängig voneinander analoge Organe entstanden sind. Sie erfüllen dieselbe Funktion und ähneln sich äußerlich, sind aber unterschiedlich gebaut.

Training B – Evolution von Löwen

1 Diskutieren Sie, ob das morphologische Artkonzept auf den Löwen anwendbar ist.

Das morphologische Artkonzept definiert eine Art als Lebensform, die sich äußerlich deutlich von anderen Lebewesen unterscheidet.

Löwenmännchen und -weibchen unterscheiden sich (unter anderem) im Merkmal der Mähne. Das erschwert die Anwendung des morphologischen Artkonzepts, da hierfür entschieden werden muss, ob es sich bei der Mähne um ein wesentliches Körpermerkmal, also einen deutlichen Unterschied, handelt oder nicht. Geht man davon aus, dass die Mähne nicht wesentlich ist, widerspricht der Sexualdimorphismus dem morphologischen Artkonzept nicht. Betrachtet man sie als wesentlich, ist das morphologische Artkonzept bei Arten mit Sexualdimorphismus nicht anwendbar.

2 Formulieren Sie eine ultimate Erklärung für die Jungentötung durch einen neuen Rudelführer.

Tötet ein neuer Rudelführer die Jungen im Rudel, werden die Weibchen des Rudels schneller wieder empfängnisbereit. Der Rudelführer kann somit schneller und damit insgesamt mehr Nachwuchs zeugen. So verbreiten sich die Allele, die das Verhalten der Jungentötung auslösen, in der Population.

3 Erläutern Sie die hohen Geschwindigkeiten von Löwen und Antilopen mithilfe von Koevolution.

Durch Koevolution kommt es zur wechselseitigen Angepasstheit zweier Arten aneinander. Beide Arten üben Selektionsdruck auf die jeweils andere Art aus. Tauchen in einer Löwenpopulation durch Mutation oder Rekombination etwas schnellere Individuen auf, können ihnen bei der Jagd nur die schnellsten Antilopen entkommen. Nur sie haben Nachwuchs, an den sie ihre Erbanlagen weitergeben. Die Antilopen der nächsten Generation sind also im Schnitt etwas schneller als die der vorherigen. Dadurch werden unter den Löwen die langsamen Individuen benachteiligt. Nur die schnelleren können noch Beute machen und sich fortpflanzen. Durch diese Koevolution kommen über Generationen hinweg hohe Laufgeschwindigkeiten bei Löwen und Antilopen zustande.

Seite 488–489 (Klausurtraining)

Training B – Evolution von Löwen

4 Erklären Sie den Zusammenhang zwischen der Entwicklung der Löwenpopulation im Ngorongoro-Krater und der Heterozygotie der Ngorongoro-Löwen im Vergleich mit der Heterozygotie von Löwen der benachbarten Serengeti im Jahr 1991.

Zu Anfang der 1960er-Jahre gab es einen drastischen Einbruch der Populationsgröße von fast 90 auf nur noch gut zehn Löwen. Nachdem die Population durch diesen genetischen Flaschenhals gegangen war, vergrößerte sie sich wieder, allerdings kam es hierbei durch die isolierte Lage des Kraters regelmäßig zu Inzucht. Da alle 1991 im Krater lebenden Löwen von nur wenigen Individuen abstammen, besitzen sie mit einer Heterozygotie von 2,2 % eine deutlich geringere genetische Variabilität als beispielsweise die Löwen der Serengeti, deren Heterozygotie etwa eineinhalb Mal so hoch ist.

5 Begründen Sie die Gefährdung einer Löwenpopulation mit geringer genetischer Variabilität.

Bei geringer genetischer Variabilität treten rezessive Erbkrankheiten häufiger phänotypisch in Erscheinung. Außerdem existieren in diesem Fall nur wenige phänotypische Varianten, auf die die Selektion einwirken kann. Bei Umweltveränderungen besteht also die Gefahr, dass keine geeignete Variante dem Selektionsdruck standhält.

6 Stellen Sie Hypothesen zu Schlüssen auf, die sich zur biologischen und kulturellen Evolution des Menschen aus den Löwendarstellungen der Höhlen ziehen lassen.

Die Löwendarstellungen erfordern die Fähigkeit zum abstrakten und symbolischen Denken. Daher muss die biologische Evolution des Gehirns zum Zeitpunkt der Höhlenmalereien entsprechend weit fortgeschritten gewesen sein. Zugleich sind die Zeichnungen ein Hinweis auf eine fortgeschrittene kulturelle Evolution des Menschen. Egal, ob es sich um mythologische Darstellungen handelt oder ob sie Jagdtechniken zeigen, sind sie ein Zeichen für kulturelle Errungenschaften und deren Weitergabe an andere.

7 Nennen Sie weitere Beispiele für kulturelle Entwicklungen des Menschen.

Neben bildlichen Darstellungen entwickelte der Mensch unter anderem Schrift, Sprache, Religion, Wissenschaft und Technik.

8 Wenden Sie den Kulturbegriff auf die Jagd der Löwen auf ihre Beutetiere an.

Löwen jagen häufig in Gruppen. Dabei betreiben sie Aufgabenteilung, um Beutetiere aus einer Herde isolieren und erlegen zu können. Diese Zusammenarbeit stellt eine Form der Kultur im Sinne der modernen Biologie dar.

Notizen

Notizen

Notizen

Notizen

Notizen

Notizen